新收入准则理论与实务

天职国际会计师事务所（特殊普通合伙）专业技术委员会　编著

中国财经出版传媒集团
中国财政经济出版社

图书在版编目（CIP）数据

新收入准则理论与实务 / 天职国际会计师事务所（特殊普通合伙）专业技术委员会编著．-- 北京：中国财政经济出版社，2020.1

ISBN 978 -7 -5095 -9527 -5

Ⅰ.①新…　Ⅱ.①天…　Ⅲ.①企业会计－会计准则－中国　Ⅳ.①F279.23

中国版本图书馆 CIP 数据核字（2019）第 294248 号

责任编辑：王　飏　　　　　　责任校对：胡永立

中国财政经济出版社 出版

URL：http：//www.cfeph.cn

E - mail：cfeph @ cfemg.cn

社址：北京市海淀区阜成路甲 28 号　邮政编码：100142

营销中心电话：010 - 88191537

北京富生印刷厂印刷　各地新华书店经销

787 × 1092 毫米　16 开　29.5 印张　490 000 字

2020 年 1 月第 1 版　2020 年 12 月北京第 3 次印刷

定价：75.00 元

ISBN 978 - 7 - 5095 - 9527 - 5

（图书出现印装问题，本社负责调换）

本社质量投诉电话：010 - 88190744

打击盗版举报热线：010 - 88191661　QQ：2242791300

本书索引说明

准则索引：

CAS：企业会计准则；例如，CAS 14（2017）——《企业会计准则第 14 号》（2017 年修订）

IAS：国际会计准则；例如，IAS 1——《国际会计准则第 1 号》

IFRS：国际财务报告准则；例如，IFRS 15——《国际财务报告准则第 15 号》

段落索引：

Para X：正文段落；例如，IFRS 15 para 15——《国际财务报告准则第 15 号》第 15 段。

B：应用指南；例如，IFRS 15 para B15——《国际财务报告准则第 15 号》应用指南第 B15 段

BC：结论基础；例如，IFRS 15 para BC15——《国际财务报告准则第 15 号》结论基础第 BC15 段。

前　言

2014 年 5 月，国际会计准则理事会（IASB）和美国财务会计准则委员会（FASB）发布了联合修订完成的收入确认相关准则，即《国际财务报告准则第 15 号——客户合同收入》[以下简称《国际财务报告准则第 15 号》] 和《主题 606——客户合同收入》。其中，《国际财务报告准则第 15 号》于 2018 年 1 月 1 日生效，允许提前采用。

2017 年 7 月，中国财政部发布了修订完成的《企业会计准则第 14 号——收入》[以下简称《企业会计准则第 14 号》（2017 年修订）]。随后，财政部会计司编写组于 2018 年 7 月出版了《〈企业会计准则第 14 号——收入〉应用指南（2018）》，为新收入准则的实施提供了指引。《企业会计准则第 14 号》（2017 年修订）与《国际财务报告准则第 15 号》实质趋同，仅就个别规定按照中国国情进行了有限修改。《企业会计准则第 14 号》（2017 年修订）将区分不同企业分步执行，其中，在境内外同时上市的企业以及在境外上市并采用国际财务报告准则或企业会计准则编制财务报表的企业，与《国际财务报告准则第 15 号》一致，自 2018 年 1 月 1 日起施行；境内上市企业自 2020 年 1 月 1 日起施行；执行企业会计准则的非上市企业自 2021 年 1 月 1 日起施行。除特别注明外，以下将《国际财务报告准则第 15 号》和《企业会计准则第 14 号》（2017 年修订）统称为新收入准则。

随着经济环境和业务模式的逐渐复杂化，会计准则越来越难以事无巨细地针对不同业务规定具体账务处理，而是越来越趋向于原则导向的规定。作为近年来制定的重要准则，新收入准则就是原则导向准则的典型代表，它以客户合同及业务模式为基础，依据高度概括的基本目标和原则，综合考虑具体事实和情况，旨在如实反映销售商品和提供服务的经济结果。例如，在判断某项承诺商品或服务在合同范围内是否可明确区分时，新收入准则设定的基本目标是确定该承诺的性质是单独转让每一项商品或服务，还是转让以承诺商品或服务作为投入要素而形成的一个或多个组合项目，再列举出三种可能属于合同范围内不可明确区分的情形，这些情形适用于不同业务模式；再如，在判断“主要责任人”和“代理人”时，新收入准则设定的基本目标是判断企业向客户转让特定商品或服务之前，是否能够控制该商品或服务，再列举出三种可能表明企业在转让前能够控制商品或服务的情形以及需要综合考虑的三种因素。新收入准则中此类列举考虑的情形或因素，可能既非充分条件，也非必要条件，而是为了达到基本目标而提供的“参考条件”。因此，新收入准则很少像其他传统会计准则一样，明确给出全部充分且必要条件，很难简单地根据准则条款得出“非此即彼”的结论，而是需要综合考虑具体事实和情况，运用高度职业判断，才能达到准则设定的基本目标。

鉴于新收入准则的上述特点，本书尝试从理论和实务两方面对新收入准则进行解读，以求能够更加准确地应用准则的相关规定。理论方面，本书在国际国内准则条款及应用指南的基础上，增加了 IASB 和 FASB 在制定准则过程中的相关结论基础，阐述了准则规定的相关理论基础和内在逻辑，力求更加准确地把握准则制定意图。实务方面，本书在国际国内准则相关案例基础上，增加了“收入确认过渡资源组（TRG）”相关议题讨论内容，TRG 是 2014 年发布新收入准则后，IASB 和 FASB 组织社会各利益相关方成立的小组，旨在帮助新收入准则的过渡实施。本书通过介绍 TRG 讨论的大量实务应用问题，为不同行业和不同业务模式下，对新收入准则的具体应用及理解提供参考。

此外，新收入准则是对传统收入确认模型的整体修订，而不仅仅是对原收入准则部分条款的修订，很难直观地得出新旧准则的差异影响。鉴于此，本书针对已于 2018 年 1 月 1 日开始执行新收入准则的 A +H 股上市公司，分析了新收入准则转换所带来的具体影响，并选取了部分典型上市公司的新收入准则会计政策披露示例，为即将于2020年和2021年执行新收入准则的境内上市和非上市公司提供参考。

值此新收入准则即将在境内企业全面实施之际，希望本书能对理论和实务界理解及应用新收入准则有所裨益。

天职国际会计师事务所（特殊普通合伙）专业技术委员会

2019年12月于北京

目　录

第一章　新收入准则概述

2014 年 5 月 28 日，国际会计准则理事会（IASB）和美国财务会计准则委员会（FASB）联合发布了修订完成的收入确认相关准则。其中，IASB 发布了《国际财务报告准则第 15 号——客户合同收入》（以下简称《国际财务报告准则第 15 号》），FASB 发布了《主题 606——客户合同收入》（以下简称《主题 606》）。随后，我国财政部于 2017 年 7 月 5 日发布了新修订的《企业会计准则第 14 号——收入》[以下简称《企业会计准则第 14 号》（2017 年修订）]，与《国际财务报告准则第 15 号》实质趋同。为便于阐述，除特别注明外，本书将《国际财务报告准则第 15 号》与《企业会计准则第 14 号》（2017 年修订）统称为新收入准则，将原《国际会计准则第 18 号——收入》、《国际会计准则第 11 号一建造合同》与《企业会计准则第 14 号——收入》（2006）、《企业会计准则第 15 号——建造合同》（2006）统称为原收入准则。

第一节　新收入准则制定原因

收入，是财务报表使用者评价一个企业的经营业绩和财务状况的重要指标，而原国际财务报告准则与美国公认会计原则对收入确认的相关要求互不一致，且均有待于完善。鉴于此，IASB 和 FASB 发起了一项联合项目，以厘清收入确认原则，并制定一项统一的收入准则。

一、原美国公认会计原则

（一）原收入确认准则概述

在美国公认会计原则下，最早在《概念公告第5号——商业企业财务报表的确认和计量》（以下简称《概念公告第5号》）中规定了收入确认的基本原则，即企业仅应在收入已实现或可实现，且已赚取时才能确认（以下简称“赚取过程法”）。同时，《概念公告第6号——财务报表要素》将收入定义为：“收入，是指由转让或生产商品、提供服务，或其他构成企业持续重大或核心经营的活动所产生的企业资产流入或增值，或者债务的结算，或两者皆有。”

1999年，美国证券交易委员会（SEC）发布了《职员会计公报第101号——收入确认》（以下简称《职员会计公报第101号》），以期为公众企业如何适用《概念公告第5号》“赚取过程法”提供解释性指引。

2003年，《职员会计公报第104号——收入确认》对《职员会计公报第101号》进行了修订，并规定了收入确认的具体条件：

“一般，当同时满足以下所有条件时，收入已实现或可实现且已赚取：

（1）具有说服力的证据证明一项交易安排的存在；

（2）商品已经交付或服务已经提供；

（3）出售方向购买方的要价是固定或可确定的；

（4）可收回性可合理保证。”

2009年，FASB将各准则制定机构历年来制定的相关会计处理指引，统一纳入《会计准则汇编》。《会计准则汇编》中涉及多个特定行业和特定交易的收入确认，例如，原《会计准则汇编605——收入确认》规定的收入确认具体处理包括以下几个部分：

➢《会计准则汇编605－10：总体要求》，该部分提供了两个方面的指引：（1）收入和利得；（2）收入确认的分期和成本回收方法。

➢《会计准则汇编605－15：产品》，该部分提供了两个方面的指引：（1）附有退货权利的销售；（2）产品售后回购形成经营租赁。

➢《会计准则汇编605－20：服务》，该部分提供了五个方面的指引：（1）单独定价的延长保修期和产品维修合同；（2）具有特定经营比例的佣金或可回溯保险安排；（3）特定贷款担保费用；（4）中途货运服务；（5）广告易货交易。

➤《会计准则汇编 605－25：多重要素安排》，该部分为供应商交付多种商品或服务（多重要素）提供了指引。

➤《会计准则汇编 605－28：里程碑法》，该部分为包括研究或开发等合同适用“里程碑法”提供了指引。

➤《会计准则汇编 605－30：使用权》，该部分仅对其他准则汇编中有关使用权的议题进行了索引。

➤《会计准则汇编 605－35：建造类和加工类合同》，该部分为按客户指定规格提供服务的建造类和加工类合同提供了指引。

➤《会计准则汇编 605－40：利得及损失》，该部分为其他准则汇编未规定的各类利得及损失提供了指引。

➤《会计准则汇编 605－45：主要责任人和代理人判断》，该部分为总额法或净额法报告收入提供了指引。

➤《会计准则汇编 605－50：应付客户对价及激励措施》，该部分为供应商向客户支付对价的处理提供了指引。

此外，对特定行业相关收入确认进行规定的准则汇编还包括：

➤《会计准则汇编 905——农业》

➤《会计准则汇编 908——航空》

➤《会计准则汇编 910——承包商：建造》

➤《会计准则汇编 912——承包商：联邦政府》

➤《会计准则汇编 915——开发阶段企业》

➤《会计准则汇编 920——娱乐业：广播》

➤《会计准则汇编 922——娱乐业：有线电视》

➤《会计准则汇编 924——娱乐业：娱乐场》

➤《会计准则汇编 926——娱乐业：电影》

➤《会计准则汇编 928——娱乐业：音乐》

➤《会计准则汇编 932——采掘业：石油和天然气》

➤《会计准则汇编 940——金融服务业：经纪人和交易商》

➤《会计准则汇编 942——金融服务业：存款和贷款》

➤《会计准则汇编 944——金融服务业：保险》

➤《会计准则汇编 946——金融服务业：投资公司》

➤《会计准则汇编 948——金融服务业：抵押贷款银行》

➤《会计准则汇编 952——特许权》

- 《会计准则汇编 954——保健业企业》
- 《会计准则汇编 958——非盈利性企业》
- 《会计准则汇编 970——房地产业：一般原则》
- 《会计准则汇编 972——房地产业：共同权益不动产联营》
- 《会计准则汇编 974——房地产业：房地产投资基金》
- 《会计准则汇编 976——房地产业：零售土地》
- 《会计准则汇编 978——房地产业：分时活动》
- 《会计准则汇编 980——经营监管》
- 《会计准则汇编 985——软件业》

（二）存在的问题

1. 收入准则过多且不一致

在“赚取过程法”下，美国公认会计原则针对收入确认制定了很多准则，其中有很多是针对特定行业的，导致某些经济实质类似的交易具有不同的会计处理方式。这很大程度上是因为“赚取过程”的概念并不是精确的定义，通常很难针对具体情况进行应用。

例如，对于有线电视提供商的收入确认，其“赚取过程”是否仅涉及向客户提供约定期间内的有线电视信号，还是包括为客户连接有线电视网络的服务？根据原《会计准则汇编 922——娱乐业：有线电视》规定，连接服务是作为单独的赚取过程，在提供服务时确认收入（但其金额仅等于直接成本）。

相反，对于电信提供商，可能要求客户支付不可返还的“激活费”，加上按月收取的手机使用费。电信提供商的赚取过程，是否仅为提供合同期内使用电信网络的服务，还是包括为客户连接手机网络的服务？这类服务与有线电视提供商的连接服务类似。但是，根据原 SEC 的《SAB 104——收入确认》，电信提供商并不需要将连接手机网络的服务作为单独的赚取过程进行会计处理。因此，电信提供商并不会在提供激活服务时将不可返还的激活费确认为收入（即使时相当于直接成本的金额）。

此外，原美国公认会计原则下还存在很多类似例子。企业对经济实质类似的交易，采用不同的赚取过程法，该方法的有用性令人怀疑，同时，对经济实质类似的交易采用不同的处理，也降低了不同行业不同企业间收入的可比性。

2. 缺少指引且与资产和负债的定义存在冲突

尽管原美国公认会计原则下有多个准则涉及收入确认，但仍然存在未明确规定的内容。例如，它并未针对服务的收入确认制定通用的准则。此外，根据FASB新兴问题任务组（EITE）的讨论议题，收入确认的问题仍然持续的产生。这些问题均表明，美国公认会计原则可能需要更加稳健的收入确认指引。

此外，资产和负债是FASB和IASB《财务报告概念框架》中的核心定义，收入的定义依赖于资产和负债的变动。但“赚取过程法”对合同存续期内仅支付少量对价的收入会计处理，很难反映其资产和负债如何产生及变动，可能导致对企业合同权利和义务在财务报表中的错误列报。因此，有人建议，“赚取过程法”可以通过关注于资产和负债的变动进行改进。

二、原国际财务报告准则

（一）原收入确认准则概述

在原国际财务报告准则下，有关收入确认的两个主要准则分别是《国际会计准则第18号——收入》（以下简称《国际会计准则第18号》）和《国际会计准则第11号——建造合同》（以下简称《国际会计准则第11号》）。

《国际会计准则第18号》规范了以下交易或事项产生的收入的会计处理：（1）销售商品；（2）提供服务；（3）其他方使用企业资产产生的利息、使用权费和股利。

《国际会计准则第11号》规定了与建造合同相关的收入和成本的会计处理。该准则规定建造合同包括：（1）与建造资产直接相关的提供服务的合同，例如由项目经理或设计师提供服务的合同；（2）为拆除或复原资产以及为拆除资产后进行的环境复原而订立的合同。

在《国际会计准则第18号》中，收入，是指企业在日常经营活动中形成的、导致本期内权益增加的经济利益的总流入，但不包括与权益参与者出资有关的权益增加。收入确认的时点遵循“实现原则（realisation principal）”，它是指，收入的确认以销售的完成或服务提供方履行义务的程度为基础。例如，《国际会计准则第18号》规定，当以下所有条件能够满足时，应确认商品销售收入：

（1）企业已将商品所有权上的重大风险和报酬转移给购货方；

（2）企业既没有保留通常与商品所有权相联系的继续管理权，也没有对已售出的商品实施实际控制；

（3）收入的金额能够可靠地计量；

（4）与交易相联系的经济利益很可能流入企业；

（5）与交易相关的已发生或将发生的成本能够可靠地计量。

此外，多个解释公告也涉及收入确认，包括：

（1）《国际财务报告解释公告第 13 号——客户忠诚度计划》；它规范了企业采用客户忠诚度计划来激励客户购买其商品或服务的会计处理。

（2）《国际财务报告解释公告第 15 号——房地产建造协议》；它规范了房地产建造协议适用《国际会计准则第 11 号》还是《国际会计准则第 18 号》范围的区分，以及房地产建造收入何时确认。

（3）《国际财务报告解释公告第 18 号——客户转让的资产》；它规范了企业自客户收取不动产、厂场和设备项目（或者收取为建造不动产、厂场和设备的现金），并将其用于使客户连接至其供应网络或使客户持续获得商品或劳务（或两者皆有）时的会计处理。

（4）《解释公告第 31 号——收入：涉及广告服务的易货交易》；它规范了企业以提供广告服务换取其客户的广告服务时，在什么情况下销售商能够按照易货交易中所接受或提供的广告服务的公允价值可靠的计量收入。

（5）《国际财务报告解释公告第 12 号——服务特许权协议》。它规范了通常称为“建造—运营—转移”（BOT）或“修复—运营—转移”或“公共—私营”等服务特许权协议的会计处理。

（二）存在的问题

相对于原美国公认会计原则，国际财务报告准则针对收入确认的准则规定相对较少，但这些准则也需要进一步完善。

1. 与资产和负债的定义不一致

与原美国公认会计原则类似，国际财务报告准则有关收入确认的准则也存在问题，企业应用相关准则在财务报表中所确认的收入金额，可能未如实反映其经济实质。这是因为，销售商品的收入确认很大程度上依赖于商品所有权上的风险和报酬何时转移给客户。因此，企业可能在客户已获得商品控制权的情况下，由于该商品的风险和报酬可能尚未向客户转移，仍然将该商品确认为其存货。但这种结果与 IASB 的资产定义存在矛盾，资产是指企业所控制的商品，而不是商品本身的风险和报酬。

此外，《国际会计准则第 18 号》中有关风险和报酬概念，可能在同时涉及销售商品和提供服务时出现问题。为了确定何时转移了商品的风险和报酬，企业可能会将销售商品和提供服务（如质量保证服务）作为整体交易进行考虑。这可能导致，企业在交付商品后就确认了所有收入，即使其仍然保留了提供质量保证服务的合同义务。因此，该收入并未如实反映向客户转移合同所有商品和服务的模式。此外，根据对应计服务费的计量方式，企业可能在履行其所有义务之前，就确认了该合同的所有利润。

2. 缺少指引

首先，原国际财务报告准则存在的一个问题，是缺少有关交付多项商品或服务的交易（即多重要素安排）的指引。《国际会计准则第 18 号》提到了类似多重要素安排的概念，在某些情况下，为了反映交易的实质，将（收入）确认条件应用于单项交易中可单独区分的各个部分是必要的（IAS18 para 13）。但是，《国际会计准则第 18 号》并未明确规定，单项交易在何时以及如何拆分为可单独区分的各个部分。有人将《国际会计准则第 18 号》的规定理解为，如果多重要素安排中的所有要素是一并出售的，则企业可以在交付了第一项要素时就确认所有收入。相反，也有人理解为，应当将所有收入递延到最后一项要素交付时才进行确认。此外，原国际财务报告准则也缺少如何计量多重要素安排的指引，不同企业可能对类似交易采用不同的计量方法，从而降低了不同企业之间收入的可比性。

其次，有关销售商品还是服务的区分是原国际财务报告准则存在的另一个问题。国际财务报告准则解释委员会（IFRIC）发布的《国际财务报告解释公告第 15 号——房地产建造协议》部分涉及了该问题，但仅针对房地产建造协议，未针对销售商品还是服务制定普遍、清晰的区分原则。在缺少对销售商品还是服务的明确区分原则的情况下，某些企业可能将房地产建造协议之类的合同作为提供房地产建造服务合同进行处理，在提供建造服务过程中确认收入；而其他企业则可能将相同的合同作为销售商品（房地产）合同进行处理，在该商品（房地产）所有权上所有风险和报酬向客户转移后一次确认收入。由此，不同企业之间的收入可比性较低。

3.《国际会计准则第 11 号》与《国际会计准则第 18 号》存在不一致

如果存在清晰的原则应用于不断变化的复杂交易，缺少具体指引也不会成为问题。然而，《国际会计准则第 11 号》与《国际会计准则第 18 号》的处理原则也存在不一致。例如，《国际会计准则第 11 号》对于建造合同收入确认的原则，似乎是在企业开展了合同约定的活动时即可确认收入，即使客户尚未控制及享有所建造项目所有权上的风险和报酬。相反，《国际会计准则第 18 号》对于销售商品收入确认的原则，则是仅在企业向客户转移了商品的控制及其所有权上的风险和报酬时，才能确认收入。

第二节 新收入准则制定历程

一、《国际财务报告准则第15号》修订历程

《国际财务报告准则第15号》从2002年6月启动修订到发布，历经2008年讨论稿、2010年征求意见稿、2011年第二次征求意见稿、2014年发布正式准则以及2016年对收入准则的澄清等几个阶段。

（一）2008年讨论稿

2002年6月，IASB和FASB启动了修订收入确认相关准则的联合项目。2008年12月，IASB和FASB发布了《讨论稿：对客户合同收入的初步观点》，该讨论稿阐述了IASB和FASB对于收入的初步观点，提出了一个基于合同的收入确认模型的一般原则，该模型采用以交易价格分摊为基础的计量方法。特别是，讨论稿还提出了“履约义务（performance obligations）”的概念，并将履行履约义务作为收入确认的基础。

讨论稿的反馈意见主要考虑了以下问题：

（1）仅以向客户交付商品或服务的时点为基础来识别履约义务。反馈意见者认为这可能不具可操作性，特别是某些在一段时间内交付的商品或服务，如某些建造合同。

（2）采用控制概念来确定商品或服务何时被交付。反馈意见者要求IASB和FASB进一步澄清控制概念的应用，以避免所有建造合同都只能采用“完成合同会计”，即仅在客户获得了已完成资产的法定所有权或标的实物时，才能确认收入。

（二）2010年征求意见稿

在考虑了针对该讨论稿的反馈意见后，IASB和FASB着手制定准则征求意见稿。2010年6月，IASB发布了《征求意见稿：客户合同收入》，相对应的，FASB也发布了一项会计准则更新的征求意见稿。反馈意见者支持征求意见稿提

议的收入确认核心原则，即企业确认的收入应当反映向客户交付所承诺的商品或服务，其金额应当反映企业预期在交换商品或服务时有权收回的对价。

征求意见稿的反馈意见主要考虑了以下问题：

（1）控制概念的具体应用，特别是，表明服务合同和在一段时间内交付资产合同的控制权已转移的因素；

（2）拆分商品和服务相关履约义务的原则。反馈意见认为，征求意见稿提议的原则可能导致合同被不适当地分解。

（三）2011 年第二次征求意见稿

2010 年征求意见稿的反馈意见提出了很多复杂的应用问题及修订意见，因此，IASB 和 FASB 于 2011 年 11 月发布了第二次征求意见稿。相较于第一次征求意见稿，第二次征求意见稿的收入确认模型受到了更多的支持。

第二次征求意见稿的反馈意见，可以分为三种类型：

（1）要求进一步澄清和精炼——例如，识别履约义务的条件，确定履约义务在何时履行，以及对可变对价估计的限制标准；

（2）实务应用中的难点——例如，资金的时间价值（即新收入准则所述的重大融资部分），以及追溯采用新收入准则的要求；

（3）不赞同以下问题相关的某些提议：

①识别亏损性履约义务；

②披露收入相关的信息；

③将新收入准则应用于许可；

④将分摊原则普遍应用于电信行业的合同。

（四）2014 年发布正式准则

2014 年 5 月 28 日，IASB 和 FASB 联合发布了修订完成的收入确认准则。其中，IASB 发布了《国际财务报告准则第 15 号》，FASB 发布了《主题 606》。《国际财务报告准则第 15 号》建立了向财务报表使用者报告有关企业与客户签订的合同产生的收入及现金流的性质、金额、时间和不确定性的原则。新准则实施后，现行国际财务报告准则下的几项准则同时失效：

（1）《国际会计准则第 11 号——建造合同》；

（2）《国际会计准则第 18 号——收入》；

（3）《国际财务报告解释公告第 13 号——客户忠诚度计划》；

(4)《国际财务报告解释公告第 15 号——房地产建造协议》;

(5)《国际财务报告解释公告第 18 号——客户转让的资产》;

(6)《解释公告第 31 号——收入：涉及广告服务的易货交易》。

(五) 2016 年对收入准则的澄清

在 2014 年 5 月发布《国际财务报告准则第 15 号》和《主题 606》之后，IASB 和 FASB 成立了收入确认联合过渡资源组（TRG），以确保新收入准则的顺利实施。TRG 的目标之一，是向 IASB 和 FASB 反映新收入准则的实施应用相关问题，以帮助 IASB 和 FASB 确定是否以及应当采取何种措施以进一步阐述这些问题。对于利益相关方提交的有关《国际财务报告准则第 15 号》的应用问题，实质上大部分均经过了 TRG 的讨论，并确定这些问题已在《国际财务报告准则第 15 号》的规定中得到了充分阐述。但是，TRG 讨论的其中五个议题表明，在如何应用新收入准则的规定时可能存在不同理解，因此，需要 IASB 和 FASB 重新考虑。这些议题包括：

(1) 识别履约义务;

(2) 主要责任人和代理人的判断;

(3) 知识产权许可;

(4) 可收回性;

(5) 非现金对价的计量。

此外，IASB 和 FASB 也收到利益相关方关于以下几个方面的实务简化处理问题：

(1) 在《国际财务报告准则第 15 号》过渡期之前发生的合同变更的会计处理;

(2) 对于选择完全追溯过渡法的企业，在《国际财务报告准则第 15 号》过渡期之前原收入准则下已完成合同的会计处理;

(3) 评价销项税（或类似税费）是否为代表第三方收取的。

IASB 和 FASB 讨论了以上五个议题及可能的实务简化处理问题，IASB 和 FASB 决定，分别对各自的《国际财务报告准则第 15 号》和《主题 606》进行澄清。

最终，IASB 于 2016 年 4 月发布了《对〈国际财务报告准则第 15 号〉的澄清》，对前述五项议题中的三项进行了澄清，即识别履约义务、主要责任人和代理人的判断以及知识产权许可。IASB 认为，没有必要对《国际财务报告准则第

15号》进行修订，以反映另外两项议题，即可收回性和非现金对价的计量。对于实务简化处理，IASB 对合同变更和已完成合同提供了过渡简化操作。

而 FASB 决定对《主题 606》进行更广泛的修订，并于 2016 年 3 月发布了《会计准则更新 2016 - 08 客户合同收入（主题 606）：主要责任人和代理人的判断（“总额法”或“净额法”报告收入）》，于 2016 年 4 月发布了《会计准则更新 2016 - 10 客户合同收入（主题 606）：识别履约义务和许可》，于 2016 年 5 月发布了《会计准则更新 2016 - 12 客户合同收入（主题 606）：有限范围的改进和实务简化处理》，于 2016 年 12 月发布了《会计准则更新 2016 - 20 对〈主题 606 客户合同收入〉的技术更正和改进》。

二、《企业会计准则第 14 号》修订历程

为切实解决我国现行准则实施中存在的具体问题，进一步规范收入确认、计量和相关信息披露，并保持我国企业会计准则与国际财务报告准则持续趋同，2017 年 7 月 5 日财政部借鉴《国际财务报告准则第 15 号》，并结合我国实际情况，修订并形成了《企业会计准则第 14 号——收入》（2017 年修订）。根据“财政部会计司有关负责人就新收入准则的修订完善和发布实施答记者问”介绍，该准则从起草到发布，大致经历了前期准备、起草、公开征求意见、测试和修改完善等几个阶段。

（一）前期准备阶段（2014 年 5 月至 2015 年 3 月）

一直以来，财政部密切关注 IASB 相关项目的进展，并结合我国实务积极反馈意见和建议。2014 年 5 月，在《国际财务报告准则第 15 号》发布之后，财政部成立了收入准则项目组，并启动了我国新收入准则的修订项目，在对《国际财务报告准则第 15 号》深入学习、研究并对我国收入准则实施情况充分调研的基础上，起草我国新收入准则，经多次反复修改，于 2015 年 3 月形成初稿。

（二）起草阶段（2015 年 3 月至 2015 年 12 月）

自 2015 年 3 月，财政部就新收入准则初稿采取多种方式听取会计师事务所和企业意见：一是多次组织部分会计师事务所召开座谈会，听取意见和建议；二是针对受新收入准则影响较大的行业，组织召开分行业座谈会，了解新收入

准则对这些行业的影响；三是赴北京、上海、广东等地开展实地调研，听取企业意见；四是与国税总局、国资委、证监会等部门沟通，听取意见。在上述工作的基础上，财政部草拟了新收入准则征求意见稿。

（三）公开征求意见阶段（2015 年 12 月至 2016 年 6 月）

2015 年 12 月 7 日，财政部印发了《企业会计准则第 14 号——收入（修订）（征求意见稿）》（以下简称“征求意见稿”），向社会公开征求意见。截至 2016 年 6 月 30 日，财政部共收到反馈意见 63 份，并对所有反馈意见进行了整理和分析。总体来看，大多数反馈意见基本认可新收入准则，并认为新收入准则既有助于更好地解决与收入确认、计量相关的实务问题，也切实履行了我国企业会计准则与国际财务报告准则持续趋同的承诺。与此同时，反馈意见也提出了一些高质量的修改意见，并建议在应用指南中给出更加详细的指引和示例以帮助企业在实务中的应用。此外，还有反馈意见认为应充分考虑收入准则修订对我国实务和资本市场的影响，建议分阶段实施新收入准则。对于反馈意见中的有效意见，财政部均予以吸收。

（四）测试阶段（2016 年 3 月至 2016 年 11 月）

征求意见稿发布之后，为了解其对实务工作的影响，财政部于 2016 年 3 月选择了 3 家央企和 4 家上市公司开展新收入准则的测试工作，包括同时在香港和美国上市的企业、同时在内地和香港上市的企业以及在内地上市的企业，涵盖电信、房地产、能源化工、交通运输、制造业等多个行业。结合上述企业的书面测试结果，财政部对征求意见稿进行了修改，同时形成了新收入准则测试报告。

（五）修改完善阶段（2016 年 11 月至 2017 年 7 月）

对于反馈意见提出的一些重点和难点问题，结合测试情况，财政部在深入研究的基础上，多次听取理论界和实务界专家的意见，并就有关难点问题向 IASB 相关人员进行了咨询。同时，财政部选取了部分可能受影响较大的行业，针对我国实务中常见的交易和业务类型，收集相关典型案例。在此基础上，财政部主动与各主要监管部门进行沟通，就新收入准则实施时间表和衔接规定达成共识，在履行财政部内部审核程序后，形成最终稿，并于 2017 年 7 月 5 日正式发布。

第三节　新收入准则主要内容概述

一、目标和范围

新收入准则的目标是确立企业在向财务报表使用者提供关于客户合同所产生的收入及现金流量的性质、金额、时间分布和不确定性等相关有用信息时应运用的原则，规范收入确认、计量和相关信息披露的要求。

新收入准则明确收入确认的核心原则是：企业确认收入的方式应当反映其向客户转让商品或提供服务的模式，其金额应当反映企业预期在交换商品或服务时有权收回的对价。

新收入准则适用于所有与客户之间的合同，但长期股权投资、合营安排、企业合并、金融工具、租赁、保险等准则规范的除外。另外，非客户合同产生的交易或事项的收入（如收到的股利、非货币性资产交换以及生物资产、投资性房地产及商品经济交易商的存货价值变动）、相同业务经营企业之间的非货币性资产交换不属于新收入准则的范围。当合同中仅有部分属于新收入准则时，应优先按照其他准则对其余部分进行处理。

二、收入确认原则发生根本变化

新收入准则下，企业只有在客户取得相关商品（或服务）的控制权时才能确认收入（“控制权转移模型”），该提议改变了传统“风险报酬转移模型”的收入确认方式。两者主要差异包括：

（1）“控制权转移模型”属于资产负债表观，“风险报酬转移模型”属于利润表观。在“控制权转移模型”下，商品和服务被看作向客户转移的资产，尽管服务不会被确认为一项资产，因为客户获得服务的同时就立即消耗了服务。而资产的定义中，是以控制为基础来决定资产是否被确认或终止确认的。因此，收入的实现，源于向客户承诺的资产控制权已转移给客户。“控制权转移模型”关注商品（或服务）何时在资产负债表中终止确认，从而产生收入；“风险报酬转移模型”关注收入何时在利润表中实现。

（2）用“控制权转移模型”来评价商品或服务是否转移，得出的结果更具一致性。当主体保留了商品或服务的部分风险和报酬，要合理判断商品或服务所有权相关的风险和报酬被转移了多大程度，是很难做到的，得出的结论可能各不相同。也就是说：“控制权转移模型”更关注定性分析“风险报酬转移模型”更关注定量分析，而定性分析结果较定量分析结果更可能一致。

（3）“风险报酬转移模型”可能在识别履约义务时得出矛盾的结论。例如，如果主体转移了一项产品，但是同时保留了该产品相关的部分风险，“风险报酬转移模型”可能认为，只有全部的风险都被消除以后，认定为一个履约义务才整体被转移。但是，以“控制权转移模型”为基础，则可能拆分为两个履约义务：商品和保留的服务，比如固定价格的维护服务。因此，履约义务在不同时点被转移。

三、收入确认“五步法”

基于上述收入确认核心原则，新收入准则设定了统一的收入确认计量的“五步法”模型，即识别与客户订立的合同、识别合同中的单项履约义务、确定交易价格、将交易价格分摊至各单项履约义务、履行每一单项履约义务时确认收入。具体如下：

步骤1：识别客户合同

合同，是指两个或两个以上的参与方之间订立的、产生了可执行权利和义务的安排。

新收入准则规定，仅当客户合同符合下列所有条件时，企业才应按新收入准则对其进行会计处理：（1）合同各方已批准合同并承诺履行其相应的义务；批准合同可以通过书面、口头或其他依照商业惯例采用的形式；（2）企业能够识别各方与拟转让商品或服务相关的权利；（3）企业能够识别拟转让商品或服务的付款条款；（4）合同具有商业实质。即企业未来现金流量的风险、时间或金额预计将因合同而发生改变；（5）企业很可能取得因向客户转让商品或服务而有权获得的对价。

企业与同一客户（或该客户的关联方）同时订立或在相近时间内先后订立的两份或多份合同，在满足下列条件之一时，应当合并为一份合同进行会计处理：（1）该两份或多份合同基于同一商业目的而订立并构成一揽子交易。

（2）该两份或多份合同中的一份合同的对价金额取决于其他合同的定价或履行情况。（3）该两份或多份合同中所承诺的商品或服务（或每份合同中所承诺的部分商品或服务）构成收入准则规定的单项履约义务。

此外，新收入准则对合同变更也提供了相关指引。

步骤2：识别履约义务

在合同开始日，企业应当评估与客户之间的合同所承诺的商品或服务，并确定这些承诺的商品或服务何时构成单项履约义务。履约义务，是指合同中企业向客户转让可明确区分商品或服务的承诺。

向客户承诺的商品或服务如果同时符合下列两个条件，则是可明确区分的：（1）客户能够从单独使用该商品或服务、或将其与客户易于获得的其他资源一起使用中获益（该商品或服务本身能够明确区分）；（2）企业向客户转让该商品或服务的承诺可与合同中的其他承诺区分开来（该商品或服务在合同范围内可明确区分）。

不可明确区分的商品或服务应当与其他商品或服务承诺合并，直至企业识别出一揽子可明确区分的商品或服务。

步骤3：确定交易价格

交易价格，是指企业因向客户转让商品或服务而预期有权收取的对价金额。在确定交易价格时，企业应当考虑以下影响：

（1）可变对价——合同中存在可变对价的，企业应当估计其因向客户转让承诺的商品或服务而有权获得的对价金额。企业估计可变对价可采用期望值法或最可能金额法。

（2）可变对价估计的限制——根据期望值法和最可能金额法估计的金额，并非全部都能确认为收入。只有在与可变对价相关的不确定性消除时，累计已确认的收入极可能不会发生重大转回的情况下，企业才应将所估计的部分或全部可变对价金额作为交易价格。

（3）重大融资成分——如果合同各方商定的付款时间为客户或企业提供涉及向客户转让商品或服务的重大融资利益，则在确定交易价格时，企业应当就货币的时间价值影响对承诺的对价金额作出调整。在这种情况下，合同包含重大融资成分。

（4）非现金对价——在有些情况下，客户向企业购买商品或服务而支付的对价形式可能是非现金形式的。当客户支付非现金对价的，企业应当按照非现金对价的公允价值确定交易价格。如果非货币性对价是可变的，企业应当考虑可变对价估计及其限制的规定。

（5）应付客户对价——如果应付客户对价是对来自客户的可明确区分的商品或服务进行的支付，则企业应当按其对向供应商进行的其他采购相同的方式对该商品或服务的购买进行会计处理。如果应付客户对价金额超出企业从客户取得的可明确区分的商品或服务的公允价值，则企业应当将该超出的部分作为交易价格的抵减处理。如果无法合理估计从客户取得的商品或服务的公允价值，企业应当将应付客户的所有对价作为交易价格的抵减处理。

步骤4：分摊交易价格

合同中包含两项或多项履约义务的，需要将交易价格分摊至各单项履约义务，分摊交易价格的目标是为了将交易价格向每一项履约义务（或可明确区分的商品或服务）分摊，分摊的金额应反映企业因向客户转让承诺的商品或服务而预计有权收取的对价金额。

企业应当在合同开始日，基于单独售价的相对比例将交易价格分摊至在合同中识别的每一项履约义务；但关于分摊折扣、分摊可变对价的情况除外。单独售价，是指企业向客户单独销售一项承诺的商品或服务的价格。

有时，交易价格包含一项折扣。对于合同折扣，企业应当在各单项履约义务之间按比例分摊。有确凿证据表明合同折扣仅与合同中一项或多项（而非全部）履约义务相关的，企业应当将该合同折扣分摊至相关一项或多项履约义务。

企业应当以合同开始时相同的基础，将合同后续变动后的交易价格向履约义务进行分摊。向已履行义务分摊的金额，应当在交易价格变动当期确认为收入，或者作为收入的抵减。

步骤5：确认收入

企业应当在履行了合同中的履约义务，即在客户取得相关商品或服务控制权时确认收入。取得相关商品或服务控制权，是指能够主导该商品或服务的使用并从中获得几乎全部的经济利益。

对于根据新收入准则规定识别的每一项履约义务，企业应当在合同开始时确定其是在一段时间内履行履约义务，还是在某一时点履行的履约义务。如果企业并非在一段时间内履行履约义务，则履约义务是在某一时点履行的。如果符合下列条件之一，则企业是在一段时间内转移对商品或服务的控制，从而在一段时间内履行履约义务及确认收入：

（1）客户在企业履约行为的同时取得及消耗企业履约所提供的利益；

（2）企业的履约行为创造或改良了客户在资产被创造或改良时就控制的资

产（例如，在产品）；

（3）企业的履约行为并未创造一项可被企业用于其他替代用途的资产，并且企业具有就迄今为止已完成的履约部分获得客户付款的可执行权利。

四、合同成本

新收入准则规范了取得或履行客户合同的成本相关会计处理。

取得合同的增量成本——取得合同的增量成本是企业为取得与客户之间的合同而发生的、若未取得合同则不会发生的成本（例如，销售佣金）。如果企业预计将收回取得与客户之间的合同的增量成本，则企业应将这些成本确认为一项资产。

履行合同的成本——如果已发生的履行与客户之间的合同的成本不属于其他准则（例如，存货准则、固定资产准则及无形资产准则）的范围，企业应在因履行合同而发生的成本符合条件的情况下，将该成本确认为一项资产。

五、收入相关的披露

新收入准则还包括一套连贯一致的披露要求，这些要求将使企业能够向财务报表使用者提供关于企业与客户之间合同产生的收入及现金流量的性质、金额、时间和不确定性的综合信息。

第四节　生效日期及衔接规定

一、生效日期

（一）《国际财务报告准则第 15 号》

《国际财务报告准则第 15 号》的生效日期是自 2018 年 1 月 1 日或之后开始的年度报告期间，允许提前采用，并应进行披露。

（二）《企业会计准则第 14 号》

《企业会计准则第 14 号》采用了分步实施的方法：在境内外同时上市的企业以及在境外上市并采用国际财务报告准则或企业会计准则编制财务报表的企业，自 2018 年 1 月 1 日起施行；其他境内上市企业，自 2020 年 1 月 1 日起施行；执行企业会计准则的非上市企业，自 2021 年 1 月 1 日起施行。同时，允许企业提前执行。

二、衔接规定

（一）《国际财务报告准则第 15 号》

2016 年 4 月，IASB 修订了《国际财务报告准则第 15 号》，允许企业：（1）在完全追溯法下，在最早列报期间期初前已完成的合同，不需要进行追溯；（2）在修正追溯法下，仅对首次采用日未完成的合同，或者对包括已完成合同的所有合同适用《国际财务报告准则第 15 号》；（3）在任意过渡方法下，在评价合同修改时，出于过渡目的，可以采用“后见之明”进行评价。

对于已完成合同的剩余处理，包括仍然需要确认的收入，在首次采用日之后，均应按照现行国际财务报告准则规定的会计政策进行处理，即按照《国际会计准则第 11 号》、《国际会计准则第 18 号》及相关解释公告进行处理。

《国际财务报告准则第 15 号》定义了以下术语：

首次采用日——是指企业首次采用《国际财务报告准则第 15 号》的报告期间的起始日。例如，某企业的年度报告期末为 6 月 30 日，则无论选择哪种过渡方法，强制的首次采用日为 2018 年 7 月 1 日。

已完成合同——是指企业已转让根据《国际会计准则第 11 号——建造合同》、《国际会计准则第 18 号》及相关解释公告识别的所有商品或服务的合同。根据企业选择采用《国际财务报告准则第 15 号》的过渡方法，如果企业在首次采用日之前存在已完成合同，即使尚未收到合同对价或者对价仍然是可变的，企业也不需要对此类合同适用《国际财务报告准则第 15 号》。

已完成和未完成合同的判断示例如下：

已完成合同——零售商于 2017 年 12 月 31 日向客户销售商品，并立即进行了交付。该客户仅有较少的信用历史。因此，零售商要求客户立即支付一半的对价，另一半在60天内支付。根据《国际会计准则第18号》，零售商在销售时点确认了一半的对价。但是，零售商得出结论，剩余部分对价不是很可能收回，并递延确认该部分金额。由于商品已在新准则的首次日之前向客户交付，该合同属于新准则所定义的已完成合同。

未完成合同——企业在2017年1月31日涉及一项合同，需要向客户提供服务及奖励积分。根据《国际财务报告解释公告第13号》，企业应当将合同总对价向授予的奖励积分进行分摊，并将该部分金额递延到2018年1月15日该积分被兑换后再确认为收入。企业在6个月内完成了承诺服务，并在《国际会计准则第18号》规定的期限内确认了该部分服务相关的收入。在新准则首次采用日，企业尚未履行奖励积分相关义务。因此，该合同属于新准则下的未完成合同。

完全追溯采用法

企业选择采用完全追溯采用法，则需要根据《国际会计准则第8号——会计政策、会计估计和差错更正》的规定，对财务报表报告期内所有合同适用《国际财务报告准则第15号》，可采用前述某些实务简化处理的除外。

企业应按照《国际会计准则第8号——会计政策、会计估计变更和差错》追溯调整所列报的每一个前期报告期间，并可采用附录三生效日期和过渡性规定第5段所述的实务简化方法［IFRS15 paraC3］。

在根据附录三生效日期和过渡性规定第C3（1）段追溯应用新收入准则时，企业可采用下列一种或多种实务简化方法：（1）对于已完成的合同，企业无需重述在同一年度报告期间内开始和结束的合同；（2）对于具有可变对价的已完成合同，企业可使用合同完成日的交易价格而无需对可比报告期间内的可变对价金额进行估计；（3）对于列报的所有首次采用日前的报告期间，企业无需披露分摊至剩余履约义务的交易价格金额及说明企业预计这些金额何时确认为收入［IFRS15 paraC5］。

对于企业所采用的附录三生效日期和过渡性规定第5段所述的任何实务简化方法，企业应将其一致地应用于所列报的所有报告期间内的全部合同。此外，企业应当披露下列所有信息：（1）所采用的实务简化方法；（2）在合理可能的范围内，就应用的每一项实务简化方法的估计影响所作的定性分析［IFRS15 paraC6］。

尽管上述实务简化方法提供了一定程度的简化，但企业仍然需要进行某些判断和评估。例如，当存在一系列销售价格时，企业需要运用判断来评估单独销售价格；如果长时间内存在多个履约义务或合同修订，企业需要将交易价格向已履行和未履行的履约义务进行分摊。此外，如果企业对合同修订采用实务简化处理，则仍然需要对最早列报期间期初后修订的合同适用新准则的合同修订相关规定。

修正的追溯采用法

企业选择采用修正的追溯采用法的相关规定如下：

企业应根据附录三生效日期和过渡性规定第 C7 段至第 C8 段追溯调整，并在首次采用日确认首次采用新收入准则的累积影响［IFRS15 paraC3］。

在根据附录三生效日期和过渡性规定第 C3（2）段追溯应用新收入准则，企业应将首次采用新收入准则的累积影响确认为对包含首次采用日的年度报告期间的期初留存收益（或其他权益组成部分，如适当）余额的调整。在这种过渡方法下，企业仅需对在首次采用日（例如，对于年度截止日为 12 月 31 日的企业为 2017 年 1 月 1 日）尚未完成的合同追溯应用新收入准则。

根据第 C3（2）段规定追溯采用新准则的企业，也可以采用第 C5（3）段所述的实务简化方法，并针对以下任意合同修订：（1）最早列报期间期初之前发生的所有合同修订；或者（2）在首次采用日之前发生的所有合同修订［IFRS15 paraC7］。

对于包含首次采用日的报告期间，如果企业按照附录三生效日期和过渡性规定第 C3 段（2）追溯应用新收入准则，则应当提供下列两项额外披露：（1）与采用在本次变更前生效的《国际会计准则第 11 号》、《国际会计准则第 18 号》及相关解释公告相比，应用新收入准则对本报告期每个财务报表单列项目的影响金额；（2）对附录三生效日期和过渡性规定第 C8（1）段所识别的重大变动的原因的解释［IFRS15 paraC8］。

如果企业采用了该实务简化处理，则应当对所有合同一致的采用该处理，并根据第 C6 段的要求披露相关信息。

企业如果选择了修正的追溯法，则仅需要在财务报表列报当期（首次采用当期）追溯采用新准则。如果这样，企业需要将首次采用新收入准则的累积影响确认为对包含首次采用日的年度报告期间的期初留存收益（或其他权益组成部分，如适当）余额的调整。

在该方法下，《国际财务报告准则第 15 号》适用于首次采用日（例如，2018 年 1 月 1 日）的所有合同，或者仅适用于在首次采用日尚未完成的合同。根据企业所选择采用的方法，其将评价全部的合同，或者仅仅是那些在首次采用日之前未完成的合同。企业需披露其如何采用修正的追溯调整法，即针对全部合同，还是仅仅为在首次采用日之前未完成的合同。

企业可以选择对首次采用日的全部合同采用修正的追溯调整法，从而与采用日后的类似合同采用相同的会计处理。例如，零售商在 2017 年 12 月 31 日销售，该合同被认定为在首次采用日（2018 年 1 月 1 日）已完成的合同。如果零售商仅对未完成的合同采用新准则，则不需要对这些未完成合同收入进行重述，并在采用 IFRS15 后，对其剩余收入继续按原准则（IAS 18）确认。但是，在 2018 年 1 月 1 日之后的任何类似销售，都应按 IFRS15 的要求确认。因此，如果零售商要对类似交易采用相同的会计处理模型，则应对所有合同采用新准则，不仅是对那些未完成的合同。

在修正追溯调整法下，企业将：

（1）根据《国际会计准则第 11 号》、《国际会计准则第 18 号》及相关解释公告，编报比较期间报表。

（2）在生效日之后，对新合同或现有合同（全部合同，或者未完成合同）采用《国际财务报告准则第 15 号》。

（3）将累积追加调整确认为对包含首次采用日的年度报告期间的期初留存收益（或其他权益组成部分，如适当）余额的调整。

（二）《企业会计准则第 14 号》

首次执行新收入准则的企业，应当根据首次执行新收入准则的累积影响数，调整首次执行新收入准则当年年初留存收益及财务报表其他相关项目金额，对可比期间信息不予调整。企业可以仅对在首次执行日尚未完成的合同的累积影响数进行调整。同时，企业应当在附注中披露，与收入相关会计准则的原规定相比，执行新收入准则对当期财务报表相关项目的影响金额，如有重大影响的，还需披露其原因。

已完成的合同，是指企业按照与收入相关会计准则制度的原规定已完成合同中全部商品的转让的合同。尚未完成的合同，是指除已完成的合同之外的其他合同。

对于最早可比期间期初之前或首次执行新收入准则当年年初之前发生的合同变更，企业可予以简化处理，即无须按照新收入准则第八条规定进行追溯调整，而是根据合同变更的最终安排，识别已履行的和尚未履行的履约义务、确定交易价格以及在已履行的和尚未履行的履约义务之间分摊交易价格。

企业采用该简化处理方法的，应当对所有合同一致采用，并且在附注中披露该事实以及在合理范围内对采用该简化处理方法的影响所作的定性分析。

综上，在衔接规定方面，经征求监管部门及部分企业意见，我国收入准则采用了简化方法，以便于我国企业之间的财务报表信息可比，并避免追溯调整对企业产生的影响。

第五节　国内外新收入准则的差异对比

一、《国际财务报告准则第15号》与《主题606》

2014年5月，通过新修订的两项收入确认准则，IASB和FASB达到了其目标，对客户合同收入会计处理得出了相同的结论。但是，在2014年5月发布的两项收入准则中，仍然存在以下细微差异。

1. 可收回性阈值

IASB和FASB在企业确认收入应满足的条件中，设定了一项明确的可收回性阈值。满足条件的合同，企业应当确定很可能收回其向客户交付承诺商品或服务而有权收回的对价。在设定该阈值时，IASB和FASB承认，“很可能”一词，在美国公认会计原则和国际财务报告准则中的含义是不相同的。但是，IASB和FASB决定，将该阈值水平的设定与各自的原收入准则规定和实务保持一致。

2. 中期披露规定

IASB和FASB指出，各自的中期财务报告指引（《国际会计准则第34号——中期财务报告》和《主题270——中期报告》）应当适用于客户合同收入。但是，IASB决定对《国际会计准则第34号》进行修订，以规范中期财务报表中客户合同收入的分解信息的披露。FASB也作出类似决定，通过修订《主题270》要求公众企业在其中期财务报表中披露收入的分解信息，同时要求以中期为基础，披露合同余额和剩余履约义务相关的信息。

3. 生效日期和提前采用

《国际财务报告准则第15号》的生效日期是自2018年1月1日或之后开始

的完整会计年度，允许提前采用。而《主题 606》对于公众企业和非公众企业的生效日期和提前采用的要求不同。其中，对于公众企业，生效日期是自 2017 年 12 月 15 日之后开始的完整会计年度，允许提前采用但不得早于 2016 年。对于非公众企业，生效日期是 2018 年 12 月 15 日之后开始的完整会计年度，允许提前采用，但不得早于公众企业的生效日期。

4. 减值损失的转回

《国际财务报告准则第 15 号》要求企业根据《国际会计准则第 36 号——资产减值》的规定，对与取得或履行合同成本相关的资产减值损失进行转回。在美国公认会计原则下，《主题 606》不允许企业转回此类资产减值损失。

5. 非公众企业相关规定

《主题 606》适用于非公众企业，并包括某些披露、转换和生效日期的特定规定。《国际财务报告准则第 15 号》不包括此类指引，相应地，《中小企业国际财务报告准则》适用于不具有公共责任的企业。

2016 年 4 月，IASB 发布了《对〈国际财务报告准则第 15 号〉的澄清》，该澄清与 FASB 发布的对《主题 606》的修订，在某些方面存在差异。主要包括：

1. 可收回条件

FASB 决定修改《主题 606》第 606－10－25－1（5）段（对应《国际财务报告准则第 15 号》第 9（5）段），并增加应用指引和示例，以澄清企业应当评价的是合同中即将向客户转让的商品或服务承诺对价的可收回性，而不是合同中所有承诺商品或服务承诺对价的可收回性。IASB 未对《国际财务报告准则第 15 号》进行相应修订。

2. 不满足步骤 1 条件的客户合同收入确认

FASB 决定修改《主题 606》第 606－10－25－7 段（对应《国际财务报告准则第 15 号》第 15 段），增加一项可将所取得对价确认为收入的情形：（1）企业已转让了所取得对价相关的商品或服务的控制权；（2）企业已停止转让额外的商品或服务，且不具有转让额外商品或服务的义务；（3）从客户取得的对价不再返还。IASB 未对《国际财务报告准则第 15 号》进行相应修订。

3. 合同范围内承诺的不重要商品或服务

FASB 决定修改《主题 606》，明确若承诺商品或服务在客户合同范围内不重要，则企业不需要评价其是否属于履约义务。IASB 未对《国际财务报告准则第 15 号》进行类似修订。

4. 运输和装卸活动

FASB 决定修改《主题 606》，作为可选择的会计政策，允许企业将客户已获得商品控制权之后发生的运输和装卸活动，作为履行履约义务活动进行会计处理。IASB 未对《国际财务报告准则第 15 号》进行类似修订。

5. 销售税的列报

FASB 决定修改《主题 606》，增加一项可选择的会计政策，允许企业将政府机构认定的、自特定产出收入的交易征收及发生，并向客户收取的所有税金从所计量的交易价格中扣除，例如，销售税、使用税、增值税和某些消费税。IASB 未对《国际财务报告准则第 15 号》进行类似修订。

6. 非现金对价

FASB 决定修改《主题 606》，要求非现金对价以合同开始时的公允价值计量。同时指出，可变对价限制仅适用于那些并非因对价形式变动而产生的非现金对价公允价值的可变性估计。IASB 未对《国际财务报告准则第 15 号》进行类似修订。

7. 许可

（1）授予知识产权许可时确定企业承诺的性质。《国际财务报告准则第 15 号》和《主题 606》要求企业在授予一项许可时，评价其性质是获取企业知识产权的权利，还是使用企业知识产权的权利。FASB 决定修订确定许可性质的条件，要求企业在区分知识产权许可的功能性和象征性时，以知识产权是否具有重大独立功能为基础。一项功能性的知识产权许可，被认定为一项使用知识产权的权利；而一项象征性的知识产权许可，被认定为获得标的知识产权的权利。IASB 并未修订《国际财务报告准则第 15 号》确定许可性质的条件，但进一步澄清了在评价企业的活动是否对客户享有权利的知识产权具有重大影响时，应当依据此类活动是否影响知识产权向客户提供利益的能力。

（2）识别许可的合同限制和履约义务。FASB 决定修订《主题 606》，澄清区分许可性质时的合同限制，不能替代有关识别合同承诺许可数量的要求。IASB 未对《国际财务报告准则第 15 号》进行类似修订。

（3）知识产权许可的续期。FASB 决定修订《主题 606》，增加额外示例，明确企业一般不应在许可续期期间开始之前，确认许可续期产生的收入。IASB 未对《国际财务报告准则第 15 号》进行类似修订。

（4）考虑企业承诺授予许可性质的时点。FASB 决定明确指出，企业应当在对单个履约义务，包括许可及其他商品或服务，采用一般收入确认模型时考虑其承诺授予许可的性质。IASB 未对《国际财务报告准则第 15 号》进行类似修订。

8. 已完成合同

FASB 决定修订已完成合同的定义，将已完成合同定义为遵循原收入准则已确认了全部（或实质上全部）收入的合同。IASB 未对《国际财务报告准则第 15 号》进行类似修订。此外，IASB 增加了一项实务简化处理，允许企业根据第 C3（1）段采用《国际财务报告准则第 15 号》，不再对最早列报期间期初已完成的合同进行追溯。FASB 未提供类似实务简化处理。

9. 合同变更实务简化处理的适用日期

FASB 决定，在根据第 606－10－65－1（d）（2）段（对应《国际财务报告准则第 15 号》第 C3（2）段）采用《主题 606》时，企业应当在首次采用日适用该实务简化处理。但是，IASB 决定，企业根据第 C3（2）段采用《国际财务报告准则第 15 号》时，可以选择以下任意时点适用该实务简化处理：（1）最早列报期间期初；或者（2）首次采用日。

二、《国际财务报告准则第 15 号》与《企业会计准则第 14 号》

《企业会计准则第 14 号》（2017 年修订）与《国际财务报告准则第 15 号》实质趋同。但是，考虑到我国市场环境和实务，我国《企业会计准则第 14 号》（2017）及其应用指南相关规定，与《国际财务报告准则第 15 号》仍然存在诸多细微差异。其中，财政部官方明确的差异包括余值法的采用、重大融资成分的折现率、与合同成本有关的资产的减值、准则实施范围和时间安排、准则实施的衔接规定等方面。此外，还存在其他细微差异，这些差异中有的可能构成国内外准则的实质性差异，有的则不属于实质性差异。

（一）收入的定义

《企业会计准则第 14 号》（2017）及其应用指南对收入、日常活动进行了定义和描述，基本沿用了原准则的内容。《国际财务报告准则第 15 号》对收入的定义有细微修订，引用了 2010 年版《财务报告概念框架》以下简称（《概念框架》（2010））中对收益、收入的描述。因此，国际收入准则下的收入是收益的一个子集，它产生于企业的日常活动，而我国基本准则未引入收益的概念。

1.《企业会计准则第 14 号》（2017）及其应用指南规定

《企业会计准则第 14 号》（2017）第二条规定，“收入，是指企业在日常活动中形成的、会导致所有者权益增加的、与所有者投入资本无关的经济利益的总流入”。

《〈企业会计准则第14号〉应用指南》（2018）进一步解释，“日常活动，是指企业为完成其经营目标所从事的经常性活动以及与之相关的活动。例如，工业企业制造并销售产品、商品流通企业销售商品、咨询公司提供咨询服务、软件公司为客户开发软件、安装公司提供安装服务、建筑企业提供建造服务等，均属于企业的日常活动。日常活动所形成的经济利益的流入应当确认为收入”。

2.《国际财务报告准则第15号》规定

《国际会计准则第18号》第7条规定，“收入，指企业在正常经营活动中形成的、导致本期内权益增加的经济利益的总流入，但不包括与权益参与者出资有关的权益增加”。该定义与《企业会计准则第14号》（2017）收入定义一致。

《国际财务报告准则第15号》附录一术语定义中指出，“收益，是指会计期间内经济利益的增加，其形式表现为因资产流入、资产增加或是负债减少而引起的权益增加，但不包括与权益参与者出资有关的权益增加。收入，是在企业的正常活动中产生的收益”。该定义直接引用了《概念框架》（2010）中对收益、收入的描述，而不是《国际会计准则第18号》中的收入定义。IASB认为，在原收入准则的定义提到“经济利益的总流入”，可能被误读为企业应当将客户为商品或服务预付的款项确认为收入，但《国际财务报告准则第15号》的收入确认原则是企业履行了客户合同相关的履约义务［IFRS15 paraBC29］。

（二）收入确认和计量的核心原则

《企业会计准则第14号》（2017）准则正文未明确提及收入确认的核心原则。作为准则正文的补充，《〈企业会计准则第14号〉应用指南》（2018）明确提出了收入确认的核心原则，从而与《国际财务报告准则第15号》保持一致。

1.《企业会计准则第14号》及其应用指南规定

《〈企业会计准则第14号〉应用指南》（2018）明确提出收入确认的核心原则：企业收入确认的方式应当反映其向客户转让商品或服务的模式，收入的金额应当反映企业因转让这些商品或提供这些服务而预期有权收取的对价金额，以如实反映企业的生产经营成果，核算企业实现的损益［CAS 14 paraAG p1］。上述核心原则是贯穿于收入确认“五步法”的基本原则。

2.《国际财务报告准则第 15 号》规定

《国际财务报告准则第 15 号》第 2 段规定："新收入准则的核心原则为：企业确认收入的方式应当反映向客户转让商品或服务的模式，而确认的金额应反映企业预计因交付这些商品或服务而有权获得的对价"。IASB 在《国际财务报告准则第 15 号》结论基础 BC16 – BC27 解释了该核心原则两个方面的含义。

（三）涉及国际准则下《概念框架》的新概念

《〈企业会计准则第 14 号〉应用指南》（2018）中多次提到"如实反映"、"有用信息"等概念。这些概念属于 IASB 在 2010 年、2018 年修订《财务报告概念框架》引入的新概念，我国基本准则尚未引入这些概念，但在《〈企业会计准则第 14 号〉应用指南》（2018）中已有所体现。

《概念框架》（2010）所设定的有用财务信息质量特征如表 1 – 1 所示，其中，"如实反映"属于有用财务信息质量特征中基本质量特征之一。

表 1 – 1　《概念框架》（2010）信息质量特征层级

基本质量特征	次级质量特征	提升质量特征
相关性	重要性	可比性 可验证性 及时性 可理解性
如实反映	完整性 无错和中立 实质重于形式 谨慎性	

"如实反映"替代了原质量特征中的"可靠性"，IASB 在 2018 年修订后的《财务报告概念框架》（以下简称《概念框架》（2018））中强调，"如实反映"与"可靠性"实质上是一致的，两者含义对比如表 1 – 2 所示。

表 1 – 2　《概念框架》（2018）对"可靠性"与"如实反映"的澄清

可靠性	如实反映
使用者能够依赖的，如实反映其意图反映的经济现象	如实反映其意图反映的经济现象
完整	完整
中立	中立
无重大错误或偏差	无错和中立
实质重于形式	实质重于形式
谨慎性	谨慎性

（四）与非货币性资产交换准则的关系

对于收入准则与非货币性资产交换准则的关系，《企业会计准则第 14 号》（2017）正文未明确提及，但财政部在准则发布文件中提及了新收入准则与非货币性资产交换准则之间的关系，《〈企业会计准则第 14 号〉应用指南》（2018）纳入了该部分内容。而国际财务报告准则并未单独制定非货币性资产交换的相关准则，其对非货币性资产交换的处理原则分布在各个具体准则中。

1.《企业会计准则第 14 号》及其应用指南规定

《〈企业会计准则第 14 号〉应用指南》（2018）“二、关于适用范围”指出，“企业以存货换取客户的存货、固定资产、无形资产等，按照新收入准则的规定进行会计处理；其他非货币性资产交换，按照《企业会计准则第 7 号——非货币性资产交换》的规定进行会计处理。企业处置固定资产、无形资产等，在确定处置时点以及计量处置损益时，按照新收入准则的有关规定进行处理”。

同时，在“四、关于收入的确认”“（一）识别客户订立的合同”解释合同存在 5 个条件时，进一步解释了，“合同具有商业实质，是指履行该合同将改变企业未来现金流量的风险、时间分布或金额。关于商业实质，应按照《企业会计准则第 7 号——非货币性资产交换》的有关规定进行判断。需要说明的是，没有商业实质的非货币性资产交换，无论何时，均不应确认收入。从事相同业务经营的企业之间，为便于向客户或潜在客户销售而进行的非货币性资产交换（例如，两家石油公司之间相互交换石油，以便及时满足各自不同地点客户的需求），不应当确认收入”。

2.《国际财务报告准则第 15 号》规定

国际财务报告准则下，并未单独制定非货币性资产交换相关准则，对于非货币性资产交换的处理原则分散在各个准则中，主要包括：《国际会计准则第 16 号——不动产、厂房及设备》；《国际会计准则第 38 号——无形资产》；《国际会计准则第 40 号——投资性房地产》；以及《国际会计准则第 18 号——收入》（《国际财务报告准则第 15 号——客户合同收入》）。

《国际财务报告准则第 15 号》第 5（4）段强调，该准则不适用于“从事相同业务经营的企业之间为便于向客户或潜在客户销售而进行的非货币性交换。例如，新收入准则不适用于两家石油公司之间同意交换石油以便及时满足其位于不同指定地点的客户需求的合同”。

（五）无需退回款项的确认条件

对于不满足合同存在五个条件情况下，已向客户收取且无需退回款项，何时可以确认为收入，《企业会计准则第 14 号》（2017）所规定的确认条件，与《国际财务报告准则第 15 号》相关规定有所差异。但是，通过《〈企业会计准则第 14 号〉应用指南》（2018）进一步补充解释，对无需退回款项的确认与国际准则实质一致。

1.《企业会计准则第 14 号》及其应用指南规定

《企业会计准则第 14 号》（2017）第六条规定，“对于不符合新收入准则第五条规定的合同，企业只有在不再负有向客户转让商品或服务的剩余义务，且已向客户收取的对价无需退回时，才能将已收取的对价确认为收入；否则，应当将已收取的对价作为负债进行会计处理”。

《〈企业会计准则第 14 号〉应用指南》（2018）在“四、关于收入的确认”“（一）识别客户订立的合同”中进一步补充解释，“其中，企业向客户收取无需退回的对价的，应当在已经将该部分对价所对应的商品的控制权转移给客户，并且已经停止向客户转让额外的商品，也不再负有此类义务时；或者，相关合同已经终止时，将该部分对价确认为收入”。其中，“或者，相关合同已经终止时，将该部分对价确认为收入”，实质上是应用指南在准则正文基础上，新增加的一个确认条件。同时，应用指南也进一步澄清，此类无需退回款项确认条件之一，是“已经停止向客户转让额外的商品”（而不是实务理解的“停止向客户追索合同对价”），该部分内容来源于收入过渡资源组的讨论。

2.《国际财务报告准则第 15 号》规定

《国际财务报告准则第 15 号》第 15 段指出，对于不满足合同存在五个条件情况下，已向客户收取且无需退回款项，“仅当下列任一事件发生时，企业才应当将所取得的对价确认为收入：（1）企业并不具有向客户转让商品或服务的剩余义务，并且企业已取得客户所承诺的全部或几乎全部对价且对价不可返还；或者（2）合同已终止且客户支付的对价不可返还”。

在发生上述任一事件或满足合同存在条件之前，企业应将客户支付的对价确认为一项负债。根据与合同相关的具体事实和情况，所确认的负债代表企业在未来转让商品或服务的义务或者返还已取得对价的义务。在上述任一种情形下，负债均应按客户所支付的对价金额计量［IFRS15 para. 16］。

（六）可能性阈值的差异

在新收入准则下，涉及可能性阈值评价包括两个部分：（1）合同存在条件。《企业会计准则第 14 号》（2017）第五（五）条［对应 IFRS15 para. 9（5）］规定，“企业因向客户转让商品或服务而有权取得的对价很可能收回”。（2）可变对价估计限制。《企业会计准则第 14 号》（2017）第十六条［对应 IFRS15 para. 56］规定，“包含可变对价的交易价格，应当不超过在相关不确定性消除时累计已确认收入极可能不会发生重大转回的金额”。

对于上述规定中“很可能”、“极可能”的定义，我国准则和国际准则的规定有所不同。但是，在新收入准则下，对此类可能性阈值的评价，更多的是关注定性分析，而不是定量分析［IFRS15 paraBC212］，因此不宜过多关注可能性阈值的具体概率。

1. 企业会计准则相关规定

在我国企业会计准则下，或有事项准则将可能性阈值分为基本确定、很可能、可能、极小可能四个层级。根据《〈企业会计准则第 13 号——或有事项〉应用指南》，几种可能性对应概率如表 1－3 所示：

表 1－3　　企业会计准则下可能性阈值具体概率区间

结果的可能性	对应的概率区间
基本确定	大于 95% 但小于 100%
很可能	大于 50% 但小于或等于 95%
可能	大于 5% 但小于或等于 50%
极小可能	大于 0 但小于或等于 5%

在新收入准则下，对于合同存在条件时“很可能”的评价，《〈企业会计准则第 14 号〉应用指南》（2018）并未明确其是否与或有事项准则中的“很可能”一致，也未具体规定其概率范围。

《〈企业会计准则第 14 号〉应用指南》（2018）在可变对价估计限制规定中，进一步解释了“极可能”的定义及其概率，即企业在评估与可变对价相关的不确定性消除时，累计已确认的收入金额是否极可能不会发生重大转回时，应当同时考虑收入转回的可能性及转回金额的比重。其中，“极可能”是一个比较高的门槛，其发生的概率应远高于“很可能（即可能性超过 50%）”，但不要求达到“基本确定（可能性超过 95%）”，其目的是避免因为一些不确定性因素的发生导致之前已经确认的收入发生转回［CAS 14（2017）AG p56］。

2. 国际财务报告准则相关规定

在国际财务报告准则下，主要对“很可能”、“极可能”进行了定义：

（1）很可能，是指该事项多半会发生（即该事项发生的可能性比其不发生的可能性大）（IAS37 para23）。

（2）极可能，是指比很可能的可能性要大得多（IFRS5）。

（七）余值法的适用范围

《〈企业会计准则第 14 号〉应用指南》（2018）“附录二《企业会计准则第 14 号——收入》修订说明”指出，余值法是企业在估计单独售价时可以采用的方法之一。在征求意见稿中，财政部借鉴了《国际财务报告准则第 15 号》的规定，要求只有在非常有限的情况下，才可以采用余值法估计单独售价。但根据有关方面的反馈意见，建议考虑我国市场环境和实务需要，允许余值法在更大范围内采用。财政部吸收了该建议，在新收入准则中弱化了对于余值法使用要求的限制。

1. 《企业会计准则第 14 号》及其应用指南规定

根据《企业会计准则第 14 号》（2017）规定，合同中包含两项或多项履约义务的，企业应当在合同开始日，按照各单项履约义务所承诺商品或服务的单独售价的相对比例，将交易价格分摊至各单项履约义务［CAS 14（2017）第二十条］。单独售价无法直接观察的，企业应当综合考虑其能够合理取得的全部相关信息，采用市场调整法、成本加成法、余值法等方法合理估计单独售价。余值法，是指企业根据合同交易价格减去合同中其他商品或服务可观察的单独售价后的余值，确定某商品或服务单独售价的方法［CAS 14（2017）第二十一条］。

《〈企业会计准则第 14 号〉应用指南》（2018）进一步解释，企业在商品近期售价波动幅度巨大，或者因未定价且未曾单独销售而使售价无法可靠确定时，可采用余值法估计其单独售价。如果合同中存在两项或两项以上的商品，其销售价格变动幅度较大或尚未确定，企业可能需要采用多种方法相结合的方式，对合同所承诺的商品的单独售价进行估计。同时强调，企业采用多种方法相结合的方式估计合同所承诺的每一项商品的单独售价时，应当评估该方式是否满足交易价格分摊的目标，即企业分摊至各单项履约义务（或可明确区分的商品）的交易价格能够反映其因向客户转让已承诺的相关商品而预期有权收取的对价金额［CAS 14（2017）AG p67－68］。

根据上述规定及解释，在国内准则下，采用市场调整法、成本加成法、余值法，并无明确的先后顺序限制，但强调需考虑所采用方式是否满足交易价格分摊的目标。

2.《国际财务报告准则第15号》规定

《国际财务报告准则第15号》强调，企业应最大限度地使用可观察的输入值，并对相似情形一致地应用估计方法［IFRS15 para 8］。因此，企业仅在满足下列条件之一时才可采用余值法估计商品或服务的单独售价：（1）企业（在同一时间或接近同一时间）以差异范围较大的金额向不同客户出售同一种商品或服务（即售价的可变程度极高，因为无法从以往的交易或其他可观察的证据中辨别出具有代表性的单独售价）；或者（2）企业尚未对该商品或服务进行定价，且该商品或服务之前未曾单独出售过（即售价尚不确定）［IFRS15 para 79（3）］。

在制定《国际财务报告准则第15号》时，部分反馈意见者建议对估计商品或服务单独售价的方法，指定一个适用层级。这是因为，明确规定确定单独售价的证据层级（并要求使用该层级进行披露）将提高企业所报告的收入质量和可靠性。此类反馈意见者建议的层级与此前收入准则中的层级类似：

（1）如果可获得有关售价的卖方特定的客观证据，企业将使用该价格来确定承诺商品或服务的售价；

（2）如果无法获得卖方特定的客观证据，企业将使用第三方证据（如可获得）来确定售价；

（3）如果无法获得第三方证据，则企业将使用售价的最佳估计值［IFRS15 para BC275］。

IASB 和 FASB 指出，上述层级中，第三方证据与售价的最佳估计值之间区别不大。例如，售价的第三方证据可能需要作出调整，以反映（1）商品或服务的差异（因为第三方价格可能是针对类似而非相同的商品或服务），或（2）第三方和企业的定价策略之间的差异［IFRS15 para BC276］。因此，IASB 决定，不明确规定确定商品或服务单独售价的证据层级，相反，其决定强调企业在确定单独售价的估计值时，应最大限度地使用可观察的输入值。

（八）重大融资成分的折现率

《〈企业会计准则第14号〉应用指南》（2018）“附录二《企业会计准则第

14 号——收入》修订说明”指出，合同中存在重大融资成分的，根据《国际财务报告准则 15 号》的有关规定，应当将合同对价金额根据融资成分进行调整之后确定交易价格（确认收入的金额），在确定融资成分的影响时，应当使用合同双方进行单独融资交易时所应采取的利率作为折现率，该折现率应当反映接受融资方的信用特征。这就要求企业首先根据恰当的折现率确定融资成分，再将扣除融资成分后的合同对价作为交易价格确认收入。考虑到我国的市场环境和相关规定，财政部沿用了现行准则的相关规定，先以现销价格确定收入金额，再将该金额与合同对价金额的差异作为融资成分处理。

1.《企业会计准则第 14 号》及其应用指南规定

根据《企业会计准则第 14 号》（2017）规定，合同中存在重大融资成分的，企业应当按照假定客户在取得商品或服务控制权时即以现金支付的应付金额确定交易价格。该交易价格与合同对价之间的差额，应当在合同期间内采用实际利率法摊销［CAS 14（2017）第十七条］。

《〈企业会计准则第 14 号〉应用指南》（2018）进一步解释了，合同中存在重大融资成分的，企业在确定该重大融资成分的金额时，应使用将合同对价的名义金额折现为商品现销价格的折现率。该折现率一经确定，不得因后续市场利率或客户信用风险等情况的变化而变更。企业确定的交易价格与合同承诺的对价金额之间的差额，应当在合同期间内采用实际利率法摊销［CAS 14 AG p62］。

2.《国际财务报告准则第 15 号》规定

《国际财务报告准则第 15 号》规定，在就重大融资成分调整承诺的对价金额时，企业应当使用企业与其客户在合同开始时进行的单独融资交易所反映的折现率。该折现率应反映合同中取得融资一方的信用特征，以及客户或企业提供的担保品或抵押，包括合同所转让的资产。企业可能能够通过识别将承诺对价的名义金额折现为商品或服务转让予客户时（或过程中），客户会支付的现金价格的利率来确定该折现率。在合同开始后，企业不应就利率或其他情况（如，客户的信用风险评估结果）的变化更新折现率［IFRS15 para 64］。

在制定《国际财务报告准则第 15 号》过程中，IASB 和 FASB 曾考虑了就重大融资成分的影响调整承诺对价金额所使用的折现率，应当是无风险利率还是风险调整利率。无风险利率在许多司法管辖区内均可观察到，应用较为简单，并且可避免确定特定于每一项合同的利率的成本。但是，IASB 和 FASB 决定，使用无风险利率将无法提供有用的信息，因为所得出的利率将不能反映合同各方的特征。此外，IASB 和 FASB 指出，使用合同列明的任何利率不一定总是恰当的，作为促销激励措施，企业可能会提供“廉价”的融资，使用该利率将无法在合同存续期内适当地确认利润。因此，IASB 和 FASB 决定，企业应当应用企业与客户之间进行不涉及提供商品或服务的融资交易时所使用的利率，因为该利率反映了合同中取得融资一方的特征。该利率也会反映客户的信用及其他风险［IFRS15 para BC239］。

（九）与合同成本有关的资产的减值

《〈企业会计准则第 14 号〉应用指南》（2018）“附录二《企业会计准则第 14 号——收入》修订说明”指出，新收入准则下，企业为取得合同和履行合同发生的成本（与合同成本有关的资产），不属于存货、固定资产、无形资产等其他企业会计准则规定范围、但符合资本化条件的，应当确认为一项资产。

根据我国相关企业会计准则规定，存货和建造合同中在建资产的减值允许转回，而由《企业会计准则第 8 号——资产减值》规范的非流动资产的减值损失不允许转回，主要是为了防止企业利用该类资产的减值调节利润，该处理与国际准则允许转回的要求不一致。新收入准则下的与合同成本有关的资产其性质更加类似于存货和建造合同中的在建资产，而非固定资产等非流动资产。因此，新收入准则允许此类资产的减值在以后期间转回。

（十）准则实施范围和时间安排

《国际财务报告准则第 15 号》要求于 2018 年 1 月 1 日开始施行，并允许企业提前采用。财政部广泛听取各方意见，并与各主要监管部门进行沟通，在兼顾我国的市场环境和企业的实际情况，并与国际趋同的基础上，采取了分步实施的策略，即在境内外同时上市的企业以及在境外上市并采用国际财务报告准则或企业会计准则编制财务报表的企业（境外上市企业）与国际同步执行，以避免出现境内外报表适用准则差异，待总结经验和评估影响（特别是会计和税法的协调方面）之后，再将实施范围逐步扩大至境内上市企业及其他非上市企业，为这些企业预留更多的准备时间，确保准则执行质量。

（十一）准则实施的衔接规定

《国际财务报告准则第 15 号》有两种方法供企业选择：一是允许企业采用追溯调整。二是将首次执行的累积影响仅调整首次执行新收入准则当年年初留存收益及财务报表其他相关项目金额，不调整可比期间信息。经征求监管部门及部分企业意见，我国新收入准则采用了第二种方法，以便于我国企业之间的财务报表信息可比，并避免追溯调整对企业产生的影响。

（十二）引入收入确认过渡资源组的部分讨论内容

2014 年 6 月，在发布正式版新收入准则后，IASB 和 FASB 宣布成立收入确认过渡资源组，对新收入准则实施过程中相关问题进行了讨论。其中，一部分讨论内容通过 IASB 于 2016 年 4 月发布的《对〈国际财务报告准则第 15 号〉的澄清》，纳入到《国际财务报告准则第 15 号》中，另一部分讨论内容则没有纳入准则。《〈企业会计准则第 14 号〉应用指南》（2018）考虑了收入确认过渡资源组所讨论的内容，并将其中部分没有纳入《国际财务报告准则第 15 号》的内容也进行了明确，这些内容未超越新收入准则的基本原则，因此不构成实质性差异。

根据收入确认过渡资源组的讨论，《〈企业会计准则第 14 号〉应用指南》（2018）对以下问题进行了明确：

1. 运输和装卸服务

《〈企业会计准则第 14 号〉应用指南》（2018）进一步解释了，在向客户销售商品的同时，约定将商品运送至客户指定地点的情况下，企业需要根据相关商品的控制权转移时点判断该运输活动是否构成单项履约义务。通常情况下，控制权转移给客户之前发生的运输活动不构成单项履约义务，而只是企业为了履行合同而从事的活动，相关成本应当作为合同履约成本；相反，控制权转移给客户之后发生的运输活动则可能表明企业向客户提供了一项运输服务，应当考虑该项服务是否构成单项履约义务［CAS 14 AG p31］。

收入确认过渡资源组曾讨论了，对于销售商品同时提供的运输和装卸服务，是否构成单独履约义务，从而影响销售商品收入确认的时点和金额。IASB 和 FASB 指出，在客户获得相关商品控制权之前发生的运输和装卸活动，属于履约活动。但是，如果商品控制权已向客户转移，再向客户提供相关商品的运输和装卸服务，则很可能表明企业向客户提供了一项服务。

为回应该问题，FASB 决定修改《主题 606》：（1）允许企业作为一项会计政策选择，对客户获得商品控制权后发生的运输和装卸服务，作为一项履约活动进行处理；（2）明确指出，客户获得相关商品控制权之前的运输和装卸活动属于履约活动。

在综合考虑后，IASB 决定不采取类似的修订，主要理由如下：(1) 对于客户获得控制权后的运输和装卸费用的会计政策选择，可能造成一项收入确认模型的例外，并降低不同企业之间的可比性。《国际财务报告准则第 15 号》第 22 段要求评价客户合同的承诺商品或服务，以识别履约义务。引入该会计政策选择可能超越了该要求。(2) 会计政策选择适用于所有的企业。因此，具有重大运输业务的企业可能选择不同的会计政策。这将导致财务报表使用者难以理解并比较相同行业内不同企业之间的收入报告 [IFRS15 para BC116U]。

2. 一系列商品是否实质相同的判断

根据《企业会计准则第 14 号》(2017) 第九条规定，企业向客户转让一系列实质相同且转让模式相同的、可明确区分商品或服务的承诺，也应当作为单项履约义务。《〈企业会计准则第 14 号〉应用指南》(2018) 进一步解释了，企业在判断所转让的一系列商品是否实质相同时，应当考虑合同中承诺的性质，当企业承诺的是提供确定数量的商品时，需要考虑这些商品本身是否实质相同 [CAS 14 AG p32]。

在 2015 年 7 月 13 日的第五次会议中，收入确认过渡资源组也讨论了该问题。收入确认过渡资源组赞同，第一步应确定企业向客户提供服务承诺的性质。例如，在某些情况下，企业需要确定，承诺的性质是真实转让特定数量的商品或服务，还是随时准备履行义务。如果承诺的性质是转让特定数量的服务，则需要考虑各项服务是否为明确可区分且是实质相同的。如果企业承诺的性质是随时准备或者在一段时间内提供单项服务，即存在不确定量的各类活动以履行服务，则需要关注各次增量，而不是标的活动，是否可明确区分且实质相同的。该评价需要判断。由于讨论表明利益相关方能够理解并采用新收入准则的应用指引，职员并未向 IASB 和 FASB 提请对该问题采取进一步措施。

3. 合同存续期的确定

《〈企业会计准则第 14 号〉应用指南》(2018) 补充解释了对合同存续期间的判断方法。合同存续期间，是合同各方拥有现时可执行的具有法律约束力的权利和义务的期间。在确定合同存续期间时，无论该合同是否有明确约定的合同期间，该合同的存续期间均不会超过已提供的商品所涵盖的期间。当合同约定任何一方在某一特定期间之后才可以随时无代价地终止合同时，该合同的存续期间不会超过该特定期间；当合同约定任何一方均可以提前终止合同，但要求终止合同的一方需要向另一方支付重大的违约金时，合同存续期间很可能与合同约定的期间一致，这是因为该重大的违约金实质上使得合同双方在合同约定的整个期间内均具有法律约束力的权利和义务；当只有客户拥有无条件终止合同的权利时，客户的该项权利才会被视为客户拥有的一项续约选择权，重大的续约选择权应当作为单项履约义务进行会计处理［CAS 14 AG p17］。同时，应用指南也通过【例4】引入了收入确认过渡资源组所讨论的部分案例内容(STAFF PAPER TRG Agenda ref 10)。

在2014年10月31日的会议中，收入确认过渡资源组成员赞同，双方均能终止还是仅有一方能够终止，均应采用相同的处理。收入确认过渡资源成员指出，在评估合同条款和终止惩罚的影响时，企业应当考虑该惩罚是否为实质性的。如果惩罚并非实质性的，企业需要继续评价终止权利（类似于额外商品或服务的选择权）是否产生了一项重大权利。如果存在合同违约，则并未产生一项长期合同条款，但它仍然会影响可选期间（不属于合同存续期）内是否存在重大权利。由于讨论表明，利益相关方能够理解并采用新收入准则的应用指引，IASB 和 FASB 并未对该问题采取进一步措施。

第二章　目标及范围

第一节　目　　标

新收入准则的目标是确立企业在向财务报表使用者提供关于客户合同所产生的收入及现金流量的性质、金额、时间分布和不确定性等相关有用信息时应运用的原则，规范收入确认、计量和相关信息披露的要求［IFRS15 para1，CAS14（2017）第一条］。

一、收入确认的核心原则

为了实现上述目标，新收入准则的核心原则是：企业确认收入的方式应当反映向客户转让所承诺的商品或服务的模式，确认的收入金额应当反映交付商品或服务时预期有权收取的对价［IFRS15 para2］。企业在应用新收入准则时应当考虑合同条款及所有相关的事实和情况。企业应当对相似情形下具有类似特征的合同一致地应用新收入准则，包括运用任何实务简化处理［IFRS15 para3］。

在制定新收入准则过程中，曾考虑了多种收入确认模型，主要关注于确认和计量两方面：

（1）收入确认的基础——企业应当仅在向客户交付了所承诺商品或服务时确认收入，即以合同为基础的收入确认原则（contract－based revenue recognition principle，以下简称“合同模型”）；还是在企业执行了一项活动时确认收入，所执行的活动不必以合同的存在为基础，即以活动为基础的收入确认原则（activities - based revenue recognition principle，以下简称“活动模型”）。

（2）收入计量的基础——收入应当以所分摊的客户对价金额，即交易价格计量（allocated transaction price approach，“交易价格分摊法”），还是以当前脱手价格计量（“脱手价格分摊法”）[IFRS15 paraBC16]。

（一）收入确认的基础

1. 合同模型

在新收入准则讨论稿中，曾提议了一项收入确认原则，即以客户合同所产生的资产和负债的会计处理作为收入确认的基础。采用该原则的理由包括两方面：（1）合同约定的向客户提供商品或服务属于“重要经济现象”，并且对大部分企业是关键的。（2）原国际财务报告准则和美国公认会计原则中的收入确认规定关注于客户合同。关注于客户合同产生的资产或负债的确认和计量，以及合同存续期内相关资产和负债的变动，可以更加规范的采用“赚取过程法”。因此，相较于原收入准则，新收入准则确认收入的方法更具一致性 [IFRS15 paraBC17]。

收入确认和计量，本质是对客户合同权利和义务的确认和计量。当企业与客户签订了一项合同时，企业获得了向客户收取对价的权利，并承担了向客户交付商品或服务的义务（履约义务）。将权利和义务相抵，根据剩余权利和剩余履约义务的关系，就产生了一项净资产或净负债。当所计量的剩余权利超过剩余履约义务时，该合同属于一项资产（合同资产）。相反，当所计量的剩余履约义务超过剩余权利时，该合同则属于一项负债（合同负债）[IFRS15 paraBC18]。

从概念上讲，收入确认可能发生在企业签订一项客户合同的时点。假设企业在合同开始（在任意合同方履行合同前）时确认收入，企业所计量的权利必然超过所计量的履约义务。这可能发生在以现行价格计量权利和义务时，并导致收入的确认。但是，新收入准则讨论稿提议，在合同开始时，履约义务应当与合同权利采用相同的金额进行计量，这就避免了在合同开始时就确认一项资产和收入 [IFRS15 paraBC19]。

企业应当仅在向客户交付了承诺商品或服务时，即履行合同约定的履约义务，才能确认收入，这是因为在履行履约义务后，企业不再负有向客户提供商品或服务的义务，因此，其合同地位上升——合同资产增加，或者合同负债减少——从而导致收入的确认 [IFRS15 paraBC20]。

尽管在概念上，收入产生于合同资产的增加或合同负债的减少，新收入准则在制定具体规范时，仍然表述为对收入的确认和计量，而不是对合同的确认和计量。关注源于客户合同收入的时点和金额，可以更加简化相关规范［IFRS15 paraBC21］。

2. 活动模型

一些反馈意见者提议，应制定另一种“活动模型”，即在企业开展了生产或提供商品或服务的活动时即确认收入，无论此类活动是否导致向客户交付了商品或服务。这些意见的理由是，在一段时间内确认收入将向财务报表使用者提供更加有用的信息，比如，在长期建造或其他服务合同中，无论是否已向客户交付了商品或服务，在建造或提供服务过程中均确认了收入［IFRS15 paraBC22］。

但是，“活动模型”可能存在以下问题：

（1）收入确认可能不再以对合同的会计处理为基础。在“活动模型”中，收入产生于企业资产的增加，比如存货或在产品，而不是仅仅产生于合同权利。因此，从概念上讲，“活动模型”并不要求收入确认必须以客户合同为基础，尽管可以限制在合同存在之前进行收入确认。但是，它可能导致在活动完成、合同开始时点确认收入。

（2）它可能违反许多财务报表使用者的正常理解。企业可能按合同价格确认收入，即使客户尚未收到任何承诺商品或服务。

（3）它可能被滥用。企业可以在报告期末增加其活动，例如，增加生产存货以加快收入的确认。

（4）它可能显著改变原先的收入确认规定和实务。在原先的许多规定中，仅当商品或服务被交付予客户时，才能确认收入。例如，销售商品收入仅在商品所有权被交付予客户时才能确认［IFRS15 paraBC23］。

综上所述，新收入准则最终并未采纳“活动模型”，而是采用了“合同模型”［IFRS15 paraBC24］。

（二）收入计量的基础

“交易价格分摊法”与“脱手价格分摊法”

新收入准则采用“交易价格分摊法”来对履约义务进行计量。在该方法下，企业应当将交易价格向合同相关的各个履约义务进行分摊。

在讨论稿中，还考虑了另一种可选择的计量方法，即“脱手价格分摊法”。

但是，新收入准则最终放弃了该方法，主要理由如下：

（1）如果对价收取权的计量超过了剩余履约义务的计量，则企业可能在合同开始，尚未向客户交付商品或服务时即确认收入。这种情况是合同开始日常见的情形，因为交易价格的金额通常足以补偿企业获得该合同的成本的。

（2）任何识别或计量履约义务的差错，都可能影响合同开始时收入的确认。

（3）剩余履约义务的当前脱手价格通常是不可观察的价格，对当前脱手价格的估计是复杂的，需要花费大量成本，且难以证实［IFRS15 paraBC25］。

综上所述，绝大部分的反馈意见者赞同采用交易价格分摊法计量履约义务［IFRS15 paraBC26］。

在讨论稿中，也考虑了是否需要对某些特殊的履约义务制定其他可选择的计量方法，例如，对于某些具有高度可变结果的履约义务，采用交易价格分摊法可能无法提供有用的信息。但是，对所有履约义务采用相同的计量方法，要优于对某些特殊的履约义务单独使用其他方法。普遍具有高度可变结果的客户合同，可能属于保险合同，不在新收入准则所规范的范围内［IFRS15 paraBC27］。

二、实务简化方法："组合法"应用新收入原则

新收入准则规范了企业与客户之间单个合同的会计处理。然而，为了便于实务操作，企业可将新收入准则应用于具有类似特征的合同（或履约义务）组合，但前提是企业能合理预计将新收入准则应用于该组合对财务报表的影响不会显著不同于将新收入准则应用于该组合中的单个合同（或履约义务）。此时，企业应当采用能够反映该合同（或履约义务）组合规模和构成的估计和假设［IFRS15 para4］。

对部分合同可以采用"组合法"进行会计处理的原因是，许多企业拥有大量合同，以每项合同为基础应用收入确认模型在实务中将难以实现，因此，企业需要运用判断来选择组合的规模和构成，以合理预计选择组合处理的结果不能显著不同于单项合同或履约义务应用的结果。这并不是要求企业对不同方法的结果进行量化差异分析和评价，而是要求企业能够以合理的方法来确定适合其合同类型的组合［IFRS15 paraBC69］。

"组合法"作为一项实务简化操作，对于某些具有大量类似合同的行业来说，可能是更加有用的，对单个合同分别适用收入确认模型可能不具可操作性。

例如，对于电信行业企业所拥有的大量个人话费合同等，要分别确定各个合同承诺商品或服务的单个销售价格，然后将交易价格向所识别的合同履约义务进行分摊，这可能是复杂而耗费成本的［IFRS15 paraBC70］。此类企业采用“组合法”对具有类似特征的合同组合进行会计处理，对财务报表的影响不会显著不同于按单个合同处理的结果，也符合成本效益原则。

第二节　范　围

一、收入的定义

（一）定义对比

国际财务报告准则和企业会计准则关于收入的定义对比如表 2－1 所示：

表 2－1　收入相关定义

《财务报告概念框架》（2010）	收益，是指会计期间内经济利益的增加，其形式表现为因资产流入、资产增加或是负债减少而引起的权益增加，但不包括与权益参与者出资有关的权益增加。 收益的定义包括了收入和利得。收入在企业的日常活动中产生，有各种不同的名称，包括销售收入、服务费、利息、股利、特许使用费和租金等
《财务报告概念框架》（2018）	收益，是指引起权益增加的资产的增加或负债的减少，但不包括权益要求权持有者的投入
原《国际会计准则第 18 号》	收入，指企业在日常经营活动中形成的、导致本期内权益增加的经济利益的总流入，但不包括与权益参与者出资有关的权益增加
《国际财务报告准则第 15 号》	收益，是指会计期间内经济利益的增加，其形式体现为导致权益增加的资产的流入、改良或是负债的减少，但与权益参与者出资相关的除外。收入，是企业在日常经营活动中产生的收益
《企业会计准则第 14 号》(2006，2017)	收入，是指企业在日常活动中形成的、会导致所有者权益增加的、与所有者投入资本无关的经济利益的总流入

《国际财务报告准则第 15 号》沿用《概念框架》（2010）中对收入的描述，而不是原收入准则中收入的定义。在原收入准则的定义提到“经济利益的总流入”，可能会被误解为企业应将客户为商品或服务预付的款项确认为收入。《国际财务报告准则第 15 号》的收入确认原则是企业已履行与客户合同相关的履约义务时确认收入［IFRS15 paraBC29］。

《企业会计准则第 14 号》（2017）也未对收入的定义进行修订，沿用了原《企业会计准则第 14 号》（2006）中收入的定义。

（二）收益、收入和利得的区别

《概念框架》（2010）分别讨论了收益、收入和利得的概念。收益，是指会计期间内经济利益的增加，其形式表现为因资产流入、资产增加或是负债减少而引起的权益增加，但不包括与权益参与者出资有关的权益增加。收益包括了收入和利得。收入在企业的日常活动中产生，包括销售收入、服务费、利息、股利、特许使用费和租金等。利得包括了符合收益定义的除收入以外的其他项目，可能是也可能不是产生于企业日常活动。利得代表了经济利益的增加，这一点和收入在性质上没有什么不同。此外，收益也包括了未实现利得（unrealised gains）。例如，有价证券重估价所产生的收益和长期性资产账面金额增加所发生的收益，这些项目应作为资本保全调整或价值重估储备列入权益。

《国际财务报告准则第 1 号——财务报表列报》规定了利得与收入的不同列报原则：“在日常经营活动过程中，企业也会进行不产生收入的其他交易，这些交易对产生收入的主要活动而言是偶然的。企业对这种交易的结果应以同一交易形成的收益和相关费用相抵后的净额列报，如果这样列报能反映这些交易或其他事项的实质。例如：（1）对于非流动资产（包括投资性资产和经营性资产）处置所产生的利得和损失，企业应按对价金额扣除该资产的账面金额和相关销售费用后的净额报告；（2）对于与根据《国际会计准则第 37 号——准备、或有负债和或有资产》确认的准备相关的且根据与第三方的合同安排（如供应商的保证协议）可退款的支出，企业应扣除相关的退款金额。”［IAS1 para34］

《概念框架》（2018）并未单独讨论收入、利得和损失的概念。《概念框架》（2010）的相关内容并未纳入《概念框架》（2018）。IASB 认为，这些分类强调现在已没有必要，并且，在《概念框架》（2018）中定义收益和费用的明细层级是无用的。IASB 和 FASB 预期，删除这些内容不会导致实务变化［《概念框架》(2018) paraBC4.96]。

在《企业会计准则》下，会计要素包括资产、负债、所有者权益、收入、费用和利润六大会计要素，基本准则并未区分收益、收入、利得的概念。但是，在《企业会计准则讲解》有关基本准则的章节中，也提及了收入和利得的区别："凡是日常活动所形成的经济利益的流入应当确认为收入，反之，非日常活动所形成的经济利益的流入不能确认为收入，而应当计入利得［《企业会计准则讲解（2010）》p12］"。

二、准则适用范围

（一）总体范围

新收入准则适用于所有与客户之间的合同，但下列各项除外：

（1）租赁合同。在国际财务报告准则下，《国际会计准则第 17 号——租赁》规范了租赁合同的会计处理；在企业会计准则下，《企业会计准则第 21 号——租赁》规范了租赁合同的会计处理。

（2）保险合同。在国际财务报告准则下，《国际财务报告准则第 4 号——保险合同》规范了保险合同的会计处理；在企业会计准则下，《企业会计准则第 25 号——原保险合同》、《企业会计准则第 26 号——再保险合同》规范了保险合同的会计处理。

（3）权益投资合同。在国际财务报告准则下，《国际财务报告准则第 10 号——合并财务报表》、《国际财务报告准则第 11 号——合营安排》、《国际会计准则第 27 号——单独财务报表》和《国际会计准则第 28 号——联营和合营中的投资》规范了权益投资合同的会计处理；在企业会计准则下，《企业会计准则第 2 号——长期股权投资》、《企业会计准则第 33 号——合并财务报表》以及《企业会计准则第 40 号——合营安排》规范了权益投资的会计处理。

（4）金融工具。在国际财务报告准则下，《国际财务报告准则第 9 号——金融工具》规范了金融工具的会计处理；在企业会计准则下，《企业会计准则第 22 号——金融工具确认和计量》、《企业会计准则第 23 号——金融资产转移》、《企业会计准则第 24 号——套期会计》规范了金融工具的会计处理［IFRS15 para5，CAS14（2017）第三条］。

（二）适用于其他准则的合同

新收入准则应当只适用于客户合同产生的收入。非客户合同产生的交易或事项的收入，不属于新收入准则的范围，因此，下列交易或事项仍然根据其他准则进行确认：

（1）收到的股利（新收入准则下此类收入属于金融工具准则的范围）；

（2）非交换性交易（例如，收到的捐赠或资本投入）；

（3）生物资产、投资性房地产及商品经纪商的存货的价值变动［IFRS15 paraBC28］。

（三）相同业务经营企业之间的非货币性资产交换

新收入准则的适用范围还排除了从事相同业务经营企业之间为便于向客户或潜在客户销售而进行的非货币性资产交换。在具有同质化产品的行业内，从事相同业务经营的企业之间为便于向客户或潜在客户（并非进行交换的各方）销售而进行产品交换的做法十分常见。例如，一家石油供应商可能与另一家石油供应商进行存货互换以降低运输成本、满足当前的存货需求或者促进向终端客户的石油销售。理论上，与企业交换存货的一方符合客户的定义，因为其与企业订立了取得企业日常经营活动产出的商品或服务的合同。因此，在缺乏特定要求的情况下，企业可能会对存货交换确认一次收入，并在随后向终端客户销售存货时再次确认收入。但基于下列原因这一做法并不恰当：

（1）会同时增加收入和费用，并使财务报表使用者难以评估报告期内企业的业绩和毛利；

（2）部分意见认为，此类安排中的交易对方也应作为供应商而非客户。

考虑到如果修订客户的定义，可能导致无意造成的后果，因此，新收入准则将涉及从事相同业务经营的企业之间为促进向客户或潜在客户的销售而进行的非货币性交换，排除范围之外［IFRS15 paraBC58］。

（四）部分属于新收入准则范围的合同

当企业与客户之间的合同部分属于新收入准则范围，而其他部分属于其他准则范围时，如果其他准则明确规定了如何对合同中的一个或多个组成部分进行区分或初始计量，企业应当首先按照这些规定进行处理，并将按照其他准则进行初始计量的合同组成部分的金额排除在新收入准则规定的交易价格之外，将剩余对价分摊至合同中属于新收入准则的范围。否则，企业应当按照新收入准则对合同中的一个或多个组成部分进行区分和初始计量［IFRS15 para7］。

某些客户合同部分属于新收入准则范围，部分属于其他准则的范围，例如，包含服务的租赁合同。将这些合同整体适用于某一个准则是不适当的，因为这可能导致会计结果因商品或服务是单独出售还是与其他商品或服务一同出售而不同。因此，如果其他准则明确规定了如何分拆或初始计量合同的某些部分，企业应当首先应用其他准则［IFRS15 paraBC64］。

对于部分属于新收入准则，部分属于其他准则的合同，判断处理流程如图2－1所示：

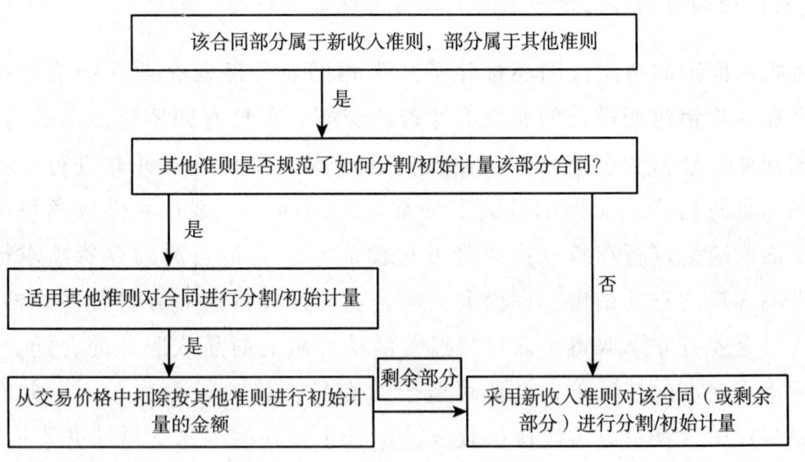

图2－1　部分适用新收入准则

案例2－1：医疗设备的使用与医疗试剂的出售

案例背景

医疗公司A与客户医院B签订合同。合同约定，A向B免费提供某项医疗检测设备；但B公司必须使用向A公司购买的检测试剂。

案例分析

该合同中，A公司首先需要根据租赁准则判断合同是否存在一项租赁合同。如果存在租赁合同，则需要对租赁合同部分与非租赁合同部分进行分拆。租赁合同部分按租赁准则进行处理，剩余部分按收入准则处理。

三、客户的定义

客户，是指与企业订立合同向该企业购买其日常活动产出的商品或服务并支付对价的一方［IFRS15 para6，CAS14（2017）第三条］。

（一）日常活动

日常活动，是指企业为完成其经营目标所从事的经常性活动及与之相关的活动。例如，工业企业制造并销售产品、商品流通企业销售商品、咨询公司提供咨询服务、软件公司为客户开发软件、安装公司提供安装服务、建筑企业提供建造服务等，均属于企业的日常活动。日常活动所形成的经济利益的流入应当确认为收入。不是源于企业日常活动所形成的经济利益的流入，不属于新收入准则规范的范围。

案例 2－2：日常活动

案例背景

A 公司是一家互联网广告服务企业，向 B 公司提供广告服务，向 C 公司出售其一栋办公大楼。B 公司和 A 公司订立合同是为了购买 A 公司日常经营活动产出的广告服务。

案例分析

本例中，B 公司是 A 公司的客户，属于新收入准则的范围。而 C 公司向 A 公司购买的办公楼不是 A 公司日常活动产出的商品，因此，C 公司并不是新收入准则所定义的客户。

在大部分情况下，客户是容易识别的。但是在某些涉及多方的交易中，哪一方属于客户则可能是不太清晰的。对于某些多方合同，可能全部各方都属于客户；但是，对于某些合同，则只有部分合同方才能被认定为客户。

案例 2－3：多方交易合同

案例背景

企业向其他公司提供互联网广告服务。在该服务中，企业根据广告发布方的选择，向不同的网站购买广告空间。

案例分析

对于某些合同，企业根据广告方（即客户）预先识别的条件，以相应的广告位置提供精确复杂的服务。企业在存在相应的广告方前，预先向发布方购买了广告空间。假设企业已适当地判断并认为，其属于此类合同的主要责任人。那么，企业应将此类合同中的广告方识别为客户。

对于另一部分合同，企业只是与发布方按组合匹配广告方，企业并未提供精确具体的广告服务，也没有在存在广告方前向发布方预先购买广告空间。假设企业能够合理判断，其属于交易中的代理方。那么，企业应将此类合同中的发布方识别为客户。

（二）合作安排中的合同对方

如果合同对方与企业订立合同以参与一项活动或过程，其中合同各方分担及分享源自该活动或过程的风险及利益，如合作开发一项资产，而不是获取企业日常经营活动产出的商品或服务，则合同的对方不是企业的客户，企业与其签订的该合同也不属于收入准则的范围［IFRS15 para6］。

在合作安排的合同中，企业需要考虑所有的事实和情况，比如合同对方开展活动的目的，以确定合同对方是否属于客户。需要评价的合作合同的例子包括：

（1）生物技术和制药行业企业之间的合作研发合同，或者航空、国防、科技以及保健行业或高等教育行业中的类似合作合同；

（2）在石油天然气行业，近海石油和天然气区域的合作方可能相互进行付款，以结算报告期内双方按比例享有的油气产量份额之间的差异；

（3）非营利组织收到研究活动相关的捐献和赞助，并且捐献方或赞助方可能规定如何使用研究成果［IFRS15 paraBC54］。

如果与合作方或协作方的合同，如合营安排，合作方或协作方满足客户的定义，则也可能属于新收入准则的范围［IFRS15 paraBC55］。合同对方可能是合同安排中某些部分的合作方，同时还是该合同安排中其他部分的客户。对于参与合作安排的企业而言，需要根据所有的事实和情况，分析确认这些安排的其他方是否符合客户的定义，是否属于新收入准则规范范围。

（三）从政府取得经济资源的特殊情况

《企业会计准则第16号——政府补助》（2017修订）规定，企业从政府取得的经济资源，如果与企业销售商品或提供服务等活动密切相关，且是企业商品或服务的对价或者是对价的组成部分，应当适用新收入准则。

企业从政府取得的经济资源分两种情形，一是政府直接购买企业的商品或服务，政府属于收入准则规范的客户，企业按照收入准则规定确认收入；二是政府作为支付对价一方的代表，如新能源汽车补贴，政府最终没有获得商品和服务，政府并不符合客户的定义，企业也应按照新收入准则确认为收入。

（四）非企业日常活动产出的资产转让

新收入准则的某些规定适用于企业非日常活动产出的非金融资产的转让，比如出售固定资产、无形资产、投资性房地产等长期资产。

对于非企业日常经营活动产出的非金融资产转让，需要适用新收入准则的以下规定：（1）控制——确定何时终止确认资产；（2）计量——确定在资产终止确认时应当确认的利得或损失金额，包括可变对价估计及其限制规定［IFRS15 para-BC496］。

第三章　识别客户合同

第一节　识别合同

一、合同的定义

合同，是指双方或多方订立的产生可执行权利和义务的协议。合同可能采用书面、口头形式或隐含于企业的商业惯例中［IFRS15 para10，CAS14（2017）第三条］。

（一）合同的法律可执行性

合同权利和义务的可执行性是法律范畴的概念，即合同形成的权利和义务应当在法律上具有可执行性。合同的定义强调了，当一项双方或多方之间达成的协议产生了针对各方的可执行权利和义务时，合同即存在。也就是说，在确定一项合同权利或义务是否可执行性时，应当根据业务所处国家和地区相关法律法规的规定，确保合同各方的权利和义务得到法律支持，不同法律环境下确定可执行的因素可能是不同的。

新收入准则的合同定义与《国际会计准则第 32 号——金融工具：列报》（或《企业会计准则第 37 号——金融工具列报》）中所使用的合同定义有所不同。《国际会计准则第 32 号》规定："新收入准则中，'合同'和'合同性'是指双方或多方之间的具有明确的经济结果的协议，协议各方难以摆脱这种结果，因为该安排通常在法律上具有可执行性［IAS32 para13］。”该定义可能暗示合同可以包含在法律上不具有可执行性的协议。同时，如果修订《国际会计准则第 32 号》中的合同定义，也可能使金融工具的会计处理出现无法预料的结果。因此，新收入准则并未采用与《国际会计准则第 32 号》相同的合同定义，而是强调了属于新收入准则范围的客户合同必须具有法律可执行性［IFRS15 paraBC31］。

虽然合同各方之间必须存在法律上可执行的权利和义务，但是，考虑到合同中相关的履约义务应当包括导致客户可以有效预期企业将向其交付商品或服务的承诺，如基于商业惯例提供的额外商品或服务不会在合同中明确，因此，并非所有承诺在法律上都是可执行的［IFRS15 paraBC32］。

（二）合同的形式

合同不需要是书面的。无论协商一致的条款是书面的、口头的或其他形式的，如电子形式，如果该协议产生了对各方具有约束力的可执行权利和义务，就符合合同的定义。

不同法律环境、不同行业和不同企业可能采取不同的流程来确立与客户之间的合同。此外，企业内部确立合同的流程也可能各不相同，例如，其可能根据不同客户类别或不同商品或服务的性质，采用不同的合同确立流程。企业在确定与客户之间的协议是否以及何时确立了可执行权利和义务时，应当根据这些具体流程进行判断［IFRS15 para10］。

（三）合同存续期间

合同存续期间（即合同期间）是合同各方拥有现时可执行权利和义务的期间。有些客户合同存在固定的期间，有些合同则可能没有，如无固定期间且合同各方可随时要求终止或变更的合同、定期自动续约的合同等。企业应当确定合同存续期间，并在该期间内按照新收入准则规定对合同进行会计处理［IFRS15 para11］。

（四）单方面终止完全未执行合同

如果合同各方均具有单方面终止完全未执行的合同而无需对合同另一方（或其他各方）作出补偿的可执行权利，则合同并不存在。同时符合下列两个条件的合同是完全未执行的合同：

(1) 企业尚未向客户转让任何承诺商品或服务;

(2) 企业尚未取得且尚无权收取承诺商品或服务的任何对价 [IFRS15 para12]。

如果合同各方具有单方面终止完全未执行的合同而无需作出补偿的可执行权利，则新收入准则不应适用于此类合同。因为在任一方履约之前，此类合同不会影响企业的财务状况或业绩。相反，如果只有一方可以终止完全未执行的合同而无需作出补偿，则可能会对企业的财务状况和业绩构成影响。例如，如果只有客户才可以终止完全未执行的合同而无需作出补偿，则企业有义务准备应客户的要求履约。类似地，如果只有企业才可以终止完全未执行的合同而无需作出补偿，若企业选择履约，则具有要求客户付款的可执行权利 [IFRS15 paraBC50]。

(五) 终止合同权利对合同存续期的影响

在 2014 年 10 月 31 日的会议 [TRG Agenda ref 10] 中，TRG 成员讨论了在确定合同存续期时如何评价终止条款的影响。

利益相关方认为，根据合同存续期及合同各方单方面终止合同相关指引，可以得出以下结论:

(1) 如果合同在任何时点均可以由合同各方终止且不需要因终止合同而补偿其他方 (为终止日之前已转让的商品或服务而支付除外)，则该合同的存续期不会超过已转让商品或服务所涵盖的期间。无论合同是否明确约定合同期限都适用这种情况。

这种情况的具体例子为:

案例 3-1: 合同终止不存在惩罚

案例背景

A 公司与客户签订一项服务合同，在合同终止前持续向客户提供服务。合同各方均可以终止合同且不需要补偿合同对方。即合同终止不存在惩罚。

案例分析

该合同的存续期不会超过已提供服务的期间。

(2) 当合同约定任何一方在某一指定期间之后才可以随时无条件地终止合同时，该合同的存续期间不会超过该指定期间。

这种情况的具体例子为:

案例 3 - 2：指定可终止期间的合同

案例背景

A 公司与客户签订一项服务合同，在 2 年内向客户提供服务。在合同开始日 15 个月之后的任意时点，合同各方可以终止合同且不需要补偿合同对方。

案例分析

该合同的存续期为 15 个月。

（3）当合同约定任何一方均可以提前终止合同，但要求终止合同的一方需要向另一方支付重大的违约金时，合同存续期间很可能与合同约定的期间一致。这是因为，该重大违约金实质上使得合同双方在合同约定的整个期间内，均具有可执行的权利和义务。

这种情况的具体例子为：

案例 3 - 3：合同终止存在重大违约金

案例背景

A 公司与客户签订一项服务合同，在 2 年内向客户提供服务。合同各方均可以终止合同但需要补偿合同对方（假设补偿金额重大）。

案例分析

该合同的存续期为 2 年。

案例 3 - 4：一定服务期限的合同

A 公司与客户签订一项服务合同，在 5 年内向客户提供服务，A 公司按季度收取固定费用。如果一定服务已满足约定条件，则 A 公司有权在第五年末取得该服务费用。合同各方均有权在 2 年后的任何时点终止合同；如果终止合同，则客户需要立即支付已提供服务的相关费用，该费用原本需要到 5 年期满后才支付。

该合同的存续期为 2 年（原文为 5 年，本书认为应为 2 年）。如果合同终止，客户必须立即支付原本需要到 5 年期满后才支付的费用，该支付基于整个合同约定期限内已变更的条款。这表明在合同开始时，可执行权利和义务存在于前 2 年内。

（4）如果企业过去的商业惯例是不强制收取其合同上有权收取的终止罚金，部分利益相关方询问其过去的商业惯例是否影响合同存续期的评估。

这种情况的具体例子为：

案例 3－5：商业惯例期限的合同

案例背景

A 公司与客户签订一项服务合同，在 24 个月内向客户提供服务。合同各方均可以终止合同但需要补偿合同对方。A 公司过去的商业惯例允许客户在 12 个月之后终止合同，且不向客户强制收取应收的终止罚金。

案例分析

在本案例中，合同存续期是 24 个月，还是 12 个月，取决于相关法律（不同国家和地区有所不同）对其过去商业惯例的认定，即商业惯例在法律上是否限制了合同各方的可执行权利和义务。只有过去的商业惯例改变了合同各方的法律可执行权利和义务，合同存续期为 12 个月。否则，合同存续期为 24 个月。

大部分 TRG 成员赞同，利益相关方归纳的上述原则与新收入准则是一致的，也赞同上述案例的结论。

此外，利益相关方指出，当企业因合同终止条款认定合同存续期少于合同约定期间时，还需要考虑以下事项：

（1）如果合同包含多项履约义务，则合同约定期间与因合同终止条款认定合同存续期不同，将影响合同交易价格的分摊；

（2）如果存在终止罚金，则需要作为交易价格的一部分考虑。如果终止罚金是可变的，还需要适用估计可变对价及其限制相关规定。

（3）终止条款所涵盖的期间，需要以与续约选择权相同的方式进行评估。即续约选择权和终止条款均需要考虑是否为客户提供了重大权利。

二、合同存在条件

仅当客户合同符合下列所有条件时，企业才应按新收入准则对其进行会计处理（以下简称“合同存在的条件”）：

（1）合同各方已批准合同并承诺履行其相应的义务；批准合同可以通过书面、口头或其他依照商业惯例采用的形式。

（2）企业能够识别各方与拟转让商品或服务相关的权利；

（3）企业能够识别拟转让商品或服务的付款条款；

（4）合同具有商业实质。即企业未来现金流量的风险、时间或金额预计将因合同而发生改变。

（5）企业很可能取得因向客户转让商品或服务而有权获得的对价［IFRS15 para9、CAS14（2017）第五条］。

合同存在的条件（1）：合同各方已批准该合同并承诺将履行其相应义务

如果合同各方未批准合同，则该合同是否具有法律可执行性值得怀疑。口头及隐含的合同是否能满足这一条件可能存在争议，特别是在企业对合同的批准难以验证的情况下。但是，合同形式本身不能确定合同各方是否已批准合同。相反，企业在评估各方是否打算受合同条款和条件约束时，应当考虑所有相关事实和情况。因此，在某些情况下，口头或隐含合同（如根据商业惯例）的各方可能已同意履行其相应的义务。在其他情况下，可能必须编制书面合同以确定合同各方已批准合同［IFRS15 paraBC35］。

此外，合同各方应致力于依照合同履行其相应的义务。但是，企业和客户无需总是致力于履行其各自的所有合同权利和义务才能满足该条件。例如，合同可能包含客户每月向企业购买最低数量商品的要求，但客户的过往惯例表明，其每月并未总是达到最低购买数量，并且，企业也未强制执行购买最低数量的要求。如果有证据表明客户和企业已实质上致力于履行合同，则该条件仍可得到满足。如果要求履行所有权利和义务，会不适当地导致无法确认某些各方已实质上致力于履行的合同的收入［IFRS15 paraBC36］。

合同存在的条件（2）：该合同明确了合同各方拟转让商品或服务相关的权利

该条件是必要且较为直观的，如果企业不能识别各方与拟转让商品或服务相关的权利和义务，则无法评估商品或服务的转让［IFRS15 paraBC37］。

合同存在的条件（3）：该合同有明确的与拟转让商品相关的支付条款

如果企业不能识别承诺商品或服务的付款条款，则无法确定交易价格［IFRS15 paraBC38］。

在某些建筑业合同中，合同范围可能已经明确，但合同的具体金额可能尚未确定，如存在尚未定价的变更条款或奖励索赔等，并且在一段时间内可能无法最终确定具体付款条款。对于合同范围已获批准，并且企业预计价格将获得批准，但尚未定价的合同，也满足合同存在的条件（3）。在这种情况下，企业应考虑合同变更的处理规定［IFRS15 paraBC39］。

合同存在的条件（4）：该合同具有商业实质

在确认包含非货币性交换合同相关的收入时，应当考虑合同是否具有商业实质。如果没有该条件，企业可能与另一方反复转让商品或服务（通常仅有很少或零现金对价），从而虚增其收入。因此，如果非货币性交换不具有商业实质，则不应确认相关收入［IFRS15 paraBC40］。

商业实质的定义与现行其他准则中的描述一致，即履行该合同将改变企业未来现金流量的风险、时间分布或金额，例如非货币性交换交易等。该条件不仅对于非货币性交换，对所有合同都是重要的，因为如果没有商业实质，则企业是否涉入了一项具有商业结果的合同是存在疑问的。因此，在企业能够应用收入确认模型中的其他要求之前，应确保所有合同均具有商业实质［IFRS15 paraBC41］。

合同存在的条件（5）：企业因向客户转让商品而有权取得的对价很可能收回

在确定一项合同是否有效时，对源于客户的信用风险进行评价是重要的一部分。合同一旦满足存在条件（有效）之后，客户的信用风险就不应再影响收入的确认和计量。不是很可能获得对价的合同，不属于新收入准则的范围。评价源于客户信用风险的关键在于确定客户在多大程度上有能力和意愿支付所承诺的对价［IFRS15 paraBC42、43］。

在评价对价金额是否很可能收回时，企业仅应考虑客户在到期时支付对价金额的能力和意图。如果对价是可变的，则企业有权获得的对价金额可能低于合同规定的价格，因为企业可能会向客户提供价格折让［IFRS15 para9］。

企业评价是否很可能收回对价时，需要考虑以下两方面：

（1）客户支付用于交换商品或服务而使企业有权获得的对价金额的能力，即财务能力。

（2）客户支付对价金额的意图。评价客户的意图，需要考虑所有事实和情况，包括该客户或客户类别以往的交易事实。在进行该评价时，应当假设该金额将被执行（履约义务将会履行，并且该对价不再发生进一步变动以至于影响企业对该对价的所有权）［IFRS15 paraBC45］。

此外，条件（5）强调企业仅应评价其因向客户交付商品或服务而有权换取的对价。因此，如果客户未履行承诺，从而使企业不再进一步交付商品或服务，则企业不应考虑这些不会再交付的商品或服务相关支付的可能性［IFRS15 paraBC46］。

案例3－6：评估对价的可收回性

案例背景

某房地产开发商A公司与B公司订立一项合同，以1,000,000元出售一栋建筑物。B公司计划在该建筑物内开设一家餐馆。在该建筑物所在的地区，新餐馆面临激烈竞争，且B公司缺乏餐饮行业的经营经验。

B公司在合同开始时支付了不可返还的保证金50,000元，并就剩余95%的承诺对价与A公司签订长期融资协议。融资安排在无追索权的基础上提供，这意味着如果B公司违约，则A公司可重新拥有该建筑物，但不能向B公司索取进一步的赔偿，即使抵押物不能涵盖所欠款项的总值。A公司就该建筑物发生的成本为600,000元。B公司在合同开始时即获得了对该建筑物的控制。

案例分析

A公司认为，在合同开始日，合同存在条件（5）尚未得到满足，因为A公司并非很可能取得因转让建筑物而有权获得的对价。在得出这一结论时，鉴于下列因素，A公司认为B公司的支付能力和意图可能存在不确定性：

（1）B公司计划主要以其餐馆业务（该业务因行业内竞争激烈和B公司的经验有限而面临重大风险）产生的收益来偿还贷款（贷款余额重大）；

（2）B公司缺乏可用以偿还贷款的其他收益或资产；

（3）由于贷款不附追索权，因此B公司对该贷款承担的负债有限。

由于不符合合同存在条件（5），A公司采用合同不存在的相关规定来对不可返还的保证金50,000元进行会计处理。A公司认为，合同不存在的相关规定所述的所有事件均未发生，即A公司并未取得几乎全部对价且合同尚未终止。因此，在合同开始日，A公司将不可返还的付款额50,000元作为保证金负债进行会计处理。直至A公司得出结论认为合同存在的条件得到满足，或发生合同不存在的相关规定所述的任一事件之前，A公司继续将初始保证金以及任何进一步支付的本金和利息作为保证金负债进行会计处理。

（一）“很可能”的准则差异

“很可能”是一项设定的可收回阈值。可收回阈值是合同存在的其他条件的扩展。

“很可能”（probable）一词，在美国公认会计原则和国际财务报告准则下具有不同的含义。

在美国公认会计原则下，对于未来事项的可能性阈值采用很可能、可合理确信和极小可能三个层次划分：很可能，是指未来事项很大可能发生；可合理确信，是指未来事项的发生几率高于极小可能但低于很大可能；极小可能，是指未来事项的发生几率是极小的。在美国公认会计原则下的新收入准则中，可收回性阈值中也使用了术语“可合理确信”。但是，FASB 承认，在实务中，“很可能”和“可合理确信”具有类似的含义。

在国际财务报告准则下，“很可能”是指“发生的可能性大于不发生”，即发生的概率大于 50%。可见，美国公认会计原则的阈值要高于国际财务报告准则。

在我国企业会计准则下（《企业会计准则第 13 号——或有事项》），“很可能”的阈值与国际财务报告准则一致。

（二）信用风险不影响收入的确认和计量

2015 年 1 月 26 日的会议［TRG Agenda ref 13 Question 1］中，TRG 讨论了企业如何对一组合同的可收回性进行评价的问题。即当历史经验表明，在一组合同中可能无法从某些客户收回对价，企业应当如何适用步骤 1。利益相关方讨论了以下案例。

案例 3 -7：可收回性的评价

案例背景

A 公司具有大量同质化的客户合同，每月按客户欠款开具账单。在接受客户之前，A 公司将执行客户评价程序，确保客户很可能支付欠款。当 A 公司认定某客户不是很可能支付欠款，则不会接受其为客户。鉴于该客户评价程序旨在确定对价可收回性，从而存在不确定性，A 公司预期某些客户将不会全额支付欠款。虽然 A 公司绝大部分的欠款都能收回，但是，平均来看，A 公司历史证据（代表其对未来的预期）表明，其将只能收回 98% 的欠款。

假设 A 公司当月的账单总额为 100 万元，则其估计可收回的金额为 98 万元。A 公司已履行了该账单相关的所有履约义务，满足收入确认条件。

案例分析

对于可收回性评价，某些利益相关方可能将其理解为，企业应当评价合同承诺的全部对价的可收回性。由此，某些客户信用质量较差的合同，就可能不满足可收回条件，即使这些合同是有效的合同。其他利益相关方则认为，如果企业有能力保证其承担的信用风险，则此类合同是有效的。由此，利益相关方对上述案例的处理产生了两种不同观点：

观点 1：A 公司应当确认 100 万元的收入，同时计提 2 万元的坏账损失。

观点 2：A 公司仅应以净额确认 98 万元的收入。

TRG 成员讨论后认为，在上述案例中，A 公司首先已经执行了客户评价程序，判断各个客户很可能支付欠款，从而接受了这些客户，并履行了合同相关履约义务。也就是说，这些合同已经满足了可收回条件，属于有效合同，也满足合同存在条件。一旦满足合同存在条件之后，客户的信用风险就不应影响对收入的确认和计量。因此，A 公司应按其有权收取的对价金额 100 万元确认收入，并按金融工具准则规定，对应收款项计提 2 万元坏账损失。即 TRG 成员赞同上述观点 1 的处理。

（三）评价合同可收回性与价格折让

在确定企业是否很可能收回其有权收回的对价时，企业可能首先需要确定其有权收回的对价的金额。这是因为，在部分情况下，由于企业可能授予客户一项价格折让，或者由于企业有权收回的对价金额因其他原因而发生变化（如承诺了额外的奖金），企业有权收回的对价金额可能小于合同约定的金额。如果合同可收回性存在疑问，则无法通过步骤 1，从而无法进入其他步骤。如果合同存在价格折让，包括明确的或隐含的价格折让，则需要考虑步骤 3. 确定交易价格的规定，即考虑可变对价估计及其限制（参见本书第五章第二节），价格折让将作为交易价格的抵减。

评估合同是否包含价格折让，需要考虑合同是否明确约定了价格折让；如果合同未明确约定价格折让，则需要考虑是否存在隐含的价格折让。当存在下列情况之一，则合同可能存在隐含的价格折让：

（1）企业的商业惯例、已公布的政策或特定声明导致客户形成企业将接受低于合同指定价格的对价金额的有效预期（即预计企业将提供价格折让）。视法律环境、行业或客户的不同，该要约可能被称为折扣、回扣、退款或抵免。

（2）其他事实和情况表明企业在与客户订立合同时的意图为向客户提供价格折让［IFRS15 para52］。

案例 3－8：隐含的价格折让

案例背景

A 公司以 1,000,000 元的承诺对价向 B 公司销售 1,000 个单位的处方药。这是 A 公司首次向一个新地区的客户进行销售，而该地区现正经历严重的经济困难。因此，A 公司预计其将不能从 B 公司收回承诺对价的全额。虽然存在不能全额收回款项的可能性，但A公司预计该地区的经济将在未来2－3年内复苏，并确定A公司与B公司之间的关系能够有助于其建立与该地区其他潜在客户的关系。

案例分析

在评估是否满足合同存在条件时，A公司同时考虑了步骤3确定交易价格中可变对价估计及其限制规定。根据对具体事实和情况的评估，A公司确定其预计将向B公司提供价格折让，并接受B公司支付较低金额的对价。相应地，A公司得出结论认为，交易价格并非1,000,000元，因此承诺对价是可变的。A公司对可变对价进行了估计，并确定其预计有权获得400,000元。

A公司考虑了客户支付对价的能力和意图，并得出结论认为，尽管该地区正经历经济困难，但其很可能从该客户收回400,000元。因此，基于可变对价的估计值400,000元，A公司得出结论认为，该销售满足合同存在的可收回性条件。此外，根据对合同条款及其他事实和情况的评价，A公司认为合同存在的其他条件也得到了满足。据此，A公司根据新收入准则的要求对该项客户合同进行会计处理。

案例3－9：区分合同可收回性与价格折让

案例背景

某医院在急诊室向一名未投保病人提供医疗服务。该医院以往未曾向该病人提供医疗服务，但当地法律要求其向所有急诊室病人提供医疗服务。鉴于病人到达医院时的状况，医院在尚未能够确定该病人是否将承诺按合同就医院所提供的医疗服务履行其义务之前便立即提供了服务。因此，该合同不满足合同存在条件，医院将继续根据最新的事实和情况评估该结论。

在提供服务后，医院取得了关于该病人的额外信息，包括对所提供的服务、针对此类服务的标准费率以及病人就所提供的服务向医院支付的能力和意图进行复核。在复核过程中，医院认为其在急诊室所提供的服务的标准费率为10,000元。医院也复核了该病人的信息，并基于对病人支付能力和意图的评估，将该病人归为某个客户类别以与其政策保持一致。

案例分析

在重新评估是否满足合同存在条件之前，医院考虑了步骤3确定交易价格中可变对价估计及其限制规定。尽管相关服务的标准费率为10,000元（可能是向病人开具发票的金额），医院预计为该病人提供的服务须接受较低金额的对价。相应地，医院得出结论认为，交易价格并非10,000元，因此，已承诺对价是可变的。医院复核了其以往自该类别客户收回现金的情况，以及关于该病人的其他相关信息。医院对可变对价进行了估计，并确定其预计有权获得1,000元。

根据合同存在条件（5），医院评价了该病人的支付能力和意图，即病人的信用风险。基于医院向该类别客户收回款项的历史记录，医院得出结论认为，其将很可能收回1,000元（即可变对价的估计值）。此外，基于对合同条款及其他事实和情况的评估，医院认为合同存在条件的其他条件也得到了满足。A公司根据新收入准则的要求对该项客户合同进行会计处理。

在2015年1月26日的会议［TRG Agenda ref 13 Question 4］中，TRG讨论了如何区分合同可收回性和价格折让。TRG成员以上述两个案例为例，并认为新收入准则已提供了充分的指引来区分合同可收回性和价格折让。

三、合同的重新评估

（一）合同重新评估的情形

如果与客户之间的合同在合同开始时符合合同存在条件，除非有迹象表明相关事实和情况发生重大变化，否则，企业不应重新评估这些条件。例如，如果客户支付对价的能力显著恶化，企业应当重新评估其是否很可能取得因向客户转让剩余商品或服务而有权获得的对价［IFRS15 para13，CAS14（2017）第五条］。

此时，重新评估这些条件是重要的，因为这些变化可能表明剩余的合同性权利和义务不再是可执行的。“剩余”表明这些条件仅用于尚未交付的权利和义务。也就是说，不应包括任何已确认的应收款项、收入或合同资产。

案例3-10：重新评估合同存在条件

案例背景

A公司向客户授予专利许可证，并向其收取基于使用的特许使用费。在合同开始时，合同满足合同存在的所有条件。根据新收入准则有关基于使用的特许使用费相关规定，A公司在客户的使用发生时确认收入。

案例分析

在合同的第一年内，客户每季度提供使用情况报告，并在商定的期间内支付使用费。

在合同的第二年内，客户继续使用A公司的专利，但客户的财务状况恶化。客户当前获得信贷的能力和可使用的现金受到限制。A公司在第二年内继续基于客户的使用情况确认收入。客户在第一季度支付了特许使用费，但仅为第二季度至第四季度的专利使用支付了名义金额。A公司根据金融工具准则对应收款项计提了减值损失。

在合同的第3年内，客户继续使用A公司的专利。但是，A公司获悉该客户已丧失获得信贷的能力及主要客户，因此客户的支付能力显著恶化。因此，A公司得出结论认为，客户将不大可能为对A公司专利的持续使用进一步支付任何特许使用费。由于相关事实和情况发生这一重大变化，A公司重新评估了合同存在条件，并确定该合同已不符合合同存在条件，因为A公司很可能不再能够收回其有权获得的对价。据此，A公司并未进一步确认与客户未来对其专利的使用相关的任何收入。A公司根据金融工具准则对应收款项计提了减值损失。

在2015年1月26日的会议［TRG Agenda ref 13 Question 3］中，TRG成员指出，对于合同的重新评估，相关事实和情况是否发生了重大变动，需要具体情况具体分析，且需要运用判断。此外，在上述案例中，当客户的财务状况显著恶化导致对识别合同的重新评价，且无法再满足步骤1的可收回性条件。上述案例也表明，新收入准则无意产生更多的性质变动，这些性质可能根据合同条款产生合理的变动，特别是长期合同。

（二）重新评估后不是很可能收回对价时的收入确认

在2015年1月26日的会议［TRG Agenda ref 13 Question 3］中，TRG成员还讨论了当重新评估后不是很可能收回对价时如何确认收入的问题。

假设企业收到了迄今为止已履约部分的不可返还对价，企业选择（或者法律要求）继续按原始合同条款向客户提供服务。由于相关事实和情况发生了重大变化，该企业重新评估了合同存在条件，包括是否很可能收回其有权收取的对价。

部分利益相关方询问，如果企业认为该合同不再满足合同存在条件，但继续自客户收取对价时，该企业是否可以将已收到对价确认为收入，即采用类似“收付实现制”。但是，新收入准则下，只有在发生上述任一事件时，才能将所收到对价确认为收入。也就是说，在未发生上述任一事件之前，新收入准则不允许采用类似“收付实现制”确认收入。因此，在发生上述任一事件或在后续期间符合合同存在条件之前，该企业应将已收到对价确认为一项负债。

合同性质也可能影响重新评估的结果。例如，对于服务合同，重新评估合同可能使合同期缩短为合同开始日至重新评估日，也就是说，重新评估“终止”了原始合同。如果原始合同被视同“终止”，则在满足其他条件的情况下，归属于合同终止之前已提供商品或服务的对价，应当相应确认为收入。其余不属于已提供商品或服务的对价，则应在发生上述任一事件或在后续期间符合合同存在条件之前，作为一项负债。

如果企业在未转让任何商品或服务时认定合同不存在，则所收到的全部对价，应在发生上述任一事件或在后续期间符合合同存在条件之前，作为一项负债。

四、合同不满足存在条件时的处理

如果与客户之间的合同不符合合同存在条件，企业应当持续评估该合同以确定其是否在后续期间符合合同存在条件［IFRS15 para14，CAS14（2017）第六条］。

如果与客户之间的合同不符合合同存在条件，且企业取得了客户支付的对价，仅当下列任一事件发生时，企业才应当将所取得的对价确认为收入：

（1）企业并不具有向客户转让商品或服务的剩余义务，并且企业已取得客户所承诺的全部或几乎全部对价且对价不可返还；

（2）合同已终止且客户支付的对价不可返还［IFRS15 para15，CAS14（2017）第六条］。

在发生上述任一事件或在后续期间符合合同存在条件之前，企业应将客户支付的对价确认为一项负债。根据合同相关的具体事实和情况，所确认的负债代表企业在未来转让商品或服务的义务，或者返还已取得对价的义务。在上述任一种情形下，负债均应按客户所支付的对价金额计量［IFRS15 para16，CAS14（2017）第六条］。

上述规定与合同存在条件的理由是一致的，旨在将无效和不代表真实交易的合同排除在外，因为将此类合同确认收入无法如实反映此类交易。在合同完成、取消或者后续重新评估表明该合同已满足合同存在条件之前，不允许确认任何收入。这种方法类似于原美国公认会计原则所包含的在销售未完成时应用的“保证金法”［IFRS15 paraBC48］。

根据上述准则规定，不满足合同存在条件的合同处理流程如图3－1所示：

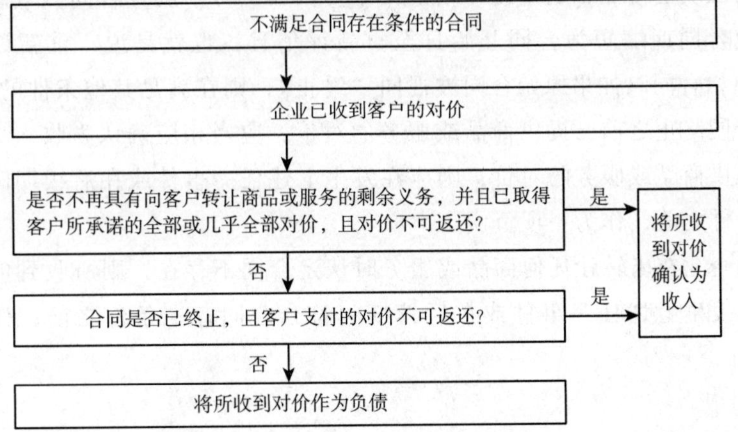

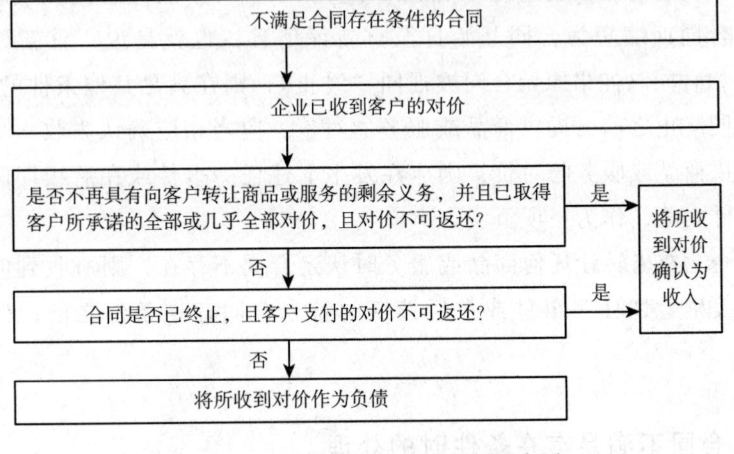

图3－1　不满足合同存在条件的合同

第二节　合同合并

企业将两个或多个合同分别进行处理，与作为一项合同处理，其收入的金额和确认时点可能都是不同的。因此，新收入准则对企业何时应当合并两项或多项合同并将其作为单个合同进行会计处理进行了规范。

企业与同一客户（或该客户的关联方）同时订立或在相近时间内先后订立的两份或多份合同，在满足下列条件之一时，应当合并为一份合同进行会计处理：

（1）该两份或多份合同基于同一商业目的而订立并构成一揽子交易。

（2）该两份或多份合同中的一份合同的对价金额取决于其他合同的定价或履行情况。

（3）该两份或多份合同中所承诺的商品或服务（或每份合同中所承诺的部分商品或服务）构成收入准则规定的单项履约义务［IFRS15 para17，CAS14（2017）第七条］。

从上述规定可以看出，在同一时间或相近时间签订这些合同是必要条件，其符合识别作为计量单元进行会计处理的合同的目标，因为该评估也是在合同开始时执行［IFRS15 paraBC72］。

当满足条件（1）和（2）任意一项时，则各个合同对价之间互为前提，如果不将合同合并，则向各个合同履约义务分摊的对价金额，无法如实反映所交付商品或服务的价值。条件（3）是为了避免企业人为构造合同，以规避识别履约义务的规定［IFRS15 paraBC73］。

一般情况下，将两份或多份合同合并，则它们应当是与相同的客户签订的。但是，如果与客户关联方（满足关联方准则的定义）签订的合同互为前提关系，则应当将这些合同也进行合并。这样能够更加恰当地反映收入确认的金额和时点［IFRS15 paraBC74］。

新收入准则在制定过程中曾经考虑是否明确规定，“为实现单项商业目的而作为一揽子合同商定的全部合同都必须合并”，但最终新收入准则并未对此进行强制要求。因为企业合并了太多的合同，其结果是难以预料的，且可能无法如实反映企业的义务。此外，合同是否属于“同一时间或相近时间签订”需要判断，新收入准则并未对具体的时间间隔进行具体规定。一般而言，间隔时间越长，影响谈判的经济环境越可能发生变化［IFRS15 paraBC75］。

新旧收入准则差异分析

《国际会计准则第 18 号——收入》第 13 段规定，“如果两项或两项以上的交易联系十分紧密，如果不把这一系列交易视为一个整体，就不可能理解其商业效应时，确认条件就应同时应用于这样的两项或两项以上的交易”。

《国际会计准则第 11 号——建造合同》第 9 段规定，“无论是对应于单个客户还是几个客户，一组合同应作为单项的建造合同处理，如果：（1）该组合同按一揽子交易签订；（2）这些合同密切相关，从而在实际上构成一个具有综合利润率的单项工程的组成部分；并且（3）这些合同被同时执行或依次执行”。

对比原收入准则（IAS18），新收入准则对合同合并提出了更加详细的判断指引，其类似于原建造合同准则（IAS11）的指引，但也存在差异。具体如下：

（1）在满足其他条件的情况下，原建造合同准则允许将与多个客户签订的合同进行合并，但新收入准则仅允许对相同客户及其关联方的合同进行合并。

（2）原建造合同准则并未要求多项合同需要同时或相近时间签订，新收入准则将同时或相近时间签订作为多项合同合并的前提条件。

（3）原建造合同准则要求同时满足前述三个条件才能合并合同，新收入准则仅要求满足一项或多项条件即可合并合同等。

（4）原建造合同准则仅要求各项合同同时执行或依次执行，新收入准则要求不同合同的商品或服务构成单项履约义务。

第三节 合同变更

合同变更是经合同各方批准的对合同范围或价格（或两者）作出的变更。在某些行业合同变更可能被描述为订单更改、变动或修订。如果合同各方批准了形成合同各方新的可执行权利和义务或其现有可执行权利和义务的变更，则存在合同变更。合同的变更可能采用书面、口头协议形式或企业的商业惯例所隐含的方式批准。如果合同各方尚未批准合同的变更，则企业在合同的变更获得批准前应继续按照新收入准则对原合同进行处理［IFRS15 para18］。

在原收入准则中并未包含合同变更的相关原则，为提高合同变更会计处理的一致性，新收入准则对合同变更进行了规范。在制定收入确认模型过程中，新收入准则对合同变更的会计处理采用了不同的方法，但所采用的不同方法的总体目标均为如实地反映企业在变更后的合同中的权利和义务。为如实反映合同变更产生的权利和义务，企业应当对部分合同变更采用未来适用法，对部分合同变更采用累计追加调整法进行会计处理［IFRS15 paraBC76］。

一、作为单独合同的合同变更

如果同时满足下列条件，则企业应当将变更的合同作为一项单独的合同进行会计处理：

（1）合同的范围因新增的可明确区分的已承诺商品或服务而扩大；

（2）合同价格提高，增加的对价金额反映企业额外承诺的商品或服务的单独售价及为反映该特定合同的具体情况而对该价格所作的适当调整［IFRS15 para20，CAS14（2017）第八条］。

如果额外承诺商品或服务是可明确区分的，且这些商品或服务的价格反映了其单独出售价格，则合同变更应当以未来适用法进行会计处理。当满足上述两个条件时，则企业就额外的商品或服务订立单独的合同，与企业变更现有合同两者之间不存在任何经济差异［IFRS15 paraBC77］。

案例 3－11：作为单独合同的合同变更

案例背景

A 公司承诺以 12,000 元（每件产品 100 元）的价格向 B 公司出售 120 件产品。这些产品在 6 个月期间内转让给 B 公司。A 公司在某一时点转移对每件产品的控制。在 A 公司将其对 60 件产品的控制转移给 B 公司后，合同进行了变更，要求 A 公司向 B 公司交付额外 30 件产品（共计 150 件相同的产品）。最初订立的合同并未包含这额外的 30 件产品。

案例分析

情形一：额外产品的价格反映单独售价

在合同作出变更后，针对额外 30 件产品的合同价格为 2,850 元（每件产品 95 元）。针对额外产品的定价反映了这些产品在合同变更当时的单独售价，并且这些额外产品可与原产品明确区分开来。

根据新收入准则前述规定，就额外 30 件产品进行的合同变更，实际上构成一项关于未来产品的单独的新合同，且该合同并不影响对现有合同的会计处理。A 公司应对原合同中的 120 件产品确认每件产品 100 元的收入，并对新合同中的 30 件产品确认每件产品 95 元的收入。

二、不作为单独合同的合同变更

如果合同变更不作为一项单独的合同进行会计处理，则企业应采用下列方式中最为适合的一种，对在合同变更日尚未转让的已承诺商品或服务（即剩余的已承诺商品或服务）进行处理：

（1）如果剩余商品或服务与合同变更日当日或之前已转让的商品或服务可明确区分，企业应将合同的变更作为现有合同的终止及新合同的订立处理。分配予剩余履约义务（或按照准则规定识别的单项履约义务中剩余的可明确区分商品或服务）的对价金额为以下金额的总和：①纳入交易价格估计值的尚未确认为收入的客户所承诺的对价（包括已自客户收取的金额）；②作为合同的修订的一部分而承诺的对价。

（2）如果剩余商品或服务不可明确区分，并因此构成截至合同变更日已部分履行的单项履约义务的一部分，则企业应将合同的变更作为现有合同的一部分进行会计处理。合同的变更对交易价格及企业履约义务的履约进度计量结果的影响应在合同变更日确认为对收入的调整（收入的增加或减少）（即对收入作出累计追加调整）。

（3）如果剩余商品或服务为上述第（1）和（2）项的组合，则企业应当按照与本段目标相一致的方式对该变更对变更后合同中未履行（包括部分未履行）的履约义务的影响进行会计处理［IFRS15 para21，CAS14（2017）第八条］。

当合同变更后交付的商品或服务，与已经提供的商品或服务可以区分，也应当采用未来适用法对合同变更进行会计处理。此时，无论额外承诺商品或服务的价格是否反映了其单独出售价格。这是因为，如果对此类合同采用累计追加调整为基础，则可能是复杂且没有必要的，没有如实反映变更的经济实质，因为变更是在初始合同之后谈判的，并基于不同的事实和情况。因此，该方法避免了重新对已履行履约义务的会计处理，也避免了已确认收入的调整［IFRS15 paraBC78］。

如果剩余商品或服务不可明确区分，且属于部分履行履约义务（即在一段时间内履行的履约义务）的一部分，则企业应当将合同变更的影响以累计追加调整为基础进行确认。这就要求企业对交易价格和完成履约义务过程的计量进行更新，两者均为合同变更引起的结果。这种方法主要适用于建筑行业，因为建筑合同的变更不会导致交付可明确区分的额外商品或服务［IFRS15 paraBC80］。

确定是否将合同变更采用未来适用法，取决于剩余承诺商品或服务是否可明确区分。这包括企业确定其具有一项单独履约义务的情况，即使该履约义务代表了一系列可明确区分的商品或服务。因此，对一系列可明确区分商品或服务组成的单独履约义务的合同变更，企业也可以采用累计追加调整为基础进行处理。这些合同一般包含重复进行的服务，如能源供应合同或手机通信服务合同［IFRS15 paraBC79］。

案例 3－12：不作为单独合同的合同变更

案例背景

同上述案例 3－11

案例分析

情形二：额外产品的价格并未反映单独售价

在就额外 30 件产品的购买进行协商的过程中，合同各方最初议定的价格为每件产品 80 元。但是 B 公司发现，A 公司最初转让给 B 公司的 60 件产品存在这些已交付产品所独有的瑕疵。A 公司承诺以每件产品 15 元的抵免，补偿上述低质产品对 B 公司造成的损失。A 公司和 B 公司同意将 900 元的抵免额（每件抵免额 15 元×60 件产品)，抵减额外 30 件产品的价格。因此，变更后的合同规定，额外 30 件产品的价格为 1,500 元（80 元×30 件产品 -900 元）。

在合同作出变更时，A 公司将 900 元确认为交易价格的降低，并因而将其确认为最初转让的 60 件产品收入的减少。在对额外 30 件产品的销售进行会计处理时，A 公司认为，议定价格（每件产品 80 元）并未反映额外产品的单独售价。因此，该合同变更不符合新收入准则作为单独合同进行会计处理的条件。由于拟交付的剩余产品与已转让的产品可明确区分开来，因此，A 公司将该合同变更作为原合同的终止及新合同的订立进行会计处理。

因此，对每件剩余产品确认的收入金额应为综合价格 93.33 元，即［(100 元×尚未根据原合同转让的 60 件产品) +(80 元×新增 30 件产品)］÷90 件剩余产品。

案例 3 -13：导致收入累计追加调整的合同变更

案例背景

一家建造业公司 A 公司与 B 公司订立一项合同，在 B 公司自有土地上建造一幢商业楼宇，合同的承诺对价为 1,000,000 元，如果楼宇的建造在 24 个月之内完成，A 公司将获得 200,000 元的奖励。由于 B 公司在建造过程中控制了该楼宇，A 公司将承诺的一揽子商品和服务作为在一段时间内履行的单项履约义务进行会计处理。在合同开始时，A 公司作出如下估计，如表 3 -1 所示：

表 3 -1　　**合同开始时估计交易价格及成本**　　单位：元

交易价格	1,000,000
预计成本	700,000
预计利润（30%）	300,000

在合同开始时，A 公司将 200,000 元的奖励排除在交易价格之外，因为其无法得出已确认的累计收入金额极可能不会发生重大转回的结论。楼宇建造的完成情况很大程度上受到超出 A 公司影响范围之外的因素（包括天气和监管部门的批准等）影响。此外，A 公司有关类似类型合同的经验有限。

A 公司确定，采用基于已发生成本的投入法将能够适当地计量履约义务的履约进度。截至第 1 年年末，基于迄今为止已发生的成本（420,000 元）相对于预计总成本（700,000 元）的比例，A 公司已履行 60% 的履约义务。A 公司对可变对价作出重新评估，并断定该金额仍受到限制。因此，第一年确认的累计收入和成本如表 3 -2：

表 3-2　　第一年确认收入及成本　　单位：元

项目	金额
收入	600,000
成本	420,000
毛利	180,000

在第二年第一季度，合同各方同意变更合同以更改该楼宇的平面图，固定对价和预计成本因此分别增加了 150,000 元和 120,000 元。合同变更后可能产生的总对价为 1,350,000 元（固定对价 1,150,000 元 + 完工奖励 200,000 元）。此外，允许 A 公司获得 200,000 元奖励的期限延长了 6 个月（即原合同开始日后的 30 个月）。

案例分析

在合同变更日，根据 A 公司的经验以及拟实施的剩余工作（此类工作主要在楼宇内部实施，因而不会受到天气状况影响），A 公司得出结论认为，若将上述奖励纳入交易价格，则已确认的累计收入金额极可能不会发生重大转回，并因此将 200,000 元纳入交易价格。在评估合同的变更时，A 公司认为，变更后合同提供的剩余商品和服务，与在合同变更日或之前转让的商品和服务不可明确区分（该合同仍为单项履约义务）。

因此，A 公司将合同的变更作为原合同的一部分进行会计处理。A 公司更新了对履约进度的计量，并估计其已履行 51.2% 的履约义务（实际已发生成本 420,000 元 ÷ 预计总成本 820,000 元）。作为一项累计追加调整，A 公司在合同变更日确认了 91,200 元的额外的收入，即变更后交易价格 1,350,000 元 × 履约进度 51.2% － 已确认收入 600,000 元。

根据上述规定，合同变更的具体应用流程如图 3-2 所示：

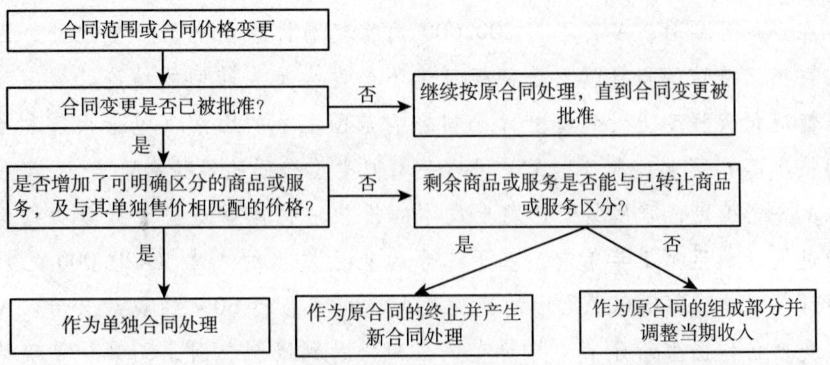

图 3-2　合同变更的应用

三、变更范围和价格未确定及合同索赔

即使合同各方对变更涉及的范围或价格（或两者）存在争议或者各方虽已批准合同范围的变更但尚未确定相应的价格变动，也可能存在合同的变更。在确定变更所形成或变更的权利和义务是否可执行时，企业应考虑所有相关的事实和情况，包括合同条款及其他证据。如果合同各方已批准合同范围的变更但尚未确定相应的价格变动，企业应根据收入准则中关于估计可变对价及关于对可变对价估计的限制对变更所导致的交易价格变动进行估计［IFRS15 para19］。

案例 3－14：变更范围和价格未确定及合同索赔

案例背景

A 公司与 B 公司订立一项在 B 公司自有的土地上建造一幢建筑物的合同。合同规定，B 公司将在合同开始后的 30 天内，使 A 公司得以在该土地上开始其工作。但是，由于在合同开始后出现的暴风雨对场地造成损坏，因此 A 公司直至合同开始后的，120 天才得以在该土地上开始其工作。该合同明确规定，任何导致 A 公司未能及时得以在 B 公司自有土地上开始工作的事件（包括不可抗力），将使 A 公司有权获得金额相当于因延误而直接导致的实际成本的补偿。A 公司能够根据合同条款证明因延误发生的特定直接成本并提出索赔申请。B 公司最初不同意向 A 公司进行补偿。

案例分析

A 公司在评估索赔的法律依据后确定，根据相关合同条款其拥有可执行的权利。因此，A 公司将索赔作为合同的变更进行会计处理。该合同的变更并未导致向 B 公司提供任何额外的商品和服务。

此外，在合同变更后，所有剩余商品和服务均不可明确区分并且构成单项履约义务的一部分。据此，A 公司根据更新交易价格及履约进度来对该合同变更进行会计处理。在估计交易价格时，A 公司考虑了有关可变对价估计限制的要求。

第四章　识别履约义务

在合同开始日，企业应当评估与客户之间的合同所承诺的商品或服务，并确定这些承诺的商品或服务何时构成单项履约义务。履约义务，是指合同中企业向客户转让可明确区分商品或服务的承诺［CAS14 第九条］。

新收入准则将向客户提供商品或服务的义务定义为履约义务，以区别于其他义务。履约义务的概念类似于原收入准则中合同交付内容、组成部分或要素的概念。实际上，原收入准则中也包含了履约义务的概念，但之前并未对其进行定义［IFRS15 paraBC84］。

对履约义务进行定义的目的，是确保企业适当识别客户合同所承诺商品或服务中的计量单元。由于收入确认模型是一种交易价格分摊模型，识别有意义的计量单元，以反映合同中的商品或服务，是如实反映企业向客户交付承诺商品或服务产生的业绩的收入确认目标的基础［IFRS15 paraBC85］。

第一节　识别承诺商品或服务

在企业识别客户合同中的履约义务之前，首先需要识别该合同中的所有承诺商品或服务。一项客户合同通常明确约定了企业承诺向客户交付的商品或服务。但是，从客户合同中识别的履约义务可能不限于合同明确的商品或服务。这是因为，客户合同可能包含了由企业在涉入合同时点存在的商业惯例、公开政策或特定公告导致的隐含承诺，这些承诺使客户有效预期企业将向其交付一项商品或服务［IFRS15 para24，CAS14 第九条］。

如果这些惯例导致客户可以有效预期企业将交付商品或服务，企业在确定其履约义务时，应当考虑此类隐含的承诺，例如，部分在可供使用时将提供的软件更新。此类合同隐含承诺不需要在法律上是可执行的。如果客户能够有效预期，则客户将此类承诺视为交换谈判的一部分，即客户预期将获得且已为其支付的商品或服务。如果不考虑合同隐含承诺，企业可能将全部合同对价作为收入确认，即使企业仍然保留了与客户合同相关的隐含承诺［IFRS15 paraBC87］。

一、合同承诺商品或服务的具体例子

根据不同合同，承诺商品或服务可能包括但不限于以下几类：

（1）销售企业所生产的商品（例如，制造商的存货）；

（2）销售企业所购入的商品（例如，零售商的货物）；

（3）销售企业所购买的对商品或服务的权利（例如，企业作为主要责任人转销的票券）；

（4）为客户执行合同所议定的一项或多项任务；

（5）提供一项随时准备向客户提供商品或服务，例如，未列明的在可供使用时将予以提供的软件更新，或者使商品或服务在客户决定使用时可供其使用的服务；

（6）提供为另一方安排向客户转让商品或服务的服务（例如，作为另一方的代理人）；

（7）授予对在未来提供的商品或服务的权利，而客户可将该权利再出售或提供给其客户（例如，向零售商销售产品的企业承诺向从零售商购买该产品的个人转让额外的商品或服务）；

（8）代客户建造、制造或开发资产；

（9）授予许可；

（10）给予购买额外商品或服务的选择权（当该选择权向客户提供了一项重大权利时）［IFRS15 para26］。

上述（5）（7）两项承诺商品或服务，在原收入准则下可能不会被视为一项合同交付内容或要素，是新收入准则下的新增内容。

案例4－1：合同中清晰列明和隐含的承诺

案例背景

某制造商A公司向分销商B公司（其客户）出售产品，后者再将产品出售给最终客户。

案例分析

情形一：清晰列明的服务承诺

在与B公司订立的合同中，A公司承诺提供维修服务，且不会向自B公司购买产品的任何方（即最终客户）收取额外对价（即“免费”）。A公司将维修服务的履约外包给B公司，并向代A公司提供此类服务的B公司支付商定的金额。如果最终客户不使用维修服务，则A公司并无义务向B公司进行支付。

该客户合同包含了两项承诺商品或服务：(1) 产品；(2) 维修服务。维修服务的承诺是未来转让商品或服务的承诺，并构成A公司与B公司协商交换的一部分。A公司需评价各项商品或服务是否可明确区分。A公司认为，产品和维修服务本身均能够被区分。因为A公司有以单独售价为基础出售产品的惯例，表明客户能够从产品自身受益。B公司能够从维修服务及已从A公司获得的资源（即设备）中受益。

A公司进一步确定，承诺转让的产品和维修服务都属于在合同范围内可明确区分的。该产品和维修服务并非作为合同组合项目的投入。A公司并未提供重大整合服务，因为将合同产品和服务一起提供，并未导致额外的或组合的功能。此外，产品或服务也并未对彼此进行修改或定制。最后，产品和维修服务并非重大依赖或重大关联，因为A公司能够分别单独履行合同各项承诺，并与其他承诺的履行结果相区分，即A公司能够转让产品，即使B公司拒绝了维修服务；也能够对原先通过其他供应商购买的产品提供维修服务。A公司也注意到，A公司承诺提供维修，不需要B公司持续从产品受益。因此，A公司将交易价格按比例向合同范围内的两项履约义务（产品和维修服务）分摊。

情形二：隐含的服务承诺

A公司过往曾在不收取额外对价，即“免费”的情况下向自B公司购买A公司产品的最终客户提供维修服务。A公司并未在与B公司的协商过程中明确承诺提供维修服务，且A公司与B公司之间的最终合同并未明确规定此类服务的条款或条件。

然而，基于A公司的商业惯例，A公司在合同开始时确定，作为与B公司协定的交换的一部分，其已作出隐含的提供维修服务的承诺。即A公司以往提供此类服务的惯例导致A公司的客户（即B公司和最终客户）形成了有效预期。因此，A公司将维修服务的承诺识别为一项履约义务，并将部分交易价格分摊至该履约义务。

情况三：服务并非一项承诺服务

在与B公司订立的合同中，A公司并未承诺提供任何维修服务。此外，A公司通常不提供维修服务，因此在订立合同时，A公司的商业惯例、已公布的政策或特定声明并未形成向其客户提供商品或服务的隐含承诺。A公司向B公司转移了对产品的控制，因此该合同已完成。然而，在向最终客户销售前，A公司主动提出将向从B公司处购买产品的任何方提供维修服务，且不会收取任何额外承诺的对价。

A公司与B公司订立的合同在开始时并未包括维修承诺。即A公司并未以明确或隐含的方式承诺向B公司或最终客户提供维修服务。因此，A公司并未将提供维修服务的承诺识别为履约义务。相反，提供维修服务的义务应按照或有事项准则规定进行会计处理。

虽然维修服务在现有合同下并非一项承诺服务，但在未来的客户合同中，A公司需要评价其是否构成了一项商业惯例，导致一项隐含的提供维修服务的承诺。

随时准备义务的性质

2015年1月26日会议［TRG Agenda ref 16］中，TRG讨论了企业识别和核算随时准备履约义务相关指引在应用中可能存在的问题。随时准备履约义务，是指提供一项随时准备向客户提供商品或服务。客户消耗并获得了随时准备义务的利益，该利益源于保证在缺少资源时，随时按需求提供该资源，例如，未列明的在可供使用时将予以提供的软件更新，或者使商品或服务在客户决定使用时可供其使用的服务。

利益相关方认为，以下四种类型的客户承诺有可能被视为随时准备履约义务：

A类：交付商品、服务或知识产权在企业控制范围内的义务，但企业必须进一步发展其商品、服务或知识产权的义务。例如，软件供应商可能会承诺由供应商自行决定转让未明确的软件升级，制药公司可能会承诺根据研究和开发进展，在可供使用时提供对先前许可的知识产权的更新；

B类：标的商品或服务的交付不受企业和客户控制的义务。例如，企业承诺在需要时清除机场跑道上的积雪，以换取一年的固定费用；

C类：标的商品或服务的交付在客户控制范围内的义务。例如，企业可能约定在客户预先确定的使用量之后，在必要时对客户的设备进行维护；

D 类：持续向客户提供商品或服务，如健身俱乐部在一年内无限次向办理健身年卡的会员提供健身服务。

新收入准则本身以 D 类为例说明了随时准备履约义务的处理。即健身俱乐部在一年内无限次向会员提供健身服务，客户可从所提供的健身服务获得的利益在全年是平均分布的，因此，健身俱乐部应以直线法确认每月收入。除此以外，准则未明确为其他类型的随时准备义务提供指引。

利益相关方注意到，确定向客户承诺商品或服务的性质，是对履约义务进行正确会计处理的基础。同时，在确定履约义务计量进度（步骤 5. 确认收入）的适当方法时，企业也应当考虑向客户承诺商品或服务的性质。但是，利益相关方对上述类型商品或服务的性质如何判断存在疑问。即在上述 A 至 D 四种类型中，企业的承诺是随时准备提供商品或服务，还是实质上提供特定商品或服务。

TRG 成员认为，义务是提供明确定义的商品或服务，还是提供未明确类型或数量的商品或服务，可能是判断承诺性质的关键因素。但是，无论是哪种情况，只要客户要求，或发生或有事项（例如降雪），企业都可能被要求“随时准备”交付商品或服务。

一般，如果合同明确约定所提供商品或服务的数量，例如，明确约定提供 100 个单位的商品或服务，则企业承诺的性质是提供明确约定的商品或服务，无论客户是否有能力指定提供此类商品或服务的时点。

相反，在上述 B 类、C 类、D 类合同中，并未明确约定所提供服务的数量，企业承诺的性质是“随时准备”的义务，例如，在 C 类合同中，企业仅了解将提供维修服务，但不了解提供服务的次数。这与准则制定意图一致，在某些情况下，企业承诺的性质是“在一段时期内准备提供服务，而非仅在客户要求时才提供服务［IFRS15 paraBC160］”。客户消耗并获得了随时准备义务的利益，该利益源于保证在缺少资源时，随时按需求提供该资源。除上述例子外，以下例子也可以说明客户从企业的“随时准备”中获益：

（1）客户向律师事务所支付一定期间内的固定费用，以便在客户需要时可供客户使用例如，如果客户收到另一方起诉或者客户对另一方提起诉讼时。

（2）客户为设备购买了延长产品保修期，要求供应商在设备出现问题时对设备进行维修。

对于A类合同，则需要仔细考虑，合同是否承诺了部分特定的商品或服务，同时包含未明确的商品或服务，即使合同仅仅是约定在可用时向客户交付商品或服务。在考虑是否具有特定商品或服务时，需要考虑合同隐含的承诺，即根据企业的商业惯例、已公布的政策或特定声明，客户是否可以有效预期企业将向其转让特定的商品或服务［IFRS15 para24］。以A类合同中，软件供应商可能会承诺由供应商自行决定转让软件升级为例，根据软件供应商的商业惯例、已公布的政策或特定声明，合同可能包含了未明确的软件升级权利(合同既未明确也未隐含约定)；也可能包含了特定的软件升级权利，例如，特定版本的软件升级，具有特定预期的附加或修改功能或软件供应商的商业惯例、已公布的政策或特定声明向客户隐含承诺的改进功能；或者可能仅包括指定的升级权利。

二、生产前期活动

履约义务不包括企业为完成合同所必须执行的活动，除非该活动向客户交付了商品或服务。例如，提供服务方为建立一项合同，需要执行不同的管理工作。在执行这些工作时，企业并未向客户交付一项服务。因此，这类活动不属于履约义务［IFRS15 para25，CAS14 第九条］。

企业不应将其可能履行但不会向客户交付商品或服务的活动作为履约义务。这可能发生在很多合同中，如企业单独执行的未直接向客户交付商品或服务的活动，例如，需要大量随时准备成本的服务合同，即使这些活动是顺利交付客户签订商品或服务所必需的。将此类活动作为履约义务，是与收入确认的核心原则不一致的，因为这些活动并未导致向客户交付商品或服务［IFRS15 paraBC93］。

在2015年3月30日的会议［TRG Agenda ref 46］中，TRG讨论了有关生产前期活动的问题。某些长期供应合同要求企业执行前期工程和设计活动，以创造出新技术或对现有技术按客户需要进行改进。生产前期活动通常是交付产品合同标的的先决条件。在此类情况下，企业如何确定生产前期活动是属于承诺商品或服务，还是包含在一段时间内履行的履约义务完工进度的计量中。

如果生产前期活动是一项客户合同承诺的商品或服务，即作为单项履约义务，或者单项履约义务的一部分，则该活动将影响收入确认的时点。如果该活动是单项履行义务，则需将交易价格的一部分分配给该商品或服务；如果该活动是单项履约义务的一部分，则需将交易价格的一部分分配给包括该活动以及其他商品或服务的履约义务。如果生产前期活动将向客户转让，并包含在一段时间内履行的履约义务中，则在该履约义务的履约进度时，需考虑这些活动。

TRG成员赞同，企业应当评价其向客户承诺的性质，生产前期活动是属于承诺商品或服务，还是属于并未向客户转让商品或服务的活动，如设立或履约活动。TRG成员承认，该评价需要判断。

TRG职员认为，如果企业对确定生产前期活动是否属于承诺商品或服务存在困难，则以收入确认的核心原则为基础，即“企业确认收入的方式应当反映向客户转让所承诺的商品或服务的模式”，同时结合新收入准则下对商品或服务的控制权概念，考虑该商品或服务的控制权是否需要向客户转移可能是有帮助的。如果需要转移控制权，则该活动很可能是合同承诺商品或服务。如果活动并未导致商品或服务的控制权向客户转移，则生产前期活动可能不属于承诺商品或服务。例如，如果企业在为客户制造新产品前，需要进行产品研发活动，而客户将享有相关研发形成知识产权（如专利技术）的所有权，则此类研发活动向客户转移了相关成果的控制权，从而很可能应将此类研发活动作为合同承诺商品或服务。

在某些情况下，企业生产前期活动是否向客户转移了商品或服务的控制权不是那么直接，需要运用判断。此时，可能需要考虑步骤5. 确认收入中有关一段时间内履行履约义务的判断条件（参见本书第七章第二节）。TRG成员认为，对于生产前期活动，可能适用客户在取得同时并消耗了企业履约的利益条件。如果企业无法轻易确定客户是否在企业履约的同时取得并消耗了企业履约的利益，则判断另一企业在向客户履行剩余履约义务时，是否需要在实质上重新执行企业迄今为止已完成的工作。例如，以前述产品研发活动为例，如果该企业需要向客户提供定期研发报告，且该报告详细程度达到客户不需要聘请其他方来重新研发；或者如果该企业在终止合同的情况下，需要向客户提供迄今为止已完成研发工作的完整信息，则该企业很可能得出结论认为，其向客户转移了其研发活动的控制权。

此外，在考虑计量履约进度时，也涉及是否向客户转移了商品或服务控制权的判断。在应用进度的计量方法时，企业对履约进度的计量不应包括任何尚未向客户转移控制权的商品或服务。例如，如果一套设备是在一段时间内逐步向客户转移的，企业确定客户在一段时间内取得了该套设备的控制权，因为该套设备不具有替代用途且企业有“合格收款权”。企业可以将建造该设备的人工成本纳入投入法计量的履约进度中。虽然人工成本本身并不是向客户转让的承诺商品或服务，但人工成本有助于推进履行履约义务的进度，如人工成本可以改进该设备的建造状态，客户在其建造状态发生变化时即获得了对该变化的控制权。需要注意的是，如果人工成本为反映向客户转移商品或服务控制权履约情况，则不应将此类人工成本计入投入法计量的履约进度中。比如人工成本无助于推进所建造设备的进度或者人工成本与建造设备的进度不成比例［IFRS15 paraB19］。

三、营销激励及附加义务

部分反馈意见者建议，部分承诺商品或服务应当从新收入准则中排除，并作为营销激励或附加义务进行会计处理，即使这些承诺可能满足履约义务的定义。这类承诺商品或服务的例子可能包括电信公司赠送的免费手机，汽车制造商提供的免费维修，以及超市、航空公司和酒店提供的客户忠诚度积分奖励。这些反馈意见者认为，收入应当在客户签订的主要商品或服务交付以后即进行确认，而不是在这些被视为销售激励和附加义务完成之后［IFRS15 paraBC88］。

IASB 和 FASB 承认，当客户与企业签订了一揽子商品或服务，企业要识别客户签订的主要商品或服务是困难和主观的。此外，此类评估的结果，可能高度依赖于企业是从其商业模式角度还是客户角度来执行该评估。因此，IASB 和 FASB 决定，合同中对客户承诺的所有商品或服务均产生了履约义务，因为这些承诺是作为企业与其客户谈判交换的一部分。尽管企业可能将此类商品或服务视为销售激励或附加商品或服务，但它们是客户支付的商品或服务，以及企业应当在收入确认时分摊对价的部分。但是，在部分情况下，企业向客户提供的激励措施可能并非一项履约义务（如果此类激励措施是独立于其旨在提供保障的合同之外）［IFRS15 paraBC89］。

四、运输和装卸活动

在 2014 年 10 月 31 日、2015 年 1 月 26 的会议［TRG Agenda ref 12、22］中，TRG 成员讨论了识别履约义务的相关问题，其中，利益相关方对商品运输和装卸活动是否属于一项承诺服务，从而作为单项履约义务存在疑问。经会议讨论，TRG 职员整理了以下观点：

（1）商品运输和装卸活动是支持将商品控制权向客户转移的基本活动之一，属于合同履约成本。运输和装卸活动不是向客户承诺的单独服务。如果供应商必须在控制权转移给客户后完成商品运输和装卸，则应计提运输和装卸成本。

（2）一般，如果供应商有责任运输和装卸商品，则在商品向客户交付之前，控制权并未向客户转移，无论运输和装卸条款如何约定。

（3）如果商品控制权在运输和装卸之前已向客户转移，供应商仍有责任负责商品运输和装卸（或者安排商品运输和装卸），则此类运输和装卸活动属于向客户承诺的单独服务。因此，如果重大，供应商应将此类运输和装卸活动作为单项履约义务进行处理。

（4）运输和装卸活动的会计处理需要根据具体事实和情况进行判断，并考虑运输和装卸义务的重要性，可能分别适用上述三种不同的解释。

根据 TRG 的上述讨论，IASB 指出，运输和装卸活动的基本原则是：在客户获得相关商品控制权之前发生的运输和装卸活动，属于履约活动，即不属于单项履约义务。但是，如果商品控制权已向客户转移，再向客户提供相关商品的运输和装卸服务，则很可能表明企业向客户提供了一项服务，即属于单项履约义务［IFRS15 paraBC116S］。

如果销售商品作为某一时点履行的履约义务，企业应当考虑有关控制的要求。此外，还应考虑控制转移的因素，包括但不限于：

（1）企业具有资产付款的现时权利。

（2）客户已拥有资产的法定所有权。

（3）企业已转移了对资产的实物占有。

（4）客户已承担和拥有资产所有权上的重大风险和报酬。

（5）客户已验收资产［IFRS15 para38］。

在商品运输至客户指定位置，客户占有商品实物之前，除上述条件外，必须在符合下列所有条件的情况下，客户才获得对此类“开出账单但代管商品”安排下商品的控制权：

（1）“开出账单但代管商品”的安排必须具有实质性的理由；

（2）产品必须作为属于客户的产品被明确区分；

（3）产品实物当前必须可随时转让给客户；

（4）企业不具有使用产品或将产品提供给其他客户的能力［IFRS15 paraB81］。

可见，在一般商品销售业务中，企业在将商品运输至客户指定地点之前可能已转移商品控制权的情况，具有严格的限制条件。因此，在商品销售过程中，能够作为单项履约义务，单独确认收入的运输和装卸活动一般很少，需要满足特定条件。

五、不重要的承诺商品或服务

在 2015 年 1 月 26 日的会议［TRG Agenda ref 12］中，TRG 成员讨论了，与原收入准则的交付内容相比，新收入准则是否要求企业识别显著更多数量的商品或服务。

新收入准则规定，“未向客户转让商品或服务的活动”不应作为履约义务。利益相关方对某些活动是否应作为履约义务存在疑问，这些活动表面上向客户提供了某些利益，虽然该利益可能很小。也就是说，某些活动可能并不是纯粹的“行政管理任务”性质的。

利益相关方举例说明，以下常见例子在原收入准则下一般不作为交付内容进行处理：

（1）随时准备回答消费品相关的问题，因为产品本身包含了回答客户问题或处理投诉的热线电话。

（2）向客户提供定期会计报表的承诺。

（3）向客户提供知识产权许可额外副本的承诺。例如，承诺向客户提供 10 份额外的软件或媒体内容的副本，超出最初的副本数量，以使知识产权可供客户使用。

在上述例子中，客户受益很小，相对于整个合同的活动，企业提供这些活动的成本也很小。但是，客户受益确实是可明确区分的。因此，利益相关方对此类活动是否属于“行政管理任务”存在疑问。

此外，如果企业得出结论认为，上述例子中的活动不是可明确区分，则可能需要考虑其是否与其他商品或服务构成单项履约义务，从而需将其与合同中其他商品或服务合并，如果构成单项履约义务，则将影响收入确认的时点和模式。同时，企业也还需要进一步证明此类活动不具有重要性。

TRG 成员普遍赞同，与现行指引识别相关合同交付内容、组成部分或要素相比，新准则无意显著增加承诺商品或服务的数量。但是 TRG 成员指出，现行指引下被视为营销激励的合同承诺商品或服务，在新准则下都需要作为潜在的履约义务进行评价。这是因为，合同承诺的营销激励，是作为企业和客户协商交易的一部分，属于一项承诺。此外，TRG 成员赞同，以识别履约义务为目的，评价客户合同中承诺商品或服务需要判断，且企业应当考虑对客户承诺的性质。

TRG 职员赞同，新收入准则并无意显著扩大承诺商品或服务的数量，且在评价承诺商品或服务时需要判断。该结论与 IASB 和 FASB 的意见一致，新准则结论基础第 BC84 段解释了，履约义务的概念类似于此前的收入准则中合同交付内容、组成部分或要素的概念。尽管 TRG 成员表示理解 IASB 和 FASB 的意图，但部分成员指出，在现行美国公认会计原则下，如果出售方剩余义务是例行公事或无足轻重的，则可以确认全部收入。TRG 成员指出，新收入准则结论基础第 BC90 段阐明，IASB 和 FASB 决定，不就企业可能视为例行公事或无足轻重的履约义务提供会计处理上的豁免。但是，职员强调，该段结论基础不应当如此理解。结论基础第 BC90 段同时也指出："企业应根据《国际会计准则第 8 号》和《概念公告第 8 号——财务报告的概念框架》的规定，评估此类履约义务对企业的财务报表而言是否并不重要。"该段落指出，在考虑承诺商品或服务及识别履约义务时，应考虑重要性。部分 TRG 成员基于美国准则的论述指出，判断承诺商品或服务在财务报表层次是否是不重要的，可能需要花费成本且是复杂的。

IASB 指出，该问题实质是与重要性概念的应用相关，而不是与《国际财务报告准则第 15 号》的应用相关。新收入准则下的履约义务概念，与原收入准则下的合同交付内容、组成部分或要素类似。新收入准则要求企业识别履约义务，而不是识别承诺商品或服务。因此，虽然为了识别重要的履约义务，企业需要评价合同中的承诺商品或服务，但不是说企业必须逐项评价各项可能的承诺商品或服务［IFRS15 paraBC116D］。

IASB 也指出，《国际财务报告准则第 15 号》结论基础（BC90）的意思，不应被理解为新收入准则要求将例行公事或无足轻重的承诺商品或服务也识别为履约义务。原因之一是 IASB 和 FASB 无意专门针对例行公事或无足轻重的履约义务提供豁免，该段结论基础也指出，"相反，企业应根据《国际会计准则第 8 号》和 FASB《概念公告第 8 号——财务报告的概念框架》的规定，评估此类履约义务对企业的财务报表而言是否并不重要。"而且，这在于如何应用"可明确区分"的概念，以及如何应用重要性的概念。在评价承诺商品或服务并识别履约义务时，企业不仅应该考虑重要性，也应综合考虑

《国际财务报告准则第 15 号》的目标。IASB 进一步指出，重要性概念是贯穿于整个国际财务报告准则的，而不仅仅是各项具体准则明确提及时才适用［IFRS15 paraBC116E］。

第二节　识别承诺是否代表履约义务

在识别了合同承诺的商品或服务后，企业需要确定这些商品或服务是否作为单项履约义务进行处理，即是否作为单个会计处理单元。

合同开始日，企业应当对合同进行评估，识别该合同所包含的各单项履约义务，并确定各单项履约义务是在某一时段内履行，还是在某一时点履行，然后，在履行了各单项履约义务时分别确认收入。在下列情况下，企业应当将向客户转让商品或服务的承诺作为单项履约义务：

1. 可明确区分商品或服务（或一揽子商品或服务）；

2. 实质上相同并且按相同模式向客户转让的一系列可明确区分的商品或服务［IFRS15 para22，CAS14 第九条］。

一、可明确区分的商品或服务

客户合同可能包含很多交付商品或服务的承诺。在新收入准则讨论稿中曾提议，企业应当复核交付承诺商品或服务的时点，以识别应单独进行会计处理的履约义务。但该提议可能要求企业对合同中于不同时点交付的每项商品或服务都单独进行会计处理，这对于很多合同都不具可操作性，特别是长期的服务合同和建造合同。因此，新收入准则对该规定进行了重新规定［IFRS15 paraBC94］。

在很多合同中，识别企业应当单独处理的承诺商品或服务是很直接的。因此，新收入准则为各种行业和交易制定了具有相关性的识别原则，即“可明确区分的商品或服务”的概念。“可明确区分”，一般理解，是指某事物是不同的、单独的和不相似的［IFRS15 paraBC95］。

向客户承诺的商品或服务如果同时符合下列两个条件，则是可明确区分的：

（1）客户能够从单独使用该商品或服务、或将其与客户易于获得的其他资源一起使用中获益（即该商品或服务本身能够明确区分）；

（2）企业向客户转让该商品或服务的承诺可与合同中的其他承诺区分开来（即该商品或服务在合同范围内可明确区分）［IFRS15 para27、CAS14 第十条］。

（一）本身能够明确区分

如果商品或服务能够被使用、消耗或以高于残值的金额出售，或者以产生经济利益的其他方式持有，则客户可从该商品或服务受益。对于部分商品或服务，客户能够从该商品或服务单独受益。对于部分商品或服务，客户可能仅在连同其他易于获得的资源一起使用时才能受益。易于获得的资源，是指（企业或另一企业）单独出售的商品或服务，或者客户已从企业获得的资源，包括根据合同，企业将会完成向客户交付的商品或服务，或已从其他交易或事项获得的资源。多种因素均可提供证据证明客户能够从单独使用商品或服务、或将其与易于获得的其他资源一起使用中受益。例如，企业经常单独出售某项商品或服务这一事实可能表明客户能够从单独使用该商品或服务、或将其与易于获得的其他资源一起使用中受益［IFRS15 para28］。

一项商品或服务要单独进行会计处理，必须具备一些最低限度的具体特征。特别是，该商品或服务必须本身能够被区分——客户能够从该商品或服务自身，或连同客户易于获得的其他资源而受益。企业对不能使客户受益的商品或服务单独进行会计处理，所提供的信息可能对于财务报表使用者是不相关的。例如，如果企业向客户交付了一台机器，但该机器只有在完成企业才能提供的安装程序后才能够使客户受益，则该机器是不可明确区分的［IFRS15 paraBC97］。

2010 年的征求意见稿中，将该最低限度的特征提议为，商品或服务应当具有“可明确区分功能（distinct function）”——即该商品或服务应当从其自身，或与客户从企业或另一企业单独出售的商品或服务一同具备效用。反馈意见者要求澄清“可明确区分功能”的含义，因为合同的任何要素与其他商品或服务合并，都可能是具备效用的［IFRS15 paraBC98］。

因此，新收入准则重新澄清了“可明确区分功能”的概念，并增加了判断可明确区分的具体条件及其应用指引。该指引关注于经济利益的概念，该概念有助于评估商品或服务本身或连同其他资源一起使用时能否使客户受益。

从概念上而言，经常单独出售的商品或服务应当能够单独使用或连同其他资源一起使用，否则就不会存在可供企业单独提供该商品或服务的市场［IFRS15 paraBC99］。

评价“客户是否能够从该商品或服务受益”，应当以商品或服务自身的特征为基础，而不是客户可能对其采取的用途。因此，企业应当忽略任何可能妨碍客户可轻而易举的从实质上而不是从企业获得可用资源的合同性限制条款［IFRS15 paraBC100］。

商品或服务可明确区分的特征，类似于原收入确认原则的识别多重要素安排中的单独可交付部分，即单独对某交付项目进行会计处理，该项目必须“对客户具有单独价值”。但是，新收入准则最终未采用该术语，以避免实务应用中，企业识别合同履约义务时，必须评价客户使用承诺商品或服务的意图。因为企业要了解合同客户的意图是很难的，甚至是不可能的［IFRS15 paraBC101］。

（二）合同范围内可明确区分

在部分情况下，即使承诺的一揽子交易中的个别商品和服务能够被区分，但这些商品和服务也不应单独进行会计处理，因为这可能无法如实反映企业的业绩。例如，很多建筑行业和制造行业的合同，涉及向客户交付很多能够被区分的商品和服务，如建筑材料、人工和项目管理服务等。但是，将这些个别商品和服务单独履约义务，可能是不切实可行的，更重要的是，这样既不能如实列报企业对客户承诺的性质，也不能如实反映企业的业绩。这可能导致企业在提供了材料或其他建筑投入，或者制造过程后即确认和计量收入，而不是在企业履行了客户合同约定的建筑义务（并使用了这些投入），或者项目制造后确认和计量收入。因此，新收入准则规定，在识别商品或服务是否可明确区分时，企业不仅应当考虑个别商品或服务的特征，还应考虑承诺交付商品或服务是否能够明确区分（即在合同范围内可明确区分）［IFRS15 paraBC102］。

评价企业向客户承诺交付的商品或服务是否属于在合同范围内可明确区分的，目的是确定该承诺的性质，是在合同范围内将各项商品或服务单独交付，还是将多个项目合并作为承诺商品或服务的投入进行交付的。可能表明企业向客户交付的多项商品或服务的承诺不是可明确区分的因素，包括但不限于下列各项：

（1）企业提供了任何重大服务，以将该商品或服务与合同承诺的其他商品或服务整合为一揽子商品或服务，该一揽子商品或服务代表客户订立合同所要求的一个组合产出或多个产出。换言之，企业是将该商品或服务作为投入，以生产或交付客户所要求的一个组合产出或多个产出。一个组合产出或多个产出可能包括多个步骤、要素或单元。

（2）一项或多项商品或服务使合同承诺的另一商品或服务发生重大修改或定制，或者被其他商品或服务进行了重大修改或定制。

（3）各商品或服务之间高度相互依赖或高度关联。换言之，各商品或服务受到合同中一项或多项其他商品或服务的重大影响。例如，在部分情况下，多项商品或服务之间相关重大影响，因为企业无法通过单独交付各项商品或服务来履行其承诺［IFRS15 para29，CAS14 第十条］。

上述几个因素并非相互排斥的。由于这些要素是基于相同的非单独风险基本原则，在很多情况下，一项合同可能不止满足其中一项因素。上述各项因素是典型因素，可以适用于不同合同或行业［IFRS15 paraBC106］。

同时，上述因素仅仅是一个未穷尽的考虑因素，并不是需要满足所有因素才能认定企业承诺的多项商品或服务是或者不是可明确区分的。类似的，这些考虑因素并不是作为评价可明确区分原则的独立条件。针对不同合同，在某些情况下，其中某个因素对评价可明确区分原则的相关性可能比其他因素要低。因此，企业应当考虑的是该原则的评价目标，而不是仅考虑上述列举的几个因素［IFRS15 paraBC116N］。

新收入准则在制定过程中曾考虑将是否存在可识别的“单独风险”作为评价一项商品和服务是否在合同范围内可明确区分的基础。在评价时，如果企业履行其向客户交付承诺商品或服务的义务，其风险无法与一揽子交易中交付的其他承诺商品相关风险分离，则该一揽子交易中的个别商品或服务是不可明确区分的。但是，“单独风险”可能并非一项切实可行的标准［IFRS15 paraBC103］。

为了使单独风险概念更加可操作性，IASB 和 FASB 考虑了其他与之相关的理论。但是，IASB 和 FASB 基于以下理由拒绝了这些理论：

（1）可明确区分利润率——这种情况下，企业可能需要对不同的商品或服务确定相同的利润率，即使这些商品或服务使用了不同的资源（不同成本）且承担了不同的风险。此外，对于部分商品或服务，特别是软件和其他类型的知识产权，成本并不是确定价格的重大因素，从而使利润率高度变动，因为价格可能是取决于客户从其他企业支付或获得替代商品或服务的能力。

（2）基于高度修改或定制化的商品或服务，以及要求企业作为整体提供的一揽子商品或服务的条件——将这些因素作为强制因素，可能太过严格，因为他们可能导致强制捆绑或拆分，但并未反映合同的经济实质［IFRS15 paraBC104］。

新收入准则最终采用的合同范围内可明确区分原则，目的是确定企业转让某商品或服务的承诺，是否可与合同中其他承诺区分开来（“可单独区分开来”）。“可单独区分开来”的概念是基于“单独风险”的概念，即企业为向客户转让某项承诺商品或服务而承担的风险，与转让合同中其他承诺商品或服务相关风险是否可分割。确定企业承诺交付的商品或服务是否可明确区分需要判断，并考虑所有事实和情况［IFRS15 paraBC105］。

1. 重大整合服务

如果企业提供整合服务，则转让个别商品或服务所产生的风险是不可分割的，因为企业向客户作出的承诺的主要内容是确保将个别商品或服务纳入组合产出。因此，个别商品或服务是生产单项产出所需的投入。该因素可能与许多建造合同相关（在此类合同中，承包商提供整合或合同管理服务，以管理和协调各项建造任务并承担与整合这些任务相关的风险）。此外，整合服务将要求承包商对各分包商执行的任务进行协调并确保这些任务按照合同细则执行，从而确保个别商品或服务恰当地纳入客户合同约定的组合产出项目［IFRS15 paraBC107］。

该因素也适用于建造业以外的其他行业。例如，部分包含重大整合服务的软件开发合同同样涉及符合“重大修改或定制”的商品或服务。但是，IASB 和 FASB 并不希望该因素太过广泛地应用于企业在整合承诺商品或服务时所承担的风险可以忽略不计的软件整合服务（例如，无需进行重大修订的软件的简单安装）。因此，为对许多软件类合同作出部分额外澄清，新收入准则纳入了“重大修改或定制”这一因素［IFRS15 paraBC108］。

案例 4-2：重大整合服务（1）

案例背景

A 公司作为承包商与 B 公司订立一项建造医院的合同。A 公司负责项目的总体管理并识别各类拟提供的商品和服务，包括工程技术、场地清理、地基构建、采购、建筑架构、管道和管线的铺设、设备安装及装修等。

案例分析

承诺的各项商品和服务本身能够被区分。即B公司能够从单独使用该商品或服务、或将其与B公司易于获得的其他资源一起使用中获益。这可以通过A公司或A公司的竞争对手经常向其他B公司单独出售许多此类商品和服务的事实得到证明。此外，B公司能够通过使用、消耗、出售或持有这些个别商品或服务而从中产生经济利益。

然而，在基于该合同进行考虑时，这些商品和服务无法明确区分（合同范围内无法区分）。也就是说，A公司根据合同转让个别商品和服务的承诺，无法与合同中的其他承诺单独区分开来。这可以通过A公司根据B公司合同提供一项将上述商品和服务（投入）整合到医院（组合产出）的重大服务这一事实得到证明。

由于未能满足上述准则可明确区分的两个条件，因此上述商品和服务不可明确区分。A公司应将合同中的所有商品和服务作为单项履约义务进行会计处理。

案例4-3：重大整合服务（2）

案例背景

A公司与B公司签订一项合同，向B公司交付多项高度复杂的、专门化的设备。合同条款要求A公司建立一套制造流程，以生产合同产品。该规格仅适用于B公司，定制的设计由B公司所有，且开发条款由单独合同约定，不属于当前合同的协商内容。A公司对合同全面管理负责，要求执行和整合各种活动，包括采购材料、识别和管理分包商、进行制造、装配和测试。

案例分析

A公司评价了其合同承诺，并确定，各项承诺设备本身均能够被区分，因为B公司能够从各项设备自身受益，即各项设备能够独立于其他设备运行。

A公司注意到，其承诺的性质时建立并提供一种服务，以根据B公司的规格生产其所需的全部设备。企业识别出其责任是对合同全面管理，并提供重大服务，以将不同商品或服务（投入）整合到设备（组合产出）中，因此，设备和不同承诺商品或服务是为了生产这些设备，是不可明确区分的。在本案例中，A公司提供的制造过程是为该客户合同定制的。此外，A公司的履约性质，特别是对各种活动的重大整合服务，表明其中一个生产活动的变化对生产高度复杂、专门化设备所需的其他活动产生重大影响，从而使 A 公司的活动高度相互依赖和高度关联。

由于不满足合同范围内可明确区分的条件，A 公司所提供的商品或服务是无法明确区分的，即不可明确区分。A 公司所有合同承诺商品和服务作为一项单独履约义务处理。

2. 重大修改或定制化

在部分行业（例如，软件行业）中，“不可分割风险”的概念可通过评估某项商品或服务是否对其他商品或服务作出重大修订或定制更清楚地说明。这是因为如果某项商品或服务对合同中的其他商品或服务作出修订或定制，则每一项商品或服务将被整合在一起（即作为投入）以生产客户合同约定的组合产出［IFRS15 paraBC109］。例如，企业可能承诺向客户提供现有软件，并同时承诺定制该软件以使其与客户现有的基础设施配套使用，从而企业将为客户提供完全整合的系统。在这种情况下，如果定制服务要求企业对现有软件作出重大修订，从而导致提供软件与提供定制服务所产生的风险不可分割，则企业可以断定转让软件的承诺与转让定制服务的承诺无法区分开来。因此，这些商品或服务在合同范围内不可明确区分［IFRS15 paraBC110］。

案例 4 -4：重大定制

案例背景

某软件开发商 A 公司与 B 公司订立一项合同，约定转让软件许可、实施安装服务并在两年期间内提供未明确规定的软件更新和技术支持（通过在线和电话方式）。合同明确规定，作为安装服务的一部分，软件将作重大定制以增添重要的新功能，从而使软件能够与客户使用的其他定制软件应用程序相对接。定制安装服务可由其他企业提供。

案例分析

A 公司应评估向 B 公司承诺的商品和服务，以确定哪些商品和服务可明确区分。A 公司首先评价是否满足本身能够被区分的条件。A 公司认为，软件许可、安装、软件更新和技术支持各自均满足该条件。A 公司接着评价是否满足合同范围内可明确区分的条件。A 公司认为，合同条款导致一项提供重大服务的承诺，即通过实施合同规定的定制安装服务将授予许可的软件与现有软件系统相整合。换言之，A 公司使用许可和定制安装服务作为投入以生产合同所列明组合产出（即具特定功能的集成软件系统）。此外，有关服务将对软件作出重大修订和定制。尽管定制安装服务可由其他 A 公司提供，但 A 公司确定在基于合同进行考虑时，转让许可的承诺不可与定制安装服务单独区分开来，因此不符合合同范围内可明确区分的条件。因此，软件许可和定制安装服务不可明确区分。

A 公司得出结论认为，软件更新和技术支持可与合同中的其他承诺明确区分开来。

基于上述评估，A 公司识别出合同中关于下列商品或服务的三项履约义务：

(1) 软件定制（包含软件许可和定制安装服务）；

(2) 软件更新；

(3) 技术支持。

A 公司需要进一步确定每一项履约义务是在某一时点还是在一段时间内履行。

3. 高度依赖或高度关联

在某些情况下，企业是否提供整合服务或是否涉及对商品或服务作出重大修订或定制可能并不明确，因此，新收入准则在判断合同范围内是否可明确区分时，纳入了“高度依赖或高度关联”这一因素。但是，合同中的个别商品和服务可能仍然无法与合同所承诺的其他商品或服务区分开来。这可能是由于这些商品或服务高度依赖于合同所承诺的其他商品或服务或与其高度关联，从而导致客户无法在不对合同承诺的其他商品或服务造成重大影响的情况下选择购买其中某一项商品或服务［IFRS15 paraBC111］。

考虑下面的例子：企业同意为客户设计一种实验性的新产品并生产该产品的 10 个样品。产品规格包含尚未得到证实的功能。因此，企业必须在生产和测试样品过程中持续对产品设计进行修正，并对样品的在产品或产成品作出必要的修订。企业预计由于产品设计在生产过程中的变化，大多数或全部拟生产的样品均可能需要进行一些返工。在这种情况下，客户可能无法选择在不对生产服务造成重大影响的情况下仅购买设计服务或者在不对设计服务造成重大影响的情况下仅购买生产服务。这是因为提供设计服务与提供生产服务所产生的风险是不可分割的。因此，尽管每一项承诺本身均可使客户获益，但在基于合同进行考虑时，这些承诺无法单独区分开来。这是因为企业认为每一项承诺均高度依赖于合同中的其他承诺并且与其高度关联［IFRS15 paraBC112］。

案例4－5：可明确区分的商品或服务

案例背景

某软件开发商A公司与B公司订立一项合同，约定转让软件许可、实施安装服务并在两年期间内提供未明确规定的软件更新和技术支持（通过在线和电话方式）。A公司单独出售许可、安装服务和技术支持。安装服务包括为各类用户（例如，市场营销、库存管理和信息技术）更改网页屏幕。安装服务通常由其他企业执行，并且不会对软件作出重大修订。该软件在没有更新和技术支持的情况下仍可正常运行。

案例分析

A公司应评估向B公司承诺的商品和服务，以确定哪些商品和服务可明确区分。A公司认定软件是在其他商品和服务之前交付，并且在没有更新和技术支持的情况下仍可正常运行。合同开始日，B公司能够从更新和软件许可转让一并受益。因此，A公司得出结论认为，B公司能够从单独使用各项商品和服务或将其与可易于获得的其他商品和服务一起使用中获益，符合本身能够被区分的条件。

A公司还确定，向B公司转让各项商品和服务的承诺可与其他承诺单独区分开来，因此符合合同范围内可明确区分条件。为得出该结论，A公司考虑到，尽管其将软件整合到B公司的系统中，但安装服务并未显著影响B公司对该软件许可的使用及受益的能力，因为安装服务是常规的，且能够从其他方获得。软件更新并不显著影响B公司在软件许可期内对软件许可的使用及受益的能力。A公司进一步注意到，没有任何一项承诺商品或服务对其他项构成重大修改或定制，A公司也没有提供重大服务将软件和服务整合为一项组合产出。最后，A公司得出结论，软件和服务并未各自之间显著影响，即不是高度依赖或高度关联的，因为A公司能够履行其转让初始软件许可的承诺，并与其后续提供安装服务、软件更新或技术支持单独区分。

基于上述评估，A公司识别出合同中关于下列商品或服务的四项履约义务：

（1）软件许可；

（2）安装服务；

（3）软件更新；

（4）技术支持。

A公司应确定关于安装服务、软件更新和技术支持的每一项履约义务是在某一时点还是在一段时间内履行。同时，A公司还需评估其转让软件许可的承诺的性质。

案例4-6：可明确区分的承诺（安装）

案例背景

A公司与B公司签订合同，向B公司销售一套设备及安装服务。该设备可以不需要定制或修改即可运行。安装要求并不复杂，且能够通过多个其他服务提供方来执行。

案例分析

A公司识别出合同中的两项承诺商品或服务：（1）设备；（2）安装。A公司根据第27段的条件来确定各项承诺商品或服务是否可明确区分。A公司认为，设备和安装各自均满足本身能够被区分的条件。B公司能够从设备自身受益，即对其通过使用或以高于残值的金额出售，或者与其他易于获得的资源受益，例如，从其他服务提供方获得的安装服务。B公司也能从安装服务连同其他已从A公司获得的资源（即该设备）一起受益。

A公司进一步确定，转让设备和提供安装服务承诺是各自可明确区分的，即满足合同范围内可明确区分条件。A公司认为，设备和安装服务并不是作为合同组合项目的投入。在本案例中，第29段的三个要素对该设备和安装服务是否可明确区分均有影响，但都不是决定性的：

（1）A公司并未提供重大整合服务。A公司承诺交付设备并对其安装；A公司可以独立于后续安装的承诺，单独履行转让设备的承诺。A公司并未承诺将设备和安装服务作为组合产出一并向B公司转让。

（2）A公司的安装服务不会对设备产生重大定制或重大修改。

（3）尽管B公司只在获得了设备的控制权后才能从安装服务受益，但安装服务并未对设备产生重大影响，因为A公司能够独立于安装服务承诺单独履行转让设备的承诺。由于设备和安装服务并未各自产生重大影响，故并不是高度依赖或高度关联的。

基于上述评估，A公司识别出合同中关于下列商品或服务的两项履约义务：

（1）设备；

（2）安装服务。

A公司还需要根据准则相关要求，确定各项履约义务属于在某一时点还是在一段时间内履行。

案例4－7．可明确区分的承诺（合同限制）

案例背景

A公司与B公司签订合同，向B公司销售一套设备及安装服务。该设备可以不需要定制或修改即可运行。安装要求并不复杂，但B公司通过合同约定使用A公司的安装服务。

案例分析

本案例中，合同约定使用A公司的安装服务并不改变该承诺商品或服务是否可明确区分的评价。这是因为，合同约定使用A公司的安装服务，并未改变商品或服务自身的特征，也未改变A公司对B公司的承诺。虽然B公司要求使用A公司的安装服务，但设备和安装服务本身是能够被区分的，并且，A公司承诺提供的设备和安装服务各自可明确区分，即满足合同范围内可明确区分条件。因此，A公司仍然识别出两项履约义务：

(1) 设备；

(2) 安装服务。

A公司还需要根据准则相关要求，确定各项履约义务属于在某一时点还是在一段时间内履行。

案例4－8：可明确区分的承诺（耗材）

案例背景

A公司与B公司签订合同，向B公司提供一套现成设备（off－the－shelf equipment），即该设备不需要任何重大定制或修改即可运行，同时约定，在未来三年中定期向其提供该设备专用的指定规格耗材。该耗材仅由A公司生产，但A公司也单独出售该耗材。

案例分析

A公司认为，B公司可以从该设备连同易于获得的耗材受益。该耗材是易于获得的，因为它根据A公司的商业惯例可单独出售，即可以对原先购买的设备补充订单。B公司也能够从合同约定交付的耗材受益，即与合同中已获得的设备一起受益。因此，设备和耗材能够各自区分。

A公司认为，其承诺转让的设备和在未来三年内转让的耗材，是各自能够单独区分的，即满足合同范围内可明确区分条件。在确定设备和耗材并不是作为合同组合项目的投入时，A公司认为其并未提供重大服务，以将设备和耗材整合为组合产出。此外，设备和耗材也并未被另一方进行重大定制或修改。最后，A 公司认为，该设备和耗材并非高度依赖或高度关联，因此它们并未彼此具有重大影响。虽然 B 公司只有在获得设备的控制权后，才能从合同约定的耗材受益，即没有设备就无法使用耗材，且耗材是用于设备的运行，但设备和耗材并未彼此构成重大影响。这是因为，A 公司能够单独履行合同内的各项承诺。即 A 公司能够单独转让该设备，即使 B 公司并未购买耗材，也能够单独提供耗材，即使 B 公司单独购买设备。

基于上述评估，A 公司识别出合同中关于下列商品或服务的两项履约义务：

（1）设备；

（2）耗材。

A 公司还需要根据准则相关要求，确定各项履约义务属于在某一时点还是在一段时间内履行。

4. TRG 有关合同范围内可明确区分的讨论

在 2014 年 5 月发布的第一版《国际财务报告准则第 15 号》规定，“可能表明企业向客户转让商品或服务的承诺可明确区分的因素包括但不限于：

（1）企业并未提供任何重大的服务以将该商品或服务与合同所承诺的其他商品或服务整合为一揽子商品或服务，该一揽子商品或服务代表客户订立合同所要求的组合产出。换言之，企业并未以该商品或服务作为投入以生产或交付客户所要求的组合产出。

（2）该商品或服务不会对合同所承诺的另一商品或服务作出重大修订或定制。

（3）该商品或服务并非高度依赖于合同所承诺的其他商品或服务或与其高度关联。例如，客户能够决定不购买该商品或服务而不会显著影响合同所承诺的其他商品或服务的事实可能表明该商品或服务并非高度依赖于其他已承诺的商品或服务或与其高度关联”［IFRS15（2014）para29］。

针对上述规定，在 2014 年 10 月 31 日的会议［TRG Agenda ref 9］中，TRG 成员通过以下几个案例讨论了合同范围内可明确区分的具体应用问题。

案例 4－9：制造设备

案例背景

商品制造商 A 公司按客户要求的规格型号制造设备，客户订购了 5 套设备。5 套设备将在不同的时点向客户交付。客户在设备制造前提供了设备制造的计划和规格（设计方案）。A公司不负责设备设计。5套设备均采用相同的设计。利益相关方讨论了，是否存在定制设计本身是否影响商品或服务在合同范围内可明确区分的判断。

案例分析

部分利益相关方认为，各项设备属于定制的事实可能表明各项设备在合同范围不可明确区分。虽然客户提供了设备制造的设计方案，但A公司在实际制造过程中，很可能还需要进行一定的重新设计，虽然合同并未明确该事项。并且，根据具体事实和情况，重新设计的程度可能有所不同。例如，如果定制设备的设计越复杂，越可能需要对每套设备重新设计，各套设备之间越可能无法在合同范围内可明确区分。

假设A公司首先根据客户提供的基本设计方案制造出一套设备，并向客户交付。客户根据第一套设备存在的缺陷，要求A公司进行修改设计。后续各套设备也依次进行。那么，部分利益相关方认为，在此类情况下，5套设备之间高度关联，或者A公司提供了重大整合服务，即设备设计和制造整合服务。

另一部分利益相关方则认为，仅仅因为产品是定制的事实，不能得出所提供商品或服务在合同范围内不可明确区分的结论。他们认为，“该商品或服务不会对合同所承诺的另一商品或服务作出重大修订或定制”，仅仅是表明商品或服务在合同范围内不可明确区分的其中一项因素，并不能直接得出结论认为，案例中定制的5套设备在合同范围内不可明确区分。如果5套设备是按照相同的设计定制的，则各套设备不会对其他设备作出重大修订或定制。因此，还需要考虑是否满足其他条件。这些利益相关方注意到，第三个条件是各项商品或服务“高度”关联。也就是说，在本案例中，各套设备之间具有一定的关联性也不能直接得出5套设备属于单项履约义务的结论。还需要考虑各套设备之间的关联程度是否达到“高度”关联。

案例4－10：定制产品

案例背景

客户定制了5套A公司的产品。这些产品设计较为复杂，需要两年时间才能建造完成。客户可以定制A公司不同配置的产品，但这些产品不是根据特定客户的独特规格定制的。虽然产品设计较为复杂，但都属于标准产品，A公司具有丰富的产品制造经验。利益相关方讨论了，产品设计复杂本身是否影响商品或服务在合同范围内可明确区分的判断。

案例分析

案例2与案例1的主要区别在于，案例1的产品是客户定制产品，案例2则不是。

基于与案例1同样的理由，对于本案例各套产品是否在合同范围内可明确区分，也存在两种不同的观点。一部分利益相关方认为，本案例5套产品在合同范围内不可明确区分，应作为单项履约义务。另一部分利益相关方则认为，本案例5套产品在合同范围内可明确区分。

案例4-11：开发新产品

案例背景

A公司新开发了一项新产品，并与客户签订一项合同，向该客户出售5套新产品。A公司预期，随着制造过程中效率的提高，单位制造成本将随着时间的推移而下降。因此，交付给客户的第1套产品的成本预计将高于交付给客户的第5套产品的成本。A该公司为5套产品分别进行定价，以实现合同总利润率的总体目标。利益相关方讨论了，此类“学习曲线”的存在，是否影响商品或服务在合同范围内可明确区分的判断。

案例分析

IASB和FASB在考虑计量履约进度时，也讨论了“学习曲线”的影响。“学习曲线”，是指随着企业执行某项任务（或生产某个单位）的次数增加，企业执行该任务（或生产该单位）的成本将下降，从而效率提高所带来的影响将随着时间的推移实现。学习曲线的现象可能独立于客户合同而存在。例如，一个生产存货单位的典型的制造商随着时间的推移能够在其生产流程中更有效率[IFRS15 paraBC312]。

部分利益相关方认为，存在“学习曲线”可能表明商品或服务在合同范围内不可明确区分。在本案例中，各套产品存在“学习曲线”，表明各套产品之间具有高度关联，应将5套产品作为单项履约义务进行处理。这是因为，5套产品的定价高度关联，且取决于产品制造数量。

另一部分利益相关方则认为，存在“学习曲线”不影响商品或服务在合同范围内是否可明确区分的判断。他们认为，IASB和FASB指出，新收入准则涵盖了在同时满足下述两个条件的情况下对“学习曲线”影响的会计处理：(1) 企业具有交付指定数量单位的单项履约义务；(2) 该履约义务是在一段时间内履行。

也就是说，“学习曲线”并非影响识别履约义务的因素，而是在确定履约义务后产生的结果。因此，企业可以通过选择适当的履约进度计量方法，反映较早产品的成本高于较晚产品的成本。此外，前述判断是否在合同范围内可明确区分的三种情况，均未讨论定价的影响，而是关注于商品或服务是否高度依赖或关联。

案例 4－12：标准设备

案例背景

客户计划在一个新的生产设施中使用其订购的 5 套设备。这些设备基于标准设计，不进行定制。客户需要至少 5 套设备才能开始使用新的生产设施。如果客户收到少于 5 套设备，将无法打开其设施。利益相关方讨论了，在评估商品或服务是否高度依赖或高度关联时，是否需要考虑客户购买商品或服务的意图。

案例分析

部分利益相关方认为，客户的购买意图或者说客户认为其购买的是单项产品还是多项产品，不应影响商品或服务是否在合同范围内可明确区分的判断。实务中，企业很难知晓客户对产品的使用计划。这将导致对履约义务的判断，取决于企业是否知晓客户对商品或服务的意图，显然不合理。该部分利益相关方指出，IASB 和 FASB 在制定准则过程中也认为，企业要知晓客户在特定合同中的意图是十分困难的［IFRS15 paraBC101］。因此，在本案例中，客户需要将 5 套设备同时使用，并不能认为 5 套设备高度关联。

另一部分利益相关方则认为，客户的意图应当影响商品或服务在合同范围内是否可明确区分判断。在本案例中，客户需要至少 5 套设备才能开始使用新的生产设施，其无法选择购买少于 5 套设备，否则将显著影响客户从设备受益的能力，这表明 5 套设备在该合同范围内是不可明确区分的。该部分利益相关方也指出，新收入准则下有很多情况需要考虑客户视角，例如，客户是否能够受益，客户是否取得了商品或服务的控制权，以及是否向客户提供了重大权利等。

此外，该部分利益相关方认为，IASB 和 FASB 认为“企业要知晓客户在特定合同中的意图是十分困难的”，不应理解为不需要考虑客户意图。应该理解为，一般情况下不要求考虑客户意图，但企业已明确知晓客户意图的情况下，则需要考虑客户意图。

案例4－13：产品及安装

案例背景

客户向A公司订购了5套产品及安装服务。安装服务不是定制的；但是客户不能自己安装这些产品，不同的供应商可以为客户安装。合同规定，客户必须使用A公司为5套产品提供安装服务。利益相关方讨论了合同限制是否会影响商品或服务在合同范围内可明确区分的判断。

案例分析

2014年版《国际财务报告准则第15号》第29（3）段提到，“客户能够决定不购买该商品或服务而不会显著影响合同所承诺的其他商品或服务的事实可能表明该商品或服务并非高度依赖于其他已承诺的商品或服务或与其高度关联。”

部分利益相关方认为，要求客户使用A公司安装服务的合同限制，影响了客户决定哪个企业来提供安装服务的能力。这种限制将导致各商品或服务高度关联，从而被视为单项履约义务。客户不得以合同形式雇佣另一方来进行安装，并且，客户在未安装的情况下无法使用产品。

另一部分利益相关方认为，尽管合同包含了哪一方可以安装产品的限制，但是，存在其他供应商可以为客户安装的事实，表明该产品和安装不是高度关联或高度依赖。尽管要求客户必须使用A公司提供安装服务，但这是合同双方同意的一个条件。此外，IASB和FASB也指出，关于“商品或服务本身能否使客户获益”的评估，应当基于商品或服务自身的特征，而不是客户可能使用该商品或服务的方式。因此，企业应忽略合同中可能妨碍客户从除企业外的其他来源取得可供使用的资源的合同限制条款［IFRS15 paraBC100］。

案例4－14：产品及耗材

案例背景

A公司向客户出售一套基础产品及耗材。该基础产品和耗材在不同时点向客户交付。使用该基础产品需要消耗该耗材。耗材需要在定期更换。没有其他公司制造该耗材。耗材不会对基础产品定制或修改。A公司以单独售价向拥有其基础产品的其他方出售该耗材。利益相关方讨论了，当一种商品或服务在缺少另一商品或服务时无法发挥其功能时，如何评价各商品或服务是否高度关联。

案例分析

部分利益相关方认为，该合同应当作为单项履约义务，因为基础产品与耗材高度依赖或高度关联。基础产品在确认耗材的情况下无法运行。

另一部分利益相关方认为，由于该客户及其他拥有基础产品的客户能够单独购买需替换的耗材，基础产品和耗材可以分别作为两个独立的合同签订，因此，基础产品和耗材是可明确区分的。两种产品在同一份合同中，并不会改变客户实际收到的货物，即基础产品和耗材。此外，该部分利益相关方认为，虽然基础产品和耗材可能相互关联，但并不是高度关联。产品之间在某种程度上相互关联，并不能直接得出属于单项履约义务的结论，特别是不存在另外两种情况时，即企业未提供重大整合服务，一种商品对另一商品也未进行重大修改或定制。企业需要对产品之间的相关程度进行评价，确定是否达到高度关联。基础产品和耗材均具有单独售价，均可以超过残值的金额转售，两者可以分别购买。该事实可以支持该合同包含两项履约义务。此外，如果客户选择仅购买基础产品，而不是购买基础产品加耗材，不会对基础产品产生重大影响，因为无论是否购买耗材，基础产品都是相同的产品。

根据 TGR 的讨论，IASB 通过 2016 年 4 月发布的《对〈国际财务报告准则第 15 号〉的澄清》，修订了对合同范围内可明确区分的判断条件，并相应修订和增加了部分案例。

修订后的新收入准则强调，评价企业向客户承诺交付的商品或服务是否属于在合同范围内可明确区分的，目的是确定该承诺的性质是在合同范围内将各项商品或服务单独交付，还是将多个项目合并作为承诺商品或服务的投入进行交付的。可能表明企业向客户交付的多项商品或服务的承诺不是可明确区分的因素，包括但不限于下列各项：

（1）企业提供了任何重大服务，以将该商品或服务与合同承诺的其他商品或服务整合为一揽子商品或服务，该一揽子商品或服务代表客户订立合同所要求的一个组合产出或多个产出。换言之，企业是将该商品或服务作为投入，以生产或交付客户所要求的一个组合产出或多个产出。一个组合产出或多个产出可能包括多个步骤、要素或单元。

（2）一项或多项商品或服务使合同承诺的另一商品或服务发生重大修改或定制，或者被其他商品或服务进行了重大修改或定制。

（3）各商品或服务之间高度相互依赖或高度关联。换言之，各商品或服务受到合同中一项或多项其他商品或服务的重大影响。例如，在部分情况下，多项商品或服务之间相关重大影响，因为企业无法通过单独交付各项商品或服务来履行其承诺［IFRS15 para29，CAS14 第十条］。

IASB 的修订旨在说明，企业应当评价合同范围内的承诺，是将各项商品或服务单独交付，还是将多个项目合并作为承诺商品或服务的投入进行交付的。因此，企业应当评价合同内承诺商品或服务是作为产出，还是作为合并项目的投入。在很多情况下，作为合并项目的投入，可以进一步解释为：作为合并项目的承诺商品或服务，大于（或者实质上不同于）单个承诺商品或服务的简单加总。例如，在一份建造围墙的合同中，承诺提供的砖和人工，在合同范围内是不能明确区分的，因为这些承诺是组合构成了建造围墙的承诺［IFRS15 paraBC116J］。

虽然上述表述已被修订，但修订是澄清 IASB 和 FASB 的意图，而不是改变了基本原则。应用第 27（2）段的原则需要判断，考虑具体事实和情况。即使在修订了第 29 段后，也需要根据判断来确定承诺商品或服务是否在合同范围内可明确区分［IFRS15 paraBC116I］。

二、一系列可明确区分的商品或服务

企业向客户转让一系列实质相同且转让模式相同的、可明确区分商品或服务的承诺，也应当作为单项履约义务［IFRS15 para22，CAS14（2017）第九条］。当同时满足下列两个条件时，一系列可明确区分的商品或服务是按相同模式向客户交付的：

（1）企业向客户承诺的各项可明确区分商品或服务，均满足在一段时间内履行的履约义务的条件；

（2）在计量企业履约义务的履约进度时，该一系列向客户交付的可明确区分商品或服务均采用相同的方法［IFRS15 para23，CAS14（2017）第九条］。

新收入准则将这一概念纳入履约义务的定义，是为了简化企业在一段时期内连续提供同一商品或服务（例如，重复性服务安排）的收入确认模型，以及提高履约义务识别的一致性。只有在每一项承诺的商品或服务均是在一段时间内履行的履约义务的情况下，此类承诺才能作为单项履约义务进行会计处理［IFRS15 paraBC113］。

若履约义务的定义不包含上述部分，则如果企业提供实质上相同的一系列可明确区分的商品或服务，在应用收入确认模型时可能会面临某些操作上的困难。若不作出这一规定，企业则必须识别多项可明确区分的商品或服务，并按单独售价将交易价格分摊至每一项相应的履约义务，然后在这些履约义务得到履行时确认收入。例如，在一项重复性服务合同中，例如保洁服务、交易处理或供电合同，企业必须将总对价分摊至合同拟提供服务的每一个部分例如，每小时的保洁服务。采用这种方式应用收入确认模型将无法体现成本效益原则，将这一概念纳入履约义务的定义可降低成本。这是因为，如果合同包含转让实质上相同，并且按相同模式向客户转让的一系列可明确区分的商品或服务的承诺，企业将识别出一项单项履约义务并将交易价格分摊至该履约义务。然后，企业将通过对该履约义务应用单项的履约进度计量方法来确认收入［IFRS15 paraBC114］。

如果企业确定其具有一项满足该段条件的履约义务，则在对合同变更进行处理和分摊可变对价时，企业应考虑合同中可明确区分的商品或服务（而非履约义务）［IFRS15 paraBC115］。

该段规定适用于连续提供（而非同时提供）的商品或服务。新收入准则无需规范同时提供并按相同模式转让的可明确区分的商品或服务的会计处理，因为在这种情况下，如果该处理的结果与将这些商品和服务作为个别履约义务进行会计处理的结果相同的话，新收入准则并不禁止企业将这些商品或服务视同单项履约义务进行会计处理［IFRS15 paraBC116］。

（一）一系列可明确区分的商品或服务是否必须连续交付或提供

在 2015 年 3 月 30 日的会议［TRG Agenda ref 27 Question 1］中，TRG 成员讨论了新收入模型步骤 2，识别履约义务中，如何确定企业是否提供了一系列可明确区分的商品或服务。对于一系列商品或服务，企业应已识别出客户合同中的承诺商品或服务，然后确定两项或多项商品或服务是可明确区分的，否则，这些商品或服务将作为单项履约义务进行处理。企业是否确定单项履约义务包含了一系列可明确区分的商品或服务，或单项履约义务包含了一系列不可相互区分的商品或服务，将影响新收入准则的多个方面，包括可变对价的分摊，合同变更，以及交易价格的变动。

部分利益相关方询问，为适用一系列可明确区分条款，各商品或服务是否必须连续的被交付或履行。也就是说，当企业交付商品或提供服务存在间隔或重叠时，是否适用该一系列可明确区分条款。利益相关方对以下案例进行了讨论：

案例4－15：是否必须连续交付或提供

案例背景

情形1——连续生产交付

A公司与客户签订了提供制造服务的合同，在该合同中，A公司将每月生产1,000件产品，为期2年。这项服务将在两年内平均执行，不中断生产。根据本合同生产的设备基本相同，并按照客户要求的规格制造。A公司在开发生产过程中不会产生重大的前期成本。假设生产各套设备的服务本身是可明确区分的。此外，假设合同全部制造服务属于单项履行义务，因为这些设备是专门为客户定制的。并且，A公司的履约并未创造一项可用于替代用途的资产，并且具有就迄今为止已完成的履约部分而获得客户付款的可执行权利。因此，满足一系列可明确区分的条件。

情形2——不连续生产交付

假设与上述案例相同的情况，不同的是，A公司不打算在两年服务期内平均履行。也就是说，A公司不是连续每月生产1,000台设备。相反，A公司计划在两年内提供制造服务，但在某些月份生产2,000台设备，在某些月份则不生产。

案例分析

尽管准则本身并未使用术语“连续”，但在准则结论基础中多处使用了该术语。因此，部分利益相关方询问，一系列可明确区分的商品或服务，是否必须连续交付。例如，新收入准则结论基础中提到，“IASB和FASB决定将这一概念纳入履约义务的定义，是为了简化企业在一段时期内连续提供同一商品或服务（例如，重复性服务安排）的收入确认模型，以及提高履约义务识别的一致性［IFRS15 paraBC113］。”再如，“在重新审议过程中，IASB和FASB认为《国际财务报告准则第15号》第22（2）段适用于连续提供（而非同时提供）的商品或服务［IFRS15 paraBC115］。”此外，术语“连续”也曾在2011年第二次征求意见稿中使用，但最终版准则中删除了该术语。部分利益相关方认为，IASB和FASB删除了该术语，表明其不要求一系列可明确区分的商品或服务需要连续交付。也就是说，一系列可明确区分条款也适用于交付商品或提供服务存在间隔或重叠的情况。

TRG职员注意到，新收入准则规定，当同时满足下列两个条件时，一系列可明确区分的商品或服务是按相同模式向客户交付的：

（1）企业向客户承诺的各项可明确区分商品或服务，均满足在一段时间内履行的履约义务的条件；

（2）在计量企业履约义务的履约进度时，该一系列向客户交付的可明确区分商品或服务均采用相同的方法［IFRS15para23，CAS14 第九条］。

上述条件关注于各项商品或服务是否满足在一段时间内履行履约义务的条件，以及履约进度的计量。虽然在计量履约义务时，可能需要考虑履约方式，包括商品或服务是否在一段时间内连续提供的。但是，在确定是否满足上述一系列可明确区分条款时，并不要求考虑交付商品或服务是否连续。

TRG 职员还注意到，对于利益相关方所述的结论基础及 2011 年二次征求意见稿所述，其旨在说明一系列可明确区分条款适用于连续转让的商品或服务，但不是说只有连续转让的商品或服务才适用一系列可明确区分条款。

TRG 职员认为，如果要求一系列明确区分条款必须是连续交付，则根据不同企业的具体情况，将得出不同的结论。例如，与前述案例情形 1 类似，A 公司的制造服务是在 2 年内每月生产 100 件产品。但是，对于 A 公司来说，100 件产品远低于其生产能力，因此，A 公司不需要整个月都生产该 100 件产品。也就是说，A 公司每个月都会有空余时间不需要生产该合同产品，其提供的服务不是连续的，不适用一系列可明确区分条款。显然，如此区分是否满足一系列明确区分条款是不适当的。

综上所述，TRG 职员认为，一系列可明确区分条款并不要求商品或服务是连续交付或提供的。根据前述案例的事实和情况，案例两个情形均符合一系列可明确区分条款，均应作为单项履约义务进行处理。

（二）一系列条款的处理结果是否必须与个别履约义务的处理结果一致

在 2015 年 3 月 30 日的会议［TRG Agenda ref 27 Question 2］中，TRG 成员讨论了，按照一系列条款处理的结果，即将一系列商品或服务作为单项履约义务处理，是否应当与将各商品或服务分别作为各项履约义务处理的结果一致。利益相关方对以下案例进行了讨论：

案例 4－16：是否必须处理结果一致

案例背景

A 公司与客户签订了提供制造服务的合同，在该合同中，A 公司需生产 10 个产品。制造服务将在 3 年内完成。合同价格为 1 亿元，每个产品的单独售价为 1,000 万元。

A 公司预计该合同总成本为 8,000 万元。A 公司在生产每个产品时向客户提供的服务实质上相同，但设计是新的，因此，A 公司预计，各个产品的生产成本将逐步下降。前 5 个产品的生产成本预计为 900 万/件。其他 5 个产品的生产成本预计为 700 万/件。

案例分析

在本例中，假设 A 公司认定，生产每个产品所提供的服务是不同的，各个产品生产可明确区分，均满足一段时间内履行履约义务的条件，各个产品生产均采用“投入法”计量履约进度。

表 4－1 为上述两种假设下的会计处理结果比较：

表 4－1　两种假设下的会计处理结果比较　单位：万元

项目	合同总额	按一系列条款处理		按各个履约义务处理	
		1－5 件产品	6－10 件产品	1－5 件产品	6－10 件产品
收入	10,000	5,600	4,400	5,000	5,000
成本	8,000	4,500	3,500	4,500	3,500
利润	2,000	1,100	900	500	1,500

虽然在两种情况下合同都确认了 2,000 万元的合同利润，但是，在收入和利润确认的时间存在差异。当作为一系列条件进行处理时，前 5 个产品确认了更多的收入。当对单个产品分别进行处理时，各个产品的收入相同，但利润不同。

TRG 职员认为，一系列条款的两个条件并未要求评估按一系列商品或服务处理的结果，与按单个产品处理的结果是否一致。如果要进行评估，将增加应用一系列条款的成本，这并非准则制定意图。新收入准则结论基础所述，将一系列条款纳入履约义务的定义，是为了简化企业在一段时期内连续提供同一商品或服务的收入确认模型。要求证明采用一系列条款是否导致收入确认结果差异，将与该目标背道而驰。

因此，TRG 职员认为，适用一系列条款的商品或服务，并不要求其收入确认结果与将各商品或服务分别作为单项履约义务的结果保持一致。在上述案例中，只要判断满足适用一系列条款的两个条件，虽然其收入确认结果与判断为多项履约义务有所不同，也不影响其适用一系列条款。

（三）如何评价一系列商品或服务是否“实质上相同”

在 2015 年 7 月 13 日的会议［TRG Agenda ref 39 Issue 1］中，TRG 讨论了，企业如何判断可明确区分商品或服务相关履约义务满足一系列条款中实质上相同的条件。

一系列条款要求，企业向客户转让一系列实质相同且转让模式相同的、可明确区分商品或服务的承诺，也应当作为单项履约义务。利益相关方对如何理解一系列商品或服务“实质相同”存在不同意见。部分利益相关方认为，在整个履约义务履行过程中，各项任务必须实质上相同才能适用一系列条款。

TRG 职员赞同，第一步是确定企业向客户提供服务的承诺的性质。例如，在某些情况下，企业需要确定，承诺的性质是转让特定数量的商品或服务，还是随时准备履行履约义务。如果承诺的性质是转让特定数量的服务，则需要考虑各项服务是否为明确可明确区分的，且是实质上相同的。如果企业承诺的性质是随时准备，或者在一段时间内提供单项服务，即存在不确定量的各类活动以履行服务，则需要关注各次增量，而不是标的活动，是否是明确可明确区分且实质上相同。该评价需要判断。

TRG 讨论了以下案例的具体应用。

案例 4－17：IT 采购

案例背景

信息技术（IT）销售商 A 公司与采购方 B 公司签订了一项 10 年的采购合同。在合同期内，A 公司将向 B 公司持续交付所采购的活动。例如，A 公司将提供服务器存储，管理客户的软件组合，并运行一个 IT 协助平台。每月的账单根据各项活动的不同消耗单位计算。例如，账单可能是基于每秒百万的计算能力（MIPS）指令，软件应用的使用数量，或者支持人员的数量，每种类型的活动单位价格不同。

在交付相关服务之前，A 公司执行了一些初始化活动。A 公司向 B 公司收取了一定的与交易活动相关的不可返还前期费用。A 公司认为，初始化活动未向客户转让服务。

合同存续期内单位价格的下降风险由 A 公司承担。合同开始时商定的价格反映了市场价格。合同存续期内价格的下降，反映了完成合同任务相关成本的下降。最初，任务是由更为昂贵的人员进行的，且这些活动需要付出更多的努力。在合同开始后，活动需要的努力降低了，任务由较为便宜的人员来执行。合同包含了价格基准条款，B 公司聘请第三方中介公司来比较合同期内特定时点的合同价格与当前市场费率。如果基准价格明显低于 A 公司的价格，则自动调整预期价格。

假设 A 公司得出结论，存在一项单独履约义务并在一段时间内履行，因为 B 公司在其提供服务的同时获得并消耗了其服务的利益。

案例分析

A 公司首先分析了对客户承诺的性质，即其承诺属于提供一揽子采购服务，还是提供未定义的项目或活动且彼此可明确区分。由于 A 公司承诺提供的是未指定数量的活动，而不是具体数量的服务，A 公司得出结论，其承诺的性质是随时准备提供一揽子采购服务。

如果 A 公司的承诺性质是整体 IT 采购服务，则每天的服务自身为可明确区分的，因为客户能够从每天的服务自身受益。并且，每天的服务在合同范围内也是可明确区分的，因为 A 公司并未提供整合服务，即每天的组合服务并非作为组合产出的投入；每天的服务也没有对其他服务进行修改或定制；每天的服务也不是相互高度依赖或高度关联，因为企业可以单独履行其每天的义务，并与其他各天的义务区分开来。

如果 A 公司的承诺性质是一项整体服务，也可以得出结论，其每天的服务是实质上相同的。也就是说，虽然履约义务中的个别活动在每一天有所不同，但整体承诺的性质在每一天都是相同的。因此，A 公司的承诺是日常 IT 采购服务。

实务中也可能存在不同的理解。在本案例中，履约义务中的各项个别活动是单独定价的，因此，这可能表明每天的活动是不相同的。因此，当履约义务中的不同类型任务被履行时，各项可明确区分的服务并非实质上相同。这将使很少的交易才能满足一系列商品或服务的条件。

上述不同理解是将整体承诺作为交付指定的服务，而不是一揽子采购服务。这与包含了多项服务的单项履约义务的结论不一致。也就是说，作为单项履约义务的结论表明，合同的实质是一项整合的采购服务。如果承诺的性质是提供多项可明确区分的服务，意味着合同具有多项履约义务，且企业在单项合同中具有多项一系列商品或服务。因此，上述不同理解是不适当的，这也说明，合同的支付条款，并不应影响可明确区分商品或服务的分析和识别。

此外，初始活动也不应在评价可明确区分服务是否相同时考虑。这是因为，这些初始活动并未向客户转让商品或服务，不应作为履约义务的一部分。

综上所述，A公司得出结论，该合同满足一系列商品或服务的条件。

案例4－18：交易事务处理

案例背景

交易事务处理公司A公司与客户B公司签订一项10年的合同。在10年内，A公司提供其系统的持续访问并代表客户处理交易。客户有义务使用A公司的系统来处理其交易；但是，交易的最终数量未知。A公司得出结论，客户同时获得并消耗了其履约的利益。

A公司按每次交易向客户收费。对于各项交易，客户按每项交易的合同费率和处理总金额的比例付费。A公司在合同开始时向客户收取了固定的前期费用。

案例分析

如果A公司得出结论，其承诺的性质是一项提供持续访问其系统的服务，而不是一项处理指定数量的交易的服务，则A公司应认为，存在一项单项履约义务为随时准备根据客户要求处理多项交易。此时，可以合理确定是否存在多项可明确区分的时间增量服务。A公司认为，每天的服务是可明确区分的，因为客户可以从每天访问其系统中受益，即本身能够明确区分。并且，每天的服务在合同范围内可明确区分，因为A公司并不存在重大整合服务，每天的服务也未对其他服务形成修改或定制，且各天之间不是高度依赖或高度关联的。

A公司认为，每天向客户提供的访问能够被认定为实质上相同，因为客户从服务期内每天的访问获得相同的利益，即使每天可能处理的交易数量并不相同。也就是说，如果每日履约义务的性质被视为随时准备提供访问服务，则每天的性质都是相同的。

如果A公司得出结论，其承诺的性质是处理各项交易，则需要评价是否存在一系列可明确区分的交易。此时，将产生额外的问题，因为存在未定义数量的交易，各项交易可能被视为额外购买，应单独进行会计处理。

无论如何，各项交易处理应当被视为实质上相同，即使多种类型的交易产生了不同的支付。此外，各项交易也属于可明确区分的服务，因为客户能够从各项交易受益，且各项交易在合同范围内可明确区分。

案例4－19：酒店管理

案例背景

酒店管理公司A公司与客户B公司签订了一项20年的合同，代表B公司管理其不动产。A公司按每月租金收入的1%收取对价，用于支付履行服务所发生的人工成本，并按年度利润总额的8%收取年度激励奖金。A公司认为，客户同时获得并消耗了其服务相关的利益。

案例分析

A公司首先应考虑合同中向客户承诺的性质，即其承诺是提供一揽子管理服务，还是提供各种可明确区分的已定义项目或活动。如果其承诺的性质是整体管理服务，因为其标的活动彼此无法区分，则每天的服务应被视为可明确区分的，因为客户能够从每天的服务自身受益，且每天的服务之间是可明确区分的。

本案例中，服务的各项时间增量是可明确区分且实质上相同的。因此，假设承诺的性质是提供整体管理服务，则每天履行的服务是可明确区分的且实质上相同的，符合一系列商品或服务的条件。

案例4－20：商标特许权

案例背景

A公司授予B公司使用其商标和销售其产品10年的权利。A公司将在许可有效期内获得B公司该产品销售额5%的销售提成及固定费用。A公司认定，其承诺性质是在整个许可期内提供获取知识产权的权利，属于一段时间内履行的履约义务，因为B公司将在A公司提供其知识产权过程中获得并消耗其利益。

案例分析

B公司可以在一段时间内使用A公司商标的单项履行义务，可以视为具有每天、每周、每月提供了使用商标的不同服务。但是，这种情况只会发生在授予许可的性质是在一段时间内履行的履约义务。如果许可是在某一时点履行的履约义务，则履约义务在交付时点即已完成。在本案例中，B公司每天都能从该商标使用权受益，且每天在合同范围内可明确区分，因为A公司并未提供每天使用商标权的整合服务，任何一天的商标使用权也未对其他天的商标使用权作出修改或定制，各天之间的商标使用权并不是高度依赖或高度关联的。与上述案例类似，本案例中，每天使用商标的性质是相同的，因为B公司每天均获得并消耗了相同的利益。

三、不可明确区分的商品或服务

如果承诺商品或服务是不可明确区分的，则企业应当将其与其他承诺商品或服务合并，直至企业识别出一揽子可明确区分的商品或服务。在部分情况下，企业可能需要将合同承诺的所有商品或服务作为单项履约义务进行会计处理［IFRS15 para30］。

第三节　质　　保

企业根据合同、法律或企业的商业惯例，为产品（不论是商品还是服务）销售提供质保是很常见的。不同行业及合同的质保性质可能差别很大。某些质保向客户提供的相关产品符合约定规格，因而能按各方预期正常使用的保证；其他质保则向客户提供的产品符合约定规格的保证之外的服务［IFRS15 paraB28，CAS14（2017）第三十三条］。

企业在向客户销售产品（不论是商品还是服务）时，可能同时向客户提供该产品的质保。质保可能被描述为，生产商的保修、标准质保或延长质保等［IFRS15 paraBC368］。

多数与客户之间的产品销售合同均包括质保，并且不同产品、企业及法律环境的质保的性质可能存在差别，因此，新收入准则对附有质量保证条款的销售应用收入确认模型提供了特定要求［IFRS15 paraBC368］。

新收入准则在制定过程中曾建议对所有质保进行一致的会计处理，因为所有质保的一个共同特征是企业承诺依照质保的条款或条件随时更换或维修产品。讨论文件建议，随时提供服务的承诺将向客户提供一项质保服务保障，这应当是一项需分摊收入的履约义务。但是，讨论文件的大多数反馈意见者指出，对质保的会计处理应当反映某些产品质保不同于其他产品质保的事实。某些质保是保护客户免遭产品向其转让时存在的瑕疵，而其他质保则是保护客户免遭产品向其转移后发生的故障。这些反馈意见者认为，如果质保仅保护客户免遭产品销售时存在的瑕疵，则客户并未取得单独的服务。因此，为修正这些瑕疵的任何后续维修或更换是提供产品的追加成本，因而与企业过往的履约相关[IFRS15 paraBC369]。

考虑到上述反馈意见，新收入准则最终决定对某些质保按与其他质保不同的方式进行会计处理。新收入准则曾考虑基于产品缺陷发生的时间对质保进行区分；但是，这样的区分无法操作。因此，新收入准则最终决定基于质保是否向客户提供保证相关产品符合约定规格之外的服务来区分质保。特别是，当质保提供一项服务时（即服务类质保），质保应作为一项履约义务进行会计处理[IFRS15 paraBC370]。

一、区分质保类型的一般原则

在评估质保是否提供产品符合约定规格的保证之外的服务时，企业应当考虑诸如下列因素：

（1）质保是否为法律要求——如果法律要求企业提供质保，这一法律的存在即表明所承诺的质保不是一项履约义务，因为这些要求的存在通常是为了保护客户免于承担购买不合格产品的风险。

（2）质保涵盖期间的长度——质保期越长，所承诺的质保就越可能是一项履约义务，因为更有可能提供产品符合约定规格的保证之外的服务。

（3）企业承诺履行的任务的性质——如果企业有必要履行特定的任务以提供产品符合约定规格的保证（例如，有瑕疵产品退回的运输服务），则这些任务可能不会形成履约义务[IFRS15 paraB31，CAS14（2017）第三十三条]。

如果质保或部分质保向客户提供产品符合约定规格的保证之外的服务，则所承诺的服务是一项履约义务。因此，企业应当将交易价格分摊至产品和这项服务。如果企业同时承诺了保证类的质保和服务类的质保，但无法合理地对这两类质保分别进行会计处理，企业应当将这两类质保合并为单项的履约义务进行会计处理[IFRS15 paraB32，CAS14（2017）第三十三条]。

（一）属于履约义务的质保（服务类质保）

如果客户可选择单独购买质保，由于质保是单独定价或议定的，客户能够选择是否购买此类质保，这一事实为承诺的质保向客户提供一项除所承诺产品之外的服务提供了客观证据[IFRS15 paraBC371]，此类质保是可明确区分的服务。在这种情况下，企业应当根据识别履约义务的相关规定将所承诺的质保作为履约义务进行会计处理，并根据分摊交易价格的相关规定将部分交易价格分摊至这项履约义务［IFRS15 paraB29，CAS14（2017）第三十三条］。

如果客户不具有单独购买质保的选择权，企业应当按照或有事项准则对质保进行会计处理，除非所承诺的质保或所承诺的质保中的部分，是向客户提供产品符合约定规格的保证之外的服务［IFRS15 paraB30，CAS14（2017）第三十三条］。

新收入准则规定，如果有关事实和情况表明质保（或质保的一部分）向客户提供了除企业过往履约是依照合同约定的保证之外的服务，即使企业并不单独出售或与客户单独议定，该质保也应被识别为履约义务。作出该决定的理由如下：

（1）它提供了允许企业以类似方式对经济实质类似的质保进行会计处理的清晰原则（不论质保是否单独定价或议定）；

（2）它符合识别履约义务的一般原则；

（3）它消除了此前美国公认会计原则中仅基于质保是否单独定价区分不同质保类型的明确界限［IFRS15 paraBC372］。

符合准则要求的作为一项履约义务进行会计处理的质保还可能符合归类为保险合同的标准。但是，根据保险合同会计处理中的相关规定，只有直接由第三方签发的质保才应作为保险合同进行会计处理［IFRS15 paraBC373］。

（二）并非履约义务的质保（保证类质保）

如果质量保证条款是为了向客户保证所销售的商品符合既定标准，并非向客户提供保证相关产品符合约定规格之外的服务，其为保证类质量保证，并非履约义务的质保，应按照或有事项准则对其进行会计处理。

新收入准则在制定过程中曾考虑了保证类的质保是否应当作为以下两项之一进行会计处理：

（1）更换或维修有瑕疵产品的单独负债；

（2）未履行的履约义务，因为企业未在销售时向客户提供无瑕疵的产品［IFRS15 paraBC374］。

2010 年征求意见稿中的建议要求，向客户提供保证类质保的企业评估其是否已履行转让合同所规定产品的履约义务，并要求企业确定向客户出售的产品存在瑕疵的可能性及其数量，从而对那些未履行的履约义务不确认收入。该项建议的优点在于，企业在向客户转让产品时不将交易价格全额确认为收入，因为部分交易价格将在企业维修或更换了预计有瑕疵的产品时才确认为收入。但是，基于下述实务原因决定不保留这项建议：

（1）企业将已交付给客户的、预计有瑕疵的产品继续确认为“存货”的要求将具有复杂性；

（2）归属于保证类质保中的产品维修或更换的利润不太可能会显著歪曲总体合同利润的确认模式［IFRS15 paraBC375］。

因此，新收入准则决定企业应将保证类质保作确认为一项更换或维修瑕疵产品的单独负债。因此，企业应在向客户转让产品时确认一项质保负债及相应费用，并且该负债应按照或有事项准则进行计量［IFRS15 paraBC376］。

与服务类质保的会计处理相反，企业不应将任何交易价格（相应收入）归属于保证类质保。某些质保可能同时包含保证特征和服务特征。新收入准则规定，如果企业无法合理地将质保的这些保证特征与服务特征分开进行会计处理，应允许企业将质保合并作为单独一项履约义务进行会计处理。该会计处理方法可确保企业在向客户转让产品时不会高估收入的确认，同时使企业无需识别质保的两个组成部分并分别进行会计处理［IFRS15 paraBC376］。

1. 法定质保

在某些法律环境下，法律要求企业对其产品的销售提供质保。法律可能规定企业必须维修或更换自销售起的规定期间内发生缺陷的产品。因此，这类法定质保可能看似是服务类质保，因为其涵盖销售发生之后产生的缺陷，而不仅仅是销售发生时存在的瑕疵。但是，这项法律可被视为仅为保证这类质保的实施。换言之，这类法定质保的目标是保护客户免于承担购买有瑕疵产品的风险［IFRS15 paraBC377］。

然而这项法律并非要求企业确定在销售时产品是否存在瑕疵，而是假定如果产品在规定的期间（视产品的性质而不同）内产生缺陷，则在销售时就存在瑕疵。因此，这类法定质保应作为保证类质保进行会计处理［IFRS15 paraBC377］。

2. 产品责任法律

新收入准则规定，产品责任法律不会产生履约义务。这类法律通常要求，如果企业的某项产品造成了损害或损失，企业应当支付赔偿。例如，制造商在某司法管辖区内出售产品，其法律规定制造商对客户按预期目的使用产品而可能造成的损失（例如，私人财产损失）承担责任［IFRS15 paraB33］。企业不应当确认一项此类法律产生的履约义务，因为合同中的履约义务是向客户转让产品。在企业预计产品存在瑕疵的情况下，企业应针对维修或更换产品的预计成本确认一项负债。企业为其产品造成损害或损失而支付赔偿的义务是与履约义务分开的。企业应当将此项义务同客户合同分开，并按照或有事项准则中有关或有损失的要求进行会计处理［IFRS15 paraBC378］。

类似地，企业承诺对因专利权、版权、商标或其他涉及企业产品侵权的索赔所产生的责任及损失向客户作出赔偿，也不会产生履约义务。企业均应对其按照或有事项准则对此类义务进行会计处理［IFRS15 paraB33］。

根据上述准则规定，评价质保的性质处理流程如图 4－1 所示：

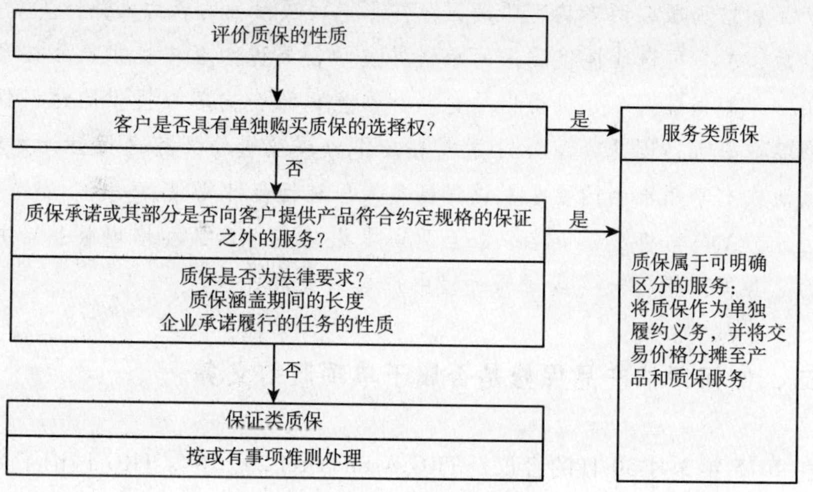

图 4－1　评价质保的性质

案例 4－21：评价质保性质

案例背景

某作为制造商的 A 公司向其客户提供购买产品的质保。此项质保保证产品符合约定规格，且自购买日起一年内能按承诺运行。这份合同同时为客户提供获得最多 20 小时有关如何操作产品的培训服务的权利（不收取额外费用）。

案例分析

A 公司评估合同中的商品和服务，以确定其是否可明确区分并形成单独的履约义务。

A 公司认为，该产品是可明确区分的。因为客户可以从单独使用该产品（不接受培训服务）中获益，该产品能够明确区分。A 公司定期单独出售产品未附加培训服务。此外，由于A公司转让产品的承诺可与合同中的其他承诺单独区分开来，基于合同考虑该产品可明确区分。

此外，培训服务是可明确区分的。因为客户可以从将培训服务和A公司已提供的产品一起使用中获益，培训服务能够明确区分。此外，由于A公司转让培训服务的承诺可与合同中的其他承诺单独区分开来，基于合同考虑培训服务可明确区分。A公司并未提供将培训服务与产品进行整合的重大服务。产品不会导致培训服务作出重大修订或定制。培训服务并非高度依赖于产品或与其高度关联。

产品和培训服务两者均可明确区分并形成两项单独的履约义务。

最后，A公司评估提供质保的承诺并发现，质保为客户提供产品按预期正常使用一年的保证。A公司得出结论认为，质保不会向客户提供除这一保证之外的商品或服务，因此，A公司并未将其作为一项履约义务进行会计处理。A公司按照或有事项准则的要求对该保证类质保进行会计处理。

因此，A公司将交易价格分摊至两项履约义务（产品和培训服务）并在这些履约义务得到履行时（或履约过程中）确认收入。

二、如何评估产品保修是否属于单项履约义务

在2015年3月30日的会议［TRG Agenda ref 29］中，TRG讨论了当产品保修没有单独定价时，企业应如何评估产品保修是否属于单项履约义务。

新收入准则要求除了保证产品符合约定规格之外，需要将提供服务的保证作为单独的履行义务加以考虑。然而，这并不包括在客户可以选择购买保修时，比如对保修单独定价或协商，如何区分是否提供保修服务。相反，新收入准则提供的三个因素，用于评估保修是否属于提供服务：

（1）质保是否为法律要求——如果法律要求企业提供质保，这一法律的存在即表明所承诺的质保不是一项履约义务，因为这些要求的存在通常是为了保护客户免于承担购买不合格产品的风险。

（2）质保涵盖期间的长度——质保期越长，所承诺的质保就越可能是一项履约义务，因为更有可能提供产品符合约定规格的保证之外的服务。

（3）企业承诺履行的任务的性质——如果企业有必要履行特定的任务以提供产品符合约定规格的保证（例如，有瑕疵产品退回的运输服务），则这些任务可能不会形成履约义务［IFRS15 paraB31］。

因为评估是基于对因素的评估，而不是确定的标准，所以需根据具体事实和情况作出判断。

TRG 讨论了以下案例：

箱包公司提供终身保修，如果客户的箱包损坏，该公司将免费修理。

部分利益相关方认为，箱包公司承诺在箱包的使用寿命内免费修理破损的箱包，属于一项可明确区分的服务。这是因为，无论产品是否符合约定的规格，箱包公司都承诺为客户提供维修服务。

这些利益相关方考虑了上述三个因素，并对本案例进行了分析：

（1）质保是否为法律要求——在本例中，由于没有法律要求企业对产品的整个使用寿命保修，表明该保修是一项履约义务。

（2）质保涵盖期间的长度——在本例中，由于保修期为箱包的使用寿命，表明保修是一项履约义务。

（3）企业承诺履行的任务的性质——在本例中，任务的性质不仅包括修理不符合承诺规格的箱包，还包括免费更换破损的箱包。由于箱包保修超出了箱包符合约定规格的承诺，表明保修是一项履约义务。

根据上述分析，TRG 职员认为，箱包公司除保证产品符合约定规格之外提供的保修是一项单独服务。

其他利益相关方观点：

类似于法定保证

部分利益相关方认为，本例中的保修不应被视为单项履约义务。这些利益相关方是通过类比应用“质保是否为法律要求［IFRS15 paraB31（a）］”和“要求企业在产品造成损害或损失的情况下支付赔偿的法律规定不会产生履约义务［IFRS15 para33］”得出这一观点。他们指出，“法定保证可能看似服务类保证，因为其涵盖了销售发生之后所产生的缺陷［IFRS15 paraBC377］”，并认为应作一个类比，即服务类保证应被视为类似于法定保证。这是因为，任何索赔都可能是由于潜在的缺陷（无论这些缺陷出现多长时间）造成的，因此保证不是一项履约义务。但是，TRG 职员认为，上述指引不应适用于法律不要求的保证，并且这种类比忽略了给予客户的承诺的性质、确定保证是否属于履约义务，以及安排的总体事实和情况。

这些利益相关方还认为，法律要求的质保不被视为履约义务的概念表明，质保的期限不应导致质保不属于履约义务。TRG 职员认为，单凭保修期的长短并不是决定性的，但在新收入准则下，保修期的长短是一个重要的考虑因素，保修期越长，保修越有可能是一项履约义务。

区分保证过失

另一部分利益相关方认为，在本例中，保修不是一项履约义务，因为企业的义务步子啊是保证按约定规格使用产品，即保证的是箱包可以在整个使用寿命正常使用。TRG 职员认为，这种解释忽略了“如果客户可选择单独购买质保，则企业承诺向客户提供除具有合同所述功能的产品之外的服务，此类质保是可明确区分的服务［IFRS15 paraB29］”的规定，因为该保修是保证合同约定产品功能的增量服务，特别是涵盖了所有损害。此外，TRG 职员认为，这种解释与准则制定意图相冲突，IASB 和 FASB 决定不采用基于产品缺陷发生时间来对质保进行区分，即不区分在产品销售之前存在的缺陷与因客户使用产品而产生的缺陷［IFRS15 paraBC370］。

持这种观点的利益相关方还认为，在规定的保修期内产品销售后产生的损坏，是由于销售时存在的缺陷造成的。TRG 职员认为，在本例中，由于保修包括任何损坏，这是一项超出保证标准产品规格的服务。同样，这一观点也与不采用基于产品缺陷发生时间来对质保进行区分存在冲突，而且很明显，在箱包售出后的某个时点出现的损坏，不太可能是由于箱包生产时的缺陷造成的。

其他利益相关方持有的另一种观点是，在本案例中，除非保证顾客免受箱包出售后发生的损坏，是对产品正常磨损造成的损坏提供保证，该保证才属于履约义务。TRG 职员认为，这一论点也不采用基于产品缺陷发生时间来对质保进行区分存在冲突。此外，也没有考虑准则规定的三个因素。

对于上述案例，TRG 职员认为，根据质保涵盖期间的长度、企业承诺履行任务的性质，在很长一段时间内为客户提供修理箱包服务，而不是纠正产品潜在缺陷，因此，该质保是一项单独的服务。

总的来说，企业不应该把评估的重点放在产品出现缺陷时。相反，企业应评估质保的实质是否反映了一项额外服务，并应用准则规定的三个因素来评估质保是否为单项履约义务。

第四节　主要责任人和代理人的判断

如果有第三方参与向客户提供商品或服务，则企业应当确定其承诺的性质是其本身提供特定商品或服务的履约义务，即企业作为主要责任人；还是安排特定商品或服务由另一方提供的履约义务，即企业作为代理人。企业应当针对向客户承诺的各项特定商品或服务确定其属于主要责任人还是代理人。如果客户合同包含了多项特定商品或服务，则企业可能是其中部分商品或服务的主要责任人，另一部分的代理人［IFRS15 paraB34，CAS14（2017）第三十四条］。

为确定其承诺的性质，企业应当：

（1）识别向客户提供的特定商品或服务。例如，它可能是对由其他方提供商品或服务的权利；

（2）评价其在商品或服务向客户转让前，是否控制了各项特定商品或服务［IFRS15 paraB34A，CAS14（2017）第三十四条］。

根据新收入准则规定，判断主要责任人或代理人的一般流程如图 4－2 所示：

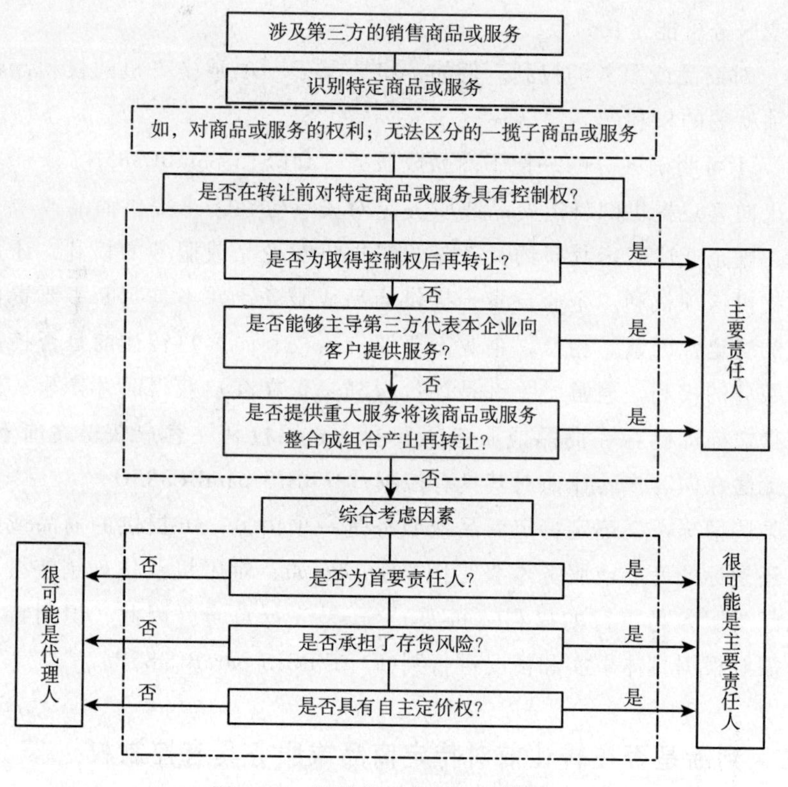

图 4－2　判断主要责任人或代理人

一、识别特定商品或服务

为评价企业承诺的性质，首先应识别其向客户提供的特定商品或服务［IFRS15 paraB34A（1）］。特定商品或服务，是指向客户提供的可明确区分的商品或服务（或可明确区分的一揽子商品或服务）［IFRS15 paraB34］。特定商品或服务的定义，类似于单项履约义务的定义。在判断主要责任人和代理人时采用特定商品或服务概念，而不是采用单项履约义务概念，主要是因为如果企业是代理人，使用单项履约义务的概念，可能产生混淆。例如，当企业是代理人时，其履约义务是安排特定商品或服务由另一方提供，向终端客户提供特定商品或服务并不是其履约义务［IFRS15 paraBC385B］。

恰当的识别特定商品或服务是判断主要责任人或代理人的关键步骤。在识别出特定商品或服务后，对其控制的判断就相对简单直接了。向客户提供的特定商品或服务可能是：

（1）对商品或服务的权利。例如，机票属于一项乘坐飞机的权利，就餐券属于一项就餐的权利。

（2）不可明确区分的一揽子商品或服务［IFRS15 paraBC385N］。

如果向客户提供的特定商品或服务是对另一方在未来提供商品或服务享有的权利，则企业应确定其履约义务是承诺提供对商品或服务的权利，还是安排另一方提供该项权利。企业自身不提供商品或服务，并不是判断主要责任人或代理人的决定性因素。相反，企业需要评价该权利向客户转让前是否控制了该商品或服务的权利。通常，关键是评价权利是仅在客户获得时才产生，还是在客户获得之前即已存在商品或服务的权利。如果权利在客户获得之前不存在，则企业无法在向客户转让前对其具有控制［IFRS15 paraBC385O］。

在某些情况下，确定特定商品或服务是一项由另一方提供的商品或服务的权利，还是标的商品或服务本身是困难的，例如，对于机票代理销售公司，其特定商品或服务是飞行的权利（机票），还是飞行自身。因此，识别特定商品或服务需要根据具体事实和情况进行判断［IFRS15 paraBC385P］。

二、判断是否在转让前对特定商品或服务具有控制权

为评价企业承诺的性质，应评价其在商品或服务向客户转让前，是否控

制了各项特定商品或服务［IFRS15 paraB34A（2）］。如果企业在特定商品或服务向客户转让之前控制了该商品或服务，则企业是主要责任人。但是，如果企业在商品的法定所有权转移给客户之前，只是暂时性地取得产品的法定所有权，则企业并不一定控制该商品。属于主要责任人的企业，可能自行履行履约义务，或委托另一方（例如，分包商）代其履行部分或全部履约义务［IFRS15 paraB35］。

企业在特定商品或服务向客户转让之前控制了该商品或服务，是认定其为主要责任人的决定性因素。当第三方涉及向客户提供商品或服务时，如果企业获得了以下任意项目的控制权，则属于主要责任人：

（1）来自其他方的向客户再转让的商品或其他资产；

（2）对由其他方履行的服务的权利，该权利赋予企业主导其他方以企业名义向客户提供服务的能力；

（3）来自其他方的商品或服务，其被与其他商品或服务合并作为特定商品或服务，向客户提供。例如，如果企业提供了重大整合服务，将另一方提供的商品或服务整合为客户定制的特定商品或服务，则企业在特定商品或服务向客户转移之前，控制了该商品或服务。这是因为，企业率先获得了对特定商品或服务（其包含其他方提供的商品或服务）投入的控制，并主导其使用以创造组合产出，即特定商品或服务［IFRS15 paraB35A，CAS14（2017）第三十四条］。

适用控制原则的特定商品或服务必须是可明确区分的商品或服务，或者一揽子可明确区分的商品或服务。如果个别商品或服务彼此无法区分，则其可能仅仅是组合项目的投入，以及对客户单项承诺的一部分。因此，企业应当在对客户的承诺范围内评价其承诺的性质，而不是对承诺的一部分进行评价。总之，对于由另一方提供的作为组合项目投入的商品或服务，企业应当评价该组合项目在向客户转让前是否对其具有控制［IFRS15 paraBC385Q］。

当企业提供了重大服务，将两项或多项商品或服务整合为组合产出，作为与客户商定的特定商品或服务，则企业在该特定商品或服务向客户转让前控制了该商品或服务。当企业提供了重大整合服务，则其控制了作为特定商品或服务的组合项目中的投入，包括由另一方提供的，作为特定商品或服务投入的商品或服务。企业通过主导投入的使用以产出组合项目，从而控制了该投入。相反，如果是第三方提供了重大整合服务，则企业商品或服务的客户（作为特定商品或服务的投入）很可能是其他方［IFRS15 paraBC385R］。

TRG 的讨论表明，对向客户提供的服务适用控制原则是存在困难的。TRG

讨论的问题包括，企业（不是服务提供方）如何在服务向客户转让前控制服务，因为服务仅在其被交付时才存在。如果企业控制了将由其他方向客户提供的特定服务的权利，则该企业能够控制该服务。企业因此既可以将该服务权利向客户转让（如机票），也可以使用该权利主导另一方代表其向客户提供服务。确定企业是否控制了特定服务需要考虑具体事实和情况。涉及由另一方提供服务的合同，企业属于主要责任人可能包括以下几类情况：

（1）企业向客户提供由另一方提供未来服务的权利，比如由航空公司提供的特定飞行的权利（以机票的形式）。

（2）由其他方提供的不可与向客户承诺的其他商品或服务区分的服务，企业主导该服务并将其用于创造组合项目，该组合项目是客户定制的特定商品或服务。

（3）企业主导其他方向客户提供服务，并以企业的名义履行该履约义务［IFRS15 paraBC385U］。

实务中，确定上述第（3）类情况中企业属于主要责任人或代理人可能是困难的。在此类合同中，企业需要评价其是否控制了特定服务的权利。企业控制特定服务的权利，可以通过与转包方签订合同，并指定由该转包方以企业的名义向客户提供服务。在某些分包的情况下，企业获得了对转包方服务的权利，从而能够主导转包方以企业的名义向客户提供服务。此时，相对于企业适用其自身的资源履行了合同，而不是聘请其他方来履行合同。根据客户合同，企业仍然保留了客户对服务满意的责任。在其他情况下，向客户提供的特定服务，由其他方提供，且企业并没有能力主导该服务，则企业属于代理人。在这种情况下，企业很可能只是促进（安排）其他方提供服务，而不是控制了该服务的权利并主导其向客户提供［IFRS15 paraBC385V］。

三、综合考虑因素

如果没有直接证据证明企业在特定商品或服务向客户转让之前控制了该商品或服务，则需要综合考虑其他因素。表明企业在向客户转让前控制了特定商品或服务，从而属于主要责任人的因素包括但不限于以下几个方面：

（1）企业是履行提供特定商品或服务承诺的首要责任人。典型的责任包括对特定商品或服务的可接受性负责，例如，使商品或服务满足客户要求的首要责任。如果企业是履行提供特定商品或服务承诺的首要责任人，则表明提供特定商品或服务所涉及的其他方是代表企业的行为。

（2）企业在特定商品或服务向客户转让之前，或者向客户转移了控制之后（例如，如果客户有退货权时），承担了存货风险。例如，如果企业在获得一项客户合同之前获得了，或者承诺其自身获得特定商品或服务，则可能表明企业有能力在特定商品或服务向客户转让之前主导其使用，从而获得其几乎所有的剩余利益。

（3）企业对特定商品或服务具有自主定价权。对特定商品或服务定价，可能表明企业有能力主导该商品或服务的使用，从而获得其几乎所有的剩余利益。但是，在某些情况下，代理方也可能具有自主定价权。例如，代理方可能具有一定的定价自由度，以使其为安排其他方向客户提供商品或服务所提供的服务产生额外的收入［IFRS15 paraB37，CAS14（2017）第三十四条］。

根据特定商品或服务的不同性质，以及不同合同条款和条件，上述因素可能具有不同的相关性。此外，在不同的合同下，不同因素可能提供不同程度的证据［IFRS15 paraB37A］。

上述因素是为了在直接评价控制权存在困难时，帮助企业评价其在特定商品或服务转让前是否控制了该商品或服务。这些因素（1）并未超越对控制的评价；（2）不应单独考虑；（3）并不构成单独或额外的评估；（4）不应作为必须全部满足的条件考虑。考虑一项或多项因素通常是有用的，根据具体事实和情况，个别因素可能较其他因素对评价控制具有不同的相关性［IFRS15 paraBC385H］。

在2014年发布的第一版《国际财务报告准则第15号》中，表明企业是代理人的因素包括：

“（1）另一方对合同的履行承担主要责任；

（2）在客户订购商品之前或之后、运输过程中或退货时，企业均不承担存货风险；

（3）企业对另一方的商品或服务没有自主定价权，因此，企业能够从此类商品或服务中获得的利益是有限的；

（4）企业的对价是以佣金的形式；

（5）对于因交付另一方的商品或服务而应收客户的金额，企业不承担信用风险。”

根据TRG的讨论，IASB通过2016年4月发布的《对〈国际财务报告准则第15号〉的澄清》，对综合考虑因素进行了修订。修订后的综合考虑因素，与原综合考虑因素的主要区别在于：

（1）将这些因素重新表述为表明企业在转让前控制了特定商品或服务，而不是表明企业在转让前未控制特定商品或服务。

（2）增加解释各项因素如何支持对控制的评价。这将有助于企业对原收入准则下的类似情况适用这些因素，且仍属于新收入准则的控制原则范围。

（3）删除了有关对价形式的因素。尽管该因素对评价企业是否属于代理人是有用的，但对评价企业是否为主要责任人则是无用的。

（4）删除了有关承担信用风险的因素。《对〈国际财务报告准则第 15 号〉的澄清（征求意见稿）》的反馈意见认为，承担信用风险通常对评价企业是否控制特定商品或服务是无用的。利益相关方注意到，在原准则下，信用风险因素可能被企业过度使用，进而忽视了其他表明企业是代理人的更强有力证据。删除信用风险因素，可以减少评价主要责任人和代理人的复杂性，因为信用风险因素对于评价新收入准则范围内的合同，是较少相关，甚至是无关的因素。

（5）澄清这些因素并非穷尽列举，而只是对控制评价的支持——即并非对控制评价的替代或超越。在不同情况下，其中某项或多项因素可能对控制的评价提供更有说服力的证据。

四、主要责任人或代理人的会计处理

当企业作为主要责任人履行履约义务时，企业以对价总额确认收入，该金额为其预期因转让特定商品或服务而有权收取的金额［IFRS15paraB35B，CAS14（2017）第三十四条］。

如果企业的履约义务是安排特定商品或服务由另一方提供，则企业是代理人。属于代理人的企业，在商品或服务向客户转让之前，并未控制由其他方提供的特定商品或服务。在作为代理人的企业履行履约义务的情况下，企业应当按因安排特定商品或服务由另一方提供而预计有权收取的费用或佣金确认收入。企业的费用或佣金可能是企业将已收取的对价支付给另一方以交换另一方提供的商品或服务后保留的对价净额［IFRS15paraB36，CAS14（2017）第三十四条］。

如果另一方承担了企业的履约义务并享有了合同中的合同权利，从而企业无须履行向客户转让特定商品或服务的履约义务（即企业不再作为主要责任人），则企业不应就该履约义务确认收入。相反，企业应当评价是否会就履行为另一方取得合同的履约义务确认收入（即企业是否作为代理人）[IFRS15paraB38]。

五、主要责任人或代理人判断案例

案例4-22：安排提供商品或服务（企业是代理人）

案例背景

A公司经营一家网站，以使客户能向一系列供应商购买商品，这些供应商直接向客户交付商品。根据A公司与供应商的合同约定，当通过该网站购买商品时，A公司有权获得相当于售价10%的佣金。A公司网站协助供应商与客户之间按供应商所设定的价格进行支付。A公司在处理订单之前要求客户付款，且所有订单均不可退款。A公司在安排向客户提供产品之后没有进一步的义务。

案例分析

为确定A公司的履约义务是由其本身提供特定商品（即A公司是主要责任人），还是安排这些商品由供应商提供（即A公司是代理人），A公司应识别向客户提供的特定商品或服务，并评价其是否在该商品或服务向客户转让之前，控制了该商品或服务。

A公司经营的网站是一个市场，供应商通过该市场发布其商品，客户通过该市场购买供应商发布的商品。因此，A公司注意到，通过网站向客户提供的特定商品，是由供应商提供的商品，A公司不存在向客户承诺的其他商品或服务。

A公司得出结论，其在特定商品通过网站向客户转移之前，并未控制该商品。A公司未在任何时点有能力主导向客户转让商品的使用。例如，A公司无法主导该商品向客户以外的其他方转让，也无法阻止供应商将该商品向客户转让。A公司无法控制供应商的库存商品，以履行客户通过网站订购的订单。

为得出结论，A公司考虑了以下因素。A公司认为，这些因素为其向客户转让特定商品之前，未控制该商品提供了进一步的证据：

（1）供应商负有履行向客户提供商品承诺的首要责任。A公司既没有在供应商无法向客户转让商品时，向客户提供该商品的义务，也不对商品的可接受性负责。

（2）A公司在商品向客户转让前后，并未有任何时点承担了存货风险。在商品被客户购买之前，A公司并未保证其本身从供应商获得商品，且并不对商品的毁损或退回负责。

（3）A公司对供应商的商品定价不具有裁量权。销售价格由供应商制定。

据此，A公司得出结论认为其是代理人，且履约义务是安排供应商提供商品。A公司在其履行安排供应商向客户提供商品的承诺时（在本例中，即客户购买商品时），按其有权获得的佣金金额确认收入。

案例4－23：承诺提供商品或服务（企业是主要责任人）［IFRS15 示例46］

案例背景

A公司与客户订立一份针对具有独特规格设备的合同。A公司和客户制定设备的规格，并由A公司同与其订立合同的供应商沟通来制造设备。A公司同时安排供应商直接向客户交付设备。在向客户交付设备时，合同条款约定，A公司按其与供应商就制造设备商定的价格向供应商进行支付。

A公司与客户议定售价，并且A公司按商定的价格向客户开具发票，付款期为30天。A公司的利润是基于与客户议定的售价和供应商收取的价格之间的差额。

合同约定，客户根据供应商提供的质保，就设备的缺陷要求供应商作出修正。但是，A公司须对因规格错误导致的设备修正承担责任。

案例分析

为确定A公司的履约义务是由其本身提供特定商品或服务（即A公司是主要责任人），还是安排这些商品或服务由另一方提供（即A公司是代理人），A公司应识别向客户提供的特定商品或服务，并评价其是否在该商品或服务向客户转让之前，控制了该商品或服务。

A公司得出结论认为，其承诺向客户提供由其设计的定制设备。尽管A公司将设备的制造分包给供应商，但该设备的设计和制造是不可明确区分的，因为两者不能明确区分，即属于单项履约义务。A公司对合同的整体管理负责，例如，确保制造服务符合定制规格，因此，其提供了重大服务将设计和制造整合为客户定制的组合产出，即该定制设备。此外，这些活动是高度关联的。如果规格的必要修改在设备制造时已被识别，则A公司有责任开发并向供应商传达修改，并确保任何相关返工符合修改后的规格要求。因此，A公司识别出特定商品为向客户提供的独特规格的设备。

A公司得出结论，其在设备向客户转让前，控制了该独特规格的设备。A公司提供了重大整合服务，以生产出独特规格的设备，因此，其在向客户转让前控制了该独特规格的设备。A公司主导了供应商制造服务的使用，并将其作为投入创造出组合产出，即独特规格的设备。为得出其在该设备向客户转让前，控制了该设备的结论，A公司还注意到，虽然供应商向客户交付该独特规格的设备，但供应商并没有能力主导其使用，即A公司与供应商的合同条款阻止了供应商将该独特规格设备用于其他目的，或者将该设备向其他客户转让。A公司还通过有权向合同客户收取对价，获得了该独特规格设备的剩余利益。

综上所述，A公司得出结论，其在该交易中属于主要责任人。A公司不需要再考虑第B37段的几项因素，因为上述分析已足够得出结论。A公司应按因交付该独特规格设备而有权向客户收取的对价总额确认收入。

案例4－24：承诺提供商品或服务（企业是主要责任人）

案例背景

A公司与客户签订一项合同，为其提供办公室维护服务。A公司和客户商定了服务范围及价格。A公司的责任是确保服务安装合同条款和条件履行。A公司每月按商定价格向客户开出账单，客户在10天内支付。

A公司聘请第三方服务公司向其客户提供该办公室维护服务。在A公司从客户获得该合同时，也同时与一家服务提供方签订了合同，主导该服务提供方向客户提供办公室维护服务。与服务提供方的合同支付条款，一般与客户合同的支付条款一致。但是，在客户未支付时，A公司有义务向服务提供方支付。

案例分析

为确定A公司属于主要责任人或代理人，A公司应识别向客户提供的特定商品或服务，并评价其是否在该商品或服务向客户转让之前，控制了该商品或服务。

A公司注意到，向客户提供的特定商品是客户合同约定的办公室维护服务，不存在其他向客户承诺的商品或服务。在于客户签订合同后，A公司又获得了来自服务提供方的办公室维护服务的权利，该权利并不会向客户转让。也就是说，A公司保留了主导该权利的使用，并获得实质上全部剩余利益的能力。例如，A公司能够决定是否主导服务提供方向该客户或其他客户提供办公室维护服务。客户在A公司未同意的情况下，无权主导服务提供方履行该服务。因此，在A公司与客户的合同中，自服务提供商获得的办公室维护服务的权利，并不属于特定商品或服务。

A公司认为，其在向客户提供服务前控制了该特定服务。A公司在与客户签订合同后，服务向客户提供前，获得了对该办公室维护服务的权利。A公司与服务提供方的合同，使A公司有能力主导服务提供方代表A公司提供特定服务。此外，A公司认为，以下几个方面的因素为其向客户提供办公室维护服务之前，控制了该服务提供了进一步的证据：

（1）A公司是履行提供办公室维护服务承诺的首要责任人。尽管A公司聘请了服务提供方来履行对客户的服务承诺，但是A公司自身有责任确保服务履行，以及被客户接受，即A公司对合同承诺的履行负责，无论是其自行履行该服务，还是聘请第三方来履行该服务。

（2）企业具有与客户商定服务价格的自由裁量权。

A公司注意到，在获得与客户的合同之前，其并未承诺自服务提供方获得服务。因此，A公司并不需要承担办公室维护服务的存货风险。但是，A公司根据前述几个因素的分析，得出结论认为，其在向客户提供服务之前，控制了该办公室维护服务。

综上所述，A公司得出结论，其在该交易中属于主要责任人，应按因提供办公室维护服务而有权向客户收取的对价总额确认收入。

案例4－25：承诺提供商品或服务（企业是主要责任人）

案例背景

A公司与主要航空公司协商以折扣价格（低于航空公司直接向公众出售的价格）购买机票。A公司同意购买一定数量的机票，并且无论其能否转售，必须针对这些机票进行支付。A公司针对所购买的每一张机票支付的折扣价格是预先进行协商并达成一致的。

A公司确定向其客户出售时的机票价格。A公司出售机票并在客户购买机票时向其收取对价。

A公司同时协助客户解决针对航空公司所提供服务的投诉。但是，每家航空公司将自行负责履行与票务相关的义务，包括对客户不满意服务的补救措施。

案例分析

为确定A公司的履约义务是由其本身提供特定商品或服务（即A公司是主要责任人），还是安排此类商品或服务由另一方提供（即A公司是代理人），A公司应识别向客户提供的特定商品或服务，并评价其是否在该商品或服务向客户转让之前，控制了该商品或服务。

A公司得出结论认为，由于其从航空公司自行购买了每张机票，获得了对特定航班的乘机权利（以机票的形式），并将机票转让予客户。因此，A公司确定，向客户提供的特定商品或服务是其控制的权利，即特定航班的座位。此外不存在向客户承诺的其他商品或服务。

A公司在特定权利向其客户转让前，控制了各乘机权利，因为其有能力主导这些权利的使用，包括决定是否使用机票来履行与客户的合同，以及履行哪份合同。A公司也有能力获得这些权利的剩余利益，包括将机票转售并获得全部出售收益，或者自行使用这些机票。

以下几个方面的因素也为A公司向客户转让之前，控制了各项特定权利（机票）提供了进一步的证据。A公司承担了机票相关的存货风险，因为其在客户购买机票的合同之前，自行向航空公司购买了机票。A公司有义务向航空公司支付机票价款，无论其是否能够向客户转售机票，无论其是否能够获得机票的优惠价格。A公司也能够与客户协商特定机票的价格。

综上分析，A公司得出结论认为，其属于与客户交易的主要责任人。A公司应按因转让机票而有权获得的对价总额确认收入。

案例4-26：安排提供商品或服务（企业是代理人）

案例背景

A公司销售代金券，持代金券的客户可在未来于指定餐厅用餐。代金券的售价向客户提供了显著低于餐饮正常售价的重大折扣（例如，客户支付100元购买代金券，持代金券能在餐厅享用售价为200元的餐饮服务）。在代金券向客户出售之前，A公司并未预先或承诺购买代金券；而是仅在客户有购买需求时才进行购买。A公司通过其网站销售代金券，并且代金券是不可返还的。

在与餐厅的合同中，A公司与餐厅共同确定向客户销售代金券的价格。A公司在代金券出售后有权收取相当于代金券价格30%的金额。

A公司同时协助客户解决针对餐饮的投诉，并有一项客户满意度计划。但是，由餐厅负责履行与代金券相关的义务，包括针对客户不满意服务的补救措施。

案例分析

在确定A公司是主要责任人还是代理人时，A公司应识别向客户提供的特定商品或服务，并评价其是否在该商品或服务向客户转让之前，控制了该商品或服务。

客户根据其选择获得相关餐厅的代金券。A 公司并未聘请餐厅代表其向客户提供餐饮。因此，A 公司认为，向客户提供的特定商品或服务，是在指定餐厅用餐的权利（以代金券的形式），客户购买了该权利，且能够自行使用或将其转让予其他人。此外，A 公司并不存在向客户承诺的其他商品或服务（其他代金券）。

A 公司得出结论认为，其并未在任何时点控制了该代金券（用餐的权利）。为得出该结论，A 公司考虑了以下因素：

（1）代金券只有在向客户转让时才产生，在转让之前并不存在。因此，在向客户转让之前，A 公司并未在任何时点有能力主导该代金券的使用，或者获得其实质上全部的剩余利益。

（2）在代金券向客户转让之前，A 公司既未购买，也未承诺购买该代金券。A 公司也没有责任接收任何退回的代金券。因此，A 公司并未承担该代金券的存货风险。

综上分析，A 公司得出结论认为，其在代金券销售中属于代理人。A 公司应按因安排餐厅向客户提供代金券相关的用餐服务而有权获得的对价净额确认收入，即每出售一张代金券而有权获得的 30% 佣金。

案例 4 -27：企业在同一合同中既属于主要责任人也属于代理人

案例背景

A 公司是一家猎头公司，帮助客户更加有效地进行招聘工作。A 公司自己履行一系列服务，比如面试应聘者以及相关背景调查。作为客户合同的组成部分，客户同意购买第三方数据提供商 B 公司对潜在应聘者相关信息的数据库使用许可。A 公司为 B 公司安排向客户出售该许可，客户直接与 B 公司签订许可合同。A 公司代表 B 公司向客户收取许可对价，并作为向客户开具账单的一部分。B 公司与客户商定许可的价格，并负责提供相关技术支持，并对客户可能停用服务或其他技术问题咨询。

案例分析

在确定 A 公司是主要责任人还是代理人时，A 公司应识别向客户提供的特定商品或服务，并评价其是否在该商品或服务向客户转让之前，控制了该商品或服务。

在本案例中，假设招聘服务和数据库访问许可是可明确区分的。因此，存在两项向客户转让的特定商品或服务：第三方数据库访问权和招聘服务。

A公司得出结论认为，其并未在数据库访问权向客户转让前，控制了该数据库访问权。A公司并未在任何时点有能力主导该许可的使用，因为客户是与数据提供商B公司直接签订合同的。A公司并未控制对B公司数据库的访问，例如，A公司并不能向其他客户授予该数据库的访问权，或者阻止B公司向该客户提供数据库访问权。

为得出该结论，A公司也考虑了以下几项因素。A公司认为，这些因素为其在客户访问数据库之前，并未控制该数据库访问权提供了进一步的证据：

（1）A公司没有责任履行提供数据库访问服务的承诺。客户直接与第三方数据库提供商（B公司）签订许可合同，数据库提供商对数据库访问的可接受性负责，例如，提供技术支持及服务咨询。

（2）A公司并未承担存货风险，因为其并未在客户按与数据库提供商合同访问数据库之前，自行购买或承诺购买该数据库访问权。

（3）A公司并不具有该数据库访问权的自由定价权，因为是由数据库提供商定价的。

综上分析，A公司得出结论认为，其属于第三方数据库访问服务中的代理人。相反，A公司认为，其属于招聘服务中的主要责任人，因为其自行履行该招聘服务，不涉及其他方向客户提供该服务。

第五节　客户额外购买选择权

一、区分选择权是履约义务还是销售要约

客户可免费或按折扣取得额外商品或服务的选择权有多种形式，包括销售激励措施、客户奖励积分、续约选择权或针对未来商品或服务的其他折扣［IFRS15 paraB39］。

如果企业在合同中向客户提供取得额外商品或服务的选择权，仅当该选择权向客户提供了客户不订立这一合同就无法获得的重大权利时（例如，超过通

常在这一地域或市场中针对这些商品或服务向此类客户提供的折扣幅度的折扣），该选择权才构成一项合同中的履约义务。如果选择权向客户提供了重大权利，客户实际上是就未来的商品或服务预先向企业进行了支付，企业应当在转让这些未来商品或服务时或选择权失效时确认收入［IFRS15 paraB40，CAS14（2017）第三十五条］。

如果客户拥有按反映商品或服务单独售价的价格购买额外的商品或服务的选择权，则该选择权并未向客户提供重大权利，即使这一选择权仅可通过订立之前的合同才能行使也是如此。在这种情况下，企业提出了一项销售要约，仅在客户行使该选择权来购买额外商品或服务时，企业才应按照新收入准则对该要约进行会计处理［IFRS15 paraB41，CAS14（2017）第三十五条］。

在某些合同中，客户被赋予购买额外商品或服务的选择权。IASB 和 FASB 考虑了这类选择权何时应作为一项履约义务进行会计处理。在讨论过程中，IASB 和 FASB 认为，区分以下两项可能存在困难：

（1）作为现有合同的一部分，客户对其进行了支付的（通常以隐含方式）的选择权，该选择权将是分摊了部分交易价格的一项履约义务；

（2）客户未对其进行支付的销售或促销要约，尽管要约是在订立合同时提出的，但其并非合同的一部分，因此不构成该合同中的履约义务［IFRS15 paraBC386］。

二、分摊交易价格

新收入准则中关于分摊交易价格的规定要求企业基于单独售价的相对比例将交易价格分摊至履约义务。如果客户取得额外商品或服务的选择权的单独售价无法直接观察到，则企业应对其作出估计。该估计应当反映客户在行使该选择权时可获得的折扣，并就下列两项进行调整：

（1）客户无需行使选择权即可获得的折扣；

（2）行使选择权的可能性［IFRS15 paraB42，CAS14（2017）第三十五条］。

根据新收入准则规定，企业必须确定选择权的单独售价以便将部分交易价格分摊至该履约义务。在某些情况下，选择权的单独售价可直接观察到。但是在多数情况下，将需要对选择权的单独售价作出估计［IFRS15 paraBC389，CAS14（2017）第三十五条］。

可采用期权定价模型来估计选择权的单独售价。选择权的价格包括选择权的内含价值（即如果当天行使选择权，选择权的价值）及其时间价值（即取决于到期前的时间和相关商品或服务价格波动性的选择权的价值）。通过将部分交易价格分摊至选择权价格中时间价值成分所固有的价格，与可获得的担保而给财务报表使用者带来的益处，相对于所付出的成本及操作难度而言是不合理的。但是，根据《国际财务报告准则第 15 号》应用指南第 B42 段，企业应能够易于获得计量选择权内含价值所必需的输入值，并且该计算应当相对简单和直观。这一计量方法与此前国际财务报告准则的收入确认要求中针对计量客户忠诚度积分提供的应用指南相一致［IFRS15 paraBC390］。

三、续约选择权

如果客户享有取得未来商品或服务的重大权利，未来商品或服务类似于合同中的原商品或服务，且未来商品或服务按原合同条款提供，则企业可以（作为估计选择权单独售价的一种可选实务简化方法）通过参照预计提供的商品或服务及相应的预计对价，将交易价格分摊至可选的商品或服务。通常，此类选择权是以续约为目的［IFRS15 paraB43］。

续约选择权赋予客户取得额外的与现有合同所提供商品或服务同类的商品或服务的权利。此类选择权被描述为一项在一份相对较短期的合同中的续约选择权（例如，含有在第一年及第二年年末再续约一年的选择权的一年期合同），或一项在一份较长期合同中的取消选择权（例如允许客户在每一年年末终止合同的三年期合同）。续约选择权可被视为类似于提供额外商品或服务的其他选择权。换言之，如果续约选择权向客户提供了在不订立合同的情况下无法获得的重大权利，则续约选择权可能是合同中的一项履约义务［IFRS15 paraBC391］。

但是，在续约选择权向客户提供重大权利的情况下，通常存在一系列的选择权。换言之，为行使合同中的任一选择权，客户必须已经行使了合同中所有之前的选择权。确定一系列选择权的单独售价会较为复杂，因为这样做需要企业识别各类输入值，如各续约期内商品或服务的单独售价，以及客户在后续期间续约的可能性。换言之，企业将必须考虑合同的全部潜在条款，以确定应当递延至以后期间的初始期间交易价格金额［IFRS15 paraBC392］。

鉴于此，新收入准则决定向企业提供一种估计选择权单独售价的实用的替代方法。该实用的替代方法要求企业在交易价格的初始计量中包含其预计提供的可选商品或服务（及相应预计的客户的对价）。企业将含续约选择权的合同视为包含预期条款的一份合同（即包括预期续约期）而非包含一系列选择权的一份合同将更为简单［IFRS15 paraBC393］。

新收入准则制定了区分续约选择权与取得额外商品或服务的其他选择权的两项条件。第一项条件规定，与续约选择权相关的额外商品或服务必须与初始合同提供的商品或服务类似——也就是说，企业继续提供其已提供的商品或服务。因此，将与此类选择权相关的商品或服务视为初始合同的一部分就更加直观。相反，客户忠诚度积分及许多折扣优惠券应被视为合同中单独交付的内容，因为相关商品或服务可能具有不同的性质［IFRS15 paraBC394］。

第二项条件规定，后续合同中的额外商品或服务必须按照原合同条款提供。因此，企业的行为将受到限制，因为其无法变更这些条款和条件，尤其是企业不能超出原合同列明的参数变更额外商品或服务的价格。这与客户忠诚度积分和折扣券等例子也有所不同。例如，如果航空公司允许客户使用经常旅客计划的航班里程奖励积分兑换航班，航空公司并未受到限制，因为其之后可以确定兑换任何特定航班需要的积分数量。类似地，在企业提供折扣券时，企业通常不会就折扣券兑换的后续提供的商品或服务的价格对其自身作出限制［IFRS15 paraBC395］。

案例 4－28：向客户提供重大权利的选择权（折扣券）

案例背景

A 公司订立了一项以 100 万元出售产品 A 的合同。作为该合同的一部分，A 公司向客户提供一张 40% 的折扣券，可以用于未来 30 天内不超过 100 万元的任何购买。作为季节性促销的一部分，A 公司计划在未来 30 天内针对所有销售提供 10% 的折扣。该 10% 的折扣不得与 40% 的折扣券同时使用。

案例分析

由于所有客户在未来 30 日内购买时将享有 10% 的折扣，唯一向客户提供重大权利的折扣是 10% 之外的增量折扣（即额外 30% 的折扣）。A 公司将提供增量折扣的承诺作为销售产品 A 的合同中的一项履约义务进行会计处理。

为了根据新收入准则估计折扣券的单独售价，A 公司估计客户兑现折扣券的可能性为 80%，且每位客户将平均购买 50 万元的额外产品。因此，A 公司估计折扣券的单独售价为 12 万元（额外产品的平均购买价格 50 万元 × 增量折扣 30% × 行使选择权的可能性 80%）。产品 A 和折扣券的单独售价以及交易价格

100 万元相应的分摊结果如表 4-2：

表 4-2　　交易价格分摊

履约义务	单独售价（万元）
产品 A	100
折扣券	12
合计	112
分摊后的交易价格	
产品 A	89（100 ÷ 112 × 100）
折扣券	11（12 ÷ 112 × 100）
合计	100

A 公司将 89 万元分摊至产品 A，并在控制转让时确认产品 A 的收入。A 公司将 11 万元分摊至折扣券，并在客户将折扣券兑现为商品或服务时，或在折扣券到期时确认相应的收入。

案例 4-29：未向客户提供重大权利的选择权（额外商品或服务）

案例背景

某电信业 A 公司与客户订立了一项合同，以提供一部手机和为期两年的月度网络服务。网络服务包括每月至多 1,000 分钟通话时间和 1,500 条短信，按月收取固定费用。合同规定了客户可选择在任何月份购买的额外通话时间或短信的费用。这些服务的价格与其单独售价相同。

案例分析

A 公司确定提供手机和网络服务的承诺均为单独的履约义务。这是因为，客户可以从单独使用手机和网络服务或将其与客户易于获得的其他资源一起使用中获益。此外，手机和网络服务可单独区分开来。

A 公司确定，购买额外通话时间和短信的选择权，并未向客户提供在不订立合同的情况下无法获得的重大权利。这是因为，额外通话时间和短信的价格反映了这些服务的单独售价。由于额外通话时间和短信的选择权并未授予客户重大权利，A 公司得出结论认为，其并非合同中的履约义务。因此，A 公司并未将任何交易价格分摊至额外通话时间或短信的选择权。A 公司仅当其提供这些服务的情况下，才确认额外通话时间或短信的收入。

案例4－30：向客户提供重大权利的选择权（续约选择权）

案例背景

A公司与客户订立1,000份单独的合同，每份合同规定以1,000元提供1年的维修服务。合同条款规定，每一客户在第一年年末均有通过额外支付1,000元，将维修合同在第二年续约的选择权。已进行第二年续约的客户同时被授予以1,000元进行第三年续约的选择权。对于在最初（即当产品为新产品时）未订立维修服务的客户，A公司将收取显著较高的维修服务价格。即若客户未在最初购买该服务或未对该服务续约，则A公司针对第二年和第三年的年度维修服务将分别收取3,000元和5,000元。

案例分析

A公司得出结论认为，续约选择权向客户提供了在不订立合同的情况下无法获得的重大权利，因为如果客户选择仅在第二年或第三年购买维修服务，则服务的价格将显著提高。每位客户在第一年支付的1,000元中的部分付款，实际上是针对后续年度将收到的服务的不可返还的预付款。因此，A公司得出提供选择权的承诺是一项履约义务的结论。

续约选择权旨在延续维修服务，且这些服务按照现有合同的条款提供。A公司并未直接确定续约选择权的单独售价，而是通过确定A公司因交付所有预期提供的服务而预计收取的对价金额来分摊交易价格。

A公司预计有90位客户在第一年年末续约（占已售合同的90%），并有81位客户在第二年年末续约（在第一年年末续约的90位客户中，有90%的客户仍将在第二年年末续约，占已售合同的81%）。

在合同开始时，A公司确定每项合同的预计对价为2,710元［1,000＋(90%×1,000)＋(81%×1,000)］。A公司同时确定，基于已发生成本相对于预计成本总额确认收入，能够反映向客户转让的服务。3年合同的估计成本如表4－3：

表4－3　　3年估计成本

年度	金额（元）
第一年	600
第二年	750
第三年	1,000

因此，在每一份合同开始时预计的收入确认模式如表4－4：

表 4－4　　分摊预计对价

	针对合同续约可能性作出调整的预计成本（元）	分摊的预计对价（元）
第一年	600（600×100%）	780（600÷2,085）×2,710]
第二年	675（750×90%）	877[（675÷2,085）×2,710]
第三年	810（1,000×81%）	1,053[（810÷2,085）×2,710]
合计	2,085	2,710

因此，在合同开始时，A 公司将迄今为止已收取的对价 22,000 元分摊至第一年年末的续约选择权［现金 10,000 元－第一年拟确认的收入 7,800 元（780×100）］。

假设 A 公司的预期未发生变动且预计将有 90 位客户续约，在第一年年末，A 公司收取 190,000 元［（100×1,000）+（90×1,000）］的现金，并且确认收入 78,000 元（780×100）及确认合同负债 112,000 元。

因此，在第一年年末续约时，A 公司将 24,300 元分摊至在第二年年末续约的选择权［累计现金 190,000 元，减去第一年已确认的累计收入及在第二年将确认的收入 165,700 元（78,000+877×100）］。

如果实际的合同续约数量不同于 A 公司预期，则 A 公司将更新交易价格及相应地已确认的收入。

案例 4－31：客户忠诚度计划

案例背景

A 公司设有一项客户忠诚度计划，客户每购买 10 元即被授予一个客户忠诚度积分。每个积分可在未来购买 A 公司产品时按 1 元的折扣兑现。在报告期内，客户购买了 100,000 元的产品，获得可在未来购买时兑现的 10,000 个积分。对价是固定的，并且已购买的产品的单独售价为 100,000 元。A 公司预计将有 9,500 个积分被兑现。

A 公司基于兑现的可能性估计，每个积分的单独售价为 0.95 元（总价为 9,500 元）。

案例分析

积分为客户提供了在不订立合同的情况下无法获得的重大权利。因此，A 公司得出结论认为，向客户提供积分的承诺是一项履约义务。A 公司基于单独售价的相对比例将交易价格（100,000 元）分摊至产品和积分，具体如表 4－5：

表 4－5　分摊交易价格

产品	91, 324 元[100, 000 ×(单独售价 100, 000 ÷109, 500]
积分	8, 676 元[100, 000 ×(单独售价 9, 500 ÷109, 500]

在第一个报告期末，有 4, 500 个积分被兑现，并且，A 公司继续预计将共有 9, 500 个积分被兑现。在第一个报告期末，A 公司确认忠诚度积分的收入 4, 110 元［(4, 500 积分 ÷9, 500 积分) ×8, 676 元］，并针对未兑现的积分确认合同负债 4, 566 元（8, 676 －4, 110）。

在第二个报告期末，累计有 8, 500 个积分被兑现。A 公司更新了其针对被兑现积分的估计，目前预计将有 9, 700 个积分被兑现。A 公司确认忠诚度积分收入 3, 493 元｛[(已兑现的总积分 8, 500 ÷预计兑现的总积分 9, 700) ×初始分摊的 8, 676] －第一个报告期间确认的 4, 110｝。合同负债余额为 1, 073 元（初始分摊的 8, 676 －已确认的累计收入 7, 603）。

四、考虑客户层级对重大权利进行评估

在 2016 年 4 月 18 日会议［TRG Agenda ref 54］中，TRG 讨论了在评估产生重大权利的客户选择权时，如何对不同客户层级进行考虑。TRG 通过以下案例讨论了该问题。

案例 4－32：优先客户价格

案例背景

专业咨询有限公司 PC 公司是世界上最大的咨询公司。PC 公司只雇佣行业内最好的专业人士，通常向客户收取每小时 1, 000 元的咨询服务费。Goody 公司在美国拥有并经营连锁面包店。Goody 公司目前与一家咨询公司签有一项长期框架协议，并将于下一年到期。Goody 公司要求其目前的咨询公司及其他几个公司，包括 PC 公司，向其提交新的长期框架协议。

PC 公司获悉，Goody 公司与其目前的咨询公司签订的框架协议中，包含了多项合同，以获取大量的咨询工时。PC 公司向 Goody 公司提交了一项未指定咨询服务具体金额的框架协议，单价为每小时 800 元，虽然 PC 公司过去向 Goody 公司提供咨询服务的价格为每小时 1, 000 元。PC 公司与 Goody 公司原先的任何合同均未包含重大权利，即原先的合同并未使 Goody 公司预期在未来将获得优惠价格，或者并未使 PC 公司预期在未来将提供优惠价格。

在考虑所有提议后，Goody 公司决定与 PC 公司签订一项长期框架协议。该协议并未约定 PC 公司提供服务的范围，但约定在整个安排存续期内，PC 公司提供该框架协议下的任何咨询服务，均以每小时 800 元计价。也就是说，Goody 公司每次与 PC 公司签订一项咨询项目合同时，每次的服务范围单独商谈，但价格均以议定的每小时 800 美元计价。Goody 公司随后与 PC 公司签订了一项特定项目的咨询服务合同，合同期为框架协议下的未来 6 个月，PC 公司将提供每小时 800 元的咨询服务。

案例分析

虽然 PC 公司向 Goody 公司的收费，较其向普通客户的收费（或以前向 Goody 公司的收费）更低，但 TRG 职员认为，PC 公司与 Goody 公司的合同并未包含重大权利。这是因为，各项合同中向 Goody 公司收取的每小时费用都是独立存在的，例如，Goody 公司如果签订第二项特定项目的合同，每小时费用与没有签订第一项合同的费用是相同的。因此，本例中，PC 公司的报价仅仅是一项销售要约，旨在获得与 Goody 公司的未来合同。

在本例中，PC 公司不需要考虑客户的层级，因为其向 Goody 公司提供咨询服务的价格（每小时 800 元），并不依赖于与 Goody 公司的现有或原先的合同。TRG 职员将本例作为对未来服务提供“折扣”的情况进行考虑，但很明显，该“折扣”并未产生重大权利。

案例 4－33：未来购买的重大折扣

案例背景

Ziggy 电子公司在纽约拥有并经营多个电子零售商店。Ziggy 公司目前向客户提供营销激励，购买一台 50 英寸的电视可获得一张优惠券，该优惠券可以 50% 的折扣购买一台超音速立体声音响。Ziggy 公司正常情况下销售 50 英寸电视和立体声音响的价格分别为每台 1,000 元。该优惠券仅可在 Ziggy 公司的商店中使用，且在购买电视后一年内有效。Ziggy 公司从未向未购买电视的同层级客户授予该折扣。

Janet 最近刚从大学毕业搬到纽约。Janet 想为其公寓购买一台电视，并最终决定从 Ziggy 公司购买一台 50 英寸电视。在 Janet 购买电视时，获得了一张可以 50% 折扣购买超音速立体声音响的优惠券，但她决定不在购买电视时立即使用该优惠券。

案例分析

在评价 Ziggy 公司与 Janet 的合同是否包含重大权利时，Ziggy 公司评价了

Janet 以 50% 折扣购买超音速立体声音响的选择权，是否独立于其与 Janet 的现有合同（即购买电视的合同）而存在。

在评价 Janet 获得的折扣，是否独立于其购买电视的现有合同而存在时，Ziggy 公司应将 Janet 所获得的折扣（50%），与向 Martha 类似普通客户提供的折扣进行比较，即 Ziggy 公司应当将给予 Janet 的折扣，与给予普通客户的折扣比较，这些客户所获得的折扣是独立于原先与 Ziggy 公司的合同而存在的。

假设 Martha 是 Janet 的邻居。Martha 最近从 Ziggy 公司的竞争对手购买了一台网络电视。但是，Martha 也去了 Janet 购买电视的 Ziggy 公司商店。该商店在做促销活动，每一位到店客户都能得到一张优惠券，以 5% 的折扣购买超音速立体音响，该优惠不能与其他优惠合并使用。

确定客户选择权是否向客户提供了重大权利的目标，是确定客户选择权是否独立于现有客户合同而存在，Ziggy 公司将给予 Janet 的折扣，与另一购买了电视且获得 50% 音响折扣优惠券的客户比较，是不适当的。这样做并不能帮助 Ziggy 公司确定，在不购买电视的情况下，Janet 是否能够获得音响的折扣。

给予 Janet 的折扣，与给予向 Martha 类似客户的折扣是不可比的，这类客户的折扣是独立于原先与 Ziggy 公司的合同的。相反，Janet 获得了一项增量折扣，在不购买电视的情况下就不会获得该折扣。职员认为，该增量折扣向 Janet 提供了一项与购买电视相关联的重大权利。

案例 4－34：数量折扣

案例背景

Sprocket 公司为多个客户制造具有不同用途的零部件。本案例假设这些零部件是相互可替代的，且并非针对特定客户特别定制。Sprocket 公司与 Jetson 公司签订一项长期框架协议，向其提供未指定数量的零部件。下一年度零部件的单价，取决于 Jetson 公司上一年度的购货量。Sprocket 公司对 Jetson 公司第一年的销售单价为每个零部件 1 元，合同同时约定，如果 Jetson 公司第一年的购买量超过 100,000 个零部件，则第二年每个零部件单价降为 0.90 元。Sprocket 公司与 Jetson 公司的合同条款中，如果第一年达到购买阈值，则第二年的价格将降低，该条款与其他客户合同的条款类似。在第一年初，Jetson 公司与 Sprocket 公司签订一项合同，购买 8,000 个零部件。Jetson 公司为该 8,000 个零部件支付的单价为 1 元。

案例分析

在评价 Sprocket 公司与 Jetson 公司的合同是否存在重大权利时，Sprocket 公司首先评价了 Jetson 公司在第二年获得每个零部件 0.10 元折扣的选择权，是否独立于其与 Jetson 的现有合同（即第一年的购买合同）而存在。

在评价时，Sprocket 公司比较了给予 Jetson 公司的折扣，与独立于原先合同普遍给予类似较高购货量客户的折扣。

假设 Astro 公司是现有客户，其向 Sprocket 公司单独订购了 105,000 个零部件。Astro 公司之前也曾向 Sprocket 公司购买零部件，但其与 Sprocket 公司原先的合同，均未产生在未来以特定价格购买零部件的预期，且 Sprocket 公司也未产生在未来以特定价格出售零部件的预期。

在评价给予 Jetson 公司的折扣，是否独立于现有合同存在时，Sprocket 公司应当比较给予 Jetson 公司在第二年的零部件单价（0.9 元），与给予 Astro 公司类似客户的单价，即 Sprocket 公司应当比较给予 Jetson 公司在第二年的零部件单价，与独立于原先合同普遍给予类似较高购货量客户的折扣。

确定客户选择权是否向客户提供了重大权利的目标，是确定客户选择权是否独立于现有客户合同而存在，Sprocket 公司如果将给予 Jetson 公司的第二年折扣，与其他客户依据以前年度购买量而获得的价格相比较，是不适当的。这样做无助于 Sprocket 公司确定在不签订第一年购买合同的情况下，Jetson 公司是否能够获得第二年的价格。

如果 Sprocket 公司给予 Jetson 公司的第二年价格，与普遍给予 Astro 公司类似客户（即给予类似较高购货量客户的价格独立于与 Sprocket 公司的原先合同）的价格是可比的，则可能表明给予 Jetson 公司的价格，是独立于现有合同而存在的，即给予 Jetson 公司的价格并未包含在普遍给予类似较高购货量客户价格之上的增量折扣。如果 Sprocket 公司给予 Jetson 公司和 Astro 公司的价格是不可比的，则可能表明 Jetson 公司在第一年支付的零配件价格，有一部分是为第二年购买零配件而预付的价格。

职员认为，在确定向 Jetson 公司收取的价格，与向 Astro 公司类似客户收取的价格是否可比，Jetson 公司与 Astro 公司是否属于可比客户，以及两者价格差异是否重大，均需要重大判断。关于此类案例，职员不打算再得出更广泛的结论，因为可能存在很多不同的合同、不同的事实和情况能够影响具体案例的结论。

如果 Sprocket 公司得出结论认为，与 Jetson 公司的合同产生了重大权利，则对该重大权利进行会计处理，也需要重大判断，例如，估计应向该重大权利分摊的交易价格金额，以及将该重大权利相关履约义务确认为收入的时点（或期间）。

TRG 职员指出，新收入准则包含了一项实务简化操作，允许企业在特定情况下，针对一系列合同适用收入相关指引。该实务简化操作可以简化包含重大权利合同的会计处理。

TRG 职员也指出，新收入准则要求披露，在确定客户合同收入的金额及时点时作出的具有重大影响的判断及其变动。

案例 4-35：会员等级

案例背景

梦幻航空公司实行会员等级计划，根据历史旅程将客户分为青铜卡、白银卡和铂金卡客户。不同等级的会员可以在未来特定期间内（客户与梦幻公司签订未来合同时）购买机票时获得会员福利，即以折扣价格购买商品或服务。但是，并不是所有的会员福利都要求客户在未来购买机票，例如，福利包括一张每年 250 美元的礼品卡，可用奢侈品商店兑换或网球比赛门票兑换。

青铜卡客户可以选择获得一系列的会员福利，包括托运行李和优先办理登机手续，且不需要支付票价以外的增量费用。较高级别的会员可以选择获得额外的会员福利，包括升级商务舱座位（如果可以的话，由梦幻公司决定），使用机场休息室和一张同行票（对于某些航班），且不需要支付票价以外的增量费用。较高级别的会员相比于较低级别的会员，更有可能选择免费获取升级商务舱座位。对于不具有会员资格的客户，梦幻公司会针对行李托运、升级商务舱座位以及使用机场休息室收取增量费用，即在机票价格之外的费用。

每一年度，梦幻公司根据客户的购买历史及会员等级计划条件，确定客户满足哪一级别的会员。会员等级必须在每年末达到条件。如果不满足会员等级条件，该会员在下一年将被降级。购买了大量机票的会员，将在当年剩余期间及下一年度升为较高等级会员。有的客户可能在连续数年内保持其等级，而有的客户则在一年或几年内降级。

梦幻公司也提供里程累积计划，允许客户在一段延长期间内累积其里程，里程累积计划不像会员等级计划一样，以一个年度重置计算。累积里程可以用于兑换商品、免费酒店住宿券，或免费机票。可以用累积里程兑换的很多项目，不要求客户购买额外的航班机票。

梦幻公司认为，其里程累积计划向其客户提供了重大权利。在下述考虑梦幻公司的会员等级计划是否向客户提供了重大权利的职员分析中，不再涉及里程累积计划。

案例分析

在评价与会员等级计划中的客户合同（机票购买）是否包含了重大权利时，梦幻公司评价了客户在未来获取免费或折扣商品或服务的选择权，是否独立于现有合同而存在，即独立于当前航班机票销售。

在评价时，梦幻公司比较了向会员等级计划中客户收取的航班及其他会员福利（例如，免费升级商务舱座位）的价格，与之前并未与梦幻公司具有合同的类似客户预期（或梦幻公司预期）在一段期间内获得会员福利时，对相同的商品或服务支付的价格，例如，不属于会员等级计划的客户，为航班机票及在最后时刻升级商务舱座位所支付的价格。

假设 George 是一位退休会计师，经常进行环球旅行。George 是梦幻公司的忠实客户，已达到其铂金卡会员。Lola 是一位退休律师，像 George 一样经常旅行。但是，Lola 是梦幻公司的竞争者之一 Luxury 航空公司的忠实客户。Lola 也已达到 Luxury 公司会员等级计划的铂金卡会员，其与梦幻公司的计划条件及会员福利类似。Lola 从未购买过梦幻公司的航班机票。

在评价向 George 提供的会员福利（以折扣价提供商品或服务）是否独立于现有合同而存在时，梦幻公司应比较向 George 提供的会员福利，与向 Lola 或其他类似客户提供的会员福利，即梦幻公司应比较向 George 提供的会员福利，与向独立于与梦幻公司原先合同而授予的类似客户的会员福利。例如，梦幻公司应考虑，与 Lola 类似的客户是否以及多久能从其他航空公司获得会员福利。梦幻公司应考虑其是否仅在较短行程期间内即授予 Lola（或类似客户）这些会员福利，在该行程期间，Lola 必须向梦幻公司购买机票，否则将失去该会员福利，或者梦幻公司是否愿意为激励 Lola 购买其机票，而在一段较长期间内给予 Lola 这些会员福利。

比较梦幻公司授予 George 和 Lola 的会员福利，是梦幻公司评价授予 George 的会员福利，是否独立于其现有合同而存在的多种方法之一。例如，梦幻公司还可以考虑，如果 George 在当年未达到保留其会员等级的旅程，梦幻公司在后续年度是否仍然会继续向其授予会员福利，其是否会向 George 收取保留其会员等级的费用，或者其是否会取消 George 的会员福利。梦幻公司也可以考虑，是否及多久向其客户授予会员福利，这些客户可通过其他形式来证明其旅程，例如，梦幻公司可能向在豪华连锁酒店入住的客户授予会员福利，以获取与客户的未来合同，即使这些客户之前并未向梦幻公司购买机票。

如果向 George 授予的会员福利，与向 Lola 类似客户（独立于之前的合同而授予福利的客户）授予的福利是可比的，则可能表明向George授予的会员福利，是独立于现有合同而存在的。如果向George授予的会员福利，与向Lola类似客户授予的福利是不可比的，则可能表明George在以前年度支付的机票价格中，有部分是为其在后续年度获得会员福利而预先支付的。梦幻公司对其与George合同的评价，可以反映其与其他铂金卡会员的合同是否包含了重大权利，即梦幻公司不需要逐个合同进行评价。

确定客户选择权是否向客户提供了重大权利的目标，是确定客户选择权是否独立于现有客户合同而存在，如果梦幻公司将授予George的会员福利，与其他类似客户因之前与梦幻公司的合同而授予的类似福利比较，是不适当的，比如，梦幻公司将George与其他铂金卡会员比较。这样做无助于梦幻公司确定在不签订先前的合同情况下，是否会向George授予会员福利，即获得未来会员福利的选择权，是否属于一项基于先前机票购买而累计的选择权。

TRG职员认为，确定向George授予的会员福利，与向Lola类似客户授予的是否可比，George和Lola是否为可比客户以及两者福利的差异是否重大，均需要重大判断。关于此类案例，职员不打算再得出更广泛的结论，因为可能存在很多不同的合同、不同的事实和情况能够影响具体案例的结论。

TRG职业分析包括了与评价本示例中合同是否具有重大权利相关的某些考虑。其他情况下的其他考虑可能也是相关的。此外，根据具体事实和情况，不同企业所考虑的相关因素相对重要性可能有所不同。

如果梦幻公司得出结论认为，与George的合同产生了重大权利，则对该重大权利进行会计处理，也需要重大判断，例如，估计应向该重大权利分摊的交易价格金额，以及将该重大权利相关履约义务确认为收入的时点（或期间）。

TRG职员指出，新收入准则包含了（1）实务简化操作，允许企业在特定情况下，针对一系列合同适用收入相关指引；（2）要求披露重大判断。

五、评估重大权利相关问题

（一）评估重大权利相关问题［TRG Agenda ref 6］

在2014年10月31日的会议［TRG Agenda ref 6］中，TRG讨论了确定客户可获得额外商品或服务的选择权是否产生了一项重大权利的指引，可能存在的是应用问题。TRG讨论了以下问题：

（1）对于选择权是否产生了重大权利的评估，是仅在与客户的当前交易范围内进行，还是需要考虑与客户的过去和未来交易。新收入准则规范了与客户之间的单个合同的会计处理，但是，作为实务简化方法，在满足条件的情况下，也可将新收入准则应用于具有类似特征的合同（或履约义务）组合。部分利益相关方都某些交易的处理存在疑问，这些交易为客户提供了当前交易中的权利，只有与过去交易中积累的权利和/或将来交易中积累的权利相结合时，这些权利才可能成为重大权利。利益相关方存在两种不同的观点：

观点1：评估客户选择权是否提供了重大权利，应当仅在与客户的当前交易范围内评估。

观点2：评估客户选择权是否提供了重大权利，应当考虑与客户的所有相关交易，包括当前、过去和未来的交易。

观点1的支持者认为，新收入准则规范与客户的“单个合同”等规定表明，评估客户选择权是否提供了重大权利，应当仅在与客户的当前交易范围内评估。也就是说，评估应在独立的基础上从当前时点开始，不应受到与客户签订的单个合同以外的因素影响。例如，不应考虑当前交易中累积的权利与过去累积的其他权利相结合的能力，或预计在未来交易中累积的权利。

观点2的支持者认为，评估客户选择权是否提供了重大权利，应当考虑与客户的所有相关交易，包括当前、过去和未来的交易。观点2的支持者注意到，当评估现有选择权是否产生了重大权利时，应考虑前瞻性因素，如权利如何随时间累积。观点2的支持者还注意到，在评估合同折扣时，应考虑到“通常在这一地域或市场中针对这些商品或服务向此类客户提供的折扣幅度”[IFRS15 paraB40]，这进一步支持了应考虑与客户的当前交易之外的事实和情况。

利益相关方讨论了以下案例，以说明两种不同的观点。

案例4－36：客户忠诚度计划

案例背景

A公司向客户授予一项客户忠诚度计划，在该计划中，其客户每花1元可累积1个积分。当顾客累积足够的积分时，积分可以兑换成免费产品。根据历史数据，A公司确定其客户很可能累积足够的积分来获得免费产品。

在当前交易中，客户Y自A公司购买了50元的商品，并获得50个积分。A公司认定，每个积分的单独售价为0.01元。

案例分析

观点 1

A 公司仅应评估从当前交易中获得的客户忠诚度积分的估计单独售价（即 0.50 元），是否是与当前交易相关的重大权利。A 公司不需要考虑客户是否从以前的交易中累积了积分，也不需要考虑是否可合理预期客户将在未来交易中继续累积积分。

观点 2

A 公司应考虑从当前交易中获得的客户忠诚度积分，是否对客户已经取得或即将取得的累积积分成为重大权利具有贡献。该评估应考虑在当前交易中授予客户 Y 的权利，属于客户累积积分以获得免费产品的一部分。

案例 4-37："买三送一"计划

案例背景

A 公司向客户授予一项促销计划，客户在活动期内购买 3 个产品可免费获赠 1 个产品。根据历史数据，A 公司认定，客户很可能将获得免费赠送产品。

客户在购买第一个产品时，获得第一个选择权，再购买 2 个产品即可免费获赠 1 个产品；客户在购买第二个产品时，获得第二个选择权，再购买 1 个产品即可免费获赠 1 个产品。因此，客户获得的第一个选择权和第二个选择权的价值应当不同，即单独售价不同。

假设在当前交易中，客户 Y 购买了第一个产品，获得选择权，再购买 2 个产品即可免费获赠 1 个产品，客户 Y 购买第一个产品的价格为 6 元。A 公司认定，该交易中授予客户选择权的单独售价为 0.30 元。

案例分析

观点 1

A 公司仅应评估从当前交易中产生的客户选择权的估计单独售价（即 0.30 元），是否与当前交易相关的重大权利。A 公司不需要考虑是否可合理预期客户将在购买 2 个产品从而获得免费产品。

观点 2

A 公司应考虑客户 Y 已在当前交易中实质上获得了"买三送一"中免费产品的权利，也就是说，已获得了再购买 2 个产品即可免费获得 1 个产品的权利。A 公司还应考虑客户 Y 是否可能再购买 2 个产品以获得免费产品。

大部分的 TRG 成员赞同观点 2，即评估选择权是否产生了重大权利，应当考虑与客户的相关交易，包括当前、过去和未来的交易。

（2）对于选择权是否产生了重大权利的评估，是仅为定量分析，还是应当同时考虑定性因素。对于选择权是否产生了重大权利的评估，存在两种不同意见：

观点1：选择权是否产生了重大权利的评估，是仅考虑选择权单独售价的定量分析；

观点2：选择权是否产生了重大权利的评估，应当同时考虑定量和定性因素。

观点1认为，新收入准则结论基础指出，“此前美国公认会计原则针对软件行业的收入确认要求明确规定，针对未来购买商品或服务的折扣的要约，应假定为合同中一项单独的选择权。如果该折扣重大并且超过了该合同其他要素的定价中反映的折扣范围，以及可比交易通常提供的折扣范围。‘重大’及‘超过’的概念构成了用来区分选择权与销售或促销要约的重大权利原则的依据［IFRS15 paraBC387］。”观点1的支持者认为，“重大”和“超过”本质上是定量分析。

观点2认为，在确定选择权是否产生了重大权利时，应当同时考虑定量和定性因素。观点2的支持者指出，考虑定性因素，与识别承诺商品或服务时应考虑客户的有效预期原则一致。站在客户角度，判断是否构成“重大权利”可能会考虑定性因素。

利益相关方讨论了以下案例，以说明两种不同的观点。

案例4－38：折扣券

案例背景

A公司向购买其商品的客户赠送折扣券，该折扣券可抵扣金额为下次购买任意商品价格的25%。该折扣券将在60天后到期。根据类似产品的历史数据，A公司确定客户通常会使用折扣券进行额外购买，平均而言，这比客户没有折扣券的情况下购买的产品要贵。A公司全年不再向客户提供其他折扣。

在A公司赠送该折扣券当日，客户Y购买了200元的产品，客户Z购买了10元的产品。

案例分析

观点1

A公司应根据与客户交易相关的折扣券的单独售价来评估每个客户是否获

得了重大权利。A公司可以得出结论：（1）一个客户获得了重大权利，而另一个客户没有获得重大权利；或者（2）两个客户都获得了或没有获得重大权利，这将基于折扣券的单独售价进行定量分析。

观点2

A公司应考虑观点1所述的每个客户所获得权利的定量分析。同时，A公司还应考虑折扣券已给予客户Y和Z在未来购买获得25%折扣的机会，包括对可能以显著高于当前交易中客户Y和Z所购买产品价格购买具有单独售价的产品。

案例4－39：不可返还前期费用

案例背景

A公司与客户Y签订了一项为期12个月的服务合同，每月服务价格为60元。所有客户都必须签订12个月的合同。除每月服务费外，客户Y还需要在合同开始时支付120元的不可返还前期费用。前期费不会转让承诺的商品或服务。只要客户Y继续是A公司的客户，则只需支付一次120元的前期费用。A公司的客户在其地理区域内有多个可用的服务提供商。虽然每月服务费在整个地理区域相似，但其中一些服务供应商不收前期费用。

该合同还包含一个续约选择权，允许客户Y按月续签合同。合同没有规定续签价格，但A公司的经营行业不稳定，服务费率历史上保持相对稳定（即预计每月费用不会大幅增加或减少）。作为估计续约选择权单独售价的实务简化方法，A公司通过参考所提供服务来评估续约选择权。

案例分析

观点1

A公司应根据对其客户是否因不必在续约期开始时额外支付120元的预付费而获得与续约服务有关的实质性权利的评估来评估客户Y是否获得实质性权利。在这种情况下，A公司考虑客户Y将支付的更新价格（即60元/月）与新客户为相同服务支付的分配价格（120/12＝10元＋60元/月费用＝70元）是否为客户提供实质性权利。

观点2

A公司除考虑上述评估的定量因素，也应考虑服务替代品的可用性和定价等定性因素。例如，A公司可以考虑这样一个事实，即在一年的固定期限之后，客户Y可以从A公司的竞争对手中以与从A公司获得这些服务相同的价格（即

60 元/月）获得实质上相似的服务。这可能会使人怀疑，以 60 元/月的价格更新，A 公司的服务是否为客户 Y 提供了一项在未与 A 公司签订初始服务合同的情况下无法获得的实质性权利。

TRG 职员赞同观点 2，在评估客户选择权是否产生了重大权利时，应考虑定量和定性因素。这与识别承诺商品或服务应当考虑客户的有效预期，以及客户在预期“重大权利”的构成时应考虑定性因素（如是否为累计权利）的要求一致。

（二）评估重大权利相关问题［TRG Agenda ref 18、32］

在 2015 年 3 月 30 日的会议［TRG Agenda ref 18、32］中，部分利益相关方进一步询问了部分客户选择权是否构成重大权利相关的问题，TRG 讨论了以下问题：

（1）企业应当如何对客户执行重大权利进行会计处理。合同变更是经合同各方批准的对合同范围或价格（或两者）作出的变更。如果合同各方批准了形成合同各方新的可执行权利和义务或变更其现有可执行权利和义务的变更，则存在合同变更［IFRS15 para18］。利益相关方讨论了，当合同包含“重大权利”时，应当如何对客户执行该选择权进行会计处理。

观点 1：作为原合同的延续。即企业应在交易价格中包括向重大权利分摊的金额，作为该重大权利履约义务的基础。该观点的支持者注意到，原始合同的范围和定价包括该选择权，并且不需要修改或变更该合同才能使客户行使该选择权。因此，客户行使该选择权不代表合同变更，因为它不是“合同范围或价格（或两者）的变更”。

观点 2：作为合同变更。即当客户行使该重大权利时，应按合同变更相关规定处理。该观点的支持者认为，客户行使该选择权会改变合同的范围或价格，因此，应视为合同变更。

观点 3：作为可变对价。即行使选择权的任何潜在额外对价均应按照可变对价估计及其限制规定处理。该观点的支持者认为，合同中的选择权产生了可变数量和价格。

TRG 以下列案例为例，讨论了上述不同观点。

案例 4－40：行使选择权

案例背景

A 公司与客户签订合同，以 100 万元（单独售价）出售 2 年的 A 类服务，同时，客户可选择以300万元购买2年的B类服务，该价格为B类服务单独售价400万元的75%。A公司得出结论认为，购买B类服务选择权为客户提供了重大权利并构成单独履约义务，A公司估计该选择权的单独售价为33万元。因此，A公司根据各项履约义务的单独售价，将100万元的交易价格向各个履约义务分摊，具体如下所示：

A类服务：75万元 ［100×100/(100+33)］

B类服务购买选择权：25万元 ［100×33/(100+33)］

在执行合同时，客户支付了100万元，A公司立即开始向客户提供A类服务。A公司在2年服务期内确认向A类服务分摊的75万元收入，并推迟确认向选择权分摊的25万元。6个月后，客户行使该选择权，以300万元购买2年的B类服务。

案例分析

上述三种观点对本案例的具体处理如下：

观点1：作为原合同的延续。将额外收到的300万元对价加到25万元的递延对价（向选择权分摊的金额）中，并在向客户提供B类服务时确认收入。交易价格总额为400万元，其中75万元向A类服务分摊，325万元向B类服务分摊。

观点2：作为合同变更。增加的B类服务按照合同变更相关规定进行评估。B类服务不作为单独的合同核算，因为增加的对价金额未反映额外承诺的商品或服务的单独售价。因此，A公司应当评估新增服务与剩余服务是否可明确区分，分别进行处理：

(1) 如果A类服务与B类服务是可明确区分的，由于A类服务仍在向客户提供，则应将交易对价重新分摊，包括未确认的对价和新增对价。对于向A类服务分摊的金额，调整剩余未履约部分的收入，不做累计追加调整。对于向B类服务分摊的金额，在后续向客户提供服务时确认收入。此时，观点1和观点2的处理结果可能是相同的。

(2) 如果A类服务与B类服务不是可明确区分的，则需要在合同变更日对收入进行累计追加调整，这将导致与观点1不同的处理结果。

观点3：作为可变对价。可能新增的300万元对价应当按照可变对价估计及其限制处理。即当不确定性一旦消除后已确认的累计收入金额极可能不会发生重大转回，即客户很可能行使该选择权时，将该300万元作为交易对价，并分别向A类服务和B类服务分摊。此时，A公司可能需要以A类服务和B类服务的初始单独售价为基础进行分摊，即：

A 类服务：80 万元［400×100/(100+400)］

B 类服务：320 万元［400×400/(100+400)］。

大部分 TRG 成员赞同，观点 3 将执行重大权利作为可变对价处理不适当。TRG 成员赞同，以下两种观点是可以得到准则相关指引的支持的：

观点 1：在客户执行重大权利时，企业应当更新合同交易价格，以包括企业预期因执行结果而有权向客户收取的对价。额外的对价应当向重大权利相关的履约义务分摊，并在该履约义务履行时确认为收入。

观点 2：重大权利的执行应当作为合同变更处理。也就是说，客户执行重大权利时已收的额外对价及/或提供的额外商品或服务，代表了合同范围及/或价格的变动。企业应适用合同变更相关的指引。

尽管大部分 TRG 成员均认为，观点 1 和观点 2 均能得到新收入准则的支持，但大部分 TRG 成员更倾向于观点 1。其他 TRG 成员认为，观点 2 能够按照合同变更相关规定进行处理。

TRG 职员赞同 TRG 成员的意见，根据不同的具体事实和情况，观点 1 和观点 2 均能适用新收入准则的相关指引。在大部分情况下，观点 1 和观点 2 的会计处理结果应当是相同的。仅在可选择的商品或服务被认定为与原始承诺商品或服务无法明确区分时，两种观点的结果可能不同。TRC 职员考虑了可选择商品或服务是可明确区分的典型情况。执行重大权利的会计处理方法应当根据合同的具体事实和情况。TRG 成员赞同，企业应当对相同类型的重大权利相同的事实和情况采用一致的会计处理方法。

（2）企业应当如何评价一项构成重大权利的客户选择权是否包含重大融资成分。TRG 成员赞同，企业在确定交易价格时，应当考虑货币时间价值的影响。该评价应当包括重大权利导致的合同对价是否包含重大融资成分。TRG 指出，准则包括了确定是否存在重大融资成分应考虑的因素。客户预先就商品或服务进行支付的，这些商品或服务的转让时间由客户自行决定，则合同不存在重大融资成分。该因素可能适用于部分客户选择权。

（3）企业应当在什么期间内确认一项不可返还的前期费用。

案例 4－41：一次性启动费

案例背景

A 公司一次性收取 50 元的启动费，并同意以每月 100 元的价格为客户提供服务。客户没有义务继续购买每月的服务，A 公司也未承诺在未来几个月对服务收费维持在某一特定价格水平。由于注册客户的服务活动并未导致向客户转让商品或服务，并未形成一项额外的履约义务。启动费是对 A 公司提供服务的预付款，因此应该在提供未来服务时予以确认。假设企业的客户平均经济寿命是两年。

案例分析

TRG 职员注意到，启动费的分摊期限取决于其是否为客户提供了可续期的重大权利。在确定不可返还前期费用是否提供了重大权利时，A 公司需要同时考虑定量和定性因素。例如，A 公司将考虑客户支付的续期价格（即每月 100 元）与新客户为相同服务支付的价格（即 150 元，包括 50 元启动费和每月服务费 100 元）是否为客户提供了重大权利。A 公司还将考虑采用其他服务方案的可行性和定价，例如，客户是否可以不支付启动费而从另一个提供商获得实质上相同的服务。A 公司的客户平均经济寿命也可能是判断重大权利的考虑因素，客户平均经济寿命远远超过一个月的合同期限，这可能表明启动费是客户继续购买服务的激励因素，因为客户如果更换服务提供商，可能会产生新的启动费。

如果 A 公司认为启动费向客户提供了一项重大权利，该费用将在服务期限内确认，在服务续期期间，客户将受益于无需支付启动费。确定预期的受益期限通常需要判断。

如果 A 公司认为启动费并未向客户提供了一项重大权利，则该费用实际上是仅对合同约定的服务的预付款。因此，A 公司将在提供服务时确认收入，即 150 元，包括服务费和启动费。

其他利益相关方观点

A 公司可能得出的结论是，50 元的启动费并不为客户提供一项重大权利，因为客户在企业的平均客户服务期间总共要支付 2,450 元（每月 100 元 ×24 个月 + 50 元的启动费），启动费在金额上并不重大（仅占 2%）。因此，启动费只能在 1 个月的初始合同期内确认。TRG 职员不认为这是一个合理的解释。根据该解释，企业使用 24 个月的默示合同期限来支持这样一个结论，即启动费并不向客户提供重大权利，而仅使用一个月的固定合同期限来确认启动费。TRG 职员认为使用两个不同的合同条款来进行评估是不合理的。

TRG 成员赞同，不可返还前期费用，如启动费，其确认期间取决于不可返还前期费用是否向客户提供了重大权利。如果企业确定启动费向客户提供了重大权利，则该费用应在客户预期将受益于不必在更新服务时支付启动费的服务期内确认。相反，如果企业确定该启动费并未向客户提供重大权利，则该启动费实际上是为合同承诺商品或服务的预付款项。

（三）评估重大权利相关问题［TRG Agenda ref 48］

在 2015 年 11 月 9 日的会议［TRG Agenda ref 48］中，TRG 成员讨论了购买选择权与可变对价的区别。

部分利益相关方对于包含购买额外商品或服务选择权的合同，与包含基于可变数量（比如包括一定的基于使用的费用）的可变对价的合同之间的区别存在疑问。

案例 4－42：可变对价的服务

A 公司同意向客户销售 Y 设备和一项处理交易的服务。设备和服务都是可明确区分的。设备在服务期开始时向客户转移，并服务在接下来的一年内提供。合同的对价是根据交易处理数量计算的金额。待处理的交易数量未知，且不存在合同最低限额。

如果每笔交易都被视为可选择的购买，且不具有重大权利，则 A 公司不会将任何或有对价向设备分摊，因为每笔交易都是各自独立的单项履约义务。

如果交易处理服务被视为产生了可变对价，则交易价格需要考虑可变对价估计及其限制相关规定。因此，交易价格将向设备和服务分摊。

TRG 成员赞同，区分两者的第一步，是识别企业对客户承诺的性质是否属于另一方的强制权利和义务。

对于额外商品或服务选择权，客户具有现时权利选择购买额外的商品或服务或更换已交付的商品或服务。在客户执行该权利之前，出售方没有现时义务向客户提供这些商品或服务，客户也没有义务对这些商品或服务进行支付。

对于承诺商品或服务的可变对价，企业和客户已签订了合同，使企业有义务转让承诺商品或服务，而客户也有义务为承诺商品或服务进行支付。导致额外对价的未来事项是发生在商品或服务的控制权已被转移（或转移中）之后（或同时）。当合同基于客户的行为而包含可变对价时，这些行为并不会使企业有义务提供额外的可明确区分商品或服务（或更换已转让的商品或服务），而是决定了客户有义务向企业支付的可变对价金额相关的不确定性。

上述为评价该问题提供了思路，但很多情况下仍然需要判断。

第五章　确定交易价格

确定交易价格是收入确认模型的一个重要步骤，因为交易价格是分摊至合同履约义务并最终确认为收入的金额。

如收入确认核心原则（本书第二章第一节）所述，新收入准则对收入的计量采用的是“交易价格分摊法”，而不是“脱手价格分摊法”。在“交易价格分摊法”下，应将交易价格分摊至每一项履约义务，而分摊的金额应当反映企业预计因履行每一项履约义务而有权获得的对价金额。该分摊确定了企业在履行每一项履约义务时（或履约过程中）应确认的收入金额。在“脱手价格分摊法”下，是以每一项履约义务的脱手价格（公允价值）作为收入金额，在履行每一项履约义务时（或履约过程中）确认收入。在该方法下，需要在每一报告期末直接对已履行履约义务和剩余履约义务的脱手价格（公允价值）进行计量。

除收入确认核心原则所述理由外，“脱手价格分摊法”将导致客户合同的会计处理过于复杂。在很多情况下，一方面因为所承诺商品或服务的价值不具有固有波动性，另一方面因为商品或服务是在较短期间内即向客户转让，可能存在的波动性的影响也有限。因此，该方法向报表使用者提供的信息有用性较少。最终，新收入准则未采用“脱手价格分摊法”[IFRS15 paraBC182]。

在“交易价格分摊法”下，通常需要遵循三个主要步骤来确定就已履行的履约义务可确认的收入金额。这些步骤为：

（1）确定合同的交易价格；

（2）将交易价格分摊至履约义务；

（3）按分摊至已履行的履约义务的金额确认收入［IFRS15 paraBC183］。

第一节　交易价格的定义

一、基本原则

企业应当按照分摊至各单项履约义务的交易价格计量收入。交易价格，是指企业因向客户转让商品或服务而预期有权收取的对价金额。企业代第三方收取的款项以及企业预期将退还给客户的款项，应当作为负债进行会计处理，不计入交易价格。与客户之间的合同所承诺的对价可能包括固定金额、可变金额或两者兼有［IFRS15 para47、CAS14（2017）第十四条］。

客户所承诺的对价的性质、时间和金额会影响对交易价格的估计。企业应当根据合同条款，并结合其以往的习惯做法确定交易价格。在确定交易价格时，企业应当考虑可变对价、合同中存在的重大融资成分、非现金对价、应付客户对价等因素的影响［IFRS15 para48、CAS14（2017）第十五条］。

在确定交易价格时，企业应当假设商品或服务将根据现有合同按承诺转让给客户，且合同将不会被撤销、续期或修订［IFRS15 para49］。交易价格应仅包括企业根据当前合同享有权利的金额（包括可变金额）。例如，交易价格不包括源自未来行使对额外商品或服务的选择权或未来订单变更的对价的估计金额。因为直至客户行使此类选择权或同意变更订单之前，企业不具有交付额外商品或服务或变更商品或服务的义务，从而也不具有收取该部分对价的权利［IFRS15 paraBC186］。

企业根据当前合同享有权利的金额可由任一方支付（即不仅是由客户支付）。例如，在医疗保健行业，企业可能基于其有权获得的由病人、保险公司和/或政府机构支付的款项金额来确定交易价格。在其他行业也可能发生这一情况，例如，企业因制造商直接向企业的客户提供优惠券或回扣而取得制造商的付款。但是，这并不包括代其他方收取的金额，例如，某些税收管辖区内的某些销售税和增值税［IFRS15 paraBC187］。

二、确定交易价格不考虑信用风险

交易价格是企业预计因转让商品或服务而“有权获得”的对价金额。在每一报告期末确定交易价格的目标，是反映企业有权获得的源自合同的“对价总额”。因此，除非合同包含重大融资成分，否则，交易价格不应考虑客户信用风险的影响［IFRS15 paraBC185］。

2010年征求意见稿曾建议，企业应当按企业预计从客户收取的金额确认收入。换言之，客户的信用风险会反映在分摊至合同中各履约义务的交易价格计量中［IFRS15 paraBC259］。

在针对2010年征求意见稿的反馈意见中，尽管某些反馈意见者赞同交易价格应反映客户信用风险的建议，但几乎所有反馈意见者（包括财务报表编报者、使用者和证券监管机构）均对该概念在实务中的应用存有疑虑。许多财务报表使用者指出，其更希望收入按“总金额 ”计量，而不是以扣除客户信用风险后的“净额”反映，从而可以分别分析收入增长情况和应收款管理（或坏账）情况，因为两个职能一般都是单独进行管理的。如果收入金额以“净额”列报，则无法提供这一信息［IFRS15 paraBC260］。在考虑了反馈意见之后，2011年征求意见稿建议，收入应当按企业预计有权获得的金额确认，该金额不会反映就企业可能无法从客户收回的金额所作的任何调整。

但是，在确定交易价格时不考虑客户信用风险，可能带来的一个问题是，如果合同开始时就存在重大信用风险的交易，比如合同开始时就估计无法收回任何收入。此时，到底是全额确认收入，再全额确认坏账损失，还是直接不确认收入呢？很显然，前者无法如实反映该交易的影响，也无法向财务报表使用者提供有用的信息。事实上，根据“步骤1. 识别客户合同”，合同存在的条件（5）要求企业评估是否很可能取得其有权获得的对价（详见本书第三章第一节）。当客户信用风险相当重大，其支付能力和意愿存在重大问题时，有可能无法满足“步骤1. 识别客户合同”的条件，从而不能再走到“五步法”的其余步骤，包括本步骤确定交易价格，也就无法再确认任何收入金额。

三、常见交易价格判断案例

在2014年7月18日的会议［TRG Agenda ref 2］中，TRG讨论了几种常见费用是作为交易价格还是作为相关费用的扣减的问题，包括运输和装卸费、据实支付费用（Other out - of - pocket expenses），以及向客户收取并向政府机构交纳的各项税费。讨论涉及交易价格的定义以及对主要责任人和代理人的考虑。

交易价格不包括代表第三方收取的款项，例如，代表政府机关（税务机关等）收取，或代表第三方服务供应商收取的款项。相对应的，并非代表第三方收取的款项则属于交易价格。在某些情况下，是否代表第三方收取款项并不是很明确。在此类情况下，需要根据主要责任人和代理人的判断原则（详见本书第四章第四节）来确定该款项是否为代表第三方收取。当企业是作为该款项的主要责任人收取的，则该款项属于交易价格的一部分；当企业是作为该款项的代理人收取的，则该款项属于相关费用的抵减项。

根据上述原则，针对企业在销售商品或提供服务过程中向客户收取的运输和装卸费、据实支付费用，以及各项税费，在判断其是否为该费用的主要责任人时，需要具体考虑不同因素。

（1）运输和装卸费。在确定企业属于运输和装卸费的主要责任人还是代理人时，需要具体考虑：

1）企业是否有责任直接提供或采购服务，包括企业可自行选择供应商。

2）企业是否对运输和装卸费的有自由定价权；例如，企业向客户收取的金额是高于实际发生的费用（有自由定价权），还是等于或低于实际发生的费用（无自由定价权）。

3）企业自运输和装卸获得的利润是否是固定的；如果企业有自由定价权，或者在提供免费或显著折扣的运输和装卸的情况下，企业所赚取的利润是可变的。

4）企业是否承担了与这些费用相关的信用风险。例如，如果企业自己提供了运输和装卸服务，或者其有责任向运输方付款，无论其是否能够向客户收取运输和装卸费用。

（2）据实支付费用。企业还可能向客户按实际发生的金额收取其他费用，比如实际发生的差旅费，很多运输和装卸费也以实际发生的金额收取。对于此类据实支付费用，也应按照上述运输和装卸费的判断原则进行判断。其中，由于此类费用是按实际发生的金额收取的，表明企业对此类费用没有自由定价权，因此，企业很可能仅仅是代表第三方收取此类费用，从而不应将此类费用作为交易价格的一部分。

（3）税费及其他政府征费。在考虑企业是作为税费或其他政府征费中属于主要责任人还是代理人时，以下一项或多项因素可能表明企业属于主要责任人：

1）企业对履行义务负有主要责任。例如，如果税法规定企业是该税费的纳税义务人，则企业可能负有主要责任；如果税法规定企业仅仅是该税费的扣缴义务人，在企业未代扣代缴该税费时，客户有义务向税务机关自行缴纳，则企业可能并非负有主要责任。

2）企业可在一定范围内向客户收取费用。例如，企业仅以法律规定的应缴金额向客户收取等额税费或者可以自主决定是否向客户全额收取或部分收取应缴税费。

3）企业的剩余金额（利润）是否固定。在很多增值税销售税中，企业按所收取的金额进行缴纳，因此，其剩余金额是固定的，利润为零。相反，如果企业对所收取的金额具有自由裁量权，则其所收取金额的利润可能是不固定的。

4）企业承担信用风险。如果企业具有全额缴纳税费的责任，无论其是否能向客户收取相应金额，则企业都承担了信用风险。

根据上述分析，事实上，对于销售商品或提供服务对价中包含的增值税，在不同国家和地区、不同法律环境下，企业可能是增值税的代理人，也可能是主要责任人；或者在某些法律环境下，对交易的哪一方负有缴纳税金的首要义务可能并不是很明确。因此，在国际财务报告准则下，对增值税是否为交易价格的一部分，可能需要根据不同法律环境具体分析，从而得出不同结论。但是，在我国的法律环境下，企业应按《增值税法》规定据实申报缴纳相关增值税销项，企业对增值税的收取无自由裁量权，因此，在我国企业会计准则下，增值税销项均作为代第三方收取的款项，不属于交易价格的一部分。

第二节　可变对价

一、识别可变对价

如果合同所承诺的对价包括可变金额，企业应当估计其因向客户转让承诺的商品或服务而有权获得的对价金额［IFRS15 para50］。

对价金额可能因折扣、回扣、退款、抵免、价格折让、激励措施、业绩奖金、罚款或其他类似项目而改变。如果企业获得对价的权利以某一未来事件的发生或不发生为条件，承诺的对价也可能改变。例如，如果产品销售附带退货权或承诺在实现特定里程碑时将支付固定金额作为业绩奖金，则对价金额即是可变的［IFRS15 para51］。

可变对价可在任何企业根据合同有权获得的对价可能会变动的情况下产生。即使在合同规定的价格是固定的情况下，对价也可能是可变的。这是因为，企业可能仅当某一未来事件发生或不发生时才有权获得对价。例如，考虑一项固定价格服务合同，根据该合同客户在合同开始时付款，并且合同条款规定，客户在任何时候如果对服务不满意均可获得相当于已付金额的全额退款。在这种情况下，对价是可变的，因为企业可能有权获得全额对价，或者在客户行使其获得退款的权利时获得零对价。

案例 5-1：产生可变对价的罚款

案例背景

A 公司与 B 公司订立一项按 1,000,000 元的价格建造一项资产的合同。此外，合同包含罚款条款，若建造未能在合同指定日期后的 3 个月内完工，则须支付 100,000 元的罚款。

案例分析

A 公司得出结论认为，合同所承诺的对价包含 900,000 元的固定金额，以及因罚款产生的 100,000 元可变金额。

A 公司应对该可变对价进行估计，并考虑可变对价估计的限制。

（一）新旧准则差异分析

很多企业将受到新收入准则可变对价处理的影响。特别是，在现行实务中，如果因为存在很高的不确定性，企业并未尝试估计可变对价，而只是简单的在收到对价时进行确认，则影响更加显著。

例如，那些向分销商或经销商出售产品的企业的影响可能就很显著。在现行收入准则下，收入需要在金额能够可靠计量，且交易相关经济利益很可能流入企业时才能确认。因此，在出售给分销商或经销商的产品尚未向终端客户出售前，销售方应收分销商或经销商的价格尚未确定，销售方一直到产品向终端客户出售时才会确认收入。

在新收入准则下，如果仅仅是价格不确定，但产品控制权已转让予分销商或经销商，则直到向终端客户出售商品才确认收入是不适当的。新收入准则要求，企业应当考虑其可合理获取的所有信息（历史信息、当前信息和预测信息），来估计可变对价的金额，并考虑对可变对价估计的限制。当然，如果所估计的收入存在重大限制，则其估计的结果也可能与现行准则的处理类似。

（二）隐含的价格折让

与客户所承诺的对价相关的可变性可能在合同中明确列示，也可能未明确列示。除合同条款规定外，若存在下列情况之一，则承诺的对价是可变的：

（1）企业的商业惯例、已公布的政策或特定声明导致客户形成企业将接受低于合同指定价格的对价金额的有效预期（预计企业将提供价格折让）。视司法管辖区、行业或客户的不同，该要约可能被称为折扣、回扣、退款或抵免。

（2）其他事实和情况表明企业在与客户订立合同时的意图为向客户提供价格折让［IFRS15 para52］。

合同往往会列明导致对价被归类为可变对价的条款。然而在某些情况下，承诺对价之所以可能是可变的，是由于有关事实和情况表明，企业可能接受低于合同规定价格的金额（合同包含隐含的价格折让）。企业的商业惯例、已公布的政策或特定声明可能提供了企业愿意接受以较低价格交换承诺商品和服务的证据。例如，企业可能就之前向某客户出售的商品向该客户授予价格折让，以使该客户能够为该商品提供折扣从而更容易将其出售给第三方。在很多情况下，企业可能会授予价格折让以改善客户关系，并促进对该客户的未来销售。

企业还应考虑所有事实和情况，以确定企业是否将接受低于合同规定价格的对价金额。例如，企业可能按其发展新客户关系的策略与新客户订立一项合同。在这种情况下，尽管可能不存在企业将提供价格折让的历史证据，但可能存在其他因素导致企业断定其将接受低于合同规定价格的金额。

在某些情况下可能难以确定企业是隐含地提供价格折让，还是选择接受客户不支付合同约定对价的不履约风险（客户信用风险）。企业在作出该决定时应当运用判断，并考虑所有相关的事实和情况。在之前的收入确认要求下也会运用这一判断。因此，新收入准则未就区分价格折让与减值损失制定具体的要求。

（三）罚款与赔偿的区分

在2019年6月的会议中，IFRIC讨论了航空公司因航班延误或取消而向客户支付赔偿的会计处理［议题：（航班）延误或取消赔偿（《国际财务报告准则第15号——客户合同收入）］。在2019年9月的会议中，IFRIC对该议题作出了最终决议。该议题涉及质保等因产品造成损害或损失的赔偿（作为或有事项处理，不影响收入确认金额。详见本书第四章第三节），与前述案例5－1产生可变对价的罚款（作为可变对价，冲减收入确认金额）之间的区别。

会议时间：2019年9月

议题：（航班）延误或取消赔偿（《国际财务报告准则第15号——与客户合同收入）

议题概要：

委员会收到咨询，有关航空公司因航班延误或取消给予客户赔偿的义务的处理问题。咨询问题所述案例情况如下：

（1）法律规定，航班乘客（客户）有权因航班延误和取消而得到航班供应商（企业）的赔偿，但须符合法律规定的条件。法律规定了赔偿金额，它与客户支付的航班费用无关。

（2）法律规定产生了可执行权利和义务，并构成企业与客户之间合同条款的一部分。

（3）根据《国际财务报告准则第15号》对客户合同的规定，企业将其向客户提供飞行服务的承诺识别为一项履约义务。

咨询问题询问，企业应当对其赔偿客户的义务按以下哪个规定处理：（1）根据《国际财务报告准则第15号》第50－59段作为可变对价处理；或（2）按照《国际会计准则第37号——准备、或有负债和或有资产》，与其向客户提供飞行服务的履约义务单独区分进行处理。

《国际财务报告准则第15号》第47段要求企业“应当考虑合同条款及其商业惯例以确定交易价格。交易价格是指企业因向客户转让已承诺的商品或服务而预计有权获得的对价金额……与客户之间的合同所承诺的对价可能包括固定金额、可变金额或两者兼有”。《国际财务报告准则第15号》第51段列举了可变对价的常见形式——“折扣、回扣、退款、抵免、价格折让、激励措施、业绩奖金、罚款或其他类似项目”。

《国际财务报告准则第15号》第B33段要求，如果企业产品造成损害或损失，则企业有义务支付赔偿。企业根据《国际会计准则第37号》对此类义务进行会计处理，与该客户合同中的履约义务单独区分进行处理。

委员会注意到，在咨询问题所述案例情况中，企业承诺在预定飞行时间之后的特定时间段内，将客户从一个指定地点运送到另一个指定地点。如果企业未这样做，则客户有权获得赔偿。因此，对延误或取消的任何补偿，都构成企业预期有权收取的对价的一部分，以交换向客户承诺的服务；它不代表第 B33 段所述的对企业产品造成损害或损失的赔偿。法律规定，而不是合同规定支付赔偿，并不影响企业确定交易价格——该赔偿产生可变对价，与延迟交付资产所产生的可变对价方式相同，如《国际财务报告准则第 15 号》应用示例部分示例 20 所述。

综上所述，委员会得出结论，咨询问题所述的航班延误或取消赔偿属于该合同的可变对价。因此，企业应根据《国际财务报告准则第 15 号》第 50－59 段规定，对其因延误或取消而向客户赔偿的义务进行会计处理。委员会并未考虑所确认的扣减收入的赔偿金额，是否仅限于将交易价格扣减为零。

委员会得出结论认为，《国际财务报告准则第 15 号》的原则和要求，已为企业确定向客户支付延误或取消赔偿的会计处理提供了充分的基础。因此，委员会决议不将该问题纳入其准则制定议程。

会议主要讨论内容摘要（STAFF PAPER Agenda ref 5 September 2019）

IATA 的不同意见

在 IFRIC 收到的有关本议题的反馈意见中，国际航空运输协会（IATA）认为，咨询案例所述的航空延误或取消赔偿，属于《国际财务报告准则第 15 号》第 B33 段所述的赔偿，从而不属于可变对价。其主要理由如下：

（1）在相关法律及客户合同中，应向航班客户支付的赔偿一致被称为“赔偿”，并作为某些客户旅行保险的一部分。

（2）问题所述的赔偿不同于《国际财务报告准则第 15 号》示例 20 所述的罚款——该示例是建造一项资产的客户合同；该合同条款包含了，如果建造未能在合同指定日期后的 3 个月内完成则需要支付固定金额的罚款。IATA 认为，示例中的罚款更类似于对在指定时间内完成工作的激励，而不是罚款。示例所述罚款并非对损害或损失的赔偿，因为其金额既不会因延误期间而增加，也不会因具体损害而增加。因此，IATA 认为，示例 20 与咨询问题所述案例情况不相关。

(3) 咨询问题所述的赔偿，代表了对客户造成不便（时间和计划的损失）及可能的金钱损失的赔偿，因此类似于违约赔偿。我们认为，此类因损失或损害的支付属于《国际财务报告准则第15号》第B33段的范围内。

(4) 该应付赔偿与票价无关，从而不代表对服务价格的调整。

IATA赞同该赔偿与企业的履约义务直接相关，但并不必然意味着它属于可变对价。他们认为，所有向客户的支付（包括可变对价或因损害或损失导致的赔偿）都与企业的履约义务直接相关。

IFRIC职员分析

IFRIC坚持认为，咨询案例所述赔偿属于可变对价，不属于《国际财务报告准则第15号》第B33段所述的因损害和损失而产生的赔偿。

如前所述，当企业无法向客户提供承诺服务时，航班客户有权获得赔偿。如果企业无法按承诺运送客户（应支付赔偿），则该企业预期有权取得对价金额与该航班没有延误或取消而有权取得的对价金额不同。

因此，该赔偿构成"企业因向客户转让已承诺的商品或服务而预计有权获得的对价金额"（《国际财务报告准则第15号》交易价格的定义）的一部分。这与《国际财务报告准则第15号》的核心原则一致，即以反映企业预计因交付这些商品或服务而有权获得的对价金额，反映向客户转让的承诺商品或服务。

IFRIC坚持认为，咨询问题所述赔偿类似于《国际财务报告准则第15号》示例20的罚款。在该示例中，如果施工单位未能在指定日期前转让合同中承诺的建造资产，则应支付罚款——示例得出结论，该罚款代表可变对价。因此，IFRIC认为，在其议程决议中保留对该示例的引用是有用的。

对航班客户支付的赔偿可能会增加，而示例20的罚款是固定金额——但是，IFRIC认为，固定还是增加并不会改变应付款的性质。IFRIC认为，应付款的性质与评价相关——该应付款是否与转让合同承诺商品或服务相关，从而属于企业因转让商品或服务而有权收取的对价的一部分。应付款的名义标签（如"赔偿"），应付款的金额如何确定（如与票价相关或不相关）以及应付款是固定或可变的，都不影响对应付款是否代表可变对价的评价。

《国际财务报告准则第15号》第B33段针对"仅因企业产品造成损害或损失"时的应付赔偿；IFRIC指出，第B33款并未提及任何损失或损害的赔偿。在企业产品造成损害或损失的情况下，企业可能已经向客户转让了承诺商品或服务，因此，其产品已经造成附加的损害或损失（例如，对客户个人财产）。如果航班延误或取消（此时客户有权收取赔偿），企业的产品并未造成损害或损失。相反，企业已无法提供承诺服务，客户获得赔偿是因为其并未获得合同承诺的商品或服务。因此，向航班客户支付的赔偿并不是《国际财务报告准则第15号》第B33段所述的因企业产品造成损害或损失的赔偿。

根据上述IFRIC的讨论，评价应付客户款项是否属于可变对价的关键是其性质——即应付款是否与转让合同承诺商品或服务相关，从而属于企业因转让商品或服务而有权收取的对价的一部分。以下因素并不影响该评价：

（1）法律规定，还是合同规定支付赔偿；

（2）应付款的名称（“赔偿”或“补偿”）；

（3）应付款的金额如何确定（如与商品或服务的价格相关或不相关）；

（4）应付款是固定或可变的。

此外，IFRIC会议讨论还指出，《国际财务报告准则第15号》第B33段作为或有事项处理的应付款，是因企业产品造成损害或损失的赔偿，即是对企业已经转让的商品或服务造成的损害或损失的赔偿；而《国际财务报告准则第15号》案例5－1所述罚款，是因未能按承诺转让商品或服务而产生的赔偿。

根据IFRIC的讨论，航空公司因航班延误或取消而向客户支付的赔偿，属于未能按承诺转让商品或服务而产生的赔偿，属于可变对价，应冲减收入确认金额。

（四）外币结算对价

新收入准则并未明确，应外币折算汇率变动产生的合同价格变动是否属于可变对价。一般理解，因外币折算汇率变动产生的合同价格变动，不属于可变对价。这类价格变动，是由于合同以外币结算产生的，而不是因诸如折扣、回扣或其他类似原因所产生的变动。

外币折算汇率变动产生的合同价格变动，是由合同结算的形式产生的，即合同采用的是外币而不是本位币结算。因此，在考虑合同可变对价时，不需要考虑外币折算汇率变动产生的价格变动。企业首先应考虑此类外币汇率变动产生的价格变动，是否属于金融工具相关准则范围内的单独嵌入衍生工具。如果不属于嵌入衍生工具，则根据外币折算准则规定进行处理。

（五）数量未定费率固定对价

在2015年7月13日的会议［TRG Agenda ref 39 Issue 2］中，TRG讨论了可变对价相关的问题，包括数量未确定，但合同费率已确定的合同是否属于可变对价。

TRG成员赞同，数量未确定，但合同费率已确定的合同，则属于可变对价。企业需要考虑合同的所有实质性条款，其中可能包含合同保底或其他条款，使部分或全部的对价都属于固定的。某些TRG成员指出，如果商品或服务的数量是“选择性购买”，则不构成可变对价。此外，选择性购买的相关因素应当在未来会议中讨论。

案例5-2：IT服务

案例背景

信息技术（IT）销售商A公司与采购方B公司签订了一项10年的销售合同。在合同期内，A公司将向B公司持续交付所购买的服务活动。A公司将提供服务器存储，管理客户的软件组合，并运行一个IT协助平台。每月的账单根据各项活动的不同使用数量计算。其中，服务器存储服务按每秒百万的计算能力（MIPS）指令计算数量，软件管理服务按应用软件的使用数量，IT协助服务按支持人员的数量，每种类型的活动单位价格不同，合同明确约定了这些单价。

案例分析

本案例中，合同并未明确约定不同服务在合同期内的具体使用数量，但约定了每种服务的单价（费率），本合同包含可变对价。

案例5-3：酒店管理服务

案例背景

酒店管理人A公司与客户B公司签订一项二十年的合同，A公司代表B公司经营管理其酒店。A公司按月收取酒店管理服务费，服务费按每月酒店收入的1%收取；每年末，A公司还按酒店当年营业利润的8%收取年度奖金。

案例分析

本案例中，确定交易价格的具体数量（酒店每月收入、酒店年度营业利润）未确定，但费率（1%、8%）已确定，本合同包含可变对价。

二、估计可变对价

合同中存在可变对价的，企业应当使用下列方法之一估计可变对价的金额（具体取决于企业预计哪一种方法能更好地预测其有权获得的对价金额）：

（1）期望值——期望值是一系列可能发生的对价金额的概率加权金额的总和。如果企业拥有大量具有类似特征的合同，则期望值可能是可变对价金额的恰当估计。

（2）最可能金额——最可能金额是一系列可能发生的对价金额中最可能发生的单项金额（即合同最可能产生的单项结果）。如果合同仅有两种可能结果（例如，企业能够实现或未能实现业绩奖金目标），则最可能金额可能是可变对价金额的恰当估计［IFRS15 para53、CAS14（2017）第十六条］。

在估计某项不确定性对企业有权获得的可变对价金额的影响时，企业应当对整项合同一致地采用同一种方法。此外，企业应当考虑其可合理获取的所有信息（历史信息、当前信息和预测信息），并应当识别合理数量的可能发生的对价金额。企业用以估计可变对价金额的信息，通常与企业管理层在投标及递交建议书过程中及确定承诺商品或服务的价格时所使用的信息类似［IFRS15 para54］。

企业应当使用期望值或最可能金额（取决于企业预计哪一种方法能更好地预测其有权获得的对价金额）来估计可变对价。这并非是一项“自由选择”；企业需要考虑其预计哪一种方法能更好地预测其有权获得的对价金额，并将该方法一致地应用于类似的合同类型［IFRS15 paraBC195］。

同时，为向财务报表使用者提供更有用的信息，企业在估计某种不确定性对其预计有权获得的可变对价金额的影响时，应当对整个合同一致地应用同一种方法。但是，这并不意味着企业需要使用一种方法来计量单项合同内的每一种不确定性。相反，企业可以针对不同的不确定性采用不同的方法［IFRS15 paraBC202］。

案例5－4：估计可变对价

案例背景

A公司与B公司订立一项建造定制资产的合同。该转让资产的承诺是一项在一段时间内履行的履约义务。承诺的对价为2,500,000元，但视资产完工的时间，该金额有可能会减少或增加。具体而言，若资产于20×7年3月31日仍未完工，则每推后一天完成，承诺的对价将减少10,000元；若资产于20×7年3月31日前完工，则每提前一天完成，承诺的对价将增加10,000元。

此外，在资产完工后，将由第三方对资产实施检查并基于合同界定的条件给予评级。如果资产达到特定评级，A公司将有权获得奖励性付款150,000元。

案例分析

在确定交易价格时，A公司运用可变对价的两种估计方法对其有权获得的各项要素的可变对价进行估计：

(1) A公司决定采用期望值法来估计与按日计的罚金或奖励相关的可变对价（即2,500,000元加上或减去每天10,000元）。这是因为A公司预计该方法能更好地预测其有权获得的对价金额。

(2) A公司决定采用最可能的金额来估计与奖励性付款相关的可变对价。这是因为只存在两种可能发生的结果（150,000元或零），并且A公司预计该方法能更好地预测其有权获得的对价金额。

A公司考虑了有关可变对价估计限制的要求，以确定是否应将估计的部分或全部可变对价纳入交易价格。

案例5-5：数量折扣

案例背景

A公司于20×8年1月1日与B公司订立一项出售产品A的合同，单价为100元/件。该合同约定，如果该B公司在一个公历年内购买超过1,000件产品A，产品单价将追溯调整为90元/件。因此，合同的对价是可变的。

在截至20×8年3月31日止的第一季度中，A公司向该B公司售出了75件产品A。A公司估计该B公司在本公历年内的购买总数不会超过可获得数量折扣的指定门槛（1,000件）。

案例分析

A公司考虑了有关可变对价估计限制的要求。A公司认为其拥有关于产品A和该B公司购买模式的大量经验。因此，A公司得出结论认为，在不确定性消除时（即在获悉购买总量时），已确认收入的累计金额（即100元/件）极可能不会发生重大转回。因此，A公司在截至20×8年3月31日止的季度确认的收入金额为7,500元（75件×100元/件）。

20×8年5月，B公司收购了另一家公司。在截至20×8年6月30日止的第二季度中，A公司向该B公司售出了另外500件产品A。鉴于这一新的事实，

A 公司估计 B 公司在本公历年内的购买总数将超过可获得数量折扣的指定门槛（1,000 件）。因此，产品单价须予以追溯调整并减至 90 元/件。

因此，A 公司在截至 20×8 年 6 月 30 日止的季度确认的收入金额为 44,250 元。该金额是以 500 件产品 A 的销售金额 45,000 元（500 件×90 元/件），减去与截至 20×8 年 3 月 31 日止的季度所售出件数相关的收入减少所导致的交易价格变动金额 750 元（75 件×10 元价格折扣）后计算得出的。

三、对可变对价估计的限制

根据期望值法和最可能金额法估计的金额，并非全部都能确认为收入。只有在与可变对价相关的不确定性消除时，累计已确认的收入极可能不会发生重大转回的情况下，企业才应将所估计的部分或全部可变对价金额作为交易价格［IFRS15 para56、CAS14（2017）第十六条］。

（一）可变对价计量的不确定性

在 IASB 于 2018 年发布的《概念框架》（2018）中，阐述了以下几种不确定性：

（1）存在的不确定性。在某些情况下，一项权利存在与否，具有不确定性。例如，一个企业可能就该企业是否拥有从另一企业收取经济资源的权利而与另一企业产生争议。在不确定性消除（如通过法庭裁决）之前，企业是否拥有权利是不确定的，相应地，一项资产是否存在具有不确定性［《概念框架》（2018）para4. 13］。存在的不确定性可能影响确认资产、负债、权益、收益和费用的信息是否具有相关性。

（2）经济利益流入或流出的可能性。当存在资产或负债的情况下，如果同时伴随着经济利益流入或流出的可能性低和可能结果极为宽泛，则不确定性可能意味着确认一项资产并以单项金额计量，无法提供具有相关性的信息［《概念框架》（2018）para5. 14］。

（3）计量的不确定性。在某些情况下，资产或负债计量的估计过程涉及的不确定性程度很高，因此很难确定该估计是否可充分如实反映该项资产和负债，以及由此产生的收益、费用或权益变动［《概念框架》（2018）para5. 20］。

根据期望值法和最可能金额法估计的可变对价金额，其估计过程可能涉及较高的不确定性，涉及上述经济利益流入或流出的可能性、计量的不确定性。

也就是说，虽然根据概率加权等方法可以计算出某个金额，但该金额最终是否可以实际收回可能存在较高的不确定性。如果所估计金额的不确定性过高，则以该金额确认收入，无法如实反映该交易。因此，并非全部估计的可变对价金额均可作为交易价格，进而确认为收入。只有在与可变对价相关的不确定性消除时，累计已确认的收入极可能不会发生重大转回的情况下，企业才应将所估计的部分或全部可变对价金额作为交易价格。

可变对价估计的限制，其关注点着重于可能发生的下调金额，即收入转回，而不是所有收入的调整，即金额可能的上调和下调。理论上，该限制仅关注了可能的下调偏向，可能与《概念框架》（2018）所述信息质量特征的中立原则相悖。因为中立原则要求，中立描述不具有倾向性，并未通过权衡轻重、片面强调、故意弱化或其他方式以提高使用者乐于或不乐于接受财务信息的可能性［《概念框架》（2018）para2.15］。但是，引入该可能性阈值是合理的，如前所述，如果可变对价估计金额可收回的可能性过低，或者可能结果极为宽泛，则该金额可能无法提供具有相关性的信息。

在制定可变对价估计限制的具体阈值时，2010 年征求意见稿提议了“合理估计（reasonably estimated）”的概念，2011 年征求意见稿提议了“合理确信（reasonably assured）”的概念。两个概念的含义相同，均需要满足以下两个条件：

（1）企业具有同类履约义务的经验（或具有其他证据，如可获取其他企业的经验）；

（2）企业的经验（或其他证据）可预测该企业将有权获得多少对价，以换取履行这些履约义务。

2011 年征求意见稿的许多反馈意见者并不确定使用术语“合理确信”的意图。这些反馈意见者认为，国际财务报告准则、美国公认会计原则和审计要求的其他部分均有使用该术语，并进一步指出在根据不同上下文进行解释时其含义往往并不相同。最终，IASB 采用了术语“极可能”。“极可能”是一个较高的阈值，其发生概率远高于“很可能”，但未达到“基本确定”。对于“极可能”的判断分析，很大程度上应关注于定性分析而不是定量分析，因此，并不是每一次评估收入是否会发生重大转回的可能性时均需要进行定量分析。

对于“极可能”的具体定性分析，可能表明评估收入极可能发生重大转回的因素包括但不限于：

（1）对价金额极易受到超出企业影响范围之外的因素影响。此类因素可能包括市场波动性、第三方的判断或行动、天气状况，以及承诺商品或服务较高的陈旧过时风险。

（2）关于对价金额的不确定性预计在较长时期内均无法消除。

（3）企业对类似类型合同的经验（或其他证据）有限，或相关经验（或其他证据）的预测价值有限。

（4）企业在实务中对相似情形下的类似合同提供了较多不同程度的价格折让或不同的付款条款和条件。

（5）合同具有大量且分布广泛的可能发生的对价金额。

上述考虑因素部分来源于原美国公认会计原则中关于估计销售退回的要求，也影响了《概念框架》（2018）的制定。《概念框架》（2018）将影响计量不确定性的因素归纳为：

（1）可能结果的范围极为广泛，且每种结果的可能性极难估计。

（2）计量极易受到对不同结果的可能性估计的微小变动影响。例如，如果发生未来现金流入或流出的可能性极低，但一旦发生，这些现金流入或流出的量级将极大。

（3）资产或负债的计量过程中须进行难度极大或极为主观的现金流量分配，该现金流量不仅仅与被计量的资产或负债相关［《概念框架》（2018）para5. 20］。

类似的，在金融工具准则下，对于以公允价值计量的金额也存在一个界限，即“如果可用于公允价值计量的近期信息不充分，或者可能由于公允价值的估计数范围很广”，则可以成本对权益工具进行计量［IFRS9 paraB5. 2. 3、CAS22（2017）第四十四条］。

如前所述，在确定交易价格时不应考虑客户信用风险，因此，在估计与可变对价相关的不确定性消除，累计已确认的收入极可能不会发生重大转回的情况时，不需要考虑客户信用风险。相对应的，在“步骤 1：识别客户合同”之“合同存在的条件（5）：企业很可能取得其有权获得的对价”（详见本书第三章第一节）中，估计对价可收回性需要考虑客户的信用风险。因此，客户信用风险影响合同是否存在的判断，在合同存在的情况下，客户信用风险不影响收入的计量和列报。

在制定限制可变对价估计的要求的过程中，IASB 和 FASB 曾考虑了在收入确认模型的哪一个步骤应用这些要求最为恰当。部分反馈意见认为，如果目标是为了限制收入的计量，则限制交易价格（即步骤 3 包括这一限制）可能更为恰当；相反，如果目标是为了限制所确认的收入金额，则限制所确认的累计收入金额（即步骤 5 包括这一限制）可能更为恰当。然而，IASB 和 FASB 认为，由于收入的计量确定了所确认的收入金额，因此这两个目标并非完全相互独立。换言之，限制可变对价估计的要求，对收入确认作出限制并使用计量不确定性作为确定是否应确认收入（或应确认多少收入）的基础。事实上，针对交易价格或所确认的累计收入金额应用限制可变对价估计的要求，对就合同所确认的收入金额的影响应该是相同的。

（二）可变对价估计限制的应用

在评估与可变对价相关的不确定性一旦消除后已确认的累计收入金额是否极可能不会发生重大转回时，企业应当同时考虑收入转回的可能性和金额量级。可能增加收入转回的可能性或转回金额量级的因素包括但不限于下列各项：

（1）对价金额极易受到超出企业影响范围之外的因素影响。此类因素可能包括市场波动性、第三方的判断或行动、天气状况，以及承诺商品或服务较高的陈旧过时风险。

（2）关于对价金额的不确定性预计在较长时期内均无法消除。

（3）企业对类似类型合同的经验（或其他证据）有限，或相关经验（或其他证据）的预测价值有限。

（4）企业在实务中对相似情形下的类似合同提供了较多不同程度的价格折让或不同的付款条款和条件。

（5）合同具有大量且分布广泛的可能发生的对价金额［IFRS15 para57］。

可变对价估计及其限制的具体应用步骤为：首先，企业需要估计其有权获得的可变对价金额；然后，在评估是否满足可变对价估计的限制要求，即确定在与可变对价相关的不确定性消除时，是否极可能不会发生重大收入转回。但是，如果企业估计可变对价的流程已包含了可变对价估计限制的原则，则企业不需要严格遵循这两个步骤。例如，企业可能估计附有退货权的商品销售所产生的收入。在这种情况下，如果企业所估计的收入金额是基于预期已确认累计收入金额极可能不会导致重大转回的退货水平进行的，则不需要再按这两个步骤进行估计。

在评估与可变对价相关的不确定性一旦消除后已确认的累计收入金额是

否极可能不会发生重大转回时，企业应当同时考虑收入转回的可能性和金额量级：

可能性——评价未来收入是否发生重大转回的可能性需要重大判断。企业需要确保充分证明其结论的依据。存在上述因素则表明可变对价将极可能发生转回。上述因素是需考虑的“因素”而不是“条件”，也就是说，并不是需要满足所列举的所有因素才表明收入极可能发生重大转回。同时，该列举并非完全列举了可能表明收入极可能发生重大转回的所有情况。

金额量级——在评价收入是否极可能发生重大转回时，企业还需要评价转回金额量级是否重大。例如，如果一项单独履约义务的对价包含固定金额和可变金额，企业应当评估相对于总对价（即可变对价与固定对价的总和）而言，可变金额可能发生收入转回的金额量级。这是因为限制可变对价估计的目标重点关注的是就履约义务所确认的累计收入金额可能发生的收入转回，而非仅关注分摊至该履约义务的可变对价的转回。

可变对价估计限制要求企业评估对于已履行（或已部分履行）的履约义务，已确认的累计收入金额是否极可能不会发生重大转回。这意味着，企业不应将已履行（或已部分履行）的履约义务的未来收入转回的风险，与未来履行的履约义务预计收入相互抵销。

案例5－6：价格折让（IFRS15 示例23）

案例背景

A公司于20×7年12月1日与一家分销商B公司订立一项合同。A公司在合同开始时转让1,000个产品，合同规定的价格为每个产品100元，总对价为100,000元。B公司在将这些产品销售给最终客户时向A公司进行支付。B公司通常在取得产品后的90天内将其售出。对产品的控制于20×7年12月1日转移给B公司。

基于A公司的过往实务及为维护与B公司的关系，A公司预计给予B公司价格折让，因为这将使B公司能够为产品销售提供折扣，从而使产品在分销链中流转。因此，合同的对价是可变的。

案例分析

情形一：可变对价的估计未受到限制

A公司拥有销售该产品及类似产品的大量经验。可观察的数据表明，A公司以往针对此类产品的售价授予约20%的价格折让。当前市场信息表明20%的降价足以使产品在分销链中流转。A 公司多年来均未曾授予过远大于 20% 的价格折让。

为估计 A 公司将有权获得的可变对价，A 公司决定使用期望值法，因为 A 公司预计该方法能更好地预测其有权获得的对价金额。在使用期望值法时，A 公司估计交易价格为 80,000 元（80 元 ×1,000 个产品）。

A 公司同时考虑了有关可变对价估计的限制，以确定是否能够将估计的可变对价金额 80,000 元纳入交易价格。A 公司确定，其拥有大量有关该产品的过往经验且其估计能够获得当前市场信息的支持。此外，尽管存在超出其影响范围之外的因素所引致的若干不确定性，但基于其当前的市场估计，A 公司预计价格将可在短期内确定。因此，A 公司得出结论认为，在不确定性消除时（即在价格折让总金额确定时），已确认的累计收入金额（即 80,000 元）极可能不会发生重大转回。据此，A 公司在产品于 20×7 年 12 月 1 日转让给 B 公司时将 80,000 元确认为收入。

情形二：可变对价的估计受到限制

A 公司拥有销售类似产品的经验。但是，A 公司的产品具有较高的陈旧过时风险，且 A 公司对其产品的定价现正经历大幅波动。可观察的数据表明，以往 A 公司对同类产品授予的价格折让范围较广（销售价格的 20% -60%）。当前市场信息亦显示，为使产品在分销链中流转可能需要降价 15% -50%。

为估计 A 公司将有权获得的可变对价，A 公司决定使用期望值法，因为 A 公司预计该方法能更好地预测其有权获得的对价金额。在使用期望值法时，A 公司估计将提供 40% 的折扣，因此，估计的交易价格为 60,000 元（60 元 ×1,000 个产品）。

A 公司同时考虑了有关可变对价估计的限制，以确定是否能够将估计的可变对价金额 60,000 元部分或全部纳入交易价格。A 公司认为，该对价金额极易受到超出 A 公司影响范围之外的因素影响（即陈旧过时风险），并且，为使产品在分销链中流转，A 公司可能必须授予范围较广的价格折让。因此，A 公司不能够将估计金额 60,000 元（即 40% 的折扣）纳入交易价格，因为 A 公司无法断定已确认的累计收入金额极可能不会发生重大转回。尽管 A 公司以往的价格折让范围为 20% -60%，但当前市场信息显示有必要授予 15% -50% 的价格折让。在以往的类似交易中，A 公司的实际结果与当时的当前市场信息相一致。因此，A 公司断定如果将 50,000 元的金额纳入交易价格（100 元的售价及 50% 的价格折让），已确认的累计收入金额极可能不会发生重大转回，从而应按该金额确认收入。因此，A 公司在产品转让时确认 50,000 元的收入，并在直至不确定性消除之前的每一个报告日重新评估该交易价格的估计值。

案例 5－7：受限制的管理费

案例背景

企业于 20×8 年 1 月 1 日与客户订立一项提供为期 5 年的资产管理服务的合同。企业基于截至每季度末所管理的客户资产价值收取每季度 2% 的管理费。此外，若在该 5 年内该基金的回报超过可观察市场指数的回报，则企业可获得相当于基金超额回报 20% 的基于业绩的奖励费。因此，合同中的管理费和业绩奖励费均为可变对价。

企业将该服务作为单项履约义务进行会计处理，因为其提供实质上相同并且按相同模式转让的一系列可明确区分的服务（这些服务在一段时间内向客户转让，并使用相同的方法来计量履约进度，即基于时间计量履约进度）。

案例分析

在合同开始时，企业考虑了有关估计可变对价的规定，以及可变对价估计的限制。企业认为，承诺的对价取决于市场，因此极易受到超出企业影响范围之外的因素影响。此外，与奖励费相关的可能的对价金额数量多且分布广泛。企业同时断定，尽管其拥有针对类似合同的经验，但该经验在确定未来市场业绩方面不具有预测价值。因此，在合同开始时，企业无法得出结论认为，如果将估计的管理费或奖励费纳入交易价格，已确认收入的累计金额极可能不会发生重大转回。

在每一个报告日，企业更新其对交易价格所作的估计。因此，在每一季度末，企业认为其能够将实际收取的每季度管理费金额纳入交易价格，因为相关的不确定性已消除。但是，企业断定其无法在每一季度末将估计的奖励费纳入交易价格。这是因为，自合同开始以来相关评估并未发生变化：奖励费的变化是以市场指数为基础，这表明企业无法得出结论认为，如果将估计的奖励费纳入交易价格，已确认收入的累计金额极可能不会发生重大转回。在 20×8 年 3 月 31 日，企业管理的客户资产价值为 1 亿元。因此，相应的季度管理费和交易价格为 200 万元。

在每一季度末，企业将每季度的管理费分摊至该季度内提供的可明确区分的服务。这是因为，管理费与企业在该季度内转让服务的工作相关，这些工作与其他季度内提供的服务可明确区分开来，并且该分摊与《国际财务报告准则第15号》第73段所述的分摊目标相一致。因此，企业在截至20×8年3月31日止的季度确认200万元的收入。

（三）可变对价估计限制的适用层次

在2015年1月26日的会议［TRG Agenda ref 14 Question 2］中，TRG讨论了可变对价的限制，应当适用于合同层次还是履约义务层次。TRG成员普遍赞同，可变对价的限制应当适用于合同层次。因此，评价收入是否会在未来发生重大转回（限制）应当针对合同交易价格的估计，而不是向履约义务分摊金额的估计。

案例5－8：可变对价估计限制的适用层次

案例背景

A公司与客户签订一项合同，向其提供设备和咨询服务。咨询服务的目的是改进客户的制造工艺。设备和咨询服务分别作为两项单项履约义务。设备的约定价格定为1,000万元。合同不包括咨询服务的固定对价，但如果客户的制造成本在一年内下降5%，则A公司将获得咨询服务收入5万元。

设备和咨询服务的单独售价分别为1,000万元和5万元。A公司将基于未来业绩的费用完全分配给咨询服务履约义务。由于预计设备不会对客户的制造成本产生任何正面或负面影响，因此，A公司得出结论，可变付款条件与A公司的咨询服务相关，以这种方式分配对价符合总体交易价格分配目标。

A公司得出结论，其采用最可能金额法估计，预计有权通过提供咨询服务获得的对价金额是5万元。同时，A公司不是极可能赚取该部分基于未来业绩的费用。但是，尽管A公司认为其不是极可能获得该费用，A公司也仍然需要评估将该金额计入交易价格是否可能导致收入发生重大转回。此时，A公司应同时考虑收入转回的可能性和金额量级。

案例问题

在考虑收入转回的金额量级是否重大时，是与合同总金额（1,005万元）相比较（合同层次），还是与单项履约义务咨询服务价格（5万元）相比（单项履约义务层次）？

案例分析

根据TRG成员讨论，可变对价估计限制应在合同层次应用，不需要在单项履约义务层次应用。在本案例中，A公司应将不是极可能赚取的5万元，与合同总金额 1,005 万元相比较，考虑其所占金额量级是否重大，不需要将单项履约义务咨询服务单独考虑。按合同总金额考虑，不是极可能赚取的 5 万元所占金额量级并非重大。

TRG 同时指出，确定收入转换的金额量级，以及对可变对价估计限制的应用，不应与收入确认的核心原则相冲突。收入确认的核心原则之一是，收入的计量应反映因转移商品或服务而有权向客户收取的对价金额。在本案例中，如果 A 公司预计其不是极可能赚取咨询服务相关 5 万元，即其有权向客户收取的该部分对价金额为零，则无论该部分转回金额是否重大，均不应作为交易价格的一部分。

（四）组合实务简化和期望值法的应用

在 2015 年 7 月 13 日的第五次会议［TRG Agenda ref 38］中，TRG 讨论了组合实务简化处理和运用期望值法估计可变对价有关的两个问题：（1）在运用期望值法估计可变对价，考虑其他类似合同的相关证据时，企业是否可以采用新收入准则允许的组合实务简化处理。（2）期望值法下估计的交易价格，是否可以不是单个合同的最可能金额。

（1）组合实务简化应用

新收入准则要求，企业应当采用两种方法之一估计可变对价，即期望值法和最可能金额法。部分利益相关方询问，在运用期望值法估计可变对价，考虑其他类似合同的相关证据时，企业是否可以采用新收入准则允许的组合实务简化处理。新收入准则下，作为实务简化处理，企业可将新准则应用于具有类似特征的合同（或履约义务）组合，前提是企业能合理预计将新准则应用于该组合对财务报表的影响，不会显著不同于将新准则应用于该组合中的单个合同（或履约义务）的影响。

在某些情况下，企业可能运用组合数据来估计特定的客户合同。例如，对于特定客户合同，企业可能考虑类似合同的历史经验，来对该合同的可变对价及其限制进行估计和判断。对于问题 1，TRG 成员赞同，运用组合数据和采用组合实务简化处理是不同的。

案例 5-9：单项应用和组合应用可变对价估计

案例背景

A 公司与客户签订 100 项合同。其中 45 项合同是以 100 元的单价销售产品

A，55 项合同是以 100 元的单价销售产品 B。产品 A 的历史退货率为 4%，产品 B 的历史退货率为 3%。然而，产品 A 和产品 B 的加权平均退货率约为 3%，因为历史上产品 B 的销售量超过产品 A。

案例分析

情形一：按单项合同应用

A 公司认为，期望值法最能预计其将有权获得的对价金额。在这种情况下，A 公司认为，产品 B 的退货率与估计产品 A 的退货率无关，反之亦然。因此，A 公司将根据其对每种产品退货率的历史经验，对产品 A 和 B 的可变对价分别进行估计。根据该原则，A 公司估计将确认总收入 9,600 元，具体估计过程如下：

产品 A－4%退货率

借：现金　　4,500（45×100）

　　贷：营业收入　　4,300［（45－2）×100］

　　　　预计负债——应付退货款

　　　　200（45 件的退货率 4%，取整数为 2 件）

产品 B－3%退货率

借：现金　　5,500（55×100）

　　贷：营业收入　　5,300［（55－2）×100］

　　　　预计负债——应付退货款

　　　　200（55 件的退货率 3%，取整数为 2 件）

情形二：按合同组合应用

A 公司认为，其可以合理预计，按每个单项合同估计的可变对价（9,600 元），与按合同组合估计的可变对价［9,700 元＝100×（1－3%）×100，对财务报表的影响并无显著不同。因此，A 公司认为，其可按合同组合估计可变对价。

（2）期望值法的应用

对于问题 2，少部分 TRG 成员认为，该交易价格必须是特定合同的最可能金额。但是，大部分 TRG 成员认为，如果采用该观点，在一定程度上将导致无法按新收入准则的核心原则确认收入。当企业认为期望值法是估计可变对价的适当方法，则应用可变对价的限制时也应以期望值法为基础。即企业并不会为了适用可变对价的限制，而从期望值法跳到最可能金额法。因此，如果企业对特定合同采用期望值法，并运用组合数据来确定期望值，则估计的交易价格不需要是单个合同的最可能金额。TRG 议程稿解释了企业仍然需要考虑可变对价的限制。也就是说，在某些情况下，企业在确定交易价格时，可能以某个期望值为限。

TRG 成员也产生了有关企业采用期望值法或最可能金额法的选择问题。根据新收入准则规定，企业应根据哪种方法“能够更好地预测其有权获得的对价金额”来选择两种方法。如果企业拥有大量具有类似特征的合同，则期望值法可能是可变对价金额的恰当估计。确定哪种方法是合理估计可变对价的方法，需要判断。

案例 5－10：期望值法的估计限制

案例背景

A 公司为客户开发网站。合同包含了类似的条款和条件，并包含固定的费用加可变对价，可变对价是根据 A 公司完成网站的时间给予一定的业绩奖金。根据 A 公司的历史经验，奖金的金额及获得奖金的概率如表 5－1 所示：

表 5－1　获得奖金概率

奖金金额（单位：元）	获得概率
0	15%
50,000	40%
100,000	45%

为估计新客户合同中的可变对价，A 公司考虑采用期望值法，它相对于最可能金额法更适合于 A 公司的此类合同，因为 A 公司具有大量类似特征的新合同。A 公司估计新合同可变对价的期望值是 65,000 元（0 × 15% + 50,000 × 40% + 100,000 × 45%）。在考虑可变对价估计的限制时，A 公司考虑了可能增加收入转回的可能性的几项因素，并认为，其具有类似合同的相关历史经验，且对价金额并非极易受到超出企业可控制范围之外的因素影响。

案例分析

对于能够纳入交易价格的可变对价金额，存在两种不同的观点：

观点 1：可变对价应为 50,000 元；

观点 2：可变对价应为 65,000 元。

观点 1 认为交易价格应该限制为合同极可能结果中较高者。

观点 1 认为可变对价应当限制为 50,000 元，理由是单个合同从未达到过

65,000元的可变对价。因此，超过50,000元的15,000元是很可能（极可能）转回的，除非A公司很可能获得100,000元的奖金。该观点认为，在应用可变对价估计的限制时，属于交易价格的金额仅包括极可能不会发生重大转回的收入。假设15,000元与本合同重大相关，则A公司估计的交易价格仅应包括实质上能够从单个合同收回的极可能的金额，即50,000元。

该观点也指出，新收入准则规范的是单个合同的会计处理，因此，企业不应将单个合同不会出现的结果确认为收入金额，即使该金额在大量合同范围内是极可能发生的。这是因为，交易价格应当反映企业预期有权收取的单个合同金额，而不是大量合同范围内的金额。

这种观点的反对意见注意到，采用该限制将导致企业否定了以期望值法估计的交易价格，实质上是采用了最可能金额法。此外，反对意见指出，其他涉及可变对价的情况，如产品退回，如果采用观点1，将导致与新收入准则的核心原则不一致。例如，当企业授予客户一年的退货权，并具有大量历史经验表明，退货期内的产品退回占40%。在观点1下，由于单个产品仅有60%的可能性不被退回，则所有的收入将保留到退货期满才能确认。如果企业在销售后不确认任何收入，直到退货期满，反对意见认为，这与新收入准则的核心原则不相符。即企业确认的收入并未反映向客户交付所承诺的商品或服务，其金额也并未反映企业预期在交换商品或服务时有权收取的对价。

观点2：交易价格不应按可变对价限制自动扣减

观点2认为，本案例的交易价格应为65,000元。如果企业适当的得出结论，期望值法更能反映其预期有权收取的对价，则可变对价估计的限制并不能自动否定估值技术的结果。需要特别强调，在本案例中，A公司已得出结论，并不存在任何因素表明收入可能发生重大转回。在不同的情况下，企业需要考虑可变对价估计的限制，即使采用了期望值法。也就是说，在采用期望值法时，要求企业考虑概率加权金额，某种程度上已经考虑了可变对价的限制目标。在根据期望值法估计交易价格时，企业已经扣除了很可能转回的收入金额，并考虑了对可变对价估计的限制。

因此，观点2认为，在企业得出结论认为，期望值法是估计交易价格的最好方法下，所估计的交易价格并不需要是单个合同可能的结果。并且，在基于历史经验采用期望值法进行估计后，又根据限制要求否定了历史经验是不适当的。

观点2认为，如果企业认定采用最可能金额法是估计可变对价的适当方法，则因为其具体事实和情况与本案例有所不同，则以 50,000 元作为估计的交易价格可能是适当的。这里假设 A 公司没有其他合同存在业绩奖金。在这种情况下，A 公司可能得出结论，最可能金额法是更好的方法，因为没有大量类似特征的合同作为参考。此时，最可能金额是 100,000 元（极可能达到的结果），但企业并非很可能赚取该金额（估计可能的概率为 45%）。因此，在适用可变对价估计限制时，企业将 50,000 元作为交易价格，因为企业有 85% 的概率赚取至少 50,000 元。

最终，TRG 赞同观点 2 的意见，因为观点 1 在一定程度上将导致无法按新收入准则的核心原则确认收入。当企业认为期望值法是估计可变对价的适当方法，则应用可变对价的限制时也应以期望值法为基础。即企业并不会为了适用可变对价的限制，而从期望值法跳到最可能金额法。因此，如果企业对特定合同采用期望值法，并运用组合数据来确定期望值，则估计的交易价格不需要是单个合同的最可能金额。

四、可变对价估计的例外：基于销售或使用的特许使用费

当企业向客户授予知识产权许可，并约定按客户实际销售或使用情况收取特许权使用费的（基于销售或使用的特许使用费），不适用可变对价估计及其限制。这是因为，基于客户后续销售或使用的知识产权许可，其不确定性过高，无论是否可以估计可变对价，该金额均不具有相关性，不能作为交易价格，不应确认为收入。对于此类基于销售或使用的特许使用费，应当在下列两项孰晚的时点确认收入：

（一）客户后续销售或使用行为实际发生；

（二）企业履行相关履约义务［IFRS15 paraB63］。

五、可变对价的重估

在每一报告期末，企业应当更新所估计的交易价格（包括更新其对可变对价的估计是否受到限制的评估），以如实反映报告期末存在的情况及报告期内情况的变化。企业应当根据交易价格的变动（详见本书第六章第五节）进行会计处理。

在合同开始后，企业将在不确定性消除或者可获得关于剩余不确定性的新

信息时，修正其对预计有权获得的对价金额的预期。为反映在每一报告期末存在的情况（及报告期内有关情况的变化），企业应当在整个合同存续期内更新对交易价格的估计。与保留最初的估计相比，反映企业对其预计有权获得的对价金额的最新评估的结果，将向财务报表使用者提供更为有用的信息，特别是对于合同存续期内有关情况可能会发生重大变化的长期合同。

在制定准则过程中，曾考虑了交易价格变动的处理。当交易价格在合同期内发生变动，企业应当按以下哪种方法进行处理：

（1）在变动发生时将此类变动计入损益；或者

（2）将此类变动分摊至履约义务［IFRS15 paraBC225］。

最终，新收入准则否决了在交易价格估计发生变动时将变动的全额计入损益的方法。该方法可能导致收入确认模式无法如实地反映商品或服务转让的模式。此外，将交易价格估计的变动立即（及全额）确认收入容易导致实务中的滥用。新收入准则也考虑了交易价格估计的变动是否可作为一项利得或损失独立于收入之外单独列报，从而保留收入确认的模式。但是，最终也否决了该方法，因为针对合同确认的收入总额将不等于企业预计根据合同有权获得的对价金额［IFRS15 paraBC226］。

取而代之的是，新收入准则决定企业应将交易价格的变动分摊至合同中的所有履约义务。这是因为，据此所确认的累计收入将反映若企业在合同开始时已获得相关信息，企业原本会在该后续报告期末确认的收入。因此，分摊至已履行履约义务的交易价格应立即确认为收入（或收入的抵减）［IFRS15 paraBC227］。

在某些情况下，企业可能在报告期末对纳入交易价格的可变对价金额作出估计。然而，在报告期末与财务报表批准报出日之间可能会产生与可变对价相关的信息。新收入准则不就这些情况下的会计处理提供指引，因为关于期后事项的会计处理已由期后事项准则所涵盖［IFRS15 paraBC228］。

六、退款负债

如果企业向客户收取对价并预计将向该客户返还部分或全部对价，企业应当确认一项退款负债。退款负债应按企业预计无权获得的已收（或应收）对价金额（即不包括在交易价格中的金额）计量。在每一报告期末，应当就具体情况发生的变化对退款负债（及交易价格和合同负债的相应变动）进行更新。企业应当根据本书第七章第四节有关附带退货权的销售的规定对退款负债进行会计处理［IFRS15 para55］。

第三节 重大融资成分

在某些交易安排中，收取对价的时点可能不是转移商品或服务的时点，即可能存在预付货款或延期支付货款。当客户预付货款时，可能是客户向企业提供了融资；当客户可以延期支付货款时，可能是企业向客户提供了融资。

如果合同各方（以明示或隐含的方式）商定的付款时间为客户或企业提供涉及向客户转让商品或服务的重大融资利益，则在确定交易价格时，企业应当就货币的时间价值影响对承诺的对价金额作出调整。在这种情况下，合同包含重大融资成分。无论融资的承诺是在合同中明确列示或是隐含于合同各方商定的付款条款，重大融资成分均可能存在［IFRS15 para60］。

就重大融资成分调整承诺对价金额的目标，是为使企业所确认的收入金额能够反映若客户在承诺商品或服务转让时（或过程中）对该商品或服务支付现金的话，客户会支付的价格，即现金售价［IFRS15 para61］。但是，仅当按照合同列明的付款时间向客户转让商品或服务，为客户或企业提供了重大融资利益时，才需要调整承诺对价，以反映现金售价。这是因为，在其他情况下，付款时间可能是出于并非融资的其他目的，例如，为避免不履约而提供保证［IFRS15 paraBC230］。

从概念上而言，具有融资成分的合同包括两项交易——一项销售交易与一项融资交易。出于下述两个原因，企业在融资成分重大的情况下，应就融资成分的影响调整承诺的对价金额：

（1）不确认融资成分可能无法如实反映合同收入。例如，如果客户延后付款，忽略合同的融资成分将导致在商品或服务转让时全额确认收入，而事实上企业是向客户提供了融资服务。

（2）在某些合同中，企业（或客户）考虑了合同中现金流量的时间。因此，重大融资成分成为合同的一个重要经济特征，即合同既包含转让商品或服务，也包含融资安排。客户在商品或服务转让时支付的合同，可能显著不同于客户在商品转让之前或之后支付，以提供或获得融资利益的合同［IFRS15 paraBC229］。

在判断合同是否重大融资成分时，新收入准则并未使用“货币时间价值”的术语，而是强调合同付款条款是否为客户或企业提供了“重大融资利益”。这是因为，“货币的时间价值”是一个较为广泛的经济术语，可能暗示在除现金售价不同于合同付款额之外的其他情况下，也有必要调整承诺的对价金额［IFRS15 paraBC232］。

一、确定合同是否包含重大融资成分

在评估合同是否包含融资成分，以及该融资成分对整个合同而言是否重大时，企业应当考虑所有相关事实和情况，包括考虑以下两个方面：

（1）承诺对价金额与承诺商品或服务的现金售价之间的差额（如有）；如果企业（或其他企业）根据不同的付款时间条款，按不同的对价金额销售相同的商品或服务，则这通常提供了表明各方知晓合同包含融资成分的可观察数据。该因素作为一项因素列出，因为在某些情况下，现金售价与客户所承诺的对价之间的差额是由于融资以外的其他因素所致。

（2）下列两项的共同影响：1）企业向客户转让承诺商品或服务，与客户就此类商品或服务支付之间间隔期间的预计长度；2）相关市场的现行利率［IFRS15 para61］。

虽然转让商品和服务与就此类商品和服务进行支付之间的时间差异并非决定性因素，但时间与现行利率两者的共同影响可能是提供重大融资利益的明显迹象。

在原收入准则下，对合同是否具有重大融资成分的判断并不清晰，实务中对融资成分的处理也存在不一致。新收入准则下，对融资成成分的判断和处理进行了澄清。在原准则下实务中，可能通常仅仅基于付款时间是否显著早于或晚于（如超过一年）转让商品或服务的时间，就认定存在融资成分，并对其货币时间价值进行调整。新收入准则澄清，如果仅以付款时间来确定是否包含融资成分，可能导致某些合同各方在订立合同时并未考虑融资安排的情况也作为具有融资成分的合同。事实上，在某些情况下，虽然付款时间可能与转让商品或服务的时间存在显著差异，但产生该时间差异的原因可能与合同各方的融资安排并不相关［IFRS15 paraBC231］。因此，在新收入准则下，判断合同是否具有重大融资成分的关键，是合同是否向企业或客户提供了重大融资利益，付款时间与转让商品或服务的时间间隔仅仅是其中的一个考虑因素，并非决定性因素。

案例 5-11：包含重大融资成分

案例背景

A 公司向客户销售一个产品，121 万的价款须在交货后的 24 个月内支付。客户在合同开始时获得对该产品的控制。合同允许客户在 90 天内退回产品。该产品是一个新产品，且 A 公司没有任何相关的产品退货历史证据或任何其他可获得的市场证据。

该产品的现金售价为 100 万元（代表在合同开始时若按相同条款和条件出售相同产品，于交货时客户须支付的金额）。A 公司就该产品发生的成本为 80 万元。

案例分析

A 公司并未在将对产品的控制转移给客户时确认收入。这是因为存在退货权，并且缺乏相关的历史证据，这意味着，A 公司无法得出结论认为，已确认的累计收入金额极可能不会发生重大转回。因此，A 公司在 3 个月后退货权失效时确认收入。

A 公司认为，该合同包含重大融资成分，这可由承诺对价 121 万元与商品转让给客户之日的现金售价 100 万元之间的差额得到证明。

该合同包含 10% 的隐含利率（即在 24 个月内将承诺对价 121 万元折现为现金售价 100 万元的利率）。A 公司评价了该利率，并认为该利率与在合同开始时 A 公司与其客户进行单独的融资交易所反映的折现率相一致。

案例 5-12：不包含重大融资成分

案例背景

A 公司订立一项建造一幢建筑物的合同，该合同规定了在三年合同期内，对 A 公司履约的预定里程碑付款。履约义务将在一段时间内履行，且预定的里程碑付款与 A 公司预计的履约相一致。合同规定，客户在整个合同期内保留（即不予支付）每一里程碑付款的特定比例，并仅当建筑物建造完成后才支付给 A 公司。

案例分析

A 公司认为，该合同并未包含重大融资成分。里程碑付款与 A 公司的履约进度相一致，且合同规定保留的金额是出于提供融资之外的其他原因。保留每一里程碑付款的特定比例旨在为客户提供保护，以免承建商不能充分完成其合同义务。

案例 5－13：预付款

案例背景

某技术产品制造商 A 公司与客户订立一项合同，约定 A 公司在提供技术产品的同时，提供为期 3 年的全球电话技术支持及维修服务。客户在购买产品的同时购买该支持服务。该服务的额外对价为 300 万元。选择购买该服务的客户必须预先支付相关款项（即不可选择每月分期付款）。

为确定合同是否存在重大融资成分，A 公司考虑了所提供服务的性质及付款条款的目的。A 公司收取一次性预付款的主要目的并非旨在从客户处获得融资，而是最大限度地提高利润（考虑到与提供服务相关的风险）。特别是，如果客户可每月分期付款，其续约的可能性将降低，且后续年度继续使用该支持服务的客户将减少，进而客户群的多样性会降低（即过往选择续约的客户是更多地使用该服务的客户），从而将增加 A 公司的成本。此外，如果客户每月分期付款而非支付预付款，则将倾向于更多地使用服务。最后，A 公司将发生更高的管理成本（如管理续约和收取每月付款的成本）。

在评估是否存在重大融资成分时，A 公司确定制定该付款条款的主要原因并非为 A 公司提供融资。A 公司就该服务收取一次性预付款，是因为其他付款条款（如每月付款计划）将影响 A 公司提供服务所承担风险的性质，并且可能使提供服务不具有经济效益。根据这一分析，A 公司得出结论认为该合同并不存在重大融资成分。

（一）承诺对价与现金售价相等是否必然不存在重大融资成分

在 2015 年 1 月 26 日的会议［TRG Agenda ref 20 Question 2］中，TRG 成员讨论了如果承诺对价与现金售价相等，是否存在重大融资成分。TRG 成员赞同，承诺对价与现金售价之间的差异，仅仅是确定是否存在重大融资成分的一个考虑因素，而不是一个推定因素，因为它只是所列举的两个因素之一，且并无穷举。

TRG 以下列两个例子为基础讨论了该问题。

A 公司以 1, 200 元价格向客户出售一台设备，同时向客户提供价值每月 100 元的设备维护服务。客户可以选择在收到设备时一次性支付设备对价 1, 200 元，也可以将同等金额对价在 24 个月内按月分期支付，不需要额外支付利息并仍然按月支付设备维护费。

某家具零售商为一套 2,000 元的餐具提供促销活动。作为此项特别促销活动的一部分，客户可以选择在 3 年内获得零利息的融资或在购买时支付全部金额。

TRG 成员认为，在上述例子中，货物的标价等于合同承诺对价。但需要注意的是，标价可能并不总是等于现金售价，因为合同可能有一个不同于约定利率的隐含利率。例如，当企业提供“免费”融资时，如果客户提出预付现金，则客户可能支付的金额低于标价。也就是说，真实的现金售价可能低于标价。

TRG 成员认为，在上述例子中，假设标价、现金售价和承诺对价均相等，仍然不能直接得出该合同不存在重大融资成分的结论。承诺对价金额与现金售价之间的差额（如有）是对价判断是否存在重大融资成分的两个因素之一，而不是确定是否存在重大融资成分的假设，还需考虑所有相关事实和情况。因此，现金售价等于合同销售价格的这一事实将不是评估的总和。只有在仔细考虑所有相关事实和情况，包括标价是否为现金售价等因素后认定，标价、现金售价和承诺对价实际上全部相等，才可能表明合同不包含重大融资部分。

此外，TRG 成员也认为，在隐含利率为零的情况下也可能存在融资成分，但并不重大。企业需要运用判断来确定融资部分是否重大。

（二）在单个合同层次考虑融资成分是否重大

在确定合同存在融资成分后，还需要判断该融资成分对单个合同而言是否重大。对许多合同而言，由于融资成分的影响不会显著改变就客户合同应确认的收入金额，企业将无需调整承诺的对价金额。换言之，对于此类合同，融资成分并不重大。企业仅应在合同层次上考虑融资成分的重大性，而不应在组合层次上考虑融资是否重要。这样，融资成分就单个合同而言不重要，但其就类似合同组合的综合影响对企业整体而言重要的情况下，要求企业对此类融资成分进行处理将带来不必要的负担［IFRS15 paraBC234］。

在 2015 年 3 月 30 日的会议中，TRG 成员讨论了对于不重大的融资成分，准则是否禁止就所存在的融资成分调整承诺对价。

TRG 成员注意到，该问题主要来源于两种情况：

（1）重大融资成分需要在单个合同层面考虑重大性，而不是在整个企业层面考虑重大性。某些情况下，按单个合同考虑的融资成分可能不重大，但是，将这些融资成分汇总在企业层面考虑则可能重大。在这种情况下，企业可能更愿意基于整个企业层面考虑对融资成分进行调整。

（2）企业可能拥有一系列合同组合，对各个合同而言，有的存在重大的融资成分，有的存在不重大的融资成分。在这种情况下，企业对该合同组合中的融资成分区分重大和不重大，分别采用两种不同的会计处理方式，也可能增加核算负担。

TRG 成员讨论后认为，新收入准则要求按单个合同层次考虑融资成分是否重大，主要是出于实务简化原因，旨在减少实务操作负担，而不是因为理论原因。因此，反过来，如上述两种情况下，若将不重大的融资成分按企业层面或合同组合处理能够减少核算负担的话，准则也并未禁止这样处理。

（三）确定多项履约义务是否包含重大融资成分

新收入准则中有关重大融资成分判断的案例仅包括单项履约义务的情况。在 2015 年 3 月 30 日的会议［TRG Agenda ref 20 Question 3］中，TRG 成员讨论了合同包含了多项履约义务时，如何判断是否存在重大融资成分的问题。特别是，对重大融资成分的调整是否应可以仅向合同中的一项或部分履约义务分摊，而不是向合同中的全部履约义务分摊。

TRG 成员讨论认为，识别重大融资成分并对其进行调整，是确定交易价格步骤的一部分。类推“步骤 4 分摊交易价格”的原则，在某些情况下，将重大融资成分的调整仅向合同中的一项或部分履约义务分摊，而不是向合同中的全部履约义务分摊，可能是合理的。

二、不包含重大融资成分的情况

如果存在下列任一因素，则与客户之间的合同不包含重大融资成分：

（1）客户预先就商品或服务进行支付，且这些商品或服务的转让时间由客户自行决定。

（2）客户所承诺的对价金额很大一部分是可变的，且对价的金额或时点是基于未来某一事件的发生或不发生，该事件几乎不受客户或企业控制（例如，如果对价是基于销售的特许使用费）。

（3）承诺对价与商品或服务的现金售价之间的差额，是由向客户或企业提供融资以外的其他原因所致，且该两项金额之间的差额与产生差额的原因相称。例如，付款条款可能向企业或客户提供保护，以防止另一方未能依照合同充分履行其部分或全部义务［IFRS15 para62］。

上述不包含重大融资成分的几项因素常见例子包括：

（1）客户预先就商品或服务进行支付，且这些商品或服务的转让时间由客户自行决定。对于某些类型的商品或服务（例如电话预付卡和客户忠诚度积分），客户将预先就这些商品或服务进行支付，并且这些商品或服务向客户的转让由客户自行决定。在这种情况下，付款条款的目的与各方之间的融资安排无关。此外，在这种情况下，要求企业考虑货币的时间价值所需的成本将超出其带来的利益，因为企业需要持续估计商品或服务何时向客户转让。

（2）客户所承诺的对价金额很大一部分是可变的，且对价的变动是以不受客户或企业控制的因素为基础。对于某些安排，付款条款所规定的时间或金额的主要目的可能并非为客户或企业提供重大融资利益，而是旨在解决商品或服务对价的不确定性。例如，在特许使用安排中，由于存在涉及商品或服务的重大不确定性，企业和客户可能并不愿意固定付款的价格和时间。此类付款条款的主要目的可能是就商品或服务的价值向各方提供保证，而非为客户提供重大融资。

（3）承诺对价与商品或服务的现金售价之间的差额，是由向客户或企业提供融资以外的其他原因所致。在某些情况下，根据不同行业或法律环境下的典型付款条款，预付或欠付款项的主要目的可能并非提供融资。例如，客户可能保留或不支付部分对价，并且仅当合同成功完成或实现特定里程碑时才支付这部分对价。或者，客户可能被要求预先支付部分对价，以保证其能够获得未来限量供应的商品或服务。此类付款条款的主要目的可能是就企业将依照合同圆满完成其履约义务向客户提供保证，而非向客户或企业提供融资［IFRS15 para-BC233］。

融资以外的其他原因

在2015年1月26日的会议［TRG Agenda ref 20 Question 1］中，TRG成员讨论了如何确定承诺对价与商品或服务的现金售价之间的差额，与重大融资成分并不相关。

TRG成员对于如何理解融资以外的其他原因，存在两种不同观点：

观点1：其他原因不应广泛应用。如果支付时点与转移商品或服务的时点存在差异，且利息收益或费用是重大的，则很可能存在重大融资成分。这是一个假设，可以用合理理由证明的假设。

观点2：其他原因应当广泛应用，特别是合同包含预付款项时。企业应确定合同支付条款是否有意图（或隐含意图）使用融资成分，即在对价金额时考虑了融资成分。如果是，再确定融资成分是否重大。如果不是，则需要考虑支付条款的意图是否出于融资以外的其他原因。

观点 2 列举了几种常见的出于融资以外其他原因而预付的款项：

- 预付会费。例如，预付健身房会员费，每年续签，它代表了一项重大权利。
- 预付一段时间内特许使用费。例如，预付 1,000 万元，换取 10 年的某体育品牌标志特许使用权。
- 预付某一时点特许使用费。例如，预付 100 万元，换取 10 年某软件使用权。
- 预付保证。例如，预付 30% 款项，作为长期服务合同履约保证。
- 预付一定费用并持续提供相关服务。例如，"充话费送手机"活动中，客户预付一定话费，并约定后续每月保底消费，手机为免费赠送。

观点 1 实质上是将承诺对价与现金售价存在差异作为判断重大融资成分的推定条件。TRG 成员强调，就重大融资成分调整承诺对价金额的目标，即使所确认的收入金额能够反映商品或服务的现金售价，不能理解为判断是否具有重大融资成分的基本原则。相反，应当是在确定具有重大融资成分的情况下，才需要按照该目标对承诺对价进行调整。

观点 1 隐含了一个推定假设，如果现金售价与承诺对价存在差异，或者在转移商品或服务之间存在长期的支付计划，则存在重大融资成分。如果仅考虑这一假设，则可能得出调整重大融资成分的目标，是反映"货币时间价值"的结论。然而，如前所述，调整重大融资成分旨在反映"重大融资利益"，而不是"货币时间价值"。判断是否存在"重大融资利益"，需要综合考虑相关事实和情况，而不仅仅是考虑现金售价与承诺对价是否存在差异，不仅仅是考虑是否存在"货币时间价值"。总之，TRG 成员并不赞同观点 1 的理解。

观点 2 也隐含了一个推定假设，即基本上大部分的客户预付款项都不存在重大融资成分。但是，新收入准则结论基础阐明了，其并未豁免企业就客户预付款项考虑是否重大融资成分。因为如果预付款是重大的，且该预付款的主要目的是为企业提供融资，则忽略预付款的影响可能大幅扭曲收入确认的金额和模式［IFRS15 paraBC238］。此外，新收入准则也提供了多个案例说明，某些客户预付款可能不存在重大融资成分，某些客户预付款则可能存在重大融资成分。因此，TRG 成员不赞同观点 2 将所有预付款都推定为不存在重大融资成分的意见。

综上分析，TRG 成员赞同，新收入准则并未推定，当转移商品或服务时点与支付承诺对价时点存在差异时，是否存在或不存在重大融资成分，企业需要应用判断来确定支付条款是否提供了融资成分。TRG 成员指出，预付款项要比延迟付款更可能满足不具有重大融资成分的条件。但是，TRG 成员也赞同，新准则也并未推定预付款项是否包含重大融资成分，预付款项需要进行综合考虑。同时，很多 TRG 成员也强调，当企业考虑承诺对价与现金售价差额是否出于融资以外的原因时，还需要考虑该金额差异是否能与其差异原因匹配。

三、折现率

当合同存在重大融资成分，就重大融资成分调整承诺对价金额时，《国际财务报告准则第 15 号》规定，企业应当使用企业与其客户在合同开始时进行的单独融资交易所反映的折现率。该折现率应反映合同中取得融资一方的信用特征，以及客户或企业提供的担保品或抵押物，包括合同所转让的资产。同时，企业可能能够通过识别将承诺对价的名义金额折现为商品或服务转让予客户时（或过程中）客户会支付的现金价格的利率来确定该折现率［IFRS15 para64］。

《企业会计准则第 14 号》应用指南（2018）根据我国实际情况，采用了较为简化的处理。合同中存在重大融资成分的，企业在确定该重大融资成分的金额时，应使用将合同对价的名义金额折现为商品现销价格的折现率。

此外，《国际财务报告准则第 15 号》及《企业会计准则第 14 号》（2017 年修订）均规定，在合同开始后，企业不应就利率或其他情况（如，客户的信用风险评估结果）的变化更新折现率［IFRS15 para64］。这是因为，企业仅应在交易价格的计量中反映在合同开始时确定的折现率。事实上，企业就折现率评估结果的变化更新交易价格可能并不切实可行。

在新收入准则制定过程中，曾考虑了就重大融资成分的影响调整承诺对价金额所使用的折现率，应当是无风险利率还是风险调整利率。无风险利率在许多司法管辖区内均可观察到，应用较为简单，并且可避免确定特定于每一项合同的利率的成本。但是，使用无风险利率将无法提供有用的信息，因为所得出的利率将不能反映合同各方的特征。此外，使用合同列明的利率不一定总是恰当的，因为作为促销激励措施，企业可能会提供“廉价的”融资，因此，使用该利率将无法导致在合同存续期内适当确认利润。因此，企业应当应用企业与客户之间进行不涉及提供商品或服务的融资交易时所使用的利率，因为该利率反映了合同中取得融资一方的特征。该利率也会反映客户的信用及其他风险

[IFRS15 paraBC239]。

事实上，确定企业与客户之间的单独融资交易所使用的折现率可能较为困难，且成本较高，因为属于销售商品或提供服务的大多数企业均不会与其客户进行单独的融资交易。此外，拥有大量客户合同的企业针对每一个别客户确定一个特定折现率并不切实可行 [IFRS15 paraBC240]。

新收入准则通过豁免考虑期限短于一年的合同所包含的重大融资成分，并列举了不存在重大融资成分的几种常见情况，一定程度上减少了确定单独交易折现率的困难。对于其余企业必须单独对融资成分进行会计处理的合同，企业及其客户通常会在考虑诸如通货膨胀率及客户信用风险等因素后，单独议定合同付款条款。因此，企业应当能够获得充足的信息，来确定企业与客户之间的单独融资交易所使用的折现率 [IFRS15 paraBC241]。

案例 5-14：确定折现率

案例背景

A 公司与客户订立一项销售设备的合同。对设备的控制在合同开始时转移给客户。合同约定价格为 1,000,000 元加上 5% 的合同利率。合同价款分 60 个月支付，每月须支付 18,871 元。

案例分析

情形一：合同折现率反映单独融资交易的利率

在评价包含重大融资成分的合同的折现率时，A 公司认为 5% 的合同利率反映了合同开始时，A 公司与其客户进行单独融资交易所使用的利率，即 5% 的合同利率反映了客户的信用特征。

该项融资符合市场条款意味着设备的现金售价为 1,000,000 元。该金额在对设备的控制转移给客户时确认为收入及应收款项。A 公司按照金融工具准则对该应收款进行后续会计处理。

情形二：合同折现率并未反映单独的融资交易的利率

在评价包含重大融资成分的合同的折现率时，A 公司认为 5% 的合同利率显著低于在合同开始时，A 公司与其客户进行单独融资交易所使用的 12% 利率，即 5% 的合同利率并未反映客户的信用特征。这表明现金售价低于 1,000,000 元。

A 公司通过使用反映客户信用特征的 12% 的利率，调整反映合同付款额的承诺对价金额来确定交易价格。据此，A 公司确定交易价格为 848,357 元（60 个月的每月分期付款额 18,871 元，按 12% 进行折现）。A 公司将该金额确认为收入及应收款项。A 公司按照金融工具准则对该应收款项进行后续会计处理。

案例 5－15：预付款和对折现率的评估

案例背景

2018 年 1 月 1 日，甲公司与乙公司签订合同，向其销售一批产品。合同约定，该批产品将于 2 年之后交货。合同中包含两种可供选择的付款方式，即乙公司可以在 2 年后交付产品时支付 449.44 万元，或者在合同签订时支付 400 万元。乙公司选择在合同签订时支付货款。该批产品的控制权在交货时转移。甲公司于 201×年 1 月 1 日收到乙公司支付的货款。上述价格均不包含增值税，且假定不考虑相关税费影响。

案例分析

本例中，按照上述两种付款方式计算的内含利率为 6%。考虑到乙公司付款时间和产品交付时间之间的间隔以及现行市场利率水平，甲公司认为该合同包含重大融资成分，在确定交易价格时，应当对合同承诺的对价金额进行调整，以反映该重大融资成分的影响。假定该融资费用不符合借款费用资本化的要求。甲公司的账务处理为：

(1) 2018 年 1 月 1 日收到货款。

借：银行存款　　4,000,000
　　未确认融资费用　　494,400
　　贷：合同负债　　4,494,400

(2) 2018 年 12 月 31 日确认融资成分的影响。

借：财务费用　　240,000(4,000,000)
　　贷：未确认融资费用　　240,000

(3) 2019 年 12 月 31 日交付产品。

借：财务费用　　254,400(4,240,000)
　　贷：未确认融资费用　　254,400
借：合同负债　　4,494,400
　　贷：主营业务收入　　4,494,400

四、重大融资成分的实务简化操作

为便于实务操作，如果在合同开始时，企业预计向客户转让承诺商品或服务，与客户就此类商品或服务进行支付之间的间隔期间为一年或更短期间，则企业无需就重大融资成分的影响调整承诺的对价金额［IFRS15 para63、CAS14（2017）第十七条］。与其他实务简化操作一样，企业应当对相似情形下的类似合同一致地应用该实务简化操作。

该实务简化操作在某些情况下可能会导致武断的结果，因为融资成分对于隐含利率较高的短期合同而言可能是重大的；相反，对于隐含利率较低的长期合同而言则可能并不重大。然而，出于下列原因，新收入准则豁免了企业对预计存续期为一年或更短期间的合同的重大融资成分的影响进行会计处理：

（1）新收入准则的应用将得以简化。这是因为企业将无需就这些合同是否包含对合同而言重大的融资成分特征作出结论；也无需确定这些合同隐含的利率。

（2）对利润确认模式的影响应该是有限的，因为该豁免仅适用于预计将在12个月内失效即当客户支付或企业履约时的融资安排［IFRS15 paraBC236］。

某些反馈意见者还建议，应当豁免企业在交易价格的计量中反映与客户预付款相关的重大融资成分的影响。这些反馈意见者指出，对预付款产生的重大融资成分的影响进行会计处理将导致：

（1）改变企业通常不确认预付款隐含的融资影响的过往实务；

（2）收入高于所取得的现金；例如，如果合同隐含的折现率导致在两年内计提21万元的利息，所确认的收入金额将是121万元，而非预付的现金100万元。

（3）在客户出于融资以外的其他原因支付预付款的情况下，不能反映安排的经济实质。例如，客户具有重大信用风险，或是就企业已发生的前期合同成本作出补偿［IFRS15 paraBC237］。

新收入准则最终并未直接豁免企业就预付款的重大融资成分的影响进行会计处理。这是因为，如果预付款是重大的，且该预付款的主要目的是为企业提供融资，忽略预付款的影响可能会大幅扭曲利润确认的金额和模式。例如，企业要求客户为一项长期建造合同支付预付款，因为企业需要获得融资以便根据合同购买物料。如果企业不要求客户支付预付款，企业将需要从第三方获得融资，进而向客户收取相对较高的金额以弥补所发生的融资成本。但是，在上述两种情况下，向客户转让的商品或服务都是相同的；不同的只是向企业提供融资的一方。因此，无论企业是从客户还是从第三方获得重大融资利益，企业的收入均应当是一致的［IFRS15 paraBC238］。

确定多项履约义务是否适用实务简化操作

在2015年3月30日的会议［TRG Agenda ref 30］中，TRG讨论了当多项履约义务仅存在单项支付的情况下，如何确定是否适用重大融资成分的实务简化操作的问题。

案例5－16：确定多项履约义务是否适用实务简化操作

案例背景

A公司与客户签订一项合同，其中包括在合同开始时交付一项设备，以及提供24个月的服务。A公司认定，设备和服务属于两项单独履约义务。合同承诺对价总额为2,400元，分24个月分期支付，每月100元。假设分摊后的交易价格为设备500元，服务1,900元［每月79元］。假设该合同包含了重大融资成分。为简化分析，本案例不考虑利息收入的计算。

案例问题

在确定上述合同是否适用重大融资成分实务简化操作时，如何计算各项履约义务的支付期间。

案例分析

在确定上述合同是否适用重大融资成分实务简化操作时，对于支付期间的计算，TRG成员讨论了两种观点。

观点1

观点1认为，根据向设备和服务分配的对价，对于设备，将在交付设备后的5个月（每月100元，共计500元）后全额支付。因此，观点1认为，A公司交付设备与支付对价的间隔期间少于1年。

观点1假设前5个月的支付全部视为对设备的支付，则对于服务，将至少在提供服务后的第6个月获得支付。例如，第1个月的服务将在第6个月获得支付；第2个月的服务将在第7个月获得支付。因此，观点1认为，A公司提供服务与支付对价的间隔期间也少于1年。

综上所述，观点1认为，上述合同中两项履约义务均可适用重大融资成分实务简化操作，不需要对承诺对价金额进行调整。

观点2

观点2认为，每个月支付对价应当按比例向设备和服务进行分摊。即每月支付的100元中，为服务支付金额为79元，为设备支付金额为21元。

根据上述分配，对于服务，将在每月末获得支付。对于设备，则需要在24个月后才能获得全额支付。因此，观点2认为，交付设备与其支付对价的间隔期间长于1年，不适用重大融资成分实务简化操作，需要考虑是否存在重大融资成分。

观点2也指出，不适用重大融资成分实务简化操作，并不意味着必然需要对承诺对价金额进行调整，还需要进一步综合考虑是否存在重大融资成分。

TRG成员讨论后认为，合同承诺的服务将在2年内提供，并在2年内获得支付，观点1并未适当反映该安排的经济实质。此外，该交易的实质应当是客户为所购买的设备获得融资，而不是为所接受的服务融资。TRG成员认为，观点2更能适当地反映准则的意图及交易的经济实质。因此，观点2是确定本案例是否适用重大融资成分实务简化操作的适当方法。

TRG成员也指出，本案例是较为简单的案例，实务中可能存在更加复杂的合同案例，应考虑具体事实和情况，综合判断确定是否适用重大融资成分实务简化操作的方法。

五、重大融资成分影响的列报

企业应当在利润表（综合收益表）中将融资影响（利息收入或利息费用）同客户合同收入分开列报。并且，仅在对与客户之间的合同进行会计处理时确认了合同资产（或应收款）或者合同负债的情况下，才应确认利息收入或利息费用［IFRS15 para65］。

如前所述，存在重大融资成分合同，实质上包含了两项成分，一部分是与销售商品或提供服务相关的收入成分，一部分是贷款成分。因此，对于重大融资成分，其处理应当与具有相同特征的贷款会计处理一致。

例如：甲客户通过赊销购买一项商品，并承诺在三年内支付1,000万元。该应收账款的现值为751万元。现在，乙客户从银行借入751万元，并承诺在三年内支付1,000万元。乙客户使用该借款购买与甲客户相同的商品。从经济实质而言，这两项交易是相同的，但若不对重大融资成分进行会计处理，则交易的形式应该是确认收入751万元还是1,000万元（即按折现还是非折现基础确认）。因此，对包含重大的融资成分的合同予以分拆，可以使上述两项交易的收入确认是相同的。

在利润表中，长期应收款的减值损失列报，应当与属于金融工具准则范围的其他类型金融资产的减值损失列报一致。同时，企业对融资影响的列报，应当同客户合同所产生的收入区分开来，并将其作为利息收入或利息费用列报，而不是作为对收入金额调整列报。这是因为，包含重大融资成分的合同具有明确可明确区分的经济特征——其中一项特征涉及向客户转让商品或服务，而另一项特征涉及融资安排——而这些特征应当单独进行会计处理和列报。

第四节　非现金对价

一、基本原则

在有些情况下，客户向企业购买商品或服务而支付的对价形式可能是非现金形式的，比如，客户可能以其固定资产、无形资产、投资性房地产、金融工具或者商品或服务等非现金资产，换取企业的商品或服务。客户支付非现金对价的，企业应当按照非现金对价的公允价值确定交易价格 [IFRS15 para66, CAS14（2017）第十八条]。换入资产的公允价值，应按公允价值计量准则或股份支付准则的相关规定确定。

以所取得非现金对价的公允价值作为交易价格的内在逻辑为，当客户支付对价为现金时，企业应确认的交易价格（收入金额）是所取得现金的金额，即所取得资产的价值。为保持收入确认原则的一致性，当客户支付对价为非现金资产时，也应以所取得资产的价值作为交易价格（收入金额）[IFRS15 paraBC248]。

新旧准则差异分析

以公允价值计量非现金对价的处理原则，与原收入准则的规定一致。原收入准则要求以所获得商品或服务的公允价值计量非现金对价。原《国际会计准则第 18 号——收入》第 12 段规定："当已收到的商品或劳务的公允价值不能可靠地计量时，收入则以放弃的商品或劳务的公允价值来计量，并按转让的现金或现金等价物金额来调整。"原《国际财务报告准则解释公告第 18 号》第 13 段也要求以客户转让的资产公允价值作为收入确认的金额。因此，对非现金对价的处理原则，在新旧准则下应不会造成重大差异。

二、非现金对价公允价值无法合理估计时的处理

当非现金对价的公允价值不能合理估计的，企业应当参照其承诺向客户转让商品或服务的单独售价间接确定交易价格。单独售价，是指企业向客户单独销售商品或服务的价格［IFRS15 para67，CAS14（2017）第十八条］。单独售价的确定方法，详见“第六章第二节”。

当非现金对价的公允价值，即换入非现金资产的公允价值无法合理估计，则以向客户转让商品或服务的价值（单独售价），即换出资产的价值（单独售价）作为交易价格。这与原收入准则及其他准则的处理一致。例如，在股份支付准则下，由于所取得的职工服务公允价值（换入服务）无法可靠估计，故以所授予权益工具（换出标的）的公允价值来计量股份支付费用。再如，原《国际会计准则第 18 号——收入》及《解释公告第 31 号——收入：涉及广告服务的易货交易》规定，如果所接受服务的公允价值不能可靠地计量，则收入应按所提供服务的公允价值计量。

三、非现金对价公允价值变动的处理

非现金对价的公允价值可能因对价的形式而发生变动，例如，企业有权向客户收取的股票价格发生变动，即公允价值可能由于非现金对价的价格或价值变动而发生变化。对于因非现金对价的形式而发生的公允价值变动，应按非现金对价相关资产所适用的准则规定进行处理，例如，如果有权收取的非现金对价为股票，当对被投资方不具有控制、共同控制或重大影响，则其后续公允价值变动适用金融工具准则相关规定；当对被投资方具有控制、共同控制或重大影响，则其后续价值变动适用长期股权投资等准则相关规定［IFRS15 para68］。

非现金对价的公允价值也可能因对价形式以外的原因而发生变动，例如，非现金对价的公允价值可能因企业的履约行为而发生变动，即非现金对价的公允价值可能因某一未来事件的发生或不发生而变化。当非现金对价的公允价值因对价形式以外的原因而发生变动的，应当作为可变对价，按照第五章第二节有关可变对价的估计及限制规定进行处理［IFRS15 para68，CAS14（2017）第

十八条]。例如，如果企业有权获得以非现金对价形式支付的业绩奖金，企业应针对其是否将获得该奖金的不确定性应用限制可变对价估计的要求，因为该不确定性是与对价形式之外的原因（即企业的履约）相关。

案例 5－17：获得非现金对价的权利

案例背景

A 公司与客户订立一项合同，约定在一年内每周向客户提供服务。合同于 20×1 年 1 月 1 日签订，且相关工作立即开始。A 公司得出结论认为，该服务是一项单项履约义务，因为 A 公司提供实质上相同并且按相同模式转让的一系列可明确区分的服务（该服务在一段时间内向客户转让，并使用相同的方法来计量履约进度，即基于时间计量履约进度）。

作为服务对价，客户承诺就每周的服务提供其 100 股普通股（即针对该合同共提供 5,200 股股票）。合同条款规定股票必须在每周服务成功完成时交付。

案例分析

A 公司在每周服务完成后计量其履约义务的履约进度。为确定交易价格（及应确认的收入金额），A 公司计量在每周服务完成时取得的 100 股股票的公允价值。A 公司并未在收入中反映已收（或应收）股票公允价值的任何后续变动。

四、非现金对价具体应用

如果客户投入商品或服务（例如，材料、设备或人工）以协助企业履行合同，企业应当评估其是否取得了对此类投入商品或服务的控制。如是，则企业应当将这些投入的商品或服务作为从客户收取的非现金对价进行会计处理［IFRS15 para69］。该原则实质上承接了原《国际财务报告准则解释公告第 18 号——客户转让资产》［IFRIC 18］的主要原则。

在很多公用事业行业中，比如电力、热力、燃气及水等供应企业，可能接收客户投入的设备，用于向客户供应电力、热力、燃气及水。对于此类客户投入的非现金资产，在新旧收入准则下，实质上均需要考虑接收企业是否取得了此类非现金资产的控制权，分别进行处理。

（一）评估企业是否取得了非现金资产的控制

在新收入准则下，取得商品或服务的控制权，是指能够主导该商品或服务的使用，并从中获得几乎全部的经济利益（参见本书第七章第一节）。在原《国际财务报告准则解释公告第18号》下，对此类接收客户投入非现金资产的控制判断，提供了更加具体的判断因素。

原《国际财务报告准则解释公告第18号》强调，在大部分情况下，接收企业取得了客户转让资产的所有权。但是，接收企业确定其是否控制了该资产，其是否取得了该资产的所有权，并不是关键因素［IFRIC18 para9］。可能表明接收企业取得了客户转让资产控制权的因素包括：

（1）将该资产与另一资产交换，以提供相同的服务；

（2）使用该资产以生产其他产品或服务，或者结算负债；

（3）决定另一方使用该资产的价格；

（4）可以决定资产的运行、维护及何时更换等［IFRIC18 para10］。

上述例子实质上也关注了对资产使用的主导能力，以及获得该资产相关的经济利益两个要素，与新收入准则的控制定义实质类似，实务中仍然可以借鉴。

如果接收企业控制了该非现金资产，则应作为向客户供应商品或服务对价的一部分，按前述非现金对价的基本原则进行处理，并将所收到的非现金资产确认为接收企业的自有资产。如果接收企业为控制该非现金资产，则不应确认该非现金资产，也不影响后续供应商品或服务的收入金额。

案例5－18：供水管道的控制权判断

案例背景

情形一

A公司在自己厂区内建造一栋房屋。作为房屋的一部分，A公司在房屋前面安装从房屋到厂区外的供水管道，与B供水公司的总水管相连。由于该部分供水管道位于A公司厂区内，A公司可限制该管道的适用，并负责该管道的维护和使用。

案例分析

本案例中，A公司主导了供水管道的使用，并获得其经济利益。因此，该供水管道由A公司控制，B供水公司并未控制该供水管道。

情形二

A房地产开发商开发了一个楼盘，并在该楼盘公共用地上安装了供水管道，将该管道与B供水公司的总水管相连。A房地产开发商将所建造安装的供水管道转移给B供水公司，由其向小区住户供水，并负责供水管道的后续维修、更换等。

案例分析

本案例中，B供水公司负责对供水管道的后续维修、更换等，并利用其向小区住户供水。B公司能够主导供水管道的使用，并获得其经济利益。因此，B供水公司控制了该供水管道，应将其确认为自身资产。

（二）接收非现金资产的计量

原《国际财务报告准则解释公告第18号》规定，如果接收企业取得了客户转让资产的控制权，则应当以该资产的公允价值对其进行初始确认，并按照《国际会计准则第16号——不动产、厂场和设备》的规定进行后续处理，该初始计量原则与新收入准则对非现金对价的确认原则一致。新收入准则进一步规定了非现金对价公允价值无法合理估计时，可以其向客户提供商品或服务的单独售价确认该资产。

（三）非现金资产的收入确认

在将客户投入资产作为接收企业自有资产进行确认时，其贷方如何确认，即收入如何确认，需要考虑所接收非现金资产是否与向客户提供的商品或服务相关。此时，其基本处理原则与新收入准则下有关“不可返还的前期费用”（详见本书第五章第六节）一致：

（1）如果该资产与向客户提供的商品或服务相关，且该商品或服务构成单项履约义务，则应将所接收非现金资产的公允价值作为该商品或服务交易价格的一部分，在向客户转让该商品或服务时相应确认收入；

（2）如果该资产与向客户提供的商品或服务相关，但该商品或服务不构成单项履约义务，则应将所接收非现金资产的公允价值作为包含该商品或服务的履约义务交易价格的一部分，在履行该履约义务时相应确认收入；

（3）如果该资产与向客户提供的商品或服务不相关，则该非现金资产被视为未来转让商品或服务的预收款，在未来转让商品或服务时确认收入。

需要注意的是，上述处理原则的前提是，接收非现金资产企业与客户已签订了提供商品或服务的合同，即已存在客户合同。实务中，如果接收资产企业并不是以后续提供商品或服务为前提，不存在客户合同，则所收到非现金资产可能应按不可返还对价（参见本书第三章第一节）的规定，或者政府补助准则（可能接收政府移交资产）相关规定确认收入。

案例 5 - 19：电网公司收取变电站

案例背景

A 房地产开发商开发了一个楼盘，为将小区接入 B 电网公司，A 房地产开发商建造了一个变电站，并向 B 电网公司移交。B 电网公司认定其对该变电站具有控制权。B 电网公司的履约义务为向小区住户供电，小区住户向 B 电网公司购买电价按相关法律法规规定的统一电价执行。分担了该变电站建造成本的小区住户，与没有分担该变电站建造成本的小区住户，所执行的电价没有差别。小区住户与 B 电网公司的用电合同无明确期限。B 电网公司估计，该变电站可使用期限为 10 年。

案例分析

本案例中，B 电网公司对该变电站具有控制权，应确认该变电站，并以其公允价值计量。由于小区用户用电电价与是否承担了该变电站建造成本无关，因此，B 电网公司收到的非现金对价（变电站）与向客户提供的商品或服务不相关。根据新收入准则规定，B 电网公司应将所收到的非现金对价作为未来提供商品或服务的预收款，在未来提供商品或服务时确认收入。

然而，在本案例中，小区住户与 B 电网公司的用电合同无明确期限，也很难估计小区住户的用电年限，甚至可以将用电年限视为永久性的。这样，B 公司对该非现金对价的具体分摊确认收入期限就很难估计。在新收入准则下，并未对此类情况下收入确认期限的估计提供具体指引。

在原《国际财务报告准则解释公告第 18 号》下，如果合同未明确约定期限，则应当在不超过客户转让资产使用寿命的期限内分摊确认收入［IFRIC18 para20］。根据该原则，本案例中，B 电网公司在无法合理估计用电合同期限的情况下，可以在该变电站的可使用寿命（10 年）内，分摊确认该非现金对价的收入。

（四）直接收取现金用于建造供应设备

实务中，电力、热力、燃气及水等供应企业也可能以“初装费”等名义，直接向客户单独收取现金，用于建设此类供应设备，并向客户提供商品或服务。对于此类向客户收取的初装费，适用新收入准则下有关“不可返还的前期费用”（详见本书第五章第六节）的处理原则。如前所述，直接收取现金用于建造供应设备，与直接接收已建成的供应设备，其收入确认原则应当一致，不因收取对价的形式不同而不同。

五、非现金对价的计量日

（一）TRG 讨论议题

在 2015 年 1 月 26 日的会议［TRG Agenda ref 15 Issue 1］中，TRG 成员讨论了非现金对价的计量日问题。TRG 成员认为，新收入准则明确要求以公允价值计量非现金对价（或者，如果无法合理估计非现金对价的公允价值，通过间接参照为获取该对价而向客户承诺的商品或服务的单独售价来计量该对价）。但是，非现金对价的在哪一天进行计量（计量日），准则并未明确。

TRG 成员对非现金对价计量日存在三种观点：

（1）合同开始日；

（2）已收（或应收）非现金对价日；

（3）以下两者孰早：1）已收（或应收）非现金对价日；2）相关履约义务已履行（或履约义务履行时）。

案例 5－20：以开发网站服务交换广告服务

案例背景

20×0 年 1 月 1 日，A 公司开始为 X 公司开发网站，A 公司将该服务认定为在一段时间内履行的单项履约义务。作为开发网站的对价，A 公司可以在完成网站开发后，在 X 公司的网站上发布 1 个月的广告。A 公司仅在完成网站开发后，才有权无条件发布广告。A 公司于 20×0 年 9 月 1 日完成该网站开发。

案例分析

观点 1. 以合同开始日作为非现金对价计量日

观点 1 认为，案例中的非现金对价（广告服务）的计量日为合同开始日，即 20×0 年 1 月 1 日，这与合同交易价格其他部分的初始确定日期一致。观点 1 认为，该非现金对价的支付时点不应影响所确认的收入金额，除非合同包含融资成分。

观点 1 还认为，合同开始日非现金对价的公允价值，最能反映客户客户愿意用于交换商品或服务的价值。

观点 2. 以已收（或应收）非现金对价日作为非现金对价计量日

观点 2 认为，案例中的非现金对价的计量日为已收（或应收）非现金对价日，即20×0年9月1日，该网站在当日开发完成，可以确认应收的非现金对价资产。

观点2认为，非现金对价所产生的资产一旦确认，即应按照其他相关准则规定处理，不再影响收入金额［IFRS15 para BC253］。也就是说，在确认已收（或应收）之前的非现金对价公允价值将影响收入金额。因此，在本案例中，该非现金对价的计量日是9月1日，在1月1日至9月1日之间该非现金对价的公允价值变动将影响收入金额。

观点3. 以确认已收（或应收）非现金对价日和相关履约义务已履行（或履约义务履行时）孰早作为计量日

观点3认为，非现金对价应当以确认已收（或应收）非现金对价日和相关履约义务已履行（或履约义务履行时）孰早作为计量日。在本案例中，应以履行履约义务（开发网站）过程中每一天的广告服务公允价值进行计量，即20×0年1月1日至20×0年9月1日之间每一天的广告服务公允价值。作为实务简化操作，可以采用履行履约义务期间的广告服务平均公允价值计量。

观点3认为，要求在相关履约义务已履行（或履约义务履行时）对非现金对价公允价值进行计量，与其他准则的要求一致。例如，《国际财务报告准则第2号——以股份为基础的支付》规定，向非雇员的其他方发行权益工具以换取商品或服务，该商品或服务的公允价值应在企业获得商品或对方提供服务之日计量。

观点3认为，《国际财务报告准则第15号》示例31表明，非现金对价应当在履行履约义务过程中进行计量，该案例即计量在每周服务完成时取得的100股股票的公允价值。

观点3也指出，在某些情况下，非现金对价可能在履行履约义务之前预先收取，则应当以确认该已收（或应收）现金对价时的公允价值计量，该现金对价后续公允价值变动不应影响收入金额。

TRG将上述讨论意见向IASB呈报，IASB在讨论后注意到，该问题与其他准则有密切关系，比如《国际财务报告准则第2号——以股份为基础的支付》和《国际会计准则第21号——汇率变动的影响》，因此，其决议可能导致非预期的后果。因此，IASB决定，如果有必要，非现金对价计量日的问题，应在更加综合性的单独项目中考虑［IFRS15 paraBC 254C］。

（二）外币结算预付对价的计量日

2016年12月6日，由国际财务报告准则解释委员会编写，IASB批准发布了《国际财务报告解释公告第 22 号——外币交易和预付对价》。该解释公告于 2018 年 1 月 1 日生效。

国际财务报告准则解释委员会收到咨询问题，即企业因收取了预付对价而确认了非货币性负债，那么在相关收入确认时如何确定交易发生日。《国际会计准则第 21 号——汇率变动的影响》规定，外币交易应按交易发生日功能货币和外币之间的即期汇率进行折算。交易发生日是指按照国际财务报告准则的规定，交易首次符合确认标准的日期。但该准则并没有指出企业在收取预付对价的情况下如何确定收入实现时的折算汇率。因此，解释委员会决定澄清企业支付或收取预付对价的情况下的交易发生日，以确定相关资产、费用或收入初始确认时采用的折算汇率。为了解决上述问题，2015 年 12 月，国际会计准则解释委员会发布了《国际财务报告解释公告第 22 号——外币交易和预付对价》的征求意见稿。

针对上述问题，《国际财务报告解释公告第 22 号》最终达成了一致意见："相关资产、费用或收入在初始确认时应按照交易发生日的即期汇率进行折算。该交易发生日是指企业因支付或收取预付对价而导致非货币性资产或非货币性负债初始确认的日期"［IFRIC22 para8］。

在制定《国际财务报告解释公告第 22 号》过程中，实际上存在两种认定交易发生日的方法［IFRIC22 paraBC19］：

（1）"单项交易法（one-transaction approach）"，是将支付或收取对价与转移商品或劳务看作同一交易的两个组成部分。因此，交易发生日是以两者满足相关确认条件孰早日期为准。

（2）"多项交易法（multi-transaction approach）"，是将支付或收取对价与转移商品或劳务看作两项单独的交易，每一项交易都有首次符合确认标准的日期。

"单项交易法"认为，购买和销售均属于同一交易，对价的支付或收取与商品或劳务的转移在本质上是相互依存的。因此，如果两者中最早满足确认条件的是非货币性资产或非货币性负债，那么初始确认该非货币性资产或非货币性负债的日期即是交易发生日［IFRIC22 paraBC20］。

"多项交易法"将商品或劳务的转移与支付或收取的对价看作两项不同的交易。该方法使得相关资产、费用或收入（或其一部分）的初始确认日期即是交易发生日，而不考虑支付或收取预付对价的时点［IFRIC22 paraBC21］。

解释委员会认为，"单项交易法"更适合因支付或收取预付对价而确认了非货币性资产或非货币性负债的情况。这是因为：

（1）该方法反映了企业无需再承担已支付或收取那部分预付对价的汇率变动风险。在收取预付对价后，企业有权决定是否继续持有该外币（对价）并承担相应的汇率变动风险；在支付预付对价后，企业也不再承担已支付对价的外汇变动风险。

（2）因收取预付对价而向客户转让资产、商品或劳务的义务（即非货币性负债的确认）与之后该义务的履行（即收入的确认）是相互依存的，属于同一交易的组成部分。

（3）因支付预付对价而向客户收取资产、商品或劳务的权利（即非货币性资产的确认）与该资产、商品或劳务的收取实质上是相互依存的。

（4）与《国际会计准则第21号》第23b段的规定一致，即采用历史成本计量的外币非货币性项目应按交易发生日的汇率折算。这是因为，在以后报告期末，企业不会调整这些项目最初以功能货币折算形成的金额”［IFRIC22 para-BC22］。

案例5－21：分次收款一次确认收入

案例背景

20×2年6月1日，B公司向国外客户出口一批商品。根据双方签订的合同，要求20×2年9月1日交付商品，货款总计为FC100（FC指外币，下同）。B公司在20×2年8月1日收到货款FC40，20×2年9月30日收到了剩余的货款。

案例分析

B公司以20×2年8月1日的即期汇率折算收到的货款FC40，确认为一项非货币性负债。根据《国际会计准则第21号》第23（2）段，在以后的报告期末，B公司不调整该非货币性负债的折算金额。

根据《国际财务报告准则第15号》第31段，B公司应于20×2年9月1日（交付商品的日期）确认该项交易的收入。

B公司认为，与预付对价（FC40）相关的收入的交易发生日为20×2年8月1日。根据《国际会计准则第21号》第22段，剩余收入的交易发生日为20×2年9月1日。

因此，20×2年9月1日，B公司应作如下会计分录：（1）抵销已确认的非货币性负债FC40，并以20×2年8月1日的汇率折算的金额确认为营业收入；（2）确认营业收入和相应的应收账款FC60（以20×2年9月1日的汇率折算）。

20×2 年 9 月 1 日确认的应收账款（FC60）是一项货币性项目。B 公司只有在收到应收账款时才能调整其折算金额。

案例 5－22：分次收款分次确认收入

案例背景

20×4 年 1 月 1 日，D 公司与国外客户签订销售两种产品的合同。20×4 年 3 月 1 日，D 公司交付一种产品，之后在 20×4 年 6 月 1 日交付另一种产品。合同约定，客户需要交付价款总额为 FC1,000，其中，20×4 年 1 月 31 日，D 公司收取的预付对价为 FC200，剩余价款将于 20×4 年 6 月 1 日收到。

该项交易存在以下相关情况：（1）根据《国际财务报告准则第 15 号》，D 公司将该项交易的总价款在两种产品之间分配，归属于第一种产品的价款为 FC450，而归属于第二种产品的价款则为 FC550。（2）D 公司认为，20×4 年 1 月 31 日收到的预付对价与 20×4 年 3 月 1 日将交付的第一种产品有关。当产品交付给客户时，D 公司具有无条件收取剩余价款 FC250 的权利。

即期汇率如表 5－2 所示：（FC 指外币，LC 指本位币）

表 5－2　　各日即期汇率

日期	即期汇率 FC：LC
20×4 年 1 月 31 日	1：1.5
20×4 年 3 月 1 日	1：1.7
20×4 年 6 月 1 日	1：1.9

案例分析

D 公司应作如下会计分录：

（1）20×4 年 1 月 31 日，D 公司收到预付对价 FC200，采用该日的即期汇率进行折算：

借：现金（FC200）　　LC300

　　贷：合同负债（FC200）　　LC300

（2）根据《国际会计准则第 21 号》第 23（2）段，D 公司不调整非货币性合同负债的折算金额。

（3）20×4 年 3 月 1 日，D 公司交付了第一种产品，价款为 FC450。D 公司抵销已确认的合同负债，并确认收入 LC300。D 公司确认与第一种产品相关的剩余收入 FC250 及相应的应收账款，以剩余收入 FC250 的初始确认日（即 20×4年 3 月 1 日）的即期汇率进行折算：

借：合同负债（FC200）　　LC300
　　应收账款（FC250）　　LC425
　贷：主营业务收入（FC450）　　LC725

（4）应收账款（FC250）属于货币性项目，D 公司只有在收到应收账款时（20×4 年 6 月 1 日）才能调整其折算金额。20×4 年 6 月 1 日，D 公司收取应收账款，折算金额为 LC475。根据《国际会计准则第 21 号》第 28 号，D 公司确认汇兑损益 LC50：

借：应收账款　　LC50
　贷：汇兑损益　　LC50

（5）20×4 年 6 月 1 日，D 公司确认收入 FC550，以交易发生日的即期汇率进行折算。交易发生日是指 D 公司首次在财务报告中确认该部分交易的日期，即 20×4 年 6 月 1 日。

（6）20×4 年 6 月 1 日，D 公司也收到剩余价款 FC800，其中，FC250 是对第一种产品交付时产生的应收账款的结算。D 公司以该日的即期汇率折算收到的现金：

借：现金（FC800）　　LC1,520
　贷：应收账款（FC250）　　LC475
　　　主营业务收入（FC550）　　LC1,045

（三）倾向性意见

根据上述分析，《国际财务报告解释公告第 22 号》对外币交易预付对价交易发生日（计量日）的确定所采用的“单项交易法”，实质上类似于前述 TRG 会议讨论中的观点 3，即应当以确认已收（或应收）非货币性对价与相关履约义务履行孰早时点为计量日。如前所述，IASB 认为，在国际财务报告准则下，以合同开始日以外的时点计量非现金对价也是可以接受的。因此，对于非现金对价，也可以确认已收（或应收）非货币性对价与相关履约义务履行孰早时点为计量日。

但是，《国际财务报告解释公告第 22 号》也规定了，该解释公告不适用于以公允价值进行初始计量相关资产、负债、收益和费用的交易［IFRIC22 para5］。也就是说，新收入准则规定的以公允价值初始计量的非现金对价不适用该解释公告，因此，不能直接引用该解释公告相关规定作为依据进行处理，在国际财务报告准则下，这是一项可选择的会计政策。

六、非货币性对价公允价值变动对可变对价估计限制的适用

在 2015 年 1 月 26 日的会议［TRG Agenda ref 15 Issue 2］中，TRG 讨论了可变对价的限制如何应用于交易的非现金对价公允价值是可变的交易，其公允价值的变动是由于对价的形式及形式以外的其他原因导致的。

TRG 成员对该问题存在两种观点：

观点 1：限制同时适用于非现金对价形式及形式以外原因导致的变动。

观点 2：限制仅适用于非现金对价形式以外原因导致的变动。

案例 5 – 23：以开发网站服务交换股票期权

案例背景

20×0 年 1 月 1 日，A 公司开始为 X 公司开发网站，A 公司将该服务认定为在一段时间内履行的单项履约义务。作为开发网站的对价，A 公司被授予购买 X 公司 100 股股票的期权。如果 A 公司未完成网站开发，则不被授予该股票期权。

合同约定，该股票期权的行权价格根据 A 公司的履约情况确定。如果 A 公司在 1 个月内完成网站开发，则该股票期权的行权价为 1 元；如果 A 公司在 2 个月内完成网站开发，则该股票期权的行权价为 2 元；如果 A 公司在 3 个月以上完成网站开发，则该股票期权的行权价为 3 元。

案例分析

观点 1. 限制同时适用于非现金对价形式及形式以外原因导致的变动

观点 1 认为，可变对价估计的限制同时适用于非现金对价形式及形式以外原因导致的变动。根据新收入准则规定，如果非现金对价公允价值变动仅仅因对价形式以外的原因导致的，则应当适用可变对价估计的限制。观点 1 认为，只要变动的原因之一是对价形式以外原因，则应对非现金对价的所有公允价值变动适用可变对价估计的限制。因此，本案例中，可变对价估计的限制同时适用于 X 公司股票价格变动导致的股票期权公允价值变动（非现金对价形式导致的变动），以及因股票期权行权价导致的股票期权公允价值变动（A 公司的履约导致的变动）。观点 1 认为，A 公司需要进一步判断非现金对价公允价值的哪部分变动影响交易价格，哪部分变动不影响交易价格。

观点 2. 限制仅适用于非现金对价形式以外原因导致的变动

观点 2 认为，可变对价估计的限制仅适用于非现金对价形式以外原因导致的变动。根据《国际财务报告准则第 15 号》结论基础，无论对价金额是以现金还是非现金形式收取，将可变对价估计的限制适用于相同类型的可变对价是最为适当的［IFRS15 paraBC252］。观点 2 认为，观点 1 的处理与该原则不符。这是因为，观点 1 可能导致不同对价形式（现金或非现金对价）的收入确认时点有所不同。因此，观点 2 认为，本案例中，可变对价估计的限制仅适用于股票期权行权价导致的股票期权公允价值变动（A 公司的履约导致的变动）。

但是，观点 2 也指出，要将非现金对价公允价值的变动区分为对价形式导致和形式以外原因导致的变动，可能是复杂和耗费成本的，还可能降低向财务报告使用者提供信息的有用性。

TRG 的讨论表明，利益相关方对可变对价的限制是否适用于应付对价形式及形式以外原因导致的非现金对价公允价值变动并不是很清楚。特别是，区分可变性的影响在很多情况下可能是具有挑战的［IFRS15 paraBC 254F］。

第五节　应付客户对价

一、应付客户对价的确定

在某些情况下，企业向客户或其客户的客户支付对价，例如，企业向经销商或分销商出售产品，并随后向该经销商或分销商的客户进行支付。该对价可采用下列形式：为换取客户提供的商品或服务而进行的支付、就向客户提供的商品或服务给予的折扣、退款或两者的结合［IFRS15 paraBC255］。

应付客户对价包括企业向客户（或向客户购买企业商品或服务的其他方）支付或预计支付的现金金额。应付客户对价还包括可与欠企业（或向客户购买企业商品或服务的其他方）的金额相抵扣的抵免或其他项目，例如，优惠券或兑换券。企业应当将应付客户对价作为交易价格（以及收入）的抵减处理，除非向客户支付的款项是为了取得客户向企业转让的可明确区分的商品或服务。如果应付客户对价包括可变金额，企业应当根据有关可变对价估计及其限制相关规定进行估计［IFRS15 para70、CAS14（2017）第十九条］。

如果应付客户对价是对来自客户的可明确区分的商品或服务进行的支付，则企业应当按其对向供应商进行的其他采购相同的方式对该商品或服务的购买进行会计处理。如果应付客户对价金额超出企业从客户取得的可明确区分的商品或服务的公允价值，则企业应当将该超出的部分作为交易价格的抵减处理。如果无法合理估计从客户取得的商品或服务的公允价值，企业应当将应付客户的所有对价作为交易价格的抵减处理［IFRS15 para71、CAS14（2017）第十九条］。

相应地，如果应付客户对价是作为交易价格的抵减处理，企业应当在以下两者中较晚发生的事件发生时（或过程中）确认收入的减少：

（1）企业确认向客户转让相关商品或服务的收入；

（2）企业支付或承诺支付对价（即使支付取决于未来事件）。该承诺可能隐含于企业的商业惯例之中［IFRS15 para72、CAS14（2017）第十九条］。

对于应付客户对价，只有在所取得的商品或服务可明确区分的情况下，才应采用与向供应商购买其他商品或服务相同的方式来对此进行会计处理。此前美国公认会计原则中有关卖方向客户提供的对价的要求使用了术语“可辨认利益”，该术语被界定为“可充分与接收方购买的卖方产品单独区分开来，从而卖方原本可与除其产品购买方外的其他方进行交换交易以取得该利益”的商品或服务。新收入准则有关评估商品或服务是否可明确区分的原则类似于此前美国公认会计原则中的这一要求［IFRS15 paraBC256］。

就商品或服务从客户收取的对价金额，与就商品或服务向该客户支付的对价金额，即使是单独的事件，两者之间也可能相互关联。例如，假如客户不会取得企业的付款，该客户可能会为企业提供的商品或服务支付更高的金额。因此，为在这种情况下如实地反映收入，作为就所取得的商品或服务支付给客户的付款处理的任何金额，应当以这些商品或服务的公允价值为限，任何超过公允价值的部分应确认为交易价格的抵减［IFRS15 paraBC257］。

如果对价的支付作为交易价格的抵减进行会计处理，企业会在其履行相关履约义务时确认较少的收入。然而在某些情况下，企业承诺仅当已履行其履约义务且已确认收入之后才向客户支付对价。如果属于这种情况，收入的抵减应立即予以确认。因此，收入的抵减应在以下两者中较晚发生的事件发生时确认：（1）企业向客户转让商品或服务时；（2）企业承诺支付对价时。“承诺支付”，表明企业应当在交易价格中反映取决于未来事件的对客户的支付，例如，以客户进行规定数量的购买为条件的，向客户付款的承诺需在企业作出该承诺时反映在交易价格中［IFRS15 paraBC258］。

对于应付客户对价的判断及处理过程如图 5－1 所示：

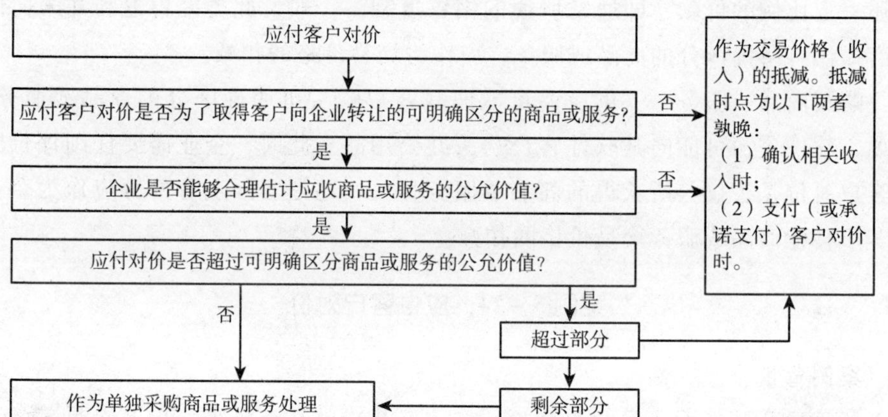

图 5－1　应付客户对价的处理

二、应付客户对价的常见形式

应付客户对价常见的形式包括返利、优惠券或兑换券等，此外，根据企业之间的商业惯例，可能还有其他形式的应付客户对价。由于应付客户对价可能具有不同形式，因此，企业需要仔细评价各项交易，以确定此类金额的适当处理方法。常见的应付客户对价包括以下几类。

货位费——某些消费品供应商可能会向为其代销商品的零售商支付一定的货位费、摊位费，以使零售商在其货架上显眼展示该供应商的商品。这些货架可以是实物的，如在零售商的卖场中的某个位置；也可能是虚拟的，如可能代表在零售商销售网站上的某个目录或位置。一般，此类费用并未向供应商提供可明确区分的商品或服务，应作为交易价格的扣减。

支付经销商广告费——在某些情况下，供应商可能向其商品经销商支付一定费用，因为经销商为供应商做了某些产品宣传活动。此时，应付经销商的对价，有可能是以公允价值购买了一项可明确区分的商品或服务（广告服务），需要根据合同具体事实和情况进行分析。

最低价格保护——某些供应商可能向其经销商支付一定费用，以补足其产品未达到特定销售价格的差额。这类费用一般并未向供应商提供可明确区分的商品或服务，应当作为供应商交易价格的扣减。

优惠券和返利——某些供应商可能根据经销商的产品销售情况，向经销商返还一定比例的价款，即通常所说的销售返利。一般，此类销售返利并未向供应商提供可明确区分的商品或服务，应作为交易价格的扣减。

购买商品或服务——供应商可能向其客户购买可明确区分的商品或服务。例如，软件公司可能向其软件客户购买办公用品。此时，企业需要仔细评价应付客户对价是否仅与所获得的商品或服务相关，还是实际上有部分应作为企业向客户转让商品或服务交易价格的扣减。

案例 5－24：应付客户对价

案例背景

某消费品制造商 A 公司订立一项向一家全球大型连锁零售店 B 公司销售商品的一年期合同。B 公司承诺在一年内购买至少价值 15,000,000 元的产品。合同同时规定，A 公司须在合同开始时向客户支付 1,500,000 元的不可返回款项。该笔 1,500,000 元的款项旨在就 B 公司需更改货架以使其适合放置 A 公司的产品向客户作出补偿。

案例分析

A 公司得出结论认为，向客户支付的该笔款项，并非旨在取得客户向企业转让的可明确区分的商品或服务。这是因为，企业并未取得对客户货架任何相关权利的控制。因此，企业确定，该 1,500,000 元的付款额为交易价格的抵减。

A 公司得出结论认为，该应付对价应在企业确认转让商品的收入时，作为交易价格的抵减进行会计处理。因此，企业在向客户转让商品时，将每一商品的交易价格减少 10%（1,500,000 ÷ 15,000,000）。因此，在企业向客户转让商品的第一个月，企业确认了 1,800,000 元的收入（账单金额 2,000,000 元，减去应付给客户的对价 200,000 元）。

三、应付客户对价的范围

在 2015 年 3 月 30 日、2015 年 7 月 13 日的会议［TRG Agenda ref 19、28］中，TRG 成员讨论了应付客户对价指引的适用范围。

新收入准则并未明确规定应付客户对价的指引是否适用于所有应付客户的

对价，也未明确某些应付客户对价是否被排除在该指引的范围外。TRG 讨论了对应付客户对价范围的以下三种观点：

观点 1：企业应当评价所有应付客户对价；

观点 2：企业仅应评价客户合同（或合并合同）范围内的应付客户对价；

观点 3：企业仅应评价客户合同（或合并合同）范围内，且仅向该客户合同分销链中客户支付的对价。

观点 1：企业应当评价所有应付客户对价

观点 1 认为，企业应当将应付客户对价的指引广泛地应用于所有应付客户的对价。这样可与美国公认会计原则的规定保持一致。

观点 1 认为，新收入准则结论基础所述，从客户收取的对价金额与向该客户支付的对价金额即使是单独事件，两者之间也可能相互关联［IFRS15 paraBC257］。确定应付客户对价是否与向客户提供商品或服务的合同相关联，唯一的方法就是评价应付客户对价是否为获取客户可明确区分的商品后服务，且该金额未超过该商品或服务的公允价值。换言之，未来确定应付客户对价与从客户收取对价是否“相互关联”，企业需要评价所有应付客户对价是否均为了取得可明确区分的商品或服务，且该金额未超过该商品或服务的公允价值。

观点 2：企业仅应评价同一客户合同（或合并合同）范围内的应付客户对价

观点 2 认为，应付客户对价的指引仅适用于同一客户合同，或者满足合同合并条件的几个合同。观点 2 认为，新收入准则是针对单个客户合同进行会计处理，并且，新收入准则评价交易价格的总对价，是在合同层面评价的，因此，应付客户对价需要在同一客户合同，或者合并合同范围内进行评价。

根据新收入准则有关合同合并的相关指引（详见本书第三章第二节），企业与同一客户（或该客户的关联方）同时订立或在相近时间内先后订立的两份或多份合同，在满足下列条件之一时，应当合并为一份合同进行会计处理：

（1）该两份或多份合同基于同一商业目的而订立并构成一揽子交易。

（2）该两份或多份合同中的一份合同的对价金额取决于其他合同的定价或履行情况。

（3）该两份或多份合同中所承诺的商品或服务（或每份合同中所承诺的部分商品或服务）构成新收入准则规定的单项履约义务［IFRS15 para17，CAS14（2017）第七条］。

观点2承认，应付客户对价合同与向客户提供商品或服务的合同可能并不是经常能够满足合同合并的条件，因为两项合同通常并不是“同时或在相近时间内订立”。但是，观点2指出，如果将应付客户对价作为合同变更（详见本书第三章第三节）考虑，则企业可能需要将应付客户合同作为与向客户提供商品或服务的合同相关。并且，企业不仅需要考虑合同的法律上的变更，还需要考虑合同经济实质上的变更。

观点2举例说明了如何从“经济实质”上考虑合同变更。假设卡车制造商向经销商出售了100辆卡车。在交付卡车后，经销商对终端客户的卡车销量不太理想。在向经销商交付卡车后6个月，卡车制造商对外宣布，将对30天内向该经销商购买卡车的终端客户，每辆车补贴5,000元。在本例中，向经销商出售100辆卡车的合同，与向终端客户补贴的合同很可能不满足合同合并的条件，因为两项合同并不是同时或在相近时间内订立的。向终端客户补贴也可能不满足合同变更的条件，因为该补贴并不是经合同各方批准的对合同范围或价格作出的变更。但是，观点2的支持者认为，该补贴在经济实质上就是对与经销商合同价格的变更。对于卡车制造商，该5,000元补贴向经销商支付还是向终端客户支付，实质上并没有区别，都是为了促进卡车销量。

此外，观点2认为，观点1可能导致所确定的交易价格不符合收入确认的“核心原则”，即收入的计量，应反映因转移商品或服务而有权向客户收取的对价金额。按照观点1，企业可能将不同分销链上不相关的交易，仅因为供应商相同，就将应付供应商（同时也是客户）的对价作为收入的抵减，这可能是因为企业很难评估从供应商取得商品或服务的公允价值而导致的。在这些情况下，企业的收入并未如实反映因转移商品或服务而有权向客户收取的对价金额。

观点3：企业仅应评价客户合同（或合并合同）范围内，且仅向该客户合同分销链中客户支付的对价

观点3也赞同观点2的意见，企业仅应评价同一客户合同（或合并合同）范围内的应付客户对价。并且，观点3认为，企业还应当关注于向该客户合同分销链中客户支付的对价。这样，可以避免观点2从“经济实质”上考虑，将所有应付客户对价都认定为合并变更的风险。

观点3举例说明了其与观点2之间的区别。

假设A公司具有两种业务，金属铲和塑料玩具生产。A公司向B公司销售金属铲。6个月后，A公司从B公司购买金属用于生产金属铲。具体交易及观

点 2 和观点 3 的不同理解如图 5－2 所示：

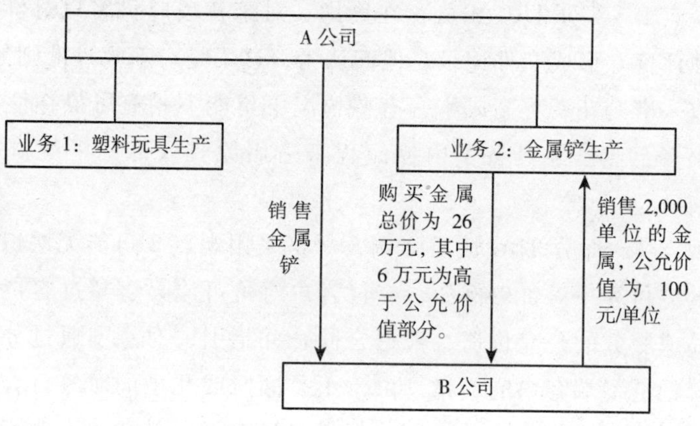

图 5－2　具体交易流程

在观点 2 下，A 公司不需要考虑向 B 公司购买金属的价格是否超过该金属的公允价值，因为两项合同不满足合同合并的条件。

在观点 3 下，B 公司是销售金属铲分销链相关客户，向其购买金属所支付对价应纳入应付客户对价范围考虑，超过购买金属公允价值的 6 万元应作为销售金属铲收入的抵减。

如果案例情况改为 A 公司向 B 公司购买塑料，用于生产塑料玩具。则在观点 2 和观点 3 下，A 公司为购买塑料而向 B 公司支付的对价，均不需要作为应付客户对价考虑。根据观点 2，A 公司向 B 公司出售金属铲，与其向 B 公司购买塑料，并不满足合同合并条件，故不需要将购买塑料的对价作为应付客户对价考虑。根据观点 3，因为 B 公司向 A 公司出售的塑料，与 A 公司向 B 公司出售的金属铲并不是同一分销链，故不需要将购买塑料的对价作为应付客户对价考虑。

观点 3 还指出，根据客户的定义，以及新收入准则针对单项合同的原则，不满足合同合并条件的各项合同，其收入应分别进行处理，因此，应付客户对价也应按照各单项合同逐项确定。

观点 3 也指出，确定应付客户对价是否属于同一分销链，需要根据购买商品或服务的性质具体分析。

TRG 成员讨论意见

经过两次会议讨论，TRG 成员赞同，合理采用观点 1 和观点 2，将得出类似的财务报告结果，而且，合理采用任意一种观点均能遵循识别应付客户对价相关内控流程和规定。没有 TRG 成员赞同观点 3。

对于观点 1，部分 TRG 成员存在疑虑，对于各项应付客户对价，它要求企业应当单独评价并形成文件记录。他们认为，这不是对新收入准则的适当应用，它将比原收入准则花费更高成本，有些情况下可能不具有可操作性的。TRG 成员承认，很多企业已经具备了内控流程来适用原收入准则下应付客户对价的指引。

对于观点 2，部分 TRG 成员强调，严格采用观点 2 可能无法识别出与收入合同相关的应付客户对价。例如，应付客户对价可能显著超过客户或终端客户取得的商品或服务的公允价值，根据合同合并指引，对意图通过分销链转移企业产品的分销链终端客户的支付，由于不是同时或几乎同时签订合同，对该终端客户的支付将无法作为合并合同。但是，TRG 成员认为，在观点 2 下，合理采用新收入准则下合同变更相关指引，应将此类支付作为对原始合同的变更（交易价格的变更），因为两项交易具有经济关联。

四、识别应付客户对价中的“客户”

在 2015 年 3 月 30 日、2015 年 7 月 13 日的会议［TRG Agenda ref 28］中，TRG 成员讨论了，应付客户对价指引中的客户，是仅包括同一分销链中的客户，还是扩大到企业的所有客户？

新收入准则结论基础提到，在某些情况下，企业向客户或其客户的客户支付对价，例如，企业向经销商或分销商出售产品，并随后向该经销商或分销商的客户进行支付。部分利益相关方认为，其中的“例如”，可能暗示应付客户对价的指引，不仅适用于同一分销链中的客户，还包括其他范围更广的客户。对于该问题，利益相关方提出了以下两种观点：

观点 1：企业的客户仅限于分销链中的客户；

观点 2：企业的客户包括分销链中的客户，也包括分销链以外的客户的客户。

利益相关方以常见的代理人模式为例，讨论了两种观点的不同处理：

根据图 5－3，批发商向终端客户交付名义价值 100 元的商品，终端客户向批发商支付名义价值 55 元的现金代金券。终端客户的现金代金券是从销售代理购买取得，销售代理向终端客户支付名义价值 55 元的现金代金券，其中 5 元为赠送的优惠券，终端客户向销售代理实际支付对价 50 元。销售代理向批发商支付40元，剩余10元为其代理费，总代理费是根据终端客户的购买次数计算的。

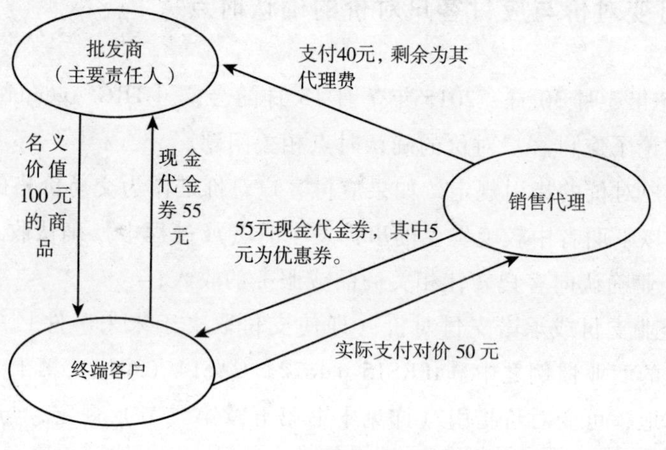

图5－3　具体交易流程

在本案例中，对于销售代理，由于其仅作为该商品销售的代理人，其客户是批发商，而不是终端客户，终端客户属于批发商的客户。其向终端客户赠送的5元优惠券，可能使批发商授权的政策，也可能是其自主确定的政策。利益相关方讨论了，该5元优惠券是否应当作为销售代理的应付客户对价，从其代理费收入中抵减。

在观点1下，企业的客户仅限于分销链中的客户。在本案例中，销售代理应按总额确认代理费收入15元（55元－40元），5元作为销售费用。

在观点2下，企业的客户包括分销链中的客户，也包括分销链以外的客户的客户。在本案例中，销售代理应按净额确认代理费收入10元（55元－5元－40元）。

经过两次会议讨论，大部分TRG成员支持观点2。在观点2下，企业必须识别各项收入交易中的客户，以及分销链以外的客户的客户。此外，作为代理方的企业（即为另一方安排提供商品或服务），可能需要根据安排的事实和情况识别多个客户。即该企业应将安排中的主要责任人和终端客户同时视为客户。TRG成员指出，原收入准则下，某些企业可能将其主要责任人的终端客户视为其客户，而其他企业则可能不会，因此，目前实务中对作为代理人的企业，是否仅应将主要责任人视为其客户，仍然存在分歧。无论企业是否将主要责任人的终端客户视为其自身客户，基于企业与主要责任人的合同，向主要责任人的终端客户的支付，应作为应付客户支付进行判断处理。

五、可变对价与应付客户对价的确认时点

在2015年3月30日、2015年7月13日的会议［TRG Agenda ref 28］中，TRG成员讨论了应付客户对价的确认时点相关问题。

应付客户对价的指引规定，如果应付客户对价是作为交易价格的抵减处理，企业应当在以下两者中较晚发生的事件发生时（或过程中）确认收入的减少：

（1）企业确认向客户转让相关商品或服务的收入；

（2）企业支付或承诺支付对价（即使支付取决于未来事件）。该承诺可能隐含于企业的商业惯例之中［IFRS15 para72、CAS14（2017）第十九条］。

相对应地，可变对价指引（详见本书第五章第二节）规定，与客户所承诺的对价相关的可变性可能在合同中明确列示，也可能未明确列示。除合同条款规定外，若存在下列情况之一，则承诺的对价是可变的：

（1）企业的商业惯例、已公布的政策或特定声明导致客户形成企业将接受低于合同指定价格的对价金额的有效预期（即预计企业将提供价格折让）。视司法管辖区、行业或客户的不同，该要约可能被称为折扣、回扣、退款或抵免。

（2）其他事实和情况表明企业在与客户订立合同时的意图为向客户提供价格折让［IFRS15 para52］。

有利益相关方指出，上述应付客户对价的确认时点，可能与可变对价的确认时点存在矛盾。可变对价产生的原因比较广泛，包括折扣、回扣、退款、抵免、价格折让、激励措施、业绩奖金、罚款或其他类似项目。在某些情况下，根据可变对价相关指引，企业可能需要在向客户"承诺支付"之前就估计可变对价，并作为交易价格的抵减。而应付客户对价只有在向客户"承诺支付"之后才作为交易价格的抵减确认。

TRG成员认为，应付客户对价相关确认时点，与可变对价相关确认时点并不存在矛盾。因为并不是所有应付客户对价都属于可变对价。如果应付客户对价不属于可变对价，则适用应付客户对价确认时点；如果应付客户对价属于可变对价，则适用可变对价确认时点。

因此，对于可变对价和应付客户对价确认时点，存在两种不同的观点：

观点1：可变对价与应付客户对价确认时点可以协调一致，因为并非所有应付客户对价都属于可变对价。

观点 2：可变对价与应付客户对价确认时点存在不一致。

观点 1：可变对价与应付客户对价确认时点可以协调一致

观点 1 认为，可变对价与应付客户对价确认时点可以协调一致，因为并非所有应付客户对价都属于可变对价。根据可变对价指引，如果在合同开始时企业并未在合同中明确约定，客户也无法通过企业商业惯例合理预期，其他事实和情况也无法表明企业有意图向客户提供返利、价格折让等，则此类应付客户对价不属于可变对价。如果应付客户对价属于可变对价，则应在向客户支付对价之前便抵减收入。如果应付客户对价不属于可变对价，则需要在企业确认向客户转让相关商品或服务的收入，或者企业支付或承诺支付对价孰晚时点确认。

观点 1 以《国际财务报告准则第 15 号》示例 23 案例 A 为例。在该案例中，基于过去的大量商业惯例，以及对分销链的激励作用，企业在合同开始时预期将向客户授予价格转让，因此，其对价属于可变对价。该价格转让在经济实质上类似于应付客户对价。在该案例中，企业以预期的价格折让抵减收入，即使该价格折让尚未向客户传递，因为企业在签订合同时，基于其过去的商业惯例，其有意图向客户授予该价格折让。

观点 1 指出，即使可变对价与应付客户对价的指引可能存在不一致，但应付客户对价的孰晚时点也不会经常适用。应付客户对价孰晚时点，只有在企业没有任何提供激励措施的历史和预期的情况下才可能适用。对于大部分的激励措施，企业可能已经对相同或类似产品提供了激励，因此，客户可以合理预期，或者企业将有意图在未来的交易中提供类似激励。因此，企业将需要在估计交易价格时即将此类激励的预期金额抵减交易价格。但是，也有反对意见认为，实务中的激励计划多种多样，过去的激励计划可能并不能使客户合理预期或证明企业有意图。这样，应付客户对价的孰晚时点就可能经常适用。反对意见也承认，应付客户对价的孰晚时点在某些情况下需要判断。

也有观点 1 的反对意见认为，可变对价的范围很广泛，观点 1 可能缩小了可变对价的范围。反对意见不认为《国际财务报告准则第 15 号》第 52 段是对可变对价范围的限制。

在第一次会议中，支持观点 1 的利益相关方讨论了以下案例：

案例 5－25：应付客户对价与可变对价确认时点

案例背景

消费品制造商 A 公司在 12 月 15 日签订合同，向其客户（零售连锁店）销售新产品。在向零售连锁店交付新产品之前，A公司的营销部门将考虑是否在相关报纸上免费刊登该新产品价值1元的抵扣券，以鼓励消费者在零售连锁店购买新产品。A公司将向零售连锁店偿还消费者兑换的任何优惠券。A公司过去从未刊登过类似的抵扣券。

A公司于12月28日向零售连锁店交付新产品（一共1,000件，每件价格10元）。12月31日，A公司决定在报纸上刊登该抵扣券。次年1月2日，A公司在报纸上向其客户宣告，其将于3月30日前向零售连锁店补偿其客户兑换的抵扣券。假设A公司按自然年度编报财务报表。

案例分析

支持观点1的利益相关方认为，在本案例中，消费品制造商的抵扣券不属于可变对价，因为制造商过去从未向客户授予过类似抵扣券，其营销部门也无足够的具体事实和情况证明，其有意图向客户授予该抵扣券。因此，该抵扣券不需要在合同开始时作为可变对价的一部分进行估计。相反，该抵扣券应适用应付客户对价的规定。即在确认收入（12月28日）和向客户做出承诺（次年1月2日）孰晚时点作为收入的抵减。

但是，假设上述案例情况修改为，制造商历史上就定期在每周报纸上刊登1元抵扣券，则根据其他事实和情况，客户可以合理预期企业将提供该抵扣券，制造商应将该抵扣券作为可变对价。即制造商在合同开始时（12月15日），在估计该合同交易价格时，即将所估计的抵扣券金额作为交易价格的抵减。

观点2：可变对价与应付客户对价确认时点存在不一致

观点2认为，可变对价与应付客户对价的确认时点存在不一致。特别是，可变对价指引要求在确认收入时即确认应付客户对价（即抵减收入），这可能早于向客户做出承诺的时点。收入确认的核心原则是反映企业预期有权获得的对价金额，应付客户对价的孰晚原则，需要等待到向客户做出承诺时才确认，这与可变对价在合同开始时即基于企业的预期存在不一致，也与收入确认的核心原则不符。

观点2认为，企业应当在合同开始时，将其有意图向客户支付的金额抵减交易价格，包括那些不具有过去商业惯例的应付客户对价。观点2认为，基于企业意图的抵减后交易价格，更能如实反映企业预期有权获得的对价金额。并且，对客户的激励是否被认定为可变对价，并不影响其确认时点，因为固定和可变金额最终都会影响企业预期有权获得的金额。

第六节　不可返还的前期费用

在某些合同中，企业在合同开始时或接近合同开始时向客户收取一笔不可返还的前期费用。相关示例包括健康俱乐部成员合同中的入会费、电信合同中的开通费、某些服务合同中的准备费及某些供货合同中的先期费用［IFRS15 paraB48，CAS149（2017）第四十条］。

为识别这类合同中的履约义务，企业应当评估该费用是否与转让承诺的商品或服务有关。在许多情况下，即使不可返还的前期费用与企业为履行合同而必须在合同开始时或临近合同开始时开展的活动相关，但这些活动并不会导致向客户转让承诺的商品或服务。相反，前期费用是针对未来商品或服务的预付款，从而应在提供相关未来商品或服务时确认为收入。如果企业授予客户续约选择权并且这一选择权向客户提供了重大权利，则收入确认期间应延长至超出最初的合同期［IFRS15 paraB49，CAS149（2017）第四十条］。

如果不可返还的前期费用与某项商品或服务相关，企业应评价是否应将该商品或服务作为一项单独履约义务进行会计处理［IFRS15 paraB50，CAS149（2017）第四十条］。

企业可能会收取一笔不可返还的费用，部分作为对合同准备过程中（或其他行政任务）所发生的成本的补偿。如果这些准备活动并未履行履约义务，则企业在计量履约进度时，应忽略这些活动（及相关成本）。这是因为这些准备活动成本并未反映对客户的服务转让。企业应当评估在合同准备过程中所发生的成本是否形成一项应确认的资产［IFRS15 paraB51，CAS149（2017）第四十条］。

案例 5－26：不可返还的前期费用

案例背景

A 公司与客户订立一份关于一年交易处理服务的合同。A 公司合同具有适用所有客户的标准条款。这份合同要求客户支付前期费用，以在 A 公司的系统和流程中对客户进行设置。这一费用是名义金额并且不可返还。客户可每年对合同进行续约且无需支付额外费用。

案例分析

A 公司的设置活动并未向客户转让商品或服务，因此并未形成一项履约义务。

A 公司得出的结论认为，续约选择权并未向客户提供在不订立合同的情况下无法获得的重大权利。实际上，前期费用是针对未来交易处理服务的预付款。因此，A 公司确定交易价格包括不可返还的前期费用，并在交易处理服务提供过程中确认该服务的收入。

第六章　分摊交易价格

第一节　交易价格分摊的基本原则

合同中包含两项或多项履约义务的，需要将交易价格分摊至各单项履约义务，分摊交易价格的目标是为了将交易价格向每一项履约义务（或可明确区分的商品或服务）分摊，分摊的金额应反映企业因向客户转让承诺的商品或服务而预计有权收取的对价金额［IFRS15 para73，CAS14（2017）第二十条］。

企业应当在合同开始日，基于单独售价的相对比例将交易价格分摊至在合同中识别的每一项履约义务；但关于分摊折扣、分摊可变对价的情况除外［IFRS15 para74，CAS14（2017）第二十条］。

为基于单独售价的相对比例将交易价格分摊至每一项履约义务，企业应在合同开始时确定合同内每一项履约义务所涉及的可明确区分的商品或服务的单独售价，并按照此类单独售价的比例分摊交易价格，企业不得因合同开始日之后单独售价的变动而重新分摊交易价格［IFRS15 para76，CAS14（2017）第二十条］。

收入确认模型的目标是企业按因向客户转让商品或服务而预计有权获得的对价金额确认收入。基于单独售价的相对比例进行分摊仅仅是实现该目标的方法，而并非分摊的原则［IFRS15 paraBC279］。

基于单独售价的相对比例分摊交易价格将使分摊交易价格的流程更为严谨和规范，进而提高企业内部以及各企业之间的可比性。因此，基于单独售价的相对比例应当是分摊交易价格的默认方法。但是，该方法并非始终能够如实反映企业预计有权从客户那里获得的对价金额，据此，新收入准则对分摊折扣和分摊可变对价的情况也进行了规定［IFRS15 paraBC280］。

第二节　单独售价

单独售价，是指企业向客户单独销售一项承诺的商品或服务的价格［IFRS15para77，CAS14（2017）第十八条］。

单独售价的最佳证据是企业在类似环境下向类似客户单独销售商品或服务的可观察价格，商品或服务的合同价格或标价可能是（但不应假定为）该商品或服务的单独售价［IFRS15para77，CAS14（2017）第二十一条］。

一、估计单独售价

单独售价无法直接观察的，企业应当综合考虑其能够合理取得的全部相关信息（包括市场状况、企业特定因素以及有关客户或客户类别的信息），采用市场调整法、成本加成法、余值法等适当方法合理估计单独售价。在估计单独售价时，企业应当最大限度地采用可观察的输入值，并对类似的情况采用一致的估计方法［IFRS15 para78，CAS14（2017）第二十一条］。

用于估计商品或服务的单独售价的适当方法包括但不限于：

（1）市场调整法——企业可评价其出售商品或服务的市场，并对该市场中客户愿意为此类商品或服务支付的价格作出估计。该方法还可能包括参照企业竞争对手的类似商品或服务的价格，并对此类价格作出必要调整以反映企业的成本及毛利。

（2）成本加成法——企业可预测其因履行履约义务而预计发生的成本，再加上该商品或服务的适当毛利后的价格。

（3）余值法——企业可通过参照交易价格总额减去合同所承诺的其他商品或服务的可观察单独售价总和后的余额来估计相关的单独售价［IFRS15 para79，CAS14（2017）第二十一条］。

案例 6－1：分摊方法

案例背景

A 公司与客户订立一项合同，以 100 万元的价格出售产品 X、Y 和 Z。A 公司将在不同时点履行针对每项产品的履约义务。A 公司定期单独出售产品 X，因此单独售价可直接观察。产品 Y 和 Z 的单独售价不可直接观察。

案例分析

由于产品 Y 和 Z 的单独售价不可直接观察，A 公司必须对其进行估计。为估计单独售价，A 公司针对产品 Y 采用经调整的市场调整法，并针对产品 Z 采用成本加成法。在作出相关估计时，A 公司最大限度地使用可观察的输入值。A 公司对单独售价的估计如表 6－1 所示：

表 6－1　　各产品单位售价及估计方法

产品	单独售价（万元）	方法
产品 X	50	可直接观察
产品 Y	25	市场调整法
产品 Z	75	成本加成法
合计	150	

由于单独售价之和（150 万元）超过所承诺的对价（100 万元），因此客户实际上是因购买一揽子商品的而获得了折扣。A 公司考虑了其是否有关于全部折扣归属于哪一项履约义务的可观察证据，且得出其并没有相关可观察证据的结论。相应地，将折扣在产品 X、Y 和 Z 之间按比例进行分摊。因此，该折扣的分摊和分摊后的交易价格如表 6－2 所示：

表 6－2　　向各产品分摊折扣

产品	分摊后的交易价格
产品 X	33(50 ÷ 150 × 100)
产品 Y	17(25 ÷ 150 × 100)
产品 Z	50(75 ÷ 150 × 100)
合计	100

新收入准则不排除也不硬性规定任何估计单独售价的特定方法，只要所得出的估计能够如实反映企业将可明确区分的商品或服务单独出售给客户时采用的价格。企业估计单独售价所采用的方法应最大限度地使用可观察的输入值，

并且应当一致地用于估计具有类似特征的其他商品或服务的单独售价［IFRS15 paraBC268］。

企业在制定确定单独售价相应流程时，应当基于特定事实和情况考虑所有合理可获得的信息。该信息可包括：

（1）合理可获得的数据点（例如，商品或服务的单独售价、生产或提供商品或服务所发生的成本、相关的利润率、已公布的价格清单、第三方或行业定价以及同一合同中其他商品或服务的定价）；

（2）市场状况（例如，市场内商品或服务的供求情况、竞争、限制和趋势）；

（3）企业特定的因素（例如，企业定价策略和实务）；

（4）有关客户或客户类型的信息（例如，客户类型、所在地区和分销渠道）［IFRS15 paraBC269］。

二、余值法

《国际财务报告准则第 15 号》规定，企业仅在满足下列条件之一时才可采用余值法估计商品或服务的单独售价：

（1）在同一时间或接近同一时间以差异范围较大的金额向不同客户出售同一种商品或服务（即售价的可变程度极高，因为无法从以往的交易或其他可观察的证据中辨别出具有代表性的单独售价）；

（2）尚未对该商品或服务进行定价，且该商品或服务之前未曾单独出售过（即售价尚不确定）［IFRS15 para79］。

如果合同中两项或以上的商品或服务具有可变程度极高或不确定的单独售价，则可能需要结合采用多种方法来估计合同所承诺的商品或服务的单独售价。例如，可能采用余值法来估计此类单独售价可变程度极高或不确定的承诺商品或服务的单独售价总和，然后再采用其他方法来估计按余值法确定的该单独售价总和估计值所涉及的个别商品或服务的单独售价。如果企业结合采用多种方法来估计合同所承诺的每一项商品或服务的单独售价，企业应当评价按此类单独售价估计值分摊交易价格的做法是否符合交易价格的分摊目标以及关于估计单独售价的要求［IFRS15 para80］。

《国际财务报告准则第 15 号》第 79（3）段中规定企业何时以及可如何使用余值法作为一种估计方法，特别是在一个或多个承诺的商品或服务的单独售价有可变程度极高或不确定的情况下。如在确定合同中的知识产权及其他无形产品单独售价时，其价格的可变程度可能极高，因为企业在向客户提供这些商品或服务时没有或者只有很少的增量成本。在这种情况下，确定合同中单独售价的最可靠方式通常是使用余值法。出于同样的原因，在企业尚未确定之前没有单独出售过的商品或服务的售价的情况下，余值法可能是适当的［IFRS15 paraBC271］。

合同包括多于一个具有可变程度极高或不确定单独售价的商品或服务，也不应禁止应用余值法，因为其仍可能是确定单独售价的可靠方法。当存在两个或多个具有可变程度极高或不确定单独售价的商品或服务时使用余值法可能要求企业结合运用多种方法来估计单独售价，具体如下：

（1）首先应用余值法估计具有可变程度极高或不确定的单独售价的所有承诺商品或服务的单独售价的总和；

（2）随后使用另一种方法估计每一项具有可变程度极高或不确定的单独售价的承诺商品或服务的单独售价［IFRS15 paraBC272］。

在确定估计值是否合理时，重要的是了解用于估计承诺商品或服务单独售价的余值法不同于此前收入准则所允许的余值法。这是因为在《国际财务报告准则第 15 号》中，余值法是用于确定可明确区分的商品或服务的单独售价。根据定义，如果商品或服务事实上可明确区分，该方法实际上不会导致单独售价为零，因为商品或服务可明确区分的前提是其必须单独而言具有价值。相反，此前收入准则中的余值法可能会导致结果为零，因为该余值法是一种分配方法。因此，根据此前的收入确认要求，剩余的分摊至履约义务的唯一对价金额可能是零。如果《国际财务报告准则第 15 号》中的余值法导致零对价或几乎无对价可分摊至某项商品或服务或一揽子商品或服务，则企业应考虑在这些情况下的估计是否适当［IFRS15 paraBC273］。

《企业会计准则第 14 号》（2017 年修订）第二十二条规定，企业在商品近期售价波动幅度巨大，或者因未定价且未曾单独销售而使售价无法可靠确定时，可采用余值法估计其单独售价。《国际财务报告准则第 15 号》要求只有在非常有限的情况下，才可以采用余值法估计单独售价。考虑结合我国市场环境和实务需要采用变通的做法，允许余值法在更大范围内采用，在收入准则中弱化了对于余值法使用要求的限制。

三、规定证据的级次

新收入准则不明确规定确定商品或服务单独售价的证据的级次。相反，强调企业在确定单独售价的估计值时应最大限度地使用可观察的输入值［IFRS15 paraBC274］。

在新收入准则制定过程中，部分反馈意见者建议指定一个证据的级次，明确规定确定单独售价的证据的级次（并要求使用该级次进行披露）将提高企业所报告的收入的质量和可靠性。与此前收入准则中的级次类似：

（1）如果可获得有关售价的卖方特定的客观证据，将使用该价格来确定承诺商品或服务的售价；

（2）如果无法获得卖方特定的客观证据，将使用第三方证据（如可获得）来确定售价；

（3）如果无法获得第三方证据，则将使用售价的最佳估计值［IFRS15 paraBC275］。

《国际财务报告准则第 15 号》要求企业使用在其单独出售商品或服务时可观察的价格（类似于卖方特定的客观证据的概念）。仅当商品或服务并未单独出售时，企业才需估计单独售价。在该估计过程中，仍必须最大限度地使用可观察的输入值。在上述级次中，第三方证据与售价的最佳估计值之间区别不大。例如，售价的第三方证据可能需要作出调整，以反映（1）商品或服务的差异（因为第三方价格可能是针对类似而非相同的商品或服务），或（2）第三方和企业的定价策略之间的差异。因此，新收入准则中不明确规定级次，重要的是强调在确定单独售价的估计值时应最大限度地使用可观察的输入值［IFRS15 paraBC276］。

四、新旧准则差异分析

向履约义务分摊交易价格的新要求，可能导致很多企业的实务发生变动。

原收入准则并未涉及向多项商品或服务分摊的方法。《国际财务报告解释公告第 13 号——客户忠诚度计划》（“财会函〔2008〕60 号文”、《企业会计准则讲解 2008》引入的客户奖励积分处理）提到两种分摊方法：相对公允价值法，余值法。但是，《国际财务报告解释公告第 13 号》并未对两种方法分层级，而新收入准则对余值法的适用情况有明确规定。因此，企业在采用新收入准则时，需要重新根据具体事实和情况评价所采用的分摊方法是否适当。

由于原收入准则下很少涉及多项商品或服务的安排相关指引，很多企业参考原美国公认会计原则的规定制定其会计政策。如果曾参考《会计准则汇编

605－25》对多重要素安排的规定制定会计政策，则单独售价并不是一个新的概念。新收入准则估计单独售价的要求与《会计准则汇编 605－25》基本一致，除了并未规定估计证据的层级。

参照《会计准则汇编 605－25》制定单独售价的估计方法时，可能剔除“极高可变性”的价格。新收入准则可能允许考虑采用余值法来进行估计。

此外，单独售价的估计要求，也可能导致某些参照美国公认会计原则进行收入确认的企业产生重大实务变动，比如参照《会计准则汇编 985－605》的软件收入确认。《会计准则汇编 985－605》对确定单独售价具有不同的限制，它要求可观察的证据，而不是管理层的估计。企业可能对估计单独售价存在困难，特别是那些从未单独出售过的商品或服务，例如软件升级服务。在特定情况下，企业可能采用“余值法”来估计单独售价。

此外，负责企业收入确认政策的财务人员，将需要与会计或财务部门以外的人员进行协商。具体而言，他们需要与参与企业定价决策的人员协商，以确定估计的独立销售价格，特别是在有限或没有可观察输入值的情况下。这对于某些企业可能会构成变动。

第三节　分摊折扣

合同折扣，是指合同中各单项履约义务所承诺商品或服务的单独售价之和高于合同交易价格的金额。对于合同折扣，企业应当在各单项履约义务之间按比例分摊。有确凿证据表明合同折扣仅与合同中一项或多项（而非全部）履约义务相关的，企业应当将该合同折扣分摊至相关一项或多项履约义务［IFRS15 para81，CAS14（2017）第二十三条］。

如果符合下列所有条件，则企业应将折扣全部分摊至合同中的一项或多项（而非全部）履约义务：

（1）企业经常单独出售合同中各项可明确区分的商品或服务或者每项可明确区分的商品或服务的组合；

（2）企业也经常将其中部分可明确区分的商品或服务作为组合单独出售，其售价相对于该组合商品或服务中各项商品或服务的单独售价而言是一个折扣价；

（3）上述所述的归属于每项组合商品或服务的折扣与合同中的折扣基本相同，且针对每项组合中的商品或服务所作的分析就合同的全部折扣归属于哪一项（或哪几项）履约义务提供了可观察的证据［IFRS15 para82］。

如果合同折扣仅与合同中一项或多项（而非全部）履约义务相关，将折扣全部分摊至合同中的一项或多项履约义务，且企业采用余值法估计单独售价的，则企业应当在根据采用余值法估计商品或服务的单独售价之前分摊该折扣［IFRS15 para83，CAS（2017）第二十三条］。

案例 6－2：分摊折扣

案例背景

A 公司定期单独出售产品 X、Y 和 Z，从而确定单独售价如表 6－3 所示：

表 6－3　　各产品单独售价

产品	单独售价（万元）
产品 X	40
产品 Y	55
产品 Z	45
合计	140

此外，A 公司定期以 60 万元的价格将产品 Y 和 Z 一同出售。

案例分析

情形一：将折扣分摊至一项或多项履约义务

A 公司与客户订立一项合同，以 100 万元的价格出售产品 X、Y 和 Z。A 公司将在不同时点履行针对每项产品的履约义务。

该合同包含针对整项交易的折扣 40 万元，如按单独售价的相对比例分摊交易价格，这一折扣将按比例分摊至全部三项履约义务。但是，由于 A 公司定期以 60 万元的价格将产品 Y 和 Z 一同出售，且以 40 万元的价格出售产品 X，因此 A 公司有证据证明，应当将全部折扣分摊至转让产品 Y 和 Z 的承诺。

如果 A 公司在同一时点转移对产品 Y 和 Z 的控制，则 A 公司在实务上可将该两个产品的转让作为单项履约义务进行会计处理。也就是说，A 公司可将 60 万元的交易价格分摊至这项单项履约义务，并在产品 Y 和 Z 同时转让给客户时确认 60 万元的收入。

如果合同要求 A 公司在不同时点转移对产品 Y 和 Z 的控制，则 60 万元的分摊金额应单独分摊至转让产品 Y（单独售价为 55 万元）和产品 Z（单独售价为 45 万元）的承诺，具体如表 6－4 所示：

表 6－4　　向各产品分摊折扣

产品	已分摊的交易价格（万元）
产品 Y	33(55÷100×60)
产品 Z	27(45÷100×60)
合计	60

情形二：适用余值法

如同情形一，A 公司与客户订立一项出售产品 X、Y 和 Z 的合同。合同同时包含转让产品 J 的承诺。合同的总对价为 130 万元。由于 A 公司向不同客户出售产品 J 的价格差异范围较大（从 15 万元至 45 万元不等），因此产品 J 的单独售价可变程度极高。据此，A 公司决定采用余值法估计产品 J 的单独售价。

在采用余值法估计产品 J 的单独售价前，A 公司确定是否应将折扣分摊至合同中的其他履约义务。

如同情形一，由于 A 公司定期以 60 万元的价格将产品 Y 和 Z 一同出售，且以 40 万元的价格出售产品 X，因此 A 公司有可观察的证据证明应将 100 万元分摊至这三种产品，并将 40 万元的折扣分摊至转让产品 Y 和 Z 的承诺。通过采用余值法，A 公司估计产品 J 的单独售价为 30 万元，具体如表 6－5 所示：

表 6－5　　向各产品分摊折扣

产品	单独售价（万元）	方法
产品 X	40	直接可观察
产品 Y 和 Z	60	直接可观察且有折扣
产品 J	30	余值法
合计	130	

A 公司认为相应分摊至产品 J 的 30 万元是在其可观察的售价范围（15 万元－45 万元）之内。因此，相应的分摊（请参见表 6－5）符合分摊目标及要求。

情形三：不适用余值法

情形三与情形二的情况相同，但交易价格为 105 万元而非 130 万元。相应地，采用余值法将导致产品 J 的单独售价为 5 万元（交易价格 105 万元减去分摊至产品 X、Y 和 Z 的 100 万元）。A 公司得出结论认为，5 万元不能如实反映 A 公司因履行转让产品 J 的履约义务而预计有权获得的对价金额，因为 5 万元并不接近产品J的单独售价，产品J的单独售价在15万元－45万元的范围之内。所以，A公司复核其可观察数据（包括销售和利润报告），以采用其他合适的方法估计产品J的单独售价。A公司采用这些产品单独售价的相对比例，将105万元的交易价格分摊至产品X、Y、Z和J。

第四节　分摊可变对价

一、分摊可变对价一般原则

合同所承诺的可变对价可能归属于整项合同或者合同的特定部分，后者包括两种情形：

（1）合同中的一项或多项（而非全部）履约义务，例如，是否获得奖金可能取决于企业是否在指定时期内转让某项承诺的商品或服务；

（2）在构成单项履约义务的一部分的一系列可明确区分的商品或服务中，承诺的一项或多项（而非全部）可明确区分的商品或服务，例如，为期两年的保洁服务合同承诺第二年的对价将根据指定的通货膨胀指数变动而提高［IFRS15 para84］。

如果同时满足下列两项条件，则企业应将可变金额（及该金额的后续变动）全部分摊至一项履约义务或构成单项履约义务的一部分的一项可明确区分的商品或服务：

（1）有关可变付款额的条款专门针对企业为履行该项履约义务，或转让该可明确区分的商品或服务所作的努力（或履行该履约义务或转让该可明确区分的商品或服务所导致的特定结果）；

（2）在考虑合同中的全部履约义务及付款条款后，企业认为将对价的可变金额全部分摊至该履约义务或可明确区分的商品或服务符合交易价格的分摊目标［IFRS15 para85］。

对于不满足上述条件的可变对价及可变对价的后续变动额，以及可变对价及其后续变动额中未满足上述条件的剩余交易价格金额，企业应当按照前述分摊交易价格基本原则以及分摊折扣的原则，将其分摊至合同中的各单项履约义务［IFRS15 para86］。

企业将交易价格中的可变对价分摊至合同中所有履约义务的做法并非总是适当。例如，企业可能订立一项在不同时间提供两种产品的合同，并且奖金仅在第二种产品能够及时交付时才能取得。在本例中，将交易价格所含的可变对价归属于两种产品可能并不恰当。同样地，企业也可能订立一项在不同时间提供两种产品的合同，并且针对第一种产品收取反映该产品的单独售价的固定金额，及针对第二种产品收取取决于的交付情况的可变金额。这一可变金额可能排除在交易价格的估计之外（由于交易价格的估计限制的要求）。在这种情况下，将交易价格所含的固定对价归属于两种产品可能并不恰当。因此，新收入准则中明确了有关条件，以识别企业应将可变对价全额分摊至一项履约义务或者（构成单项履约义务一部分的）可明确区分的商品或服务，而非整个合同的情况。如果交易价格中包含可变对价，则有必要采用这些条件以确保交易价格的适当分摊［IFRS15 paraBC284］。

新收入准则规定，可变对价可分摊至可明确区分的商品或服务，即使这些商品或服务构成单项履约义务。该规定旨在确保在某些情况下，如果已履行的部分履约义务符合的构成单项履约义务的条件，则企业可将对可变对价的重新评估仅归属于已履行的履约义务。例如，合同规定提供为期一年的酒店管理服务（即确定为单项履约义务），合同对价是可变的基于2%的入住率确定。企业提供可明确区分的每一天的管理服务，并且如果当天有入住的情况，与对价相关的不确定性消除。在这种情况下，企业并非按每天确定的可变对价分摊至全部履约义务（即在一年内提供管理服务的承诺）。而是，可变对价应分摊至与可变对价相关的可明确区分的服务（即一天的管理服务）［IFRS15 paraBC285］。

案例6－3：分摊可变对价

案例背景

A公司与B公司订立一项针对两项知识产权许可（许可X和Y）的合同，A公司确定该合同包含两项履约义务，每项履约义务均在某一时点履行。许可X和Y的单独售价分别为800万元和1,000万元。

案例分析

情形一：可变对价全部分摊至一项履约义务

合同针对许可X所规定的价格为固定金额800万元，而针对许可Y所规定的对价则是B公司销售使用了许可Y的相关产品的未来销售额的3%。在进行分摊时，A 公司估计其基于销售的特许使用费（可变对价）为 1,000 万元。

为分摊交易价格，A 公司考虑了准则相关条件，并得出可变对价（即基于销售的特许使用费）应当全部分摊至许可 Y 的结论。A 公司基于以下原因得出结论：

（1）可变付款额明确地与转让许可 Y 的履约义务的结果相关（即 B 公司后续销售使用许可 Y 的产品）。

（2）将预计特许使用费金额 1,000 万元全部分摊至许可 Y 符合分摊目标。这是因为，A 公司对基于销售的特许使用费的估计值（1,000 万元）接近许可 Y 的单独售价，且固定金额 800 万元接近许可 X 的单独售价。A 公司将 800 万元分摊至许可 X。这是因为，基于对与两项许可相关的事实和情况的评估，在全部可变对价之外，再分摊部分固定对价至许可 Y 并不符合分摊目标。

A 公司在合同开始时转让许可 Y，并在 1 个月后转让许可 X。在转让许可 Y 时，由于分摊至许可 Y 的对价是基于销售的特许使用费形式，所以 A 公司并不确认收入。因此，A 公司在发生后续销售时确认基于销售的特许使用费收入。

当转让许可 X 时，A 公司将分摊至许可 X 的 800 万元确认为收入。

情形二：基于单独售价分摊可变对价

合同针对许可 X 所规定的价格为固定金额 300 万元，而针对许可 Y 所规定的对价则是 B 公司销售使用了许可 Y 的产品的未来销售额的 5%。在进行分摊时，A 公司根据准则估计其基于销售的特许使用费（可变对价）为 1,500 万元。

为分摊交易价格，A 公司根据准则判断是否将可变对价（即基于销售的特许使用费）全部分摊至许可 Y。在应用这些要求时，A 公司得出结论，虽然可变付款额明确地与转让许可 Y 的履约义务的结果相关（即 B 公司后续销售使用许可 Y 的产品），但将可变对价全部分摊至许可 Y 将不符合分摊交易价格的原则。将 300 万元分摊至许可 X 并将 1,500 万元分摊至许可 Y 未能反映出基于许可 X 和许可 Y 的单独售价（分别为 800 万元和 1,000 万元）对交易价格进行的合理分摊。据此，A 公司采用一般分摊要求。

A 公司基于单独售价的相对比例（分别为 800 万元和 1,000 万元）将交易价格 300 万元分摊至许可 X 和许可 Y。A 公司同时基于单独售价的相对比例，对与基于销售的特许使用费相关的对价进行分摊。但是，根据准则规定，如果 A 公司提供知识产权许可，并以基于销售的特许使用费形式收取对价，则直至以下两者中较晚发生的事件发生之前，A 公司不得确认收入：（1）发生后续销售，或（2）履约义务得到履行（或部分得到履行）。

许可Y在合同开始时转让给B公司，而许可X则在3个月后转让。在转让许可Y时，A公司将分摊至许可Y的167万元（1,000÷1,800×300）确认为收入。在转让许可X时，A公司将分摊至许可X的133万元（800÷1,800×300）确认为收入。

在第一个月，由B公司的首月销售所产生的特许使用费为200万元。据此，A公司应将分摊至许可Y（已转让给B公司，因此是已履行的履约义务）的111万元（1,000÷1,800×200）确认为收入。A公司应针对分摊至许可X的89万元（800÷1,800×200）确认一项合同负债。这是因为尽管A公司的B公司已发生后续销售，但分摊特许使用费的履约义务尚未得到履行。

案例6-4：分摊可变对价——IT服务

案例背景

信息技术（IT）销售商A公司与采购方B公司签订了一项10年的销售合同。在合同期内，A公司将向B公司持续交付所购买的服务活动。例如，A公司将提供服务器存储，管理客户的软件组合，并运行一个IT协助平台。每月的账单根据各项活动的不同消耗单位计算。例如，账单可能是基于每秒百万的计算能力（MIPS）指令，软件应用的使用数量，或者支持人员的数量，每种类型的活动单位价格不同。

在交付相关服务之前，A公司执行了一些初始化活动。A公司向B公司收取了一定的与交易活动相关的不可返还前期费用。A公司认为，初始化活动未向客户转让服务。

合同存续期内单位价格的下降风险由A公司承担。合同开始时商定的价格反映了市场价格。合同存续期内价格的下降，反映了完成合同任务相关成本的下降。最初，任务是由更为昂贵的人员进行的，且这些活动需要付出更多的努力。在合同开始后，活动需要的努力降低了，任务由较为便宜的人员来执行。合同包含了价格基准条款，B公司聘请第三方中介公司来比较合同期内特定时点的合同价格与当前市场费率。如果基准价格明显低于A公司的价格，则自动调整预期价格。

假设A公司得出结论，属于一项单独履约义务并在一段时间内履行，因为B公司在其提供服务的同时接受并消耗了其服务的利益。

案例分析

本案例中，可变对价的触发事件在整个合同中都相同，但每单位的价格每年都在下降。如果价格是基于市场条款，或者价格的变动是实质性的，且与企业履行义务的成本或向客户提供的价值变动相关联，则即使价格是下降的，也可能满足分摊目标。本案例中，合同包含了价格基准条款，B公司聘请第三方中介公司来比较合同期内特定时点的合同价格与当前市场费率，这可以支持分摊符合分摊目标。

企业提供可明确区分的每一天的IT服务，并且根据当天B公司的消耗情况，与对价相关的不确定性消除，可变对价可分摊至可明确区分的商品或服务。

因此，IT销售商A公司应将可变对价向合同账期内每一天分摊（实务中可按月分摊）。

案例6－5：分摊可变对价——合约交易服务

案例背景

A商品合约交易公司与客户B公司签订一项10年的服务合同。在10年内，A公司提供其系统的持续访问并代表客户处理交易服务。客户使用A公司的系统来处理其交易；但是，交易的最终数量未知。A公司按B公司每项交易的合同费率和处理总金额的比例收费。A公司在合同开始时向客户收取了固定的前期费用。

A公司得出结论，属于一项单独履约义务并在一段时间内履行，因为客户B公司同时获得并消耗了其履约的利益。

案例分析

A公司的承诺提供服务的性质是根据客户需要处理交易的单项服务，按每项交易的合同费率和处理总金额的比例收费，属于可变对价。如果该费用与整个合同的价格一致，且收取的费率与A公司向类似客户的条件价格一致。将该费用向每个月的服务分摊，很可能符合分摊目标。

企业提供可明确区分的每月的处理交易服务，并且根据每月处理交易数量情况，与对价相关的不确定性消除，可变对价可分摊至可明确区分的商品或服务。因此，A公司应将可变对价向合同账期内按月分摊。

二、分摊可变对价是否必须以单独售价为基础

在2015年7月13日的会议［TRG Agenda ref 39 Issue 3］中，TRG讨论了分摊可变对价是否必须以单独售价为基础。

分摊交易价格的目标是，企业能够反映因向客户转让承诺的商品或服务而预计有权获得之对价的金额，将交易价格分摊至每一项履约义务（或可明确区分的商品或服务）[IFRS15 para73]。

TRG 成员赞同，为达到的分摊目标，向一系列可明确区分的商品或服务分摊可变对价，不是必须按照相对单独售价进行分摊。但是，新收入准则相关案例显示，将可变对价向多项履约义务（或一系列可明确区分的商品或服务）分摊时，采用单独售价可能是证明分摊合理性的可接受方法。TRG 对以下案例如何分摊可变对价进行了讨论：

案例 6－6：IT 采购

案例背景

信息技术（IT）销售商 A 公司与采购方 B 公司签订了一项 10 年的采购合同。在合同期内，A 公司将向 B 公司持续交付所采购的活动。例如，A 公司将提供服务器存储，管理客户的软件组合，并运行一个 IT 协助平台。每月的账单根据各项活动的不同消耗单位计算。例如，账单可能是基于每秒百万的计算能力（MIPS）指令，软件应用的使用数量，或者支持人员的数量，每种类型的活动单位价格不同。

在交付相关服务之前，A 公司执行了一些初始化活动。A 公司向 B 公司收取了一定的与交易活动相关的不可返还前期费用。A 公司认为，初始化活动未向客户转让服务。

合同存续期内单位价格的下降风险由 A 公司承担。合同开始时商定的价格反映了市场价格。合同存续期内价格的下降，反映了完成合同任务相关成本的下降。最初，任务是由更为昂贵的人员进行的，且这些活动需要付出更多的努力。在合同开始后，活动需要的努力降低了，任务由较为便宜的人员来执行。合同包含了价格基准条款，B 公司聘请第三方中介公司来比较合同期内特定时点的合同价格与当前市场费率。如果基准价格明显低于 A 公司的价格，则自动调整预期价格。

假设 A 公司得出结论，存在一项单独履约义务并在一段时间内履行，因为 B 公司在其提供服务的同时获得并消耗了其服务的利益。

案例分析

在本例中，触发可变对价的事件在整个合同中是相同的，但单位价格每年都会下降。即使在价格下降的情况下，如果定价以市场条件为基础，或价格的变化是实质性的，并与企业履行向客户提供履约义务或价值的成本变化相联系，则能达到分摊目标。在本例中，合同包含一个价格基准条款，根据该条款，B公司可聘请第三方中介公司将合同定价与当前市场价格进行比较，这可能有助于支持分摊目标。

具体处理时，A公司可以按合同约定结算的收款金额，按每月分摊可变对价。不可返还前期费用应在整个合同期内，与其他履约义务相同的履约进度确认。此外，A公司还需考虑在每个报告期末披露分摊给未履行履约义务的交易价格。

案例6－7：交易事务处理

案例背景

交易事务处理公司A公司与客户B公司签订一项10年的合同。在10年内，A公司提供其系统的持续访问并代表客户处理交易。客户有义务使用A公司的系统来处理其交易；但是，交易的最终数量未知。A公司得出结论，客户同时获得并消耗了其履约的利益。

A公司按每次交易向客户收费。对于各项交易，客户按每项交易的合同费率和处理总金额的比例付费。A公司在合同开始时向客户收取了固定的前期费用。

案例分析

如果A公司承诺的性质是一项服务，则按每项交易的合同费率和处理总金额的比例收取的对价属于可变对价。此时，按照处理数量和处理金额百分比来分摊可变对价，能够达到分摊目标。例如，如果费用在整个合同中的定价一致，并且所收取的费率与A公司与类似客户的标准定价惯例一致，则可以达到分摊目标。

如果A公司认定，其承诺的性质是随时准备处理交易，并且每一天都是一项不同的服务，则A公司将每笔交易的可变对价向合同约定有权开具账单的日期分摊。固定前期费用将应在整个合同期内，与其他履约义务相同的履约进度确认。此外，A公司还需考虑在每个报告期末披露分摊给未履行履约义务的交易价格。

案例6－8：酒店管理

案例背景

酒店管理公司A公司与客户B公司签订了一项20年的合同，代表B公司管理其不动产。A公司按每月租金收入的1%收取对价，用于支付履行服务所发生的人工成本，并按年度利润总额的8%收取年度激励奖金。A公司认为，客户同时获得并消耗了其服务相关的利益。

案例分析

本案例中，按月平均分摊租金收入可以达到分摊目标，因为其反映了每月向客户转移的价值（租金收入）。同样，按月分摊年度激励奖金也可以达到分摊目标，如果其反映了当年向客户转移的价值（利润贡献），且与其激励期间的利润是相匹配的。

A公司应将年度激励奖金分配到每个不同的服务日（或每个不同的服务月）。同样，按每月租金收入计算的每月费用将分摊给每个月。

案例6－9：商标特许权

案例背景

A公司授予B公司使用其商标和销售其产品10年的权利。A公司将在许可有效期内获得B公司该产品销售额5%的销售提成及固定费用。A公司认定，其承诺性质是在整个许可期内提供获取知识产权的权利，属于一段时间内履行的履约义务，因为B公司将在A公司提供其知识产权过程中获得并消耗其利益。

案例分析

将特许权使用费分配到其有权开具发票的相应日期，可能符合分摊目标。在本例中，价格计算方法在整个许可期内是一致的，向每天分摊的金额合理地反映了客户在该天获得商标权的价值/收益，即客户使用该商标产生的销售收入。

三、分摊折扣与分摊可变对价的关系

在2015年3月30日的会议［TRG Agenda ref31］中，TRG成员讨论了关于分摊折扣和分摊可变对价的指引之间的相互关系。

利益相关方对在某些情况下是否应适用分摊折扣指引或分摊可变对价指引有不同的看法。TRG职员了解不同利益相关方的以下解释：

（1）观点A：可变对价首先应用分摊可变对价指引。只有在不符合应将可变对价全部分摊至一项履约义务或构成单一履约义务的一部分的一项可明确区分的商品或服务的条件时，企业才会进一步考虑分摊交易价格基本指引以及分摊折扣指引。

（2）观点 B：折扣，无论是固定的还是可变的，都取决于分摊折扣指引。因此，只有在满足准则规定的三个条件下，才应将折扣分摊给合同中的一项或部分（而不是全部）履约义务。

（3）观点 C：企业应运用判断来确定其是否应适用分摊折扣指引或分摊可变对价指引。在作出这一判断时，企业将在分摊交易价格的总体目标的背景下考虑具体的事实和情况。

TRG 职员认为，收入准则规定了分配可变对价的层次结构，当合同包含可变对价时，企业应首先应用分摊可变对价的指引，然后再考虑分摊折扣的指引。因此，TRG 职员认为只有观点 A 符合新收入准则规定。

TRG 职员注意到，根据收入准则规定，只有在企业考虑合同中可变对价的全部或部分是否与合同的特定部分有关后，企业才应考虑将交易价格分配给合同中的履约义务的其余规定，其余规定包括分摊折扣的具体指引。TRG 职员认为，该指引明确规定，一个企业应首先考虑可变对价的分摊，该指引规定“应适用其他段落来分配交易价格的剩余金额［IFRS15 para86］”。企业应首先确定可变对价，并确定是否应根据上述指引，则企业应将可变对价全部分摊至一项履约义务或构成单一履约义务的一部分的一项可明确区分的商品或服务。只有当折扣不是可变对价或企业不符合将可变对价分摊给合同特定部分时，企业才会考虑分摊折扣的要求。

TRG 职员认为，必须强调准则规定关于分摊可变对价的指引不适用于非可变对价的对价。“折扣”并不意味着任何包含折扣或折扣的合同包含可变对价。如果合同中的折扣或回扣金额是固定的且不是偶然的（例如，仅因签订合同而收到的 100 元折扣或回扣），则该折扣或回扣不是可变对价。

第五节　交易价格的变动

在合同开始后，交易价格可能因各种原因而发生变动，这些原因包括不确定事项的消除或导致企业预计因交付承诺商品或服务而有权获得的对价金额改变的环境的其他变化［IFRS15 para87］。

企业应当运用在合同开始时所采用的基础将交易价格的后续变动分摊至合同中的履约义务。因此，企业不得因合同开始之后单独售价的变动而重新分摊交易价格。在交易价格发生变动的期间，分摊至已履行的履约义务的金额应确认为收入或收入的减少［IFRS15 para88］。

企业仅在满足分摊可变对价的相关条件时，才应将交易价格变动全部分摊至一项或多项（而非全部）履约义务或构成单项履约义务的一部分的一系列商品或服务中可明确区分的承诺商品或服务［IFRS15 para89］。

企业应按照合同变更的相关规定对所导致的交易价格变动进行会计处理。但是，对于合同变更后发生的交易价格变动，应当按照分摊可变对价的相关规定，采用下列方式中更为适用的一种来分摊交易价格的变动：

（1）如果交易价格变动归属于合同变更前承诺的可变对价金额，并且合同变更按照作为原合同的终止及新合同的订立进行会计处理，则企业应将交易价格的变动分摊至合同变更前已识别的合同中的履约义务。企业应当首先将该可变对价后续变动额以原合同开始日确定的单独售价为基础进行分摊，然后再将分摊至合同变更日尚未履行履约义务的该可变对价后续变动额以新合同开始日确定的基础进行二次分摊。

（2）在合同变更不作为单独合同进行会计处理的所有其他情况下，企业应将交易价格的变动分摊至修订后的合同中的履约义务（合同变更时全部或部分未履行的履约义务）［IFRS15 para90］。

案例 6－10：交易价格变动——合同变更

案例背景

2×18 年 9 月 1 日，甲公司与乙公司签订合同，向其销售 A 产品和 B 产品。A 产品和 B 产品均为可明确区分商品且两种产品单独售价相同，也均属于在某一时点履行的履约义务。合同约定，A 产品和 B 产品分别于 2×18 年 11 月 1 日和 2×19 年 3 月 31 日交付给乙公司。合同约定的对价包括 1,000 元的固定对价和估计金额为 200 元的可变对价。假定甲公司将 200 元的可变对价计入交易价格，满足新收入准则有关将可变对价金额计入交易价格的限制条件。因此，该合同的交易价格为 1,200 元。上述价格均不包含增值税。

2×18 年 12 月 1 日，双方对合同范围进行了变更，乙公司向甲公司额外采购 C 产品，合同价格增加 300 元，C 产品与 A、B 两种产品可明确区分，但该增加的价格不反映 C 产品的单独售价。C 产品的单独售价与 A 产品和 B 产品相同。C 产品将于 2×19 年 6 月 30 日交付给乙公司。

2×18 年 12 月 31 日，企业预计有权收取的可变对价的估计金额由 200 元变更为 240 元，该金额符合将可变对价金额计入交易价格的限制条件。因此，合同的交易价格增加了 40 元，且甲公司认为该增加额与合同变更前已承诺的可变对价相关。

假定上述三种产品的控制权均随产品交付而转移给乙公司。

案例分析

本例中，在合同开始日，该合同包含两项履约义务，甲公司应当将估计的交易价格分摊至这两项履约义务。由于两种产品的单独售价相同，且可变对价不符合分摊至其中一项履约义务的条件，因此，甲公司将交易价格 1,200 元平均分摊至 A 产品和 B 产品，即 A 产品和 B 产品各自分摊的交易价格均为 600 元。

2×18 年 11 月 1 日，当 A 产品交付给客户时，甲公司相应确认收入 600 元。

2×18 年 12 月 1 日，双方进行了合同变更。该合同变更属于新收入准则规定的原合同终止及新合同订立的情形，因此该合同变更应当作为原合同终止，并将原合同的未履约部分与合同变更部分合并为新合同进行会计处理。在该新合同下，合同的交易价格为 900 元（600 + 300），由于 B 产品和 C 产品的单独售价相同，分摊至 B 产品和 C 产品的交易价格的金额均为 450 元。

2×18 年 12 月 31 日，甲公司重新估计可变对价，增加了交易价格 40 元。由于该增加额与合同变更前已承诺的可变对价相关，因此应首先将该增加额分摊给 A 产品和 B 产品，之后再将分摊给 B 产品的部分在 B 产品和 C 产品形成的新合同中进行二次分摊。在本例中，由于 A、B 和 C 产品的单独售价相同，在将 40 元的可变对价后续变动分摊至 A 产品和 B 产品时，各自分摊的金额为 20 元。由于甲公司已经转让了 A 产品，在交易价格发生变动的当期即应将分摊至 A 产品的 20 元，确认为收入。之后，甲公司将分摊至 B 产品的 20 元平均分摊至 B 产品和 C 产品，即各自分摊的金额为 10 元，经过上述分摊后，B 产品和 C 产品的交易价格金额均为 460 元（450 + 10）。因此，甲公司分别在 B 产品和 C 产品控制权转移时确认收入 460 元。

第七章　确认收入

企业应当在履行了合同中的履约义务，即在客户取得相关商品或服务控制权时确认收入。取得相关商品或服务控制权，是指能够主导该商品或服务的使用并从中获得几乎全部的经济利益［IFRS15 para31，CAS14 第四条］。

对于根据新收入准则规定识别的每一项履约义务，企业应当在合同开始时确定其是在一段时间内履行履约义务，还是在某一时点履行的履约义务。如果企业并非在一段时间内履行履约义务，则履约义务是在某一时点履行的［IFRS15 para32］。

收入应在向客户转让商品或服务时（或这一过程中）予以确认。这是因为企业通过向客户转让对履约义务所涉及的承诺商品或服务的控制来履行其履约义务。因此，评估对商品或服务的控制何时转移是应用新收入准则的关键步骤［IFRS15 paraBC117］。

第一节　对商品或服务的控制

此前的大多数收入准则均要求企业通过考虑所有权上的风险和报酬的转移来评估商品或服务的转让。然而，基于下述原因，新收入准则决定，企业应通过考虑客户何时获得对商品或服务的控制来评估商品或服务的转让：

（1）商品和服务均是客户取得的资产（尽管许多服务未确认为资产，因为这些服务是由客户在取得的同时消耗的），并且新收入准则目前对资产的定义均使用控制来确定何时对资产进行确认或终止确认。

（2）使用控制来评估商品或服务的转让应能导致就商品或服务何时转让达

成更为一致的决定，因为如果企业保留某些风险和报酬，则企业可能难以判断商品或服务所有权上适当水平的风险和报酬是否已转移给客户。

（3）风险与报酬方法可能与识别履约义务相矛盾。例如，如果企业向客户转让一项产品，但仍保留某些与该产品相关的风险，则基于风险和报酬的评估可能导致企业识别出一项单项履约义务，该履约义务仅当所有风险消除后才得到履行（从而确认收入）。然而，基于控制的评估可能适当地识别出两项履约义务——一项针对产品的履约义务和另一项针对剩余服务的履约义务（例如，固定价格维修协议）。这些履约义务将在不同的时间履行［IFRS15 paraBC118］。

一、控制概念

商品和服务在其被取得及使用（许多服务属于这种情况）时是资产（即使只是暂时性的）。对资产的控制，是指能够主导资产的使用并获得资产几乎所有剩余利益的能力。控制包括防止其他企业主导资产的使用，或获得资产所产生利益的能力。资产的利益为可通过诸如下列多种方式直接或间接地获取的潜在现金流量（现金流入或现金流出的减少）：

（1）使用该资产以生产商品或提供服务（包括公共服务）；

（2）使用该资产以提升其他资产的价值；

（3）使用该资产以清偿负债或减少费用；

（4）出售或交换该资产；

（5）将该资产作为贷款的抵押担保品；

（6）持有该资产［IFRS15 para33］。

对控制的描述是以概念框架下资产的定义中控制的含义为基础的。因此，对承诺商品或服务（资产）的控制是指客户能够主导资产的使用并获得资产几乎所有剩余利益的能力。控制描述的构成要素如下：

（1）能力——只有当客户获得主导资产的使用并获得资产几乎所有剩余利益的现时权利时企业才能确认收入。例如，合同规定制造商为某一特定客户生产一项资产，可以明确的是客户最终将拥有主导资产的使用并获得资产几乎所有剩余利益的权利。但是，在客户已实际取得该权利（视合同的不同，可能在生产期间或生产完成后发生）之前，企业不应确认收入。

（2）主导使用——客户主导资产的使用的能力是指客户在其活动中使用该资产、允许另一企业在其活动中使用该资产或限制另一企业不得使用该资产的权利。

(3) 获得利益——客户必须拥有获得资产几乎所有剩余利益的能力，才被视为已获得对资产的控制。从概念上而言，商品或服务带来的利益是潜在的现金流量（现金流入的增加或现金流出的减少）。客户可通过多种方式（例如，通过使用、消耗、处置、出售、交换、抵押或持有资产）直接或间接地获得利益［IFRS15 paraBC120］。

对于控制何时转移的评估可从出售商品或服务的企业或者购买商品或服务的客户的角度应用。因此，收入可在卖方放弃对商品或服务的控制或客户获得对商品或服务的控制时予以确认。虽然在很多情况下，这两种角度均导致相同的结果，但新收入准则决定，应当主要从客户的角度对控制进行评估。该角度最大限度地降低了企业就其实施的与向客户转让商品或服务无关的活动确认收入的风险［IFRS15 paraBC121］。

二、控制概念的应用

如前所述，许多反馈意见者均同意使用控制作为评估承诺商品或服务（资产）的转让何时发生的基础。但是，在准则制定过程中，大多数反馈意见者均指出，该定义在应用于涉及转让商品的履约义务时最为有用，并且认为在这种情况下应用控制的概念较为直观，因为通常情况下资产从企业向客户的转让是清楚的。但是，将该要求应用于涉及服务和建造类合同的履约义务难度较大，因为可能难以确定客户何时获得对服务的控制。这是因为，在很多服务合同中，服务资产是同时被创造和消耗的，因此客户始终未将其确认为资产。即使对于存在可确认资产的建造合同，也可能难以评估客户是否具有主导正由卖方生产的部分完工资产的使用并获得该资产几乎所有剩余利益的能力。因此，建造行业的许多反馈意见者均担心其可能必须将收入确认政策从采用完工百分比法转为采用完成合同法，即其依据是资产的转让仅在完工资产的法定所有权或实物占有转移时（通常在合同完成时）才发生。但是，将完成合同法应用至其客户合同所产生的结果将无法如实地反映此类合同的经济实质［IFRS15 paraBC122］。

因此，部分反馈意见者建议分别针对服务控制转移以及商品控制转移提供不同的指引。但是，服务可能难以明确界定且并非所有通常被视为服务的合同均导致在一段时间内向客户转让资源。此外，控制的概念应当同等地适用于商品和服务。因此，为回应上述反馈意见者的疑虑，新收入准则决定明确规定应着重关注履约义务得到履行的时间（即何时向客户转让商品或服务）。据此，新收入准则包含了有关确定履约义务是否在一段时间内履行的条件［IFRS15 paraBC123］。

第二节　在一段时间内履行的履约义务

一、一般原则

如果符合下列条件之一，则企业是在一段时间内转移对商品或服务的控制，从而在一段时间内履行履约义务及确认收入：

（1）客户在企业履约行为的同时取得及消耗企业履约所提供的利益；

（2）企业的履约行为创造或改良了客户在资产被创造或改良时就控制的资产（例如，在产品）；或者

（3）企业的履约行为并未创造一项可被企业用于其他替代用途的资产，并且企业具有就迄今为止已完成的履约部分获得客户付款的可执行权利［IFRS15 para35］。

（一）同时取得及消耗企业履约行为的利益

在很多典型的服务合同中，企业的履约仅暂时创造了一项资产，因为该资产由客户取得同时被消耗了。在这种情况下，同时取得和消耗已创造的资产意味着，客户在企业履约过程中获得了对企业产出的控制，因此企业的履约义务是在一段时间内履行。例如，企业承诺代客户处理交易，客户会在每项交易的处理过程中同时取得和消耗相关的利益［IFRS15 paraBC125］。

对于某些类型的履约义务，评估客户是否在企业履约时取得企业履约行为的利益并在取得利益的同时消耗这些利益是较为直观的。相关例子包括常规或经常性服务（如，保洁服务），在此类服务中较容易确定客户取得并同时消耗企业履约的利益［IFRS15 paraB3］。

对于其他类型的履约义务，企业可能无法轻易地确定客户是否在企业履约的同时取得及消耗企业履约行为产生的利益。这是因为“利益”的概念可能具

有主观性。在此类情况下，如果企业确定另一企业在向客户履行剩余的履约义务时，无需在实质上重新执行企业迄今为止已完成的工作，则履约义务是在一段时间内履行。在确定另一企业是否无需在实质上重新执行企业迄今为止已完成的工作时，企业应当作出以下两项假设：

（1）不考虑可能会使企业无法向另一企业转移剩余履约义务的潜在合同限制或实际限制；

（2）假定履行剩余履约义务的另一企业将不会享有企业现时控制，且如果履约义务转移给另一企业后仍将保持控制的资产的利益［IFRS15 paraB4］。

如考虑下面的例子：根据货运物流合同，企业同意将商品从温哥华运抵纽约市。许多反馈意见者认为，直至商品运抵纽约市之前，客户并未取得企业履约所提供的利益。然而，收入准则认为，如果商品仅运送了一段路程（例如，运至芝加哥），而另一企业无需在实质上重新执行企业迄今为止已完成的工作——也就是说，另一企业无需将商品运回温哥华再运抵纽约市，则客户已获得了企业履约所提供的利益。在这种情况下，有关另一企业是否需要在实质上重新执行迄今为止已完成的工作的评估结果，可作为确定客户是否在企业履约过程中获得其提供的利益的客观依据［IFRS15 paraBC126］。

在评估“同时取得和消耗”条件及另一企业是否需要在实质上重新执行迄今为止已完成的工作时，企业不应考虑任何合同限制或实际限制。这是因为，该条件旨在确定对商品或服务的控制是否已转移给客户。这是通过对若由另一企业继续履行剩余履约部分，其将需要实施哪些工作的假设性评估来实现的。因此，针对剩余履约部分的实际限制或合同限制，实际上与关于企业是否已转移对迄今为止已提供的商品或服务的控制的评估无关［IFRS15 paraBC127］。

在2015年7月13日的会议［TRG Agenda ref 43］中，TRG成员讨论了当企业在评估客户是否同时取得及消耗了企业履约的利益时，应考虑哪些因素。利益相关方提出以下两种观点：（1）企业仅应考虑商品的固有特性；（2）企业应考虑所有相关事实和情况，包括商品的固有特性、合同条款以及有关建造或交付机制的信息。

观点1：

观点1的支持者认为，在评估客户是否同时取得及消耗企业履约所提供利益时，企业仅应考虑商品的固有特性（商品是否可以储存），而不论合同条款如何，也不论客户是否实际选择储存商品。根据观点1，不能储存（因此立即消耗）的商品很可能符合客户同时取得及消耗企业履约所提供利益的条件。相反，能够储存的商品可能永远也不会达到一段时间内履约的条件。

观点 1 的支持者认为，只有商品的固有性质才能决定一种商品是否可同时取得及消耗，因为企业可能无法获得关于该商品是否将由其客户消耗或储存的信息。因此，类似合同的收入确认时间可能因企业是否知晓其客户是否会立即消耗或储存商品而有所不同。为了避免这些差异，观点 1 的支持者认为，企业仅应评估商品的属性，以确定其是否能够储存，而不管顾客是否有储存的意图或能力。

观点 1 的支持者还注意到，在确定一项商品或服务是否可明确区分时，“由于企业了解客户在特定合同中的意图是十分困难的（如果不是不可能的话），在应用新收入准则时，不应考虑此类信息［IFRS15 paraBC101］”。

观点 1 的反对者认为，仅考虑商品的固有性质，可能导致大多数商品都在某一时点确认收入，因为除电力以外的大多数商品都可以储存。因此，对于客户用于类似目的不同商品的合同收入的确认可能有所不同。例如，向客户提供电力，以供其家用烤箱使用的合同收入确认，可能不同于同样用于家用烤箱的天然气合同，因为天然气可以储存，而电力不能储存。

观点 1 的反对者还认为，对一种商品能否储存的评价可能存在不同观点。例如，部分利益相关方认为电力不能储存，但其他利益相关方则认为电力可以以电池形式储存。根据观点 1，那些认为电力可以储存的利益相关方，应在某个时点确认电力相关收入。

观点 2：

观点 2 的支持者认为，对商品是否同时取得和消耗的评价不限于该商品的固有特性。相反，企业应考虑与评估有关的所有具体事实和情况。企业不仅应考虑商品的固有性质，还应考虑具体的合同条款。例如，持续供应合同可能满足立即消耗条件；以及有关建造或交付机制的信息，例如，天然气是直接向终端客户交付的。因此，根据具体事实和情况是否表明客户取得及消耗了商品利益，商品销售可能在一段时间内确认收入，也可能在某一时点确认收入。

观点 2 的反对者指出，考虑商品固有性质以外的因素，可能会导致同一商品产生不同的收入确认时点。例如，反对者认为，在观点 2 下，为发电厂提供天然气用于立即消耗，可能会在一段时间内确认收入，而为类似发电厂提供天然气用于临时储存，则可能在某一时点确认收入。

TRG 职员分析：

TRG 职员同意观点 2。TRG 职员认为，企业在评估客户是否同时取得及消耗企业履约所提供利益时，应考虑所有相关事实和情况。

此外，新收入准则制定该条件的本意并非将其应用于企业的履约并非为客户立即消耗的合同（如企业的履约形成某项资产，如在产品）。因此，在对企业的履约导致创造或改良某项资产（可能是无形资产）的合同应用收入准则时，应当考虑其余两个条件［IFRS15 paraBC128］。

案例7－1：客户同时取得及消耗利益

A公司与客户订立一项为期一年的提供月度工资处理服务的合同。

所承诺的工资处理服务作为单独履约义务进行会计处理。该履约义务是在一段时间内履行，因为客户在A公司处理每一项工资交易时及过程中，同时取得及消耗A公司履约（处理每一项交易）所提供的利益。其他公司无需重新执行A公司迄今为止已提供的工资处理服务这一事实也表明客户在A公司履约的同时取得及消耗A公司履约所提供的利益。A公司并未考虑对转移剩余履约义务的任何实际限制，包括其他公司需实施的准备活动。A公司通过计量该履约义务的履约进度在一段时间内确认收入。

（二）客户在资产被创造或改良时就控制的资产

在根据该条件确定客户在资产被创造或改良时是否控制资产时，企业应当应用前述关于控制的要求。被创造或改良的资产（例如，在建资产）可以是有形资产，也可以是无形资产［IFRS15 paraB5］。

新收入准则纳入该条件以涵盖企业的履约创造或改良了客户在资产被创造或改良时就明确控制该资产的情况。在这种情况下，由于客户控制了所有在产品，客户在企业提供商品或服务时获得其利益，因此履约义务是在一段时间内履行。例如，对于企业在客户的土地上施工的建造合同，客户通常控制企业履约所形成的任何在产品［IFRS15 paraBC129］。

该条件的依据与美国公认会计原则的原收入指引中使用“完工百分比”确认收入的理由一致。该指引承认，在很多建造合同中，企业实际上已同意在企业履约的同时出售其对资产（在产品）的权利。因此，合同各方实际上已就在工作进展过程中发生的持续销售（客户控制在产品）达成一致［IFRS15 paraBC130］。

在客户明确控制被建造或改良的资产的情况下，该条件是较为直观且有用的。然而，对于某些履约义务，被创造或改良的资产是否由客户控制可能并不明确，相应地，在这种情况下，确定控制何时转移可能更具挑战性，因此新收入准则制定了第三个条件［IFRS15 paraBC131］。

（三）企业的履约行为并未创造一项可用于替代用途的资产，并且企业具有就迄今为止已完成的履约部分而获得客户付款的可执行权利

在某些情况下应用前述两个条件可能颇具挑战性。因此，新收入准则制定了第三项条件以协助实施关于控制的评估。对于可能特定于某一客户的服务（例如，最终导致向客户出具专业意见的咨询服务）及创造有形（或无形）商品的服务而言，该条件均可能是必需的［IFRS15 paraBC132］。

对控制的评估，与不具备替代用途和“获得付款的权利”这两项因素之间存在关联。这是因为，如果企业创造的资产不可被企业用于替代用途，则企业实际上是根据客户的指示建造资产。因此，企业将希望在经济上受到保护，以防出现客户终止合同，而企业未保留任何资产，或只保留对企业而言几乎无价值的资产的风险。该保护将通过规定若合同被终止则客户必须就迄今为止已完成的履约部分向企业付款来确立。这与通常仅当交换交易中的客户已取得对商品或服务的控制时才有义务付款的其他交换合同相一致。因此，客户有义务就企业的履约付款的事实表明客户已获得企业履约所提供的利益［IFRS15 paraBC142］。

1. 履约并未创造具有替代用途的资产

如果合同限制企业不得轻易地将处于被创造或改良过程中的资产用于另一用途或者企业受到实际限制从而无法轻易地将处于完工状态的资产用于另一用途，则企业履约所创造的资产不可被企业用于替代用途。企业应当在合同开始时评估资产是否可用于替代用途。在合同开始后，除非经合同各方批准的合同的修订导致履约义务发生实质性改变，否则企业不应更新关于资产替代用途的评估结果［IFRS15 para36］。

新收入准则制定了“替代用途”的概念，以排除企业的履约并未导致在一段时间内向客户转移对商品或服务的控制的情况。这是因为，当企业的履约创造了可被企业用于替代用途的资产时，企业可以轻易地将资产用于另一客户，因此，客户并未在资产被创造时控制该资产。如果企业制造很多条件的存货类项目，并且企业可任意在与不同客户订立的合同间调换这些项目，则可能会发生这种情况。在这种情况下，客户不能控制资产，因为客户不具备限制企业将资产用于另一客户的能力［IFRS15 paraBC134］。

反之，当企业创造一项很大程度上为特定客户定制的资产时，该资产具有

替代用途的可能性较低。这是因为，企业为向另一客户出售而改装该资产会发生重大成本（或需以显著降低的价格出售该资产）。在这种情况下，客户可被视为在履约发生时获得该履约的利益，并因此拥有对商品或服务（被创造的资产）的控制。但是，企业还需要考虑是否存在获得付款的权利，以就控制是否在一段时间内转移得出结论［IFRS15 paraBC135］。

在评估资产是否可被企业用于替代用途时，企业应当考虑对企业能否轻易将资产用于另一用途（如，向另一客户出售该资产）的合同限制及实际限制的影响。在评估企业能否轻易将资产用于另一用途时，与客户之间的合同被终止的可能性并非相关考虑因素［IFRS15 paraB6］。

（1）合同限制。约束企业将资产用于另一用途的能力的合同限制，对于导致资产不可被企业用于替代用途，必须是实质性的。如果在企业试图将资产用于另一用途时，客户可以行使其对承诺资产的权利，合同限制就是实质性的。与此相反，某些情况下合同限制不具有实质性，例如一项资产很大程度上可与其他资产相互替换，企业可以在不违反合同且不发生原本不会发生的与该合同相关的重大成本的情况下，向另一客户转让该资产［IFRS15 paraB7］。

虽然定制程度可能是在评估资产是否具有替代用途时有用的考虑因素，但其并非决定性因素。这是因为，在某些情况下（例如，某些房地产合同），资产可能是条件化的，但由于存在使企业不能轻易地将该资产用于另一客户的实质性合同限制，该资产仍然不可被企业用于替代用途。如果合同禁止企业向另一客户转让资产且该限制是实质性的，则企业不可将该资产用于替代用途，因为其具有将该资产用于特定客户的法定义务。因此，这表明客户在资产被创造时控制了该资产，因为客户具有限制企业将该资产用于另一客户的现时能力（企业还需要考虑是否存在获得付款的权利，以就资产的控制是否在资产被创造的一段时间内转移得出结论）。合同限制在房地产合同中通常是相关的，但对于其他类型的合同也可能具有相关性［IFRS15 paraBC137］。

向客户提供保护性权利的合同限制，可能不足以确定资产不能被企业用于替代用途。保护性权利通常导致企业具有在客户未知悉或不反对作出变更的情况下，进行实物替换或将资产用于其他用途的实际能力。例如，合同可能规定企业不得转让某项商品，因为客户依照合同拥有对该商品的法定所有权。但是，客户对该商品的法定所有权，旨在当企业发生清算且企业可以在几乎无需额外成本的前提下进行实物替换，或将该商品用于另一客户的情况下，为客户提供保护。在本例中，合同限制仅是一项保护性权利，并不表明对商品的控制已转移给客户［IFRS15 paraBC138］。

（2）实际限制。如果企业将资产用于另一用途将发生重大经济损失，则企业将该资产用于另一用途的能力受到实际限制。产生重大经济损失可能因企业资产发生重大返工成本，或只能在承担重大损失的情况下出售资产。例如，如果资产的设计规格符合某一客户的独特要求，或资产位于偏远地区，则企业将该资产用于另一用途将受到实际限制［IFRS15 paraB8］。

在确定企业是否受到实际限制因而无法将资产用于另一用途时，企业应当考虑最终将向客户转让的资产的特征。这是因为，对于某些资产而言，作出评估时的关键因素并非资产不具备替代用途的时期，而是是否可在不发生重大返工成本的情况下，将最终转让的资产用于另一用途。这可能发生于某些资产的基本设计对于所有合同均相同，但涉及重大定制的制造合同。因此，将处于完工状态的资产用于另一客户会要求进行重大返工［IFRS15 paraBC136］。

在新收入准则制定过程中，部分反馈意见者认为，本条件中要求企业考虑合同限制和实际限制，似乎与前述应用第（一）项条件（即同时取得及消耗企业履约行为的利益）时不应考虑合同限制和实际限制相矛盾。新收入准则认为，存在该差异是恰当的。虽然这两项条件的目标均是评估何时在一段时间内转移控制，但每项条件就评估控制何时转移提供了不同的方法，因为这些条件旨在应用于不同的情形［IFRS15 paraBC139］。

此外，新收入准则规定对替代用途的评估应当仅在合同开始时完成，且不应作出更新。否则，企业将需要不断重新评估资产是否具备替代用途，这可能导致无用的履约形式（以及相应的收入确认）［IFRS15 paraBC140］。

虽然替代用途的概念是本条件的一个必要部分，但其不足以断定客户控制某项资产。因此，为表明客户在不具备替代用途的资产被创造时就控制了该资产，企业必须同时具有就迄今为止已完成的履约部分获得付款的可执行权利［IFRS15 paraBC141］。

案例7－2：资产不可用于替代用途

案例背景

A公司与政府机构客户订立一项建造专用卫星的合同。A公司为各类客户（例如政府和商业A公司）建造卫星。基于每一客户的需求及卫星所使用的技术类型，每一卫星的设计和建造均存在显著差异。

案例分析

在合同开始时，A公司评估其建造卫星的履约义务是否为在一段时间内履行的履约义务。

作为该评估的一部分，A公司考虑卫星在建造完成后可否被A公司用于替代用途。尽管合同并未阻止A公司将建造完成的卫星提供给另一客户，但若将该资产提供给另一客户，A公司会就重新设计及修订卫星功能等发生重大返工成本。因此，鉴于卫星特定于客户的设计，限制了A公司轻易地将该资产用于另一客户的实际能力，该资产不可被A公司用于替代用途。

2. 就迄今为止已完成的履约部分获得付款的权利

企业在评价其是否具有就迄今为止已完成的履约部分获得客户付款的可执行权利时，应当考虑合同条款及适用于该合同的所有法律。就迄今为止已完成的履约部分获得客户付款的权利无需是固定金额。然而，在合同存续期内的任何时点，若合同因企业未能按承诺履约之外的其他原因而由客户或另一方终止，企业必须有权获得至少能补偿其迄今为止已完成的履约部分的金额［IFRS15 para37］。

"获得付款的权利（或'合格收款权'）"应指就企业迄今为止已完成的履约部分向企业作出补偿的付款，而并非诸如保证金付款或就相关不便之处或利润损失向企业作出补偿的付款。这是因为制定该条件的基本目标是确定企业是否在为客户创造资产的同时，向该客户转移对商品或服务的控制。因此，假定行为是合理的且并无可能存在于客户合同范围外的更多的预期经济利益，则企业只有在其能够就履行合同涉及的成本获得补偿，并取得包含相应成本回报在内的毛利时，才会同意向客户转移对商品或服务的控制［IFRS15 paraBC143］。

企业有权在客户终止合同时获取的补偿，可能并非总是合同毛利，因为在提前终止合同时向客户转移的价值，与在完成合同时转移的价值可能不成比例。然而，为证明就迄今为止已完成的履约部分作出补偿，该补偿应当以企业预计毛利率的合理比例为基础，或相当于企业资本成本的合理回报率。此外，关注的重点应在于企业有权在合同终止时获得的金额，而非企业可能最终愿意通过协商结算的金额［IFRS15 paraBC144］。

因此，新收入准则进行了如下说明：

如果企业在客户或另一方因并非企业未能按承诺履约之外的其他原因终止合同的情况下，有权获得至少补偿其迄今为止已完成的履约部分的金额，则企业具有就迄今为止已完成的履约部分获得付款的权利。补偿企业迄今为止已完成的履约部分的金额，应接近于迄今为止已转让的商品或服务的售价（例如，企业能够收回在履行履约义务时已发生的成本加上合理的毛利），而不是仅就合同终止后企业可能发生的利润损失作出补偿。补偿的合理毛利无需与若合同按承诺履行的预计毛利相等，但是，企业应当有权获得下列两个金额之一的补偿：

（1）合理反映企业在客户（或另一方）终止合同前的合同履约程度的合同预计毛利的比例份额；

（2）在特定合同的毛利高于企业通常从类似合同获得的回报的情况下，企业类似合同的资本成本的合理回报（或企业类似合同通常的经营毛利）［IFRS15 paraB9］。

企业就迄今为止已完成的履约部分获得付款的权利，无需是获得付款的现时无条件权利。在许多情况下，仅当在议定的里程碑或履约义务全面得到履行后，企业才具有获得付款的无条件权利。在评估企业是否具有就迄今为止已完成的履约部分获得付款的权利时，企业应当考虑若合同因企业未能按承诺履约之外的其他原因在完成前终止，其是否具有索取或保留对迄今为止已完成的履约部分的付款的可执行权利［IFRS15 paraB10］。例如，考虑一项咨询合同，其中咨询企业同意在合同期结束时提供一份报告，并收取以提供报告为条件的固定金额。如果企业依照该合同履约，则在合同条款（或其他法律）规定，若客户在合同完成前无故终止合同，则客户须就企业迄今为止已完成的履约部分向企业作出补偿的情况下，企业具有就迄今为止已完成的履约部分获得付款的权利。新收入准则澄清了这一概念，因为合同中的合同付款条款可能并不总是与企业就迄今为止已完成的履约部分获得付款的可执行权利相一致［IFRS15 paraBC145］。

某些合同规定，客户仅在合同存续期的指定时间有权终止合同，或者客户可能无权终止合同。如果客户在其无权终止合同时终止了合同（包括客户未能按承诺履行其义务），该合同（或其他法律）可能赋予企业继续向客户转让承诺的商品或服务，并要求客户支付承诺的商品或服务交换对价的权利。在这种情况下，企业具有就迄今为止已完成的履约部分获得付款的权利，因为企业有权利继续依照合同履行其义务并要求客户履行相应义务（包括支付承诺的对价）［IFRS15 paraB11］。

在准则制定过程中，不少反馈意见者提问，100%不可返还的预付款项是否符合“就迄今为止已完成的履约部分获得付款的权利”条件，即由于100%的付款在整个合同期间至少会就迄今为止已完成的工作向企业作出补偿。如果企业在客户终止合同的情况下保留（且不返还）该付款的权利是可执行的，则此类付款将符合该条件。此外，获得付款的权利应当是可执行的；否则，企业实际上是否具有获得付款的权利是值得怀疑的。因此，新收入准则对如何确定获得付款的权利是否可执行提供了指引［IFRS15 paraBC146］。

在评估就迄今为止已完成的履约部分获得付款的权利是否存在及是否可执行时，企业应当考虑合同条款，以及可补充或凌驾于这些合同条款的法规或法律先例。这包括评估下列事项：

（1）法规、行政惯例或法律先例是否赋予企业就迄今为止已完成的履约部分获得付款的权利，即使与客户之间的合同并未列明这一权利；

（2）相关的法律先例是否表明，类似合同中就迄今为止已完成的履约部分获得付款的类似权利没有法律约束力；

（3）企业选择不执行获得付款权利的商业惯例，是否导致在当前法律环境下该权利无法执行。然而，尽管企业可能选择放弃其在类似合同中获得付款的权利，但如果在与客户之间的合同中，企业就迄今为止的履约部分获得付款的权利仍然是可执行的，则企业仍具有获得付款的权利［IFRS15 paraB12］。

新收入准则指出，合同列明的付款进度表不一定能够表明企业具有就迄今为止已完成的履约部分获得付款的可执行权利。尽管合同的付款进度表列示了客户应支付对价的时间和金额，但付款进度表不一定能够提供企业具有就迄今为止已完成的履约部分获得付款的权利的证据。其原因如，合同可能会明确规定向客户收取的对价，可因企业未能按合同承诺履约之外的其他原因而予以返还［IFRS15 paraB13］。

此外，新收入准则在制定过程中曾考虑规定获得付款的权利是在确定何时确认收入时需更优先考虑的标准，但基于下述原因否决了该做法：

（1）为根据收入准则确认收入，企业必须拥有一项合同，而合同的其中一个组成部分是获得付款的权利；

（2）收入确认的核心原则，是关于确定商品或服务是否已转让予客户，而非企业是否具有获得付款的权利（虽然这是确定合同是否存在的重要部分）。若将获得付款的权利作为在确定履约义务是否得到履行时需更优先考虑条件，则可能会凌驾于该收入确认的原则之上；

（3）获得付款的权利并不一定表明商品或服务的转让，例如，在某些合同中，客户须支付不可返还的预付款，且并未取得任何商品或服务作为交换。当客户在企业履约时明确取得相关利益的情况下（很多服务合同属于这种情况），在计量收入时须考虑企业最终将不保留针对其履约行为的付款的可能性。例如，当客户在企业履约的同时取得及消耗利益的某些服务合同中，客户可能能够终止合同且取得任何已付对价的全额返还。在这种情况下，由于企业正向客户转让服务，企业应当确认收入（但应当评估其是否需要对其有权获得的交易价格金额作出限制）[IFRS15 paraBC148]。

案例7-3：评估替代用途及获得付款的权利

案例背景

A公司与客户订立一项提供咨询服务的合同，服务的结果为A公司向客户提供的专业意见。专业意见与该客户特有的事实和情况相关。如果客户基于A公司未能按承诺履约之外的其他原因终止该咨询合同，合同要求客户按A公司已发生的成本加上15%的毛利对A公司作出补偿。该15%的毛利率近似于A公司从类似合同赚取的毛利率。

案例分析

A公司考虑了如何确定客户是否同时取得及消耗A公司履约所提供的利益。如果A公司未能履行其义务，且客户聘请另一家咨询公司提供意见，则另一家咨询公司将需要在实质上重新执行A公司迄今为止已完成的工作，因为另一家咨询公司将无法从A公司已执行的任何进行中的工作中获益。专业意见的性质使得该客户只有在收到专业意见后才能取得A公司履约所提供的利益。据此，A公司得出结论，该合同并未满足“客户同时取得及消耗企业履约行为的利益”的条件。

但是，由于同时符合下述两个因素，A公司的履约义务满足“履约并未创造具有替代用途的资产，且具有就迄今为止已完成的履约部分获得付款的权利”的条件，并且是一项在一段时间内履行的履约义务：

（1）形成专业意见并未创造一项可被A公司用于替代用途的资产，因为专业意见与该客户特有的事实和情况相关。因此，A公司轻易地将该资产用于另一客户的能力受到实际限制。

（2）A公司具有就迄今为止已完成的履约部分获得按已发生成本加上合理毛利率（其近似于其他合同赚取的毛利率）的付款的可执行权利。

据此，A公司通过计量该履约义务的履约进度，在一段时间内确认收入。

案例7-4：就迄今为止已完成的履约部分获得付款的可执行权利

案例背景

A公司与客户订立一项建造设备项目的合同。合同的付款进度表明确规定客户必须在合同开始时预先支付合同价格的10%，在合同期内定期支付各期款项（合同价格的50%），并在建造完成且设备已通过既定的性能测试时，支付最后一笔付款（合同价格的40%）。除非A公司未能按承诺履约，否则上述款项不可返还。如果客户终止合同，A公司仅有权保留已从客户收取的进度款，A公司不具有向客户索取补偿的任何进一步权利。

案例分析

在合同开始时，A公司评估其建造设备的履约义务是否为在一段时间内履行的履约义务。

作为该评估的一部分，A公司考虑，若客户基于A公司未能按承诺履约之外的其他原因终止合同时，其是否具有就迄今为止已完成的履约部分获得付款的可执行权利。即使客户支付的款项不可返还，但这些款项的累计金额预计并非在合同存续期内的任何时点，均代表至少就A公司迄今为止已完成的履约部分作出必要补偿的金额。这是因为，在建造过程中的各个时点，客户累计支付的对价金额可能低于当时部分完工的设备项目的售价。因此，A公司并不具有就迄今为止已完成的履约部分获得付款的可执行权利。

由于A公司并不具有就迄今为止已完成的履约部分获得付款的权利，A公司的履约义务并非在一段时间内履行的履约义务。因此，A公司无需评估设备可否被A公司用于替代用途。A公司同时得出结论认为，其并未满足一段时间内履行履约义务的另外两个条件，因此，A公司将设备的建造作为在某一时点履行的履约义务进行会计处理。

（四）房地产建造合同的应用

在制定关于评估何时向客户转让商品或服务的要求时，新收入准则曾考虑了在应用原收入准则中特定于房地产建造的收入确认要求时实务中出现的不一致。该实务中的不一致源于在将原收入准则的收入确认要求应用于具有不同事实和情况的复杂合同时，难以确定对房地产的控制在一段时间内转移给客户的时点［IFRS15 paraBC149］。

新收入准则中在制定过程中预期关于在一段时间内履行履约义务的要求应能够减少此类实务中的不一致，这些要求就确定商品或服务何时在一段时间内转让作出了具体规定。然而，不同的房地产合同可能具有不同的转让模式，因为这将取决于每个合同的相关事实和情况。例如，某些房地产合同可能导致（根据合同条款）企业不能轻易地将资产用于另一客户（即企业的履约并未创造可被企业用于替代用途的资产），且合同要求客户就迄今为止已完成的履约部分进行支付。但是，建造可被企业用于替代用途的资产的其他房地产合同，可能并不要求客户就迄今为止已完成的履约部分进行支付。因此，企业会就此类合同的转让模式得出不同结论［IFRS15 paraBC150］。

部分住宅物业行业内的反馈意见者支持增加有关确定履约义务是否在一段时间内履行的条件，其理由是，这将有助于其评估对于包含多个住宅单元的房地产开发，能否在住宅单元建造发生时在一段时间内确认收入。该行业的其他反馈意见者指出，即使其能够断定其履约并未创造可用于替代用途的资产，其仍未能符合“就迄今为止已完成的履约部分获得付款的权利”这一条件。这意味着仅在每一住宅单元向客户转让时（通常仅在建造完成且客户占有该单元实物之后）才能确认收入，而这些反馈意见者认为这无法适当地反映其履约情况［IFRS15 paraBC151］。

然而，如果未符合新收入准则中关于在一段时间内履行履约义务所述的任一条件，则在一段时间内确认收入将无法如实反映企业的履约情况以及企业和客户各自的合同权利和义务。此外，新收入准则澄清“不具备替代用途和具有就迄今为止已完成履约部分获得付款的权利”条件，会确保提高包含多个住宅单元的房地产开发收入确认的确定性和一致性［IFRS15 paraBC152］。

案例7－5：评估履约义务是在某一时点还是在一段时间内履行

案例背景

A公司正在建造一幢包含多个单元的住宅楼。某客户与A公司订立一项针对指定在建单元的具约束力的销售合同。每一住宅单元均具有类似的建筑平面图及类似的面积，但各单元的其他属性（例如，单元在楼宇中的位置）有所不同。

案例分析

情形一：A公司并不具有就迄今为止已完成的履约部分获得付款的可执行权利

客户在订立合同时支付保证金，且该保证金仅在A公司未能按合同完成该单元的建造时才可返还。剩余合同价格须在合同完成后客户实际取得该单元时支付。如果客户在该单元建造完成前违约，则A公司仅有权保留已付的保证金。

在合同开始时，A公司应确定其建造并向客户转让住宅单元的承诺，是否为在一段时间内履行的履约义务。A公司确定，其并不具有就迄今为止已完成的履约部分获得付款的可执行权利，因为直至单元建造完成前，A公司仅有权保留客户已付的保证金。由于A公司并不具有就迄今为止已完成的工作获得付款的权利，A公司的履约义务并非在一段时间内履行的履约义务。相反，A公司将该住宅单元的销售作为在某一时点履行的履约义务进行会计处理。

情形二：A公司具有就迄今为止已完成的履约部分获得付款的可执行权利

客户在订立合同时支付不可返还的保证金，并须在住宅单元的建造过程中支付进度款。合同具有禁止A公司将该单元转让给另一客户的实质性条款。此外，除非A公司未能按承诺履约，否则客户无权终止合同。如果客户在进度款到期时未能履行其支付承诺进度款的义务，则A公司在已完成相关单元的建造的情况下，有权获得合同规定的所有承诺对价。此前的法庭判例中，在开发商已履行其合同义务的情况下，开发商要求客户履约的类似权利得到了法庭的支持。

在合同开始时，A公司应确定其建造并向客户转让住宅单元的承诺，是否为在一段时间内履行的履约义务。A公司确定其履约所创造的资产（单元）不可被A公司用于替代用途，因为合同禁止A公司将该指定单元转让给另一客户。A公司在评估能否将该资产转让给另一客户时，并未考虑合同终止的可能性。

A公司还具有就迄今为止已完成的履约部分获得付款的权利。因为如果客户未能履行其义务，A公司在继续按承诺履约的情况下，将具有获得合同规定的所有承诺对价的可执行权利。

因此，合同条款和司法管辖区的法律实务表明，A公司具有就迄今为止已完成的履约部分获得付款的权利。A公司将该住宅单元的销售作为在一段时间内履行的履约义务。

在建造包含多个单元的住宅楼的过程中，A公司可能就楼宇内个别单元的建造与多名个别客户订立了许多合同。A公司对每一项合同单独进行会计处理。但是，取决于建造的性质，A公司实施初始建造工程（即构建地基及基本架构）及公共区域建造的履约情况可能需要在计量每一项合同的履约义务的履约进度时予以反映。

情形三：A公司具有就迄今为止已完成的履约部分获得付款的可执行权利

情形三与情形二的事实大致相同，唯一的区别是，在客户违约时，A公司可以要求客户按合同规定履约，或者A公司也可以取消合同，以取得在建资产及获得客户按合同价格比例支付的罚款的权利。

尽管A公司可以取消合同（在这一情况下，客户对A公司的义务仅限于向A公司转移对部分完工资产的控制，并按规定支付罚款），但A公司具有就迄今为止已完成的履约部分获得付款的权利，因为A公司也可以选择执行其依照合同获得全额付款的权利。只要A公司要求客户按合同规定继续履约（支付承诺的对价）的权利是可执行的，则在客户违约的情况下，A公司可以选择取消合同的事实不会影响这一评估结果。

1. 住宅房地产销售收入确认

在2018年3月的会议中，国际财务报告准则解释委员会（IFRIC）讨论了住宅房地产销售在新收入准则下是否满足“一段时间内确认收入”的条件。根据所讨论案例的合同条款及所处法律环境，IFRIC的初步结论是，该住宅房地产销售不满足“一段时间内确认收入”的条件。以下为IFRIC对该问题的讨论概述。

会议时间：2018年3月

议题：《国际财务报告准则第15号——客户合同收入》——房地产合同收入确认

议题概要：

解释委员会收到咨询，询问有关多单元住宅房地产单元（以下简称“房地产单元”）销售合同的收入确认。房地产开发商（以下简称“企业”）在房地产单元建造前，与客户签订了房地产单元销售合同，应当如何适用《国际财务报告准则第15号》第35段，该段落规定了企业在一段时间内确认收入的条件。

识别合同

仅当满足《国际财务报告准则第15号》第9段的所有条件时，企业才将合同适用《国际财务报告准则第15号》。其中的条件之一，是企业很可能取得因向客户转让商品或服务而有权获得的对价。因此，本议题决议所讨论的合同，是假设已满足第9段所有条件的合同。

识别合同中的履约义务

在适用《国际财务报告准则第15号》第35段前，企业应当根据《国际财务报告准则第15号》第22－30段，将各项可明确区分的向客户转让商品或服务的承诺，识别为单项履约义务。解释委员会在2018年3月发布的“包含土地转让的房地产合同收入确认”议题决议中，解释了房地产合同如何适用第22－30段。

适用《国际财务报告准则第15号》第35段

《国际财务报告准则第15号》第35段规定，当满足该段三项条件之一，则企业是在一段时间内转移商品或服务的控制权，从而在一段时间内履行履约义务并确认收入。《国际财务报告准则第15号》第32段规定，如果企业不属于在一段时间内履行履约义务，则属于在某一时点履行履约义务。因此，解释委员会注意到，在合同开始时，企业应评价第35段的三项条件，以确定其是否应在一段时间内确认收入。

第35（1）段

在适用第35（1）段时，如果客户在企业履约的同时取得及消耗企业履约所提供的利益，则企业在一段时间内确认收入。在企业销售其建造的房地产单元的合同中，解释委员会注意到，其不满足第35（1）段的条件，因为企业的履约创造了一项不是被立即消耗的资产，即房地产单元。

第35（2）段

在适用第35（2）段时，如果企业的履约行为创造或改良了客户在资产被创造或改良时就控制的资产，则企业在一段时间内确认收入。控制，是指能够主导资产的使用，并获得资产几乎所有剩余利益的能力。

《国际财务报告准则第15号》结论基础第BC129段解释了，IASB和FASB纳入该条件“以涵盖企业的履约创造或改良了客户在资产被创造或改良时就明确控制该资产的情况”。因此，在适用第35（2）段时，企业应评价是否存在证据证明，客户在资产被创造或改良时控制了该资产，即在建的房地产单元。企业在评价时应当考虑所有相关因素，即没有任何单个因素是决定性的。

在适用第35（2）段时，关键是适用对企业履约创造或改良资产的控制要求。在企业建造的房地产单元销售合同中，所创造的资产是房地产单元本身，而不是在未来获得房地产单元的权利。将该权利用于销售或抵押，并不是控制该房地产单元本身的证据。

第35（3）段

《国际财务报告准则第15号》结论基础第BC131段解释了，IASB和FASB制定第35（3）段的条件，是因为其注意到，在某些情况下，被创造或改良的资产是否由客户控制可能是不明确的。第35（3）段的基本目标，是确定企业是否在为客户创造资产的同时向该客户转移对商品或服务的控制（结论基础第BC143段）。

根据第35（3）段，如果同时满足以下条件，则企业应在一段时间内确认收入：

（1）企业的履约行为并未创造一项可被企业用于其他替代用途的资产，并且

（2）企业具有就迄今为止已完成的履约部分获得客户付款的可执行权利。

《国际财务报告准则第15号》第36段规定，如果合同限制企业不得轻易地将处于被创造或改良过程中的资产用于另一用途或者企业受到实际限制从而无法轻易地将处于完工状态的资产用于另一用途，则企业履约所创造的资产不可被企业用于替代用途。

《国际财务报告准则第15号》第37段规定，获得支付的可执行权利，必须是在合同存续期内的任何时点，若合同因企业未能按承诺履约之外的其他原因而由客户或另一方终止，企业有权获得至少能补偿其迄今为止已完成的履约部分的金额。

《国际财务报告准则第15号》应用指南第B12段规定，在评价获得付款的权利是否可执行时，企业应当考虑合同条款以及可补充或凌驾于这些合同条款的法规或法律先例。包括评价相关的法律先例是否表明类似合同中，就迄今为止已完成的履约部分获得付款的类似权利没有法律约束力。

解释委员会注意到，尽管企业不需要对所有证据进行详尽的查询，但是，企业忽略可获得的相关法律先例证据，或者预期未来不会被证实的证据，都是不适当的。

解释委员会注意到，第35（3）段所述的可执行权利，关注于权利及其可执行力的存在性。企业执行该权利的可能性与评价不相关。类似的，如果客户有权终止合同，则客户选择终止合同的可能性与评价不相关。

对咨询案例适用第35段

在评价收入在一段时间内确认，还是某一时点确认时，应当考虑合同的具体事实和情况，以及合同所处法律环境是否为可执行的。因此，企业的评价结果依赖于有关合同的具体事实和情况。

在问题咨询所述的案例情况中，该房地产单元销售合同具有以下特征：

（1）在房地产单元建造前，房地产开发商（企业）与客户签订了房地产单元销售合同；

（2）企业的合同义务是转让合同指定的已完成房地产单元——不能改变或替代合同商定的房地产单元。在客户支付建造完成购买价款前，企业保留了该房地产单元（及其所属土地）的法律所有权；

（3）客户在房地产单元建造前支付了部分购买价款，并在建造完成后向企业支付剩余（大部分）的价款；

（4）该合同赋予客户一项对在建房地产单元的权利。客户不能撤销合同，除非下述（2）的情况，也不能改变该房地产单元的结构设计。在该房地产单元建造过程中，客户能够将对该房地产单元的权利用于转售或抵押，企业将对该权利的新卖家进行信用分析（如果客户已全额付款则不需要信用检查）；

（5）客户及同意购买该小区房地产单元的其他客户，有权利联合决定变更该小区的结构设计，并与企业进行谈判。

问题咨询还指出：

（1）如果企业违反合同义务，客户及同意购买该小区房地产单元的其他客户，有权一同决定解聘企业，并聘用其他房地产开发商来完成该房地产单元的建造；

（2）尽管该合同在当地法律下是不可撤销的，在某些情况下，法院会接受取消合同的请求，主要是在证明客户不具有履行合同条款的财务能力的情况下，例如，客户失业或患上影响其工作能力的疾病。在这种情况下，客户能够取消合同，并有权收回大部分，但不是全部的已向企业支付的价款。剩余部分由企业作为合同终止的罚金保留。如果客户拖欠付款，企业也可以将该房地产单元出售。

法院受理的撤销合同请求，提供了法律先例的证据。该法律先例与评价企业是否具有第35（3）段所述获得支付的可执行权利相关。案例假设此类法律先例已足够证明，除企业未能按承诺履约之外的其他原因导致的撤销合同，企业无权获得至少可以补偿迄今为止已完成履约部分的金额。

案例假设合同已满足第9段的所有条件，且企业根据第22－30段识别了单项履约义务。

第35（1）段

案例不满足第35（1）段的条件，因此企业的履约创造了一项并非立即消耗的资产。

第35（2）段

企业的履约创造了在建的房地产单元。因此，企业应评价，在该单元建造过程中，客户是否具有主导该在建房地产的使用，并获得其实质上全部的经济利益的能力。解释委员会注意到：

（1）尽管客户能够将其对该在建房地产单元的权利转售或抵押，但是，在缺少该房地产单元的法律所有权时，客户不能将该房地产单元本身出售。

（2）客户没有能力主导该房地产单元建造过程中的建造或结构设计，也不能将在建房地产单元用于其他用途。客户联合决定变更小区结构设计的权利，并未赋予客户主导房地产使用的能力——这是因为，客户必须得到其他客户的认同，才能商讨变更结构设计，因此，客户不具有单独变更的能力。

（3）客户（及其他客户）替换企业建造该小区的法律权利，仅在企业不能履行其承诺的事件发生时才有效，这属于保护性权利，不属于判断控制的因素。

（4）客户承担了房地产单元市场价值变动的风险，可能表明客户有能力获得该房地产单元实质上全部的剩余利益。但是，这不能赋予客户在该单元建造过程中主导其使用的能力。

解释委员会注意到，基于问题咨询所述的案例情况，在该房地产建造过程中，客户不具有主导其使用的能力，客户并未控制该在建房地产单元。因此，案例不满足第35（2）段的条件。

在2018年3月发布的“包含土地转让的房地产合同收入确认”议题决议中，解释委员讨论了满足第35（2）段的房地产建造合同案例。

第35（3）段

企业不能改变或替代客户合同所指定的房地产单元，如果企业试图将该资产用于其他用途，客户可以强制执行其权利。因此，该合同限制是实质性的，且该房地产单元不具有第35（3）段所述的替代用途。

但是，企业不具有第35（3）段所述的就迄今为止已完成履约部分进行支付的可执行权利。这是因为，在咨询案例所述情况中，存在相关法律先例证明，除企业未能按承诺履约之外的其他原因导致的撤销合同，企业无权获得至少可以补偿迄今为止已完成履约部分的金额。在法院受理的撤销合同判例中，企业仅有权收取终止罚金，而不是就迄今为止已完成履约部分的补偿。

基于问题咨询所述案例情况，解释委员会注意到，《国际财务报告准则第15号》第35段的任一条件均未满足。因此，企业应当按照《国际财务报告准则第15号》第38段规定，在某一时点确认收入。

解释委员会得出结论认为，《国际财务报告准则第15号》的原则和要求提供了企业确定房地产销售合同是在一段时间内还是某一时点确认收入的充分基础。因此，解释委员会决议，不将该问题纳入其准则制定议程。

在目前国内法律法规环境下，一般住宅房地产销售合同与上述IFRIC分析的案例情况基本类似，因此，国内住宅房地产销售，一般也不满足“在一段时间内确认收入”的任一条件。

2. 房地产销售收款权利的评价

在2018年3月的会议中，IFRIC还讨论了某类特殊的房地产销售合同条款是否能够赋予房地产开发商“合格收款权”，以下为IFRIC该次会议概要。

会议时间：2018年3月

议题：就迄今为止已完成履约部分获得付款的权利（《国际财务报告准则第15号——客户合同收入）

议题概要：

解释委员会收到咨询，询问有关多单元住宅房地产（房地产单元）销售中某类合同是在一段时间内还是在某一时点确认收入。特别是，在咨询问题所述案例情况下，房地产开发商（企业）是否具有《国际财务报告准则第15号》第35（3）段所述的，就迄今为止已完成履约部分获得付款的可执行权利。

根据第35（3）段，企业在一段时间内确认收入应同时满足：（1）企业创造的资产不能被企业用于其他替代用途；（2）企业具有就迄今为止已完成履约义务获得付款的可执行权利。第35（3）段的基本目标，是确定企业是否在为客户创造资产的同时向该客户转移对商品或服务的控制（《国际财务报告准则第15号》结论基础第BC143段）。

《国际财务报告准则第15号》第37段指出，要具有获得付款的可执行权利，企业必须在合同存续期内的任何时点，若合同因企业未能按承诺履约之外的其他原因而由客户或另一方终止，均有权获得至少能补偿其迄今为止已完成的履约部分的金额。

《国际财务报告准则第15号》第B9段指出，补偿企业迄今为止已完成的履约部分的金额，应接近于迄今为止已转让的商品或服务的售价，而不是仅就合同终止后企业可能发生的利润损失作出补偿。

解释委员会注意到，与评价企业是否具有就迄今为止已完成履约部分获得付款的权利相关的是，评价企业是否有权自客户（或代表客户方）收取与客户合同下履约义务相关的付款。

解释委员会在本次议程决议中增加了对房地产合同应用第35（3）段的解释性信息。

对咨询案例情况应用第35（3）段

在评价企业是否具有就迄今为止已履约部分获得支付的可执行权利时，企业应考虑合同产生的权利和义务以及合同所处的法律环境。因此，解释委员会注意到，企业评价的结果取决于合同的具体事实和情况。

根据咨询案例情况所述，该房地产单元销售合同包含以下条款：

（1）在企业建造房地产单元之前，企业与客户签订了一项房地产单元销售合同。企业的合同义务是交付合同指定的建造完成房地产单元。在该房地产单元建造完成之前，企业保留该房地产单元（及其所属土地）的所有权。

（2）客户在合同开始时支付该房地产单元购买价格的10%，在建造完成后支付剩余价款。

（3）客户有权在建造完成之前任意时点取消合同。如果客户取消合同，企业有法定权利要求作出合理努力，将该房地产单元向第三方再销售。再销售时，企业与第三方签订了一项新的合同，即原始合同并未由第三方接替。如果从第三方获得的再销售价格低于原始合同价格（加上销售成本），客户具有法定义务向企业支付差额部分。

案例假设企业已根据《国际财务报告准则第15号》第22至30段识别为单个履约义务。并假设：（1）企业已确定该合同不满足《国际财务报告准则第15号》第35（1）段和第35（2）段的条件；（2）该合同满足第35（3）段的第一部分条件，因为企业的履约并未创造能够被企业用于替代用途的资产。

解释委员会注意到，《国际财务报告准则第15号》第31段的收入确认原则，要求客户已获得对承诺商品或服务的控制。因此，如前所述，《国际财务报告准则第15号》第35（3）段的基本目标，是确定企业是否在为客户创造资产的同时向该客户转移对商品或服务的控制。与该目标一致，与评价企业是否具有就迄今为止已完成履约部分获得付款的权利相关的是，评价企业是否有权自客户（或代表客户方）收取与客户合同下履约义务相关的付款。企业自第三方收取再销售合同的对价，是与再销售合同相关，而不是与现有客户合同下的已履约付款相关。

根据咨询案例情况，企业在合同下有权自客户获得的付款，是对再销售价格和原始购买价格（加上销售成本）之间差额（如果有）的支付。该支付并非在合同存续期内任何时点，企业都有权获得至少接近于该房地产单元已建造部分销售价格的金额，因此，其并非对企业迄今为止已履约部分的补偿。所以，企业并不具有《国际财务报告准则第15号》第35（3）段所述的就迄今为止已履约部分获得付款的可执行权利。

基于咨询案例所述情况，解释委员会得出结论，其未满足《国际财务报告准则第15号》第35段所述的任何条件。因此，企业应当根据《国际财务报告准则第15号》第38段在某一时点确认收入。

解释委员会得出结论，《国际财务报告准则第15号》的原则和要求，已为企业评价其是否具有迄今为止已完成履约部分获得付款的可执行权利，提供了充分的基础。因此，解释委员会决定不将本问题纳入准则制定议程。

根据IFRIC的讨论，“客户仅对房地产再销售价格和原始购买价格（加上销售成本）之间差额的支付”，并不满足新收入准则下“就迄今为止已履约部分获得付款的可执行权利”的条件。对于该条件的判断，IFRIC强调了以下几个方面：

（1）《国际财务报告准则第15号》第35（3）段（对应《企业会计准则第14号——收入》（2017年修订）第十一条第（三）款）的基本目标，是确定企业是否在为客户创造资产的同时向该客户转移对商品或服务的控制。新收入准则下存在很多与第35段类似的条件或因素，这些条件或因素仅仅是在某些情况下的参考，实务应用中应以此类评价的基本目标为基础，综合考虑具体事实和情况，才能得出最适当的结论，不应机械地套用某个条件或因素。

（2）评价企业是否具有就迄今为止已履约部分获得付款的可执行权利，应考虑合同产生的权利和义务以及合同所处的法律环境。因此，评价的结果取决于合同的具体事实和情况。在新收入准则下，需要根据各项合同的具体事实和情况进行判断，很难“一概而论”。

（3）要具有获得付款的可执行权利，企业必须在合同存续期内的任何时点，假设合同因企业未能按承诺履约之外的其他原因而由客户或另一方终止，均有权获得至少能补偿其迄今为止已完成的履约部分的金额。例如，案例所述情况，房地产开发商只有在再销售价格低于原始合同价格（加销售成本）时，才有权利收取对价，而不是在合同存续期内任何时点均有权收取。

（4）补偿企业迄今为止已完成的履约部分的金额，应接近于迄今为止已转让的商品或服务的售价，而不是仅就合同终止后，企业收取的保证金部分或可能发生的利润损失作出补偿。例如，案例所述情况，房地产开发商有权收取的对价，仅仅是再销售价格低于原始合同价格（加销售成本）的部分，而不是接近于已完成履约部分售价的金额。

（5）与评价企业是否具有就迄今为止已完成履约部分获得付款的权利相关的是，评价企业是否有权自客户（或代表客户方）收取与现有客户合同下履约义务相关的付款。例如，案例所述情况，企业自第三方收取再销售合同的对价，是与再销售合同相关，而不是与现有客户合同下的已履约付款相关。

3. “代建模式”房地产开发收入确认

对于房地产开发商向客户转让土地（或土地使用权），并根据客户要求在该土地上建造房地产，通常称为“代建模式”房地产开发。在2018年3月的会议中，IFRIC讨论了此类房地产开发模式在新收入准则下的收入确认问题。

会议时间：2018年3月

议题：包含土地转让的房地产合同收入确认（《国际财务报告准则第15号——客户合同收入）

议题概要：

解释委员会收到咨询，询问有关土地及地上建筑物销售合同的收入确认问题。土地代表建筑物建造所占的所有区域。特别是，咨询询问：（1）有关合同履约义务的识别；（2）对于所识别的各项履约义务，房地产开发商（企业）应当在一段时间内确认收入，还是在某一时点确认收入。

识别合同中的履约义务

根据《国际财务报告准则第15号》第22－30段，企业应将可明确区分的商品或服务（或一揽子商品或服务），或实质上相同并且按相同模式向客户转让的一系列可明确区分的商品或服务，识别为单项履约义务。

《国际财务报告准则第15号》第27段规定，向客户承诺的商品或服务如果同时符合下列两项标准，则是可明确区分的：

(1) 客户能够从单独使用该商品或服务、或将其与客户易于获得的其他资源一起使用中获益（即该商品或服务本身能够明确区分）；

(2) 企业向客户转让该商品或服务的承诺可与合同中的其他承诺区分开来（即在基于相关合同进行考虑时该商品或服务可明确区分）。

评价第27段的条件需要判断。

《国际财务报告准则第15号》结论基础第BC100段指出，企业评价第27 (1) 段的条件（“商品或服务本身能否使客户获益”），应当基于商品或服务自身的特征（而非客户可能使用该商品或服务的方式）。因此，企业应忽略合同中可能妨碍客户从除企业外的其他来源取得可供使用的资源的合同限制条款。

《国际财务报告准则第15号》第29段解释了，第27 (2) 段条件的目标，是确定该承诺的性质，是在合同范围内将各项商品或服务单独转让，还是将多个项目合并作为承诺商品或服务的投入进行转让的。第29段也规定了可能表明向客户转让的多项商品或服务的承诺不是可明确区分的因素。

IASB和FASB在《国际财务报告准则第15号》结论基础第BC105段、第BC116J段和第BC116K段解释了，第27 (2) 段的“可明确区分”，受到“单独风险”概念的影响。单独风险，即企业履行其向客户转让某项承诺商品或服务义务所承担的风险，是否与转让其他承诺商品相关的风险不可分割。在评价企业承诺是否可明确区分时，应考虑合同范围内各项商品或服务之间的关系。因此，企业应考虑各项转让商品或服务承诺之间的整合、相互关联和相互依赖的程度（即两个项目是否存在功能关系），企业应评价两个项目在履行合同过程中的转换关系。

转让土地和建筑物的房地产合同

以下段落简述了企业在签订转让土地及地上建筑物合同时，评价其转让土地的承诺是否为单项履约义务所考虑的因素。土地代表建筑物建造所占的所有区域，该合同针对建筑物整体建造。这些段落不考虑企业是否将转让建筑物各部分识别为一个或多个履约义务。

在评价第27（1）段的条件时，企业评价客户是否能够从该土地自身或将其与易于获得的其他资源一起使用而受益。例如，客户是否能够雇用其他开发商在该土地上建造建筑物？类似的，企业也评价客户是否能够从建造建筑物自身，或将其与易于获得的其他资源一起使用而受益。例如，客户是否能够在不转让土地的情况下，从企业或其他开发商获得建造服务。在转让土地及地上整体建筑物建造的合同中，解释委员会认为，该土地和建筑各自能够明确区分。

企业接着评价第27（2）段的条件及第29段解释的目标，即确定承诺的性质，在合同范围内，是单独转让土地和建筑物，还是转让土地和建筑物作为投入的合并项目。解释委员会考虑了以下因素：

（1）企业是否提供了第29（1）段所述的重大整合服务，以将该土地和建筑物作为组合产出——例如，转让土地和建造建筑物之间是否存在转化关系？企业建造建筑物的义务，是否与客户从其他方购买土地有所不同，反之亦然？土地和建筑物之间存在功能关系——建筑物不能脱离土地而存在；其基础需在该土地上建造。但是，这并不意味着企业向客户转让土地而承担的风险，与建造该建筑物的风险不可分割。

（2）土地和建筑物是否如第29（3）段所述高度依赖或高度关联——例如，企业是否能够履行其转让土地的承诺，即使客户自其他开发商购买建造服务；并且，企业是否能够履行其建造建筑物的承诺，即使客户已从其他方购买土地？

解释委员会注意到，如果企业认为：（1）无论客户是从企业还是其他方购买土地，其建造建筑物的义务都相同；（2）企业能够履行其建造建筑物的承诺，即使客户已从其他方购买土地；并且，企业能够履行其转让土地的承诺，即使客户自其他开发商购买建造服务，则企业转让土地的承诺，与在该土地上建造建筑物的承诺是可明确区分的。

在评价第27（2）段条件时，《国际财务报告准则第15号》结论基础第BC116N段指出，第29段所述因素并非旨在成为独立于第27（2）段可单独区分原则之外的评价条件。在某些情况下，某个因素对评价可单独区分原则的相关性可能比其他因素要低。

适用《国际财务报告准则第15号》第35段

第35段规定，如果符合该段落三个条件之一，则企业是在一段时间内转移对商品或服务的控制，从而在一段时间内履行履约义务及确认收入。第32段指出，如果企业并非在一段时间内履行履约义务，则履约义务是在某一时点履行。因此，解释委员会指出，在合同开始时，企业应针对各项履约义务，按照第35段的条件确定其是否在一段时间内确认收入。

解释委员会在本议题中引用了其于2018年发布的，有关“房地产合同收入确认”议题中，对房地产合同适用第35段的议程决议。

对咨询案例适用第35段

在评价是在一段时间内还是某一时点确认收入时，需要评价合同的具体事实和情况，并考虑合同所处法律环境下的可执行权利。因此，企业的评价结果依赖于这些具体事实和情况。

在咨询问题所述案例中，该合同包括以下特征：

(1) 企业与客户签订了一项不可撤销的合同，向客户销售包含住宅单元的建筑物，并由企业负责建造。该合同是针对建筑物整体销售。

(2) 在合同开始时，企业不可撤销的向客户转让了土地的所有权，企业将在该土地上建造合同约定建筑物。合同明确了该土地的价格，客户在合同签订时支付。

(3) 在合同签订前，企业与客户就建筑物的结构设计和规格达成了一致。在建筑物建造过程中：①如果客户要求变更建筑物的结构设计和规格，则企业可根据合同约定的方法变更价格；客户根据报价决定是否进行变更。企业仅在很少的情况下可以拒绝客户的变更要求，比如当变更违反规划许可时。②企业仅在不变更将导致不合理的成本增加或工期延误时，才能要求变更结构设计和规格。变更需要客户批准。

(4) 客户在建造期间需要进行里程碑（关键节点）支付。但是，该支付不需要与迄今为止已完成工作相当。

假设：(1)《国际财务报告准则第15号》第9段的所有条件均已满足；(2) 企业根据第22－30段识别出两项履约义务——向客户转让土地的承诺，以及在该土地上建造建筑物的承诺。

对转让土地的承诺适用第35段

企业的义务是向客户转让土地。土地并不是立即被消耗，因此，不满足第35 (1) 段的条件。企业的履约也未创造或改良土地，因此，第35 (2) 段和第35 (3) 段的条件也不满足。

因此，企业向客户转让土地，应根据《国际财务报告准则第15号》第38段在某一时点确认收入。

对建造建筑物的承诺适用第35段

不满足第35（1）段的条件，因为企业的履约创造了一项不是被立即消耗的资产。

第35（2）段

在评价第35（2）段的条件时，企业需要评价建筑物建造过程中，客户是否有能力主导其使用，并获得其建造过程中实质上全部的剩余利益。

客户控制了在建中的建筑物，主要理由如下：

（1）有能力主导在建中建筑物的使用。客户通过其对土地的控制以及有能力变更在建建筑物的结构设计和规格，从而有能力主导其使用。合同也赋予客户阻止企业或其他方主导该建筑物使用的能力。

（2）有能力获得该建筑物实质上全部的经济利益。企业不能将该建筑物挪作他用或转予其他方。因此，在合同签订之后，客户有能力获得该建筑物实质上全部的剩余利益。合同也赋予客户阻止企业或其他方自该建筑物获得利益的能力。

因此，该案例满足第35（2）的条件。解释委员会强调，IASB和FASB在《国际财务报告准则第15号》结论基础第BC129段指出："对于企业在客户的土地上施工的建造合同，客户通常控制企业履约所形成的任何在产品。"

解释委员会得出结论认为，《国际财务报告准则第15号》的原则和要求提供了企业在咨询案例情况下确认收入的充分基础。因此，解释委员会决议，不将该问题纳入其准则制定议程。

根据IFRIC的讨论，"代建模式"房地产开发的收入确认，在新旧收入准则下，一般不会得出不同的结论。

在新收入准则下，对于此类房地产开发模式的收入确认，需注意以下几个方面：

（1）识别合同履约义务。房地产开发商应根据新收入准则相关规定，识别"代建"合同中的各项可明确区分的履约义务。可能作为单项履约义务处理的合同义务，包括但不限于转让的土地（土地使用权）、房地产建造服务、物业管理服务等。此时，识别各项履约义务的主要依据是《国际财务报告准则第15号》第27段、第29段（对应《企业会计准则第14号——收入》第十条）。其中，需关注 IASB 于 2016 年在第 29 段中进一步澄清的评价目标："评价企业向客户承诺转让的商品或服务是否属于在合同范围内可明确区分的，目的是确定该承诺的性质，是在合同范围内将各项商品或服务单独转让，还是将多个项目合并作为承诺商品或服务的投入进行转让。"

在 IFRIC 的讨论案例中，其土地转让和建造服务，属于可明确区分的履约义务，作为两项合同履约义务分别进行处理。

（2）判断收入确认时点。在识别出各项履约义务后，房地产开发商应根据新收入准则相关规定，判断各履约义务是在一段时间内确认收入，还是在某一时点确认收入。此时，主要判断依据是《国际财务报告准则第 15 号》第 35 段（对应《企业会计准则第 14 号——收入》第十一条）。

对于转让的土地（土地使用权），其收入确认判断较为简单。在 IFRIC 的讨论案例中，此类土地转让应在某一时点确认收入。

对于房地产建造服务，则需要根据具体合同约定及法律环境进行判断。

一般商品房销售模式下，如前述两个案例所述，其收入确认时点主要根据《国际财务报告准则第 15 号》第 35（3）段（对应《企业会计准则第 14 号——收入》（2017 年修订）第十一条第（三）款）的条件进行判断，即判断"企业创造的资产是否能被企业用于其他替代用途，且是否具有就迄今为止已完成履约义务获得付款的可执行权利"。在 IFRIC 讨论的两个案例中，房地产销售合同因无法满足"具有就迄今为止已完成履约义务获得付款的可执行权利"条件，而在某一时点确认收入。

在"代建模式"房地产开发中，房地产建造服务的收入确认，则主要根据《国际财务报告准则第 15 号》第 35（2）段（对应《企业会计准则第 14 号——收入》（2017 年修订）第十一条第（二）款）进行判断，即判断"客户是否能够控制企业履约过程中在建的商品或服务"。该判断的目标是评价房地产建造过程中，客户是否有能力主导其使用，并获得其建造过程中实质上全部的剩余利益。在评价"客户是否有能力主导在建房地产的使用"时，IFRIC 的讨论也考虑了"客户是否有能力决定房地产的结构设计和规格"因素，与原《国际财务报告解释公告第 15 号》的原则类似。在 IFRIC 的讨论案例中，其房地产建造（代建）服务，满足第 35（2）段的条件，从而可以在一段时间内确认收入。

二、计量履约进度

对于每一项符合在一段时间内履行的履约义务，企业应当通过计量该履约义务的履约进度在一段时间内确认收入。计量履约进度，旨在反映企业向客户转让承诺商品或服务的履约情况（企业履约义务的履行情况）［IFRS15 para39］。

企业应当采用单项的方法来计量每一项在一段时间内履行的履约义务的进度，并且企业应当将该方法一致地运用于相似情形下类似的履约义务。在每一报告期末，企业应当重新计量其在一段时间内履行的履约义务的进度［IFRS15 para40］。

企业可使用多种方法来计量履约义务的履约进度。由于收入涵盖范围较广，考虑所有可能使用的方法并规定企业在何种情况下应使用每一种方法是不切实际的。因此，企业在选择计量履约义务的履约进度的适当方法时应当运用判断。这并不意味着企业可“自由选择”。准则相关要求规定，企业选择的进度计量方法应当与准则明确规定的反映企业通过向客户转移对商品或服务的控制而履约（企业履约义务的履行情况）的目标保持一致［IFRS15 paraBC159］。

为符合反映企业履约情况这一目标，企业可能需要考虑承诺商品或服务的性质及企业履约的性质。例如，在典型的健身俱乐部合同中，企业的承诺是在一段时期内准备提供服务（即通过使健身俱乐部可供客户使用）而非仅在客户要求时才提供服务。在这种情况下，客户从企业使健康俱乐部可供其使用这一服务中获得利益。这可通过客户使用健身俱乐部的程度本身并不影响客户有权获得的剩余商品或服务数量这一事实来证明。此外，客户无论是否使用健身俱乐部均有义务支付对价。因此，在这种情况下，企业需要基于其使商品或服务可供客户使用这一服务（而非客户何时使用可供其使用的商品或服务）来选择进度计量方法［IFRS15 paraBC160］。

企业应当对某一特定的履约义务以及包含具有类似特征的履约义务的所有合同一致地应用所选定的进度计量方法。企业不应使用不同的方法计量其对相同或类似履约义务的履约进度，否则企业在不同报告期间的收入将不具有可比性。如果允许企业应用一种以上的方法计量其履约义务的履行情况，这实际上规避了有关识别履约义务的要求［IFRS15 paraBC161］。

三、履约进度的计量方法

计量进度的适当方法包括产出法和投入法。在确定计量进度的适当方法时，企业应当考虑其承诺向客户转让的商品或服务的性质［IFRS15 para41］。

在应用履约进度的计量方法时，企业对履约进度的计量不应包括任何企业尚未向客户转移对其控制的商品或服务。反之，企业对履约进度的计量应当包括企业在履行该履约义务时已向客户转移对其控制的商品或服务［IFRS15 para42］。

若相关情况随着时间的推移而发生变化，企业应当更新其对履约进度的计量以反映履约义务结果的任何变更。此类对企业履约进度计量的变更应作为会计估计变更处理［IFRS15 para43］。

（一）产出法

产出法，是以对迄今为止已转让的商品或服务，相对于合同剩余的承诺商品或服务对于客户的价值的直接计量结果为基础，确认收入。产出法包括诸如：测量迄今为止已完成的履约行为，评估已实现的结果、已达到的里程碑、流逝的时间及已生产或已交付的商品或服务单位［IFRS15 paraB15］。“对于客户的价值”是指对企业履行合同履约义务的客观计量值。但是，对于客户的价值既非旨在通过参照合同承诺的个别商品或服务的市场价格或单独出售价格来进行评估，也并非指客户所预期的商品或服务所包含的价值［IFRS15 paraBC163］。

在评价是否运用产出法计量履约进度时，企业应当考虑所选择的产出能否如实反映企业履约义务的履约进度。如果所选择的产出无法计量某些控制权已转移给客户的商品或服务，则产出法不能提供对企业履约情况的如实反映。例如，如果在报告期末受客户控制的企业履约形成的在产品或产成品未包括在产出的计量中，则基于已生产单位或已交付单位的产出法无法如实反映企业对履约义务的履行［IFRS15 paraB15］。

在新收入准则制定过程中，部分反馈意见者（特别是承包制造行业的反馈意见者）要求就何时适合采用交付量法或产量法提供更多指引。这些反馈意见者认为，此类方法似乎属于产出法，因此质疑其是否总是能够最适当地反映企业的履约。此类方法可能适用于某些情况；但是，如果履约义务在一段时间内履行，则此类方法并非总是能够提供关于企业履约的最佳反映。这是因为，交付量法或产量法不考虑属于客户的在产品。当在产品对合同或财务报表整体而言具有重要性时，使用交付量法或产量法将扭曲企业的履约情况，因为其并未就交付或生产完成之前所创造但由客户所控制的资产确认收入［IFRS15 paraBC165］。

如果合同同时提供设计和生产服务，则交付量法或产量法可能并不适用，因为在这种情况下，所生产或交付的每一个项目可能并不向客户转让等额价值。但是，对于每个项目在交付时向客户转让等额价值的条件项目长期制造合同而言，交付量法可能是适当的计量进度的方法。因此，在选择产出法计量进度并确定交付量法或产量法是否适当时，企业应当考虑具体的事实和情况，并选择能够反映企业的履约和向客户转移对商品或服务的控制的方法［IFRS15 paraBC166］。

为便于实务操作，如果企业有权从客户获得的对价金额与迄今为止企业已完成的履约行为对于客户的价值直接相对应（例如，企业对提供的每小时服务收取固定金额的服务合同），则企业可按其有权开具账单的金额确认收入［IFRS15 paraB16］。

从概念上而言，产出法最能如实地反映企业的履约情况，因为其直接计量转让予客户的商品或服务的价值［IFRS15 paraBC164］。产出法的不足之处在于，用于计量进度的产出可能无法直接观察到，以及企业取得运用产出法所必需的信息的成本可能过大。因此，可能有必要运用投入法［IFRS15 paraB17］。

（二）投入法

投入法，是以企业履行履约义务所做的工作或投入（例如，消耗的资源、花费的工时数、发生的成本、流逝的时间或使用的机器运转时数）相对于履行履约义务的预计总投入为基础，确认收入。如果企业的工作或投入在履约期间内平均消耗，则企业按直线法确认收入可能是恰当的［IFRS15 paraB18］。

案例7－6：计量“随时准备”服务的履约进度

A公司是多家健身俱乐部的所有者兼经营者，其与某位客户订立一项合同，约定客户可在一年内使用其任一家健身俱乐部提供的服务。客户可无限次使用健身俱乐部的服务并承诺每月支付1,000元。

A公司确定其向客户的承诺是提供一项使其健身俱乐部可供客户使用的服务（“随时准备”提供服务）。这是因为，客户使用健身俱乐部的程度并不影响客户有权获得的剩余商品或服务的数量。A公司得出结论认为，在通过使其健身俱乐部可供客户使用而履约的过程中，客户在A公司履约的同时取得及消耗了A公司履约所提供的利益。据此，A公司的履约义务是在一段时间内履行。

A公司同时确定，客户可从A公司提供的使其健身俱乐部可供客户使用的服务中获得的利益，在全年是平均分布的，即客户自健身俱乐部可供其使用中获益，不论其是否实际使用它。因此，A 公司得出结论认为，对于该项在一段时间内履行的履约义务，计量履约进度的最佳方式是基于时间的计量，并且在年内按直线法确认每月 1,000 元的收入。

投入法的缺点在于，企业的投入与向客户转移对商品或服务的控制之间可能不存在直接关系。因此，企业应当考虑计量履约进度的目标，将投入于未反映企业向客户转移商品或服务控制权履约情况的部分的影响排除在投入法之外。例如，在运用以成本为基础的投入法时，在下列情况下可能需要对履约进度的计量作出调整：

（1）已发生的成本无助于推进企业履行履约义务的进度。例如，企业不会以未在合同价格中反映的因企业履约中明显的低效率而发生的成本（例如，未预期的为履行履约义务而发生，浪费的材料、人工或其他资源的成本金额）为基础确认收入。

（2）已发生的成本与企业履行履约义务的进度不成比例。在这种情况下，对企业履约的最佳反映可能是调整投入法，仅以已发生的成本为限确认收入。例如，如果企业在合同开始时预计将满足下列所有条件，则如实反映企业履约情况的方式，可能是按履行履约义务所使用的商品成本的金额确认收入：①该商品不可明确区分；②预计客户在取得与该商品相关的服务之前很早既已获得对该商品的控制；③已转移的该商品的成本相对于完全履行履约义务的预计总成本而言是重大的；④企业自第三方采购了商品，并且未深入参与该商品的设计和制造（但企业属于“主要责任人”）［IFRS15 paraB19］。

1. 未安装的物料

在某些合同中，企业承诺向客户转让商品和服务，但客户拥有对商品（代表履约义务的重要部分）的控制与拥有对服务的控制的时间不同（例如，客户在安装之前获得对商品的控制）。如果此类商品和服务不可明确区分，则企业具有单项履约义务。由于在实务中有关如何在这种情况下使用投入法计量进度存在分歧，因此，收入准则就未安装物料提供额外的指引［IFRS15 paraBC169］。

收入准则中就未安装物料对投入法的调整，旨在确保投入法满足计量履约义务的履约进度的目标，即反映企业的履约［IFRS15 paraBC170］。

如果客户在企业安装之前获得对商品的控制，则企业继续将该商品确认为存货是不恰当的。相反，企业应当根据收入准则的核心原则就已转让的商品确认收入。如果企业应用成本比例法（已发生成本相对于预计总成本的比例）计量进度，则在不存在明确要求的情况下，企业可能将商品的成本纳入成本比例的计算中，从而就商品的转让确认合同层面的毛利。在商品安装之前确认合同层面的毛利可能会高估企业履约的计量值，因此收入可能被高估。或者，要求企业估计一个与合同层面毛利不同的利润率可能较为复杂，并可能实际上创造一项针对不可明确区分商品的履约义务（从而规避了识别履约义务的要求）。因此，在特定情况下，企业应当就商品的转让确认收入，但仅应以相当于商品成本的金额为限。在这种情况下，企业还应将商品的成本排除在成本比例法计算之外以便与成本比例法保持一致［IFRS15 paraBC171］。

就未安装物料对成本比例进度计量值作出调整，通常旨在应用于建造类合同的商品子类别——仅适用于相对于合同而言成本重大的商品，且仅当企业实质上向客户提供了简单的采购服务的情况下才适用。对于“已发生的成本与企业履行履约义务的进度不成比例”的商品，以此类商品的成本为限确认收入，将确保所反映的企业合同利润（或毛利率）类似于若客户自行提供此类商品供企业安装或在建造活动中使用时企业将确认的利润（或毛利率）［IFRS15 paraBC172］。但是，某些反馈意见者不同意企业在向客户转让未安装物料时确认零毛利的要求，他们认为，针对单独履约义务的不同部分确认不同的毛利率与识别履约义务的原则不一致，不能适当反映合同规定的企业的权利（例如，若企业在合同终止时有权获得的付款金额，反映针对所有已执行工作的合同层面利润，包括向客户转让的未安装物料）［IFRS15 paraBC173］。

收入准则在制定过程中考虑了上述意见，但最终决定对该调整进行规定，将确保投入法满足计量进度以反映企业的履约的目标。新收入准则认为，虽然考虑该调整的结果是作为单项履约义务一部分的某些商品或服务产生毛利，而任何未安装物料均仅产生零毛利，但之所以产生该差异仅仅是因为需要对成本比例法计算进行调整，以使投入法如实反映企业的合同履约情况［IFRS15 paraBC174］。

为与其关于未安装物料所做的决定保持一致，收入准则规定如果企业选择投入法（例如，成本比例法）计量其进度，如果纳入某些诸如低效率和浪费的材料之类的已发生成本将扭曲企业的合同履约情况，则企业应当对进度的计量进行调整［IFRS15 paraBC175］。

案例 7－7：未安装的物料

案例背景

20×2 年 11 月，A 公司与 B 公司订立一项装修一幢 3 层建筑，并安装新电梯的合同，合同总对价为 5,000,000 元。承诺的装修服务（包括安装电梯）是一项在一段时间内履行的履约义务。预计总成本为4,000,000元（包括电梯成本1,500,000元）。A公司根据“主要责任人”和“代理人”的判断规定认为，其属于提供电梯的主要责任人，因为其在电梯转移给B公司之前获得了对电梯的控制。

交易价格和预计成本汇总如表7－1所示：

表7－1　　交易价格和预计成本汇总表

项目	金额（元）
交易价格	5,000,000
预计成本：	
电梯	1,500,000
其他成本	2,500,000
预计总成本	4,000,000

案例分析

A公司采用投入法，基于已发生的成本来计量其履约义务的履约进度。A公司按准则要求评估为购买电梯所发生的成本，是否与A公司履约义务的履约进度成比例。B公司在20×2年12月电梯运抵该建筑时获得对电梯的控制，尽管电梯直至20×3年6月才进行安装。购买电梯的成本（1,500,000元）相对于履行履约义务的预计总成本（4,000,000元）而言是重大的。A公司并未参与电梯的设计或制造。

A公司得出结论认为，将购买电梯的成本纳入履约进度的计量将导致高估A公司的履约程度。因此，A公司对履约进度的计量作出调整，以将购买电梯的成本排除在已发生成本的计量及交易价格之外。A公司按电梯购买成本的金额确认转让电梯所产生的收入（零毛利）。

在20×2年12月31日，A公司观察到：

（1）已发生的其他成本（不包括电梯）为500,000元；

（2）履约进度为20%（即500,000元÷2,500,000元）

据此，在20×2年12月31日，A公司确认表7－2所列各项：

表7－2　　确认收入及成本

项目	金额（元）
收入	2,200,000（1）
销售成本	2,000,000（2）
利润	200,000

（1）确认的收入计算如下：（20% × 3,500,000 元）+ 1,500,000 元，（3,500,000 = 交易价格 5,000,000 元 − 电梯成本 1,500,000 元）

（2）已售商品成本 = 已发生成本 500,000 元 + 电梯成本 1,500,000 元

2. 低效率和浪费的材料

新收入准则中提到，投入法的缺点是企业的投入与向客户转移对商品或服务的控制之间可能不存在直接关系。如果成本比例法包括了归属于浪费的材料或未对履约义务的履行作出贡献的其他低效率成本，则可能属于这种情况。因此，企业应当排除任何未能反映向客户转移对商品或服务的控制的任何投入的影响，例如，为履行合同而发生的并未反映在合同价款中的浪费的材料、人工或其他资源的成本［IFRS15 paraBC176］。

在新收入准则制定过程中，曾考虑了是否应当就低效率和浪费的材料提供更多指引。例如，某些反馈意见者询问有关评估是应当关注特定于企业的低效率还是受市场驱动的低效率，某些反馈意见者要求明确区分预期的正常浪费材料的会计处理与异常浪费材料的会计处理［IFRS15 paraBC177］。

准则在制定过程中承认存在上述疑虑，但认为制定额外指引以明确和一致地识别应当被排除在成本比例进度计量之外的低效率和浪费材料的成本可能并不切实可行。取而代之的是，收入准则决定强调计量履约义务的履约进度的目标是反映企业的合同履约情况，因此，如果已发生的部分成本未为合同进度作出贡献，则可能需要对成本比例法计算作出调整［IFRS15 paraBC178］。

（三）合同成立前履行履约义务相关收入成本的确认

在 2015 年 3 月 30 日的会议［TRG Agenda ref 33］中，TRG 成员讨论了合同成立前履行部分履约义务相关收入成本的确认问题。

案例 1：定制制造商

制造商与客户签订长期合同，生产高度定制的产品。客户每 30 天发布 1 个新的采购订单。采购订单是不可撤销的，一旦收到订单，制造商有权就所有在产品要求客户付款。制造商将根据客户的预期需求，预先组装一部分基础产品。在客户发出采购订单时，制造商有一些已完成的产品，还有一些已部分完成的产品。制造商认定，每件定制产品均属于一项单项履约义务，该履约义务是在一段时间内履行的履约义务，因为定制产品不具有替代用途，且制造商在收到订单后有合格收款权。

案例2：房地产开发商

某房地产开发商开始建造1栋公寓楼，并预售60%的单元。在其所处国家的法律环境下，该合同是在一段时间内履行的履约义务。其余40%的单元是为库存而建造的。在公寓楼所有楼层的公共区域和房间的外墙施工完成后，该房地产开发商与客户签订了1份新的合同，按照与原始合同相同的条款出售剩余的1个单元。因此，在新合同开始时，新客户单元的一部分已经构建完成。

基于以上两个案例，利益相关方讨论了以下两个相关问题。

问题1：如何确认前期活动的收入？

TRG职员条例了两种确认前期活动收入的确认方法：

方案1：收入应在累计追加基础上确认，反映在合同成立日前已部分履行的履约义务。

方案2：收入应在预期基础上从合同成立日开始确认。

方案1："累积追加"

方案1的支持者认为，累计追加调整符合确认收入的总体原则，可以反映企业在向客户转移商品或服务控制权的模式。因此，如果企业在合同成立日前的活动已履行了履约义务，则企业将确认其预计有权获得该部分履约义务的收入。累积追加调整反映了这样一个事实，即在合同成立日，部分商品或服务的控制权已向客户转移。

方案1的支持者提到，"若相关情况随着时间的推移而发生变化，企业应当更新其对履约进度的计量以反映履约义务结果的任何变更，此类对企业履约进度计量的变更应按照会计估计变更处理［IFRS15para43］"。会计估计的变动在变动期间确认，除非会计差错。

方案1的支持者也注意到，对于不符合合同存在条件时取得客户对价的收入确认，类似于此前美国公认会计原则所包含在销售未完成时应用的"保证金法"。根据此前的美国公认会计原则，企业在采用保证金法之后采用完全权责发生制时，以累积追溯的方式确认收入（以及利息收入）［IFRS15paraBC 48］"，因此，应以累积追加的基础确认前期活动收入。

方案1的支持者认为，当企业与客户之间确定了合同标的时，基本履约义务并不因企业是否在合同成立日之前或之后开始生产或建造商品等活动而有所不同，企业履行履约义务的进度是相同的。

方案1的反对者认为，合同中的履约义务只涉及将商品或服务转让给客户的剩余结果。因此，在满足合同存在条件之前，在合同成立日立即确认已完成工作的收入是不合适的。

方案 2："预期基础"

方案 2 的支持者认为，通过合同成立日的累积追加调整来"立即"确认收入，不符合在一段时间内确认收入的原则。他们认为，当满足合同存在条件时，企业应只将交易价格分摊给合同中的剩余商品或服务，因为必须履行的履约义务只涉及剩余商品或服务。

方案 2 的支持者指出，一项合同可能涉及投入原材料并将其生产为产品，而另一项类似商品的合同可能涉及取得部分完成的商品，并完成其组装。方案 2 的支持者认为，在这两种情况下，两者的履约义务并不相同。

对于在一段时间内履行的履约义务，方案 2 的支持者认为，企业应仅在满足合同存在条件之后，才开始计量履约义务的进度，企业不应考虑在满足条件之前所做的工作。

方案 2 的支持者提到，准则规定了在满足合同存在条件之前收到现金的情况，"……视与合同相关的具体事实和情况，所确认的负债代表企业在未来转让商品或服务的义务，或者返还已取得对价的义务［IFRS15 para43］"。方案 2 的支持者认为，"未来转让的商品或服务"表明，应当在合同成立日之后的未来基础上确认收入。也就是说，当企业在合同成立日之前履约义务时，可以收取不可返还的现金，但收到现金对应的义务是转移未来而不是过去的商品或服务。

方案 2 的反对者认为，无论企业是否在合同成立日之前开始执行工作，如开始生产商品，履约义务都是相同的，因为对客户的最终承诺是相同的。

方案 2 的反对者指出，从实务操作角度来看，特别是将方案 2 应用于案例 1 可能会带来负担，因为需要根据相关商品在收到采购订单之前是否部分或全部完工，来跟踪履行每个采购订单的剩余工作量。

TRG 职员分析：

TRG 职员注意到，收入准则所述的核心原则是："企业确认收入的方式应当反映向客户转让商品或服务的模式，而确认的金额应反映企业预计因交付这些商品或服务而有权获得的对价"。如果企业已在履约义务的范围内将承诺商品或服务转移给客户，如在合同成立日，则 TRG 职员认为，该企业应确认收入以反映已在合同成立日转移给客户的承诺商品或服务，即采用方案 1 是较为适当的。

TRG 职员注意到，对不符合合同存在条件的合同采用方案 1，将导致合同成立日和未来期间收入的累计确认相同，从而导致合同资产或合同负债状况与符合合同存在条件的合同相同。从合同成立日来看，这两个项目是相同的，因此在经济上是相等的。因此，方案 1 更能如实反映该合同，从而为财务报表的使用者提供比方案 2 更多的决策有用信息。在方案 2 下，尽管两个合同在经济上是等价的，但在合同成立日之后收入确认模式将有所不同。

此外，TRG 职员认为，方案 2 的支持者误解了准则规定中“未来”的含义。“在未来”是指对收到对价的“义务”确定的日期，而不是指商品或服务转移的日期或期间。因此，TRG 职员认为，对“未来”的解释应参照收到现金的日期，而不是满足合同存在条件的日期。TRG 职员认为，在合同成立日之前的部分商品或服务，可能在合同成立日转让给客户，而不仅仅与合同成立日之后的剩余履约义务有关，这并不矛盾。

TRG 职员认为，新收入准则结论基础提到，新收入准则的指引与原美国公认会计原则下的“保证金法”类似，即收入是在累计追加的基础上确认的。

因此，TRG 职员认为，方案 1：累积追加最符合收入准则的核心原则，即“企业确认收入的方式应当反映向客户转让商品或服务的模式，而确认的金额应反映企业预计因交付这些商品或服务而有权获得的对价”。

在采用方案 1 时，企业应按照收入准则相关规定确定客户取得控制的商品或服务。因此，在计量履约义务的履约进度时，应包括前期活动成本。例如，如果前期活动成本与客户无法控制的未安装材料有关，则在确认收入时包含这些成本可能是不适当的。

问题 2：企业应如何核算合同成立日之前产生的履约成本？

对于不符合合同存在条件的，在合同成立日向客户转让的商品或服务；以及满足合同存在条件的，合同成立日前活动产生的履约成本的处理，TRG 职员讨论了三种观点：

方案 1：此类成本作为履行预期合同的成本进行资本化。如果这些成本与迄今取得的进度有关，因为构成履约义务的商品或服务已经转移给客户，则这些成本将在合同成立日立即费用化。剩余资产将在与资产相关的商品或服务转让给客户的期间进行摊销。

方案 2：此类成本作为履行预期合同的成本进行资本化，并在企业转让合同剩余商品或服务（在预期基础上）时摊销。

方案 3：此类成本不能资本化作为履行预期合同的成本，因为这些成本与取得合同之前的履约进度有关，但不涉及未来履约义务。因此，除非这些成本符合其他准则规定（如存货准则）的资本化条件，否则这些成本应在发生时予以费用化。

方案 1：

方案 1 的支持者认为，在合同成立日之前发生的此类成本是履行预期合同的成本，并将根据新收入准则确认为资产。这是因为，这些成本与预期的合同直接相关，预计可收回，并且，该成本创造了企业在合同成立日用于履行履约义务的资源。

这些利益相关方认为，履约义务仅在合同成立日建立，可将合同成立日之前发生的成本确认为资产。新收入准则规定，企业应在下列成本发生时将其确认为费用：

"……与已经履行（或部分履行）的合同中的履约义务相关的成本（与过往履约相关的成本）以及企业无法区分其是与未履行的履约义务相关还是与已履行（或部分履行）的履约义务相关的成本［IFRS15para98］。"

方案 1 的支持者还提到，新收入准则规定，履行合同的资本化成本"应当按照与该资产相关商品或服务向客户转让相一致的系统化基础进行摊销［IFRS15para99］"。因此，在合同成立日，与迄今已履行进度相关的资本化资产，构成已转移给客户的履约义务，均应费用化。剩余资产将在与该资产相关商品或服务转让给客户的期间进行摊销。

方案 2：

方案 2 的支持者也认为，合同成立日之前产生的成本是履行预期合同的成本，由于上述原因，该合同将被确认为资产。然而，方案 2 的支持者认为，当企业转让合同剩余商品或服务时（在预期基础上），应摊销此类成本。他们认为"应当按照与该资产相关商品或服务向客户转让相一致的系统化基础进行摊销［IFRS15 para99］"，是指合同成立日之后剩余商品或服务的转移，即在合同成立日没有立即转移。

方案 2 的支持者还注意到，此类成本可能类似于准备活动成本，"如果这些准备活动并未履行履约义务，则企业在计量履约进度时，应忽略这些活动（及相关成本）［IFRS15 paraB51］"。方案 2 的支持者认为，在合同成立日之前发生的费用与已履行的履约义务无关，因为履约义务只能包括合同成立日之后的剩余活动。他们认为，在未来基础上确认费用更能如实反映了企业履约义务的履约进度。

方案 3：

方案 3 的支持者注意到，在满足合同存在条件之前发生的成本，可能可以根据其他准则规定进行资本化。但是，他们认为这些成本很可能不符合资本化条件，无法作为履行预期合同的成本，因为该成本不会产生或改良企业将在未来用于履行（或持续履行）履约义务的资源。

方案 3 的支持者指出，新收入准则要求，企业在发生“与已经履行（或部分履行）的合同中的履约义务相关的成本（与过往履约相关的成本）［IFRS15 para98］”时确认为费用。他们认为，与履约义务的部分履行有关而与未来履行无关的成本，应在发生时予以费用化，除非按照其他准则可以资本化。例如，在上述案例 1 中，在合同成立日之前发生的生产成本与将商品转移给客户的活动有关，但与履行未来的履约义务无关。因此，如果这些成本不能根据其他准则资本化，则应将其作为已发生的费用。

方案 3 的支持者将上述案例 1 和案例 2 中产生的成本，与在合同开始时或接近合同开始时产生的生产成本或履约成本区分开来。在案例 1 和案例 2 中，他们认为成本与转移给客户的商品或服务有关（部分履约义务）。将成本作为履行预期合同的成本进行核算，将表明履约义务仅包括合同成立日之后要付出的成本。

TRG 职员分析：

TRG 职员注意到，对问题 2 下的方案的评价将取决于问题 1 中的哪个方案被认为是适当的。

在问题 1 中，TRG 职员认为方案 1 符合新收入准则的要求。因此，在第二个问题中，方案 2 并不合适。这是因为问题 1 已确定，预期基础不符合新收入准则的要求。因此，以下分析仅考虑方案 1 和 3。

TRG 职员注意到，对不符合合同存在条件的合同应用问题 2 方案 1，将导致合同成立日和未来期间累计确认的成本和利润，与合同开始时就符合合同存在条件的合同相同。因此，TRG 职员认为，问题 2 方案 1 将更准确地反映合同的经济实质，从而为财务报表使用者提供更多的决策有用信息，问题 2 方案 3 下，尽管这两份合同在经济实质上相当，但成本模式以及由此产生的利润确认在合同成立日之后将有所不同。

问题 2 方案 3 认为，“该成本产生或改良了企业将在未来用于履行（或持续履行）履约义务的资源［IFRS15para95］”，排除了将此类成本资本化的可能性，因为这些成本在未来不会用于履行履约义务，而是“与已经履行（或部分履行）的合同中的履约义务相关的成本（与过往履约相关的成本）［IFRS15para98］”。然而，TRG 职员认为，在新收入准则中，履约义务不能在合同成立日之前出现，因此不能在合同成立日之前履行，但可以在合同成立日履行。

因此，TRG 职员认为，在满足合同存在条件的前提下，如果这些成本与迄今已履约进度或已转让给客户的商品或服务有关，则作为履行预期合同的成本进行资本化，并在合同成立日立即确认为费用，是最合适的方法。

不过，TRG 职员指出，某些成本可能不符合作为合同履约成本资本化的条件，例如，合同未明确向客户收取的一般费用和行政费用，或履行合同而浪费的材料、人工或其他资源的成本，这些成本没有反映在合同价款中。此类成本应在发生时予以费用化。

四、履约进度无法合理计量

对于在一段时间内履行的履约义务，仅当企业能够合理地计量该履约义务的履约进度时，企业才应确认收入。如果企业无法获得应用计量进度的适当方法所需的可靠信息，则企业无法合理地计量履约义务的履约进度［IFRS15 para44］。

在某些情况下（例如，在合同的早期阶段），企业可能无法合理地计量履约义务的结果，但企业预计能够收回履行履约义务所发生的成本。在此类情况下，企业在能够合理地计量履约义务的结果之前仅应以已发生的成本为限确认收入［IFRS15 para45］。

在选择计量进度的方法从而确定何时确认收入时，企业应仅当其能够可靠地计量其履约义务的履约进度时，才针对该履约部分确认收入。部分反馈意见者询问，企业不能计量进度是否意味着成本也会予以递延。然而，除非企业能够按照收入准则规定确认履行合同的成本所产生的资产，否则这些成本并不代表企业的资产，因此应当在发生时确认为费用［IFRS15 paraBC179］。

如果企业不能可靠地计量其履约义务的履约进度，但预计最终将收回在履行履约义务时发生的成本，则企业应当至少确认部分收入金额以反映履约义务的履约进度正在推进这一事实。因此，在这种情况下，企业应当仅以所发生的成本为限就履约义务的履行确认收入（该方法与原收入准则中关于计量进度的收入确认要求相一致）。然而，当能够可靠地计量其履约义务的履约进度时，企业应当停止使用该方法［IFRS15 paraBC180］。

第三节　在某一时点履行的履约义务

对于不符合在一段时间内履行条件的所有履约义务，均应作为在某一时点履行的履约义务进行会计处理。对于在某一时点履行的履约义务而言，该履约义务在向客户转移对商品或服务的控制之时履行。收入准则阐述了控制转移的因素［IFRS15 paraBC153］。

为确定客户取得对承诺资产的控制及企业履行履约义务的时点，企业应当考虑准则中关于控制的要求。此外，企业还应考虑控制转移的因素，包括但不限于：

一、企业具有资产付款的现时权利

如果客户具有现时义务就资产进行支付，这可能表明客户已取得主导交易资产的使用并获得其产生的几乎所有剩余利益的能力。

二、客户已拥有资产的法定所有权

法定所有权可能显示合同的哪一方具有主导资产的使用并获得资产几乎所有剩余利益、或者使其他企业无法获得这些利益的能力。因此，资产法定所有权的转移可能表明客户已取得对资产的控制。如果企业仅出于防止客户不付款的原因而保留资产的法定所有权，企业的此类权利并不妨碍客户取得对资产的控制。

三、企业已转移了对资产的实物占有

客户对资产的实物占有可能表明客户已具有主导资产的使用并获得资产几乎所有剩余利益、或者使其他企业无法获得这些利益的能力。然而，对资产的实物占有可能不一定等同于对资产的控制。例如，在某些回购协议及特定的委托代销安排的情况下，企业控制的资产其实物可能由客户或受托方持有。相反，

在某些“开出账单但代管商品”的安排下，企业可能会持有由客户控制的资产。

（一）委托代销安排

当企业将产品交付给其他方（例如，经销商或分销商）以供出售给终端客户时，企业应当评价该其他方在该时点是否已获得对相关产品的控制。如果该其他方并未获得对这些产品的控制，已发送至其他方的产品可能是在委托代销安排下持有的。相应地，如果已发送的产品是在委托代销安排下持有，企业不应在向其他方发送产品时确认收入［IFRS15 paraB77］。

表明一项安排是委托代销安排的因素包括但不限于：

（1）在特定事件发生之前（例如，向经销商的客户出售产品或指定期间到期之前），企业拥有对产品的控制；

（2）企业能够要求退货或将该产品转让给第三方（例如，其他经销商）；

（3）经销商没有对该产品进行支付的无条件义务（尽管可能要求其支付一笔定金）［IFRS15 paraB78］。

（二）“开出账单但代管商品”的安排

“开出账单但代管商品”的安排，是指规定企业就产品向客户开出账单，但直至该产品在未来某一时点转让给客户之前，企业将继续持有该产品实物的合同。例如，客户可能因缺乏可存放产品的空间或客户的生产进度延迟而要求与企业订立此类合同［IFRS15 paraB79］。

企业应通过评价客户何时获得对产品的控制来确定其何时履行转让产品的履约义务。对于某些合同而言，视合同条款（包括交付及发货条款）的不同，控制或者在产品运抵客户所在地时转移，或者在发货时转移。但是，对于某些合同而言，即使企业继续持有产品实物，客户仍可能获得了对产品的控制。在这种情况下，即使客户已决定不行使其持有产品实物的权利，客户仍有能力主导该产品的使用并获得该产品的几乎所有剩余利益。因此，企业并未控制该产品。相反，企业是向客户提供保管客户资产的服务［IFRS15 paraB80］。

除考虑控制转移的因素相关要求外，必须在符合下列所有条件的情况下，客户才获得对“开出账单但代管商品”安排下产品的控制：

（1）“开出账单但代管商品”的安排必须具有实质性的理由（例如，客户要求订立该项安排）；

（2）产品必须作为属于客户的产品被明确区分；

（3）产品实物当前必须可随时转让给客户；

（4）企业不具有使用产品或将产品提供给其他客户的能力［IFRS15 paraB81］。

如果企业就基于“开出账单但代管商品”安排的产品销售确认收入，企业应当根据关于识别履约义务的规定考虑其是否承担剩余履约义务（例如，保管服务），从而应根据分摊交易价格将部分交易价格分摊至该剩余履约义务［IFRS15 paraB82］。

案例7－8：开出账单但代管商品

A公司于20×8年1月1日与客户订立一份出售机器和零配件的合同。该机器和零配件的制造期为两年。

在制造完成后，A公司能够证明该机器和零配件符合合同约定的规格。转让机器和零配件的承诺可明确区分，因此存在两项履约义务，而每项履约义务均在某一时点履行。在20×9年12月31日，客户对该机器和零配件进行了支付，但仅取得了机器的实物占有。尽管客户已对零配件进行检查及验收，但客户要求将零配件存放于A公司的仓库中（因为该仓库邻近客户的厂房）。客户已拥有零配件的法定所有权，且该零配件可明确识别为属于该客户。此外，A公司在其仓库的单独区域内存放这些零配件，并且这些零配件可随时应客户的要求立即发货。A公司预期将持有这些零配件2－4年，且A公司并不能使用这些零配件或将这些零配件提供给另一客户使用。

A公司将提供代管服务的承诺识别为一项履约义务，因为这是一项向客户提供的服务，并且可与机器和零配件明确区分开来。据此，A公司对合同中的3项履约义务（提供机器、零配件和代管服务的承诺）进行会计处理。交易价格被分摊至这3项履约义务，并且在控制转移给客户时（或在这一过程中）确认收入。

对机器的控制于20×9年12月31日在客户取得机器的实物时转移给客户。在确定对零配件的控制是在某一时点转移给客户时，A公司认为，其已取得付款、客户已拥有零配件的法定所有权，并且已对零配件进行检查及验收。此外，A公司得出结论认为，已满足新收入准则中所述的所有条件，因此，A公司必须确认“开出账单但代管商品”安排的收入。A公司于20×9年12月31日在零配件的控制转移给客户时确认零配件相关的收入。

提供代管服务是在一段时间内（在服务提供过程中）履行的履约义务。

此外，A公司还应考虑付款条款是否包含重大融资成分。

四、客户已承担和拥有资产所有权上的重大风险和报酬

向客户转移资产所有权上的重大风险和报酬，可能表明客户已取得主导资产的使用，并获得资产几乎所有剩余利益的能力。但是，在评价承诺资产的所有权上的风险和报酬时，企业不应考虑导致产生除转让资产之履约义务外的单独履约义务的风险。例如，企业可能已向客户转移了对资产的控制，但尚未履行提供涉及已转让资产的维护服务的额外履约义务。

在收入准则制定过程中，由于部分反馈意见者认为，合并财务报表准则中所强调的“风险和报酬”是确定控制转移时可考虑的有用因素，且其往往是控制某项资产的结果。因此，新收入准则中增加风险和报酬因素提供额外指引，但这并未改变基于控制的转移确定商品或服务的转让这一原则［IFRS15 paraBC154］。

风险和报酬概念，是基于销售方和客户如何分享或承担资产相关的潜在利得（报酬）和潜在损失（风险）。

所有权的报酬包括以下几个方面：

（1）享有资产价值所有增值的权利；

（2）无限制的使用资产；

（3）修改资产的能力；

（4）转让或销售资产的能力；

（5）将资产用于担保的能力。

相对应的，所有权的风险包括以下几个方面：

（1）承担资产市场价值下降的所有损失；

（2）承担资产被盗或毁损而产生的损失；

（3）承担因商业环境变化而产生的损失，如产品过时、积压，零售价格下降等。

五、客户已验收资产

客户已验收资产可能表明其已取得主导资产的使用并获得资产几乎所有剩

余利益的能力，可能表明客户已获得对资产的控制［IFRS15 para38］。

客户验收资产客户验收条款允许客户在商品或服务不符合约定规格的情况下，解除合同或要求企业采取补救措施。企业应在评价客户何时获得对商品或服务的控制时考虑此类条款［IFRS15 paraB83］。

如果企业能够客观地确定对商品或服务的控制已按照合同的约定规格转移给客户，则客户验收仅为一项例行程序，不会影响企业关于客户何时获得对商品或服务的控制的确定。例如，如果客户验收条款是以符合规定尺寸和重量特征为基础，企业将能够在取得客户验收确认之前确定这些条件是否已得到满足。企业对类似商品或服务合同的经验，可为向客户提供的商品或服务符合合同的约定规格提供证据。如果收入是在客户验收前确认，企业仍然必须考虑是否存在剩余履约义务（例如，设备安装）并评价是否应对其单独进行会计处理［IFRS15 paraB84］。

但是，如果企业无法客观地确定向客户提供的商品或服务是否符合合同的约定规格，则企业在客户验收之前无法得出客户已获得控制的结论。这是由于在这种情况下，企业无法确定客户是否有能力主导该商品或服务的使用并获得其几乎所有剩余利益［IFRS15 paraB85］。

如果企业发货给客户是为了让客户试用或评价产品，且客户并未承诺在试用期终止前支付任何对价，则对该产品的控制在客户接受该产品或试用期终止前并未转移给客户［IFRS15 paraB86］。

上述判断控制权转移的相关因素并非企业在能够断定对商品或服务的控制已转移给客户之前必须满足的条件详尽清单。相反，这些因素是当客户拥有对资产的控制时通常存在的因素清单，且提供该清单旨在协助企业应用控制原则［IFRS15 paraBC155］。

新收入准则在制定过程中，曾考虑纳入“商品或服务的设计或功能是特定于客户的”因素。但是，新收入准则最终决定不纳入该因素，因为该因素主要适用于服务合同（例如，建造类合同），且考虑到已有的关于确定履约义务何时在一段时间内履行的要求，该因素并无必要。实际上，特定于客户的设计或功能这一概念已纳入到“不可被企业用于替代用途的资产”这一条件之中［IFRS15 paraBC156］。

此外，新收入准则还强调，在评价客户是否取得对资产的控制时，企业应当考虑任何回购资产的协议，并制定了相关的应用指南，以协助企业在客户合同中存在看跌或看涨期权的情况下评估控制的转移（参见本书第七章第五节）。

第四节 附带退货权的销售

在某些合同中，企业在向客户转移对产品控制的同时还赋予客户基于各类原因（如，对产品不满意）退回产品及取得以下各项的任一组合的权利：

（1）全部或部分返还已支付的对价；

（2）可与已欠或将欠企业的金额相抵扣的抵免；

（3）换取另一产品［IFRS15 paraB20］。

在概念上而言，附带退货权的合同至少包含两项履约义务——向客户提供商品的履约义务以及针对退货权服务的履约义务（即在退货期内随时接受客户退回商品的义务）［IFRS15 paraBC336］。

1. 向客户提供商品的履约义务

对于向客户提供商品的履约义务，这实际上是企业进行了不确定数量的销售。这是因为只有在退货权失效后，企业才能确切获悉销售的数量（即有多少销售没有失败）。据此，企业不应针对预期因客户行使退货权而失败的销售确认收入。相反，企业应针对向客户退款的义务确认一项负债［IFRS15 paraBC364］。

在确定应当确认的收入金额时，企业应使用确认和计量可变对价的原则。根据这些原则，企业仅在与退货权相关的不确定性随后被消除时、已确认的累计收入金额极可能不会发生重大转回的情况下才应确认收入。如果企业确定无法将附带退货权的商品销售所取得的全部对价确认为收入，企业应将所取得的部分对价确认为一项退款负债［IFRS15 paraBC365］。

2. 在退货期内随时接受客户退回商品的义务

企业在退货期内随时准备接受所退回产品的承诺，不应作为提供退款的义务之外的履约义务进行会计处理［IFRS15 paraB22］。新收入准则曾考虑除确认退款负债之外，是否应将退货权服务作为一项履约义务进行会计处理。如果未将退货权服务确认为一项履约义务，则企业应在客户取得对商品的控制时确认合同的所有收入和利润。该结果可能无法如实反映企业依照合同的履约情况。但是，若在退款负债之外将退货权服务作为一项履约义务进行会计处理，通常将要求企业估计这项服务的单独售价。由于在许多情况下，预计退货的数量仅占总销售量的很小比例，且退货期通常较短（例如 30 天），因此，通过将退货权作为一项履约义务进行会计处理而向财务报表使用者提供的增量信息将导致不合理的复杂性和成本。据此，新收入准则决定退货权服务不应作为一项履约义务进行会计处理［IFRS15 paraBC366］。

因此，新收入准则对转让附带退货权的产品（以及某些可予退款的服务）的会计处理进行了规定，企业应当确认下列各项：

（1）按照企业预计有权获得的对价金额，确认转让产品所形成的收入（因此，对于预计退回的产品不会确认收入）；

（2）确认一项退款负债；

（3）就结算退款负债时向客户收回产品的权利确认一项资产（并相应调整销售成本）［IFRS15 paraB21，CAS14（2017）第三十二条］。

企业应在后续的每一个报告期末，更新其对因转让产品而预计有权获得的金额所做的评估，并相应变更交易价格，进而变更已确认的收入金额［IFRS15 paraB23］。

企业应当在每个报告期末，按照预计退款金额的变动，对退款负债的计量进行更新。企业应将相应的调整确认为收入（或收入的减少）［IFRS15 paraB24］。

根据结算退款负债时，企业向客户收回产品的权利所确认的资产应参照产品（例如，存货）的原账面金额减去收回该产品的预计成本（包括对企业而言所退回产品价值的可能减少）进行初始计量。在每一个报告期末，企业应当根据退回产品的预计变动，对该资产的计量进行更新［IFRS15 paraB25］。

企业可能在产品被退回时向客户收取“退货费用（restocking fee）”。退货费用主要是为补偿企业在产品退回时发生的相关成本，如运费和包装费。退货费用也可能是补偿企业扣减的售价，该售价是企业可能向其他客户收取的退回产品价格。TRG 成员曾讨论了退货费用及相关成本有关的两个问题：（1）企业如何对预期退回产品的退货费用进行处理；（2）企业如何对预期退回产品的退货成本进行处理？例如，估计的运费或包装费。TRG 成员普遍赞同，预期被客户退回的产品退货费用，应当包含在产品控制权向客户转移时的交易价格中。即在确定合同交易价格时，估计产品退回的会计处理应当考虑不会作为退货费用向客户返还的交易价格部分。TRG 讨论稿解释了，退货费用实质上和企业针对退回产品授予部分退款并没有区别。TRG 成员也赞同，企业的预期退货成本，应当作为产品控制权向客户转移时点预期可收回资产账面价值的扣减项进行确认。

企业应将该资产与退款负债分开列报。如果客户行使其退回商品的选择权并获得退款，退货权将赋予企业向客户收回商品的合同权利，收回商品的权利应确认为一项资产，而不应与退款负债相抵销。将该资产与退款负债分开确认，将提供更大的透明度并确保在减值测试时可对该资产进行考虑［IFRS15 paraBC367］。

客户以一个产品换取同一类型、质量、状况及价格的另一产品（例如，另一种颜色或尺寸的产品）不视为退货［IFRS15 paraB26］。客户可退回有瑕疵产品以换取正常产品的合同，应根据新收入准则中关于质保的指引（参见本书第四章第三节）进行评价［IFRS15 paraB27］。

案例7－9：退货权

案例背景

A公司与B公司订立100项合同，每项合同涉及以100元为单价销售产品，共100个产品×100元＝总对价10,000元。A公司在对产品的控制转移时取得现金。A公司的商业惯例为允许B公司在30天内退回任何未使用的产品并获得全额退款。A公司就每个产品所发生的成本为60元。

A公司对这100项合同的组合（组合法）应用新收入准则的要求，因为A公司合理预计与对该组合中的单个合同应用新收入准则相比，对该组合应用相关要求将不会对财务报表产生显著不同的影响。

案例分析

由于合同允许B公司退回产品，因此向B公司收取的对价是可变的。为估计A公司将有权获得的可变对价，A公司决定使用预期价值法，因为A公司预计该方法能更好地预测其有权获得的对价金额。在使用预期价值法时，A公司估计97个产品将不会被退回。

A公司同时考虑了有关可变对价估计限制的要求，以确定是否能够将估计的可变对价金额9,700元（100元×预计不会被退回的97个产品）纳入交易价格。A公司考虑了可变对价限制等因素，并确定，尽管退货超出A公司的影响范围，但其拥有关于估计该产品及该B公司群退货的大量经验。此外，不确定性将在短期（30天的退货期）内消除。因此，A公司得出结论认为，在不确定性消除时（退货期失效后），已确认的累计收入金额（9,700元）极可能不会发生重大转回。

A公司估计收回产品所发生的成本并不重大，且预计被退回的产品可按高于成本的价格重新出售。

在100个产品的控制转移时，A公司并未就其预计将被退回的3个产品确认收入。因此，根据新收入准则规定，A公司确认下列各项：

（1）9,700元的收入（100元×预计不会被退回的97个产品）；

（2）300元的退款负债（100元×预计将被退回的3个产品）；

（3）180元的资产（60元×3个产品，反映A公司在结算退款负债时向B公司收回产品的权利）。

第五节　回购协议

回购协议，是指企业出售一项资产并同时（在同一合同或其他合同中）承诺回购或拥有回购这项资产选择权的合同。回购的资产可以是原先向客户出售的资产、几乎与该资产相同的资产或原先出售的资产为其组成部分的另一项资产［IFRS15 paraB64，CAS14（2017）第三十八条］。

回购协议通常采用三种形式：

（1）企业回购该资产的义务（远期合同）；

（2）企业回购该资产的权利（看涨期权）；

（3）企业应客户要求回购该资产的义务（看跌期权）［IFRS15 paraB65］。

企业在向客户转移商品的控制后，再决定回购该商品的协议并不构成新收入准则中所述的回购协议。这是因为，企业回购商品的后续决定与之前存在的合同权利无关，并不影响客户在初始转让时主导该商品的使用，并获得该商品几乎所有剩余利益的能力。换言之，初始合同并未导致客户有向企业回售该商品的义务。然而，新收入准则认为，在这种情况下，企业应当考虑客户初始时是否获得了商品的控制，以及可能需要考虑有关主要责任人与代理人的要求［IFRS15 paraBC423］。

一、远期合同或看涨期权

如果企业有义务或权利回购某项资产（分别根据远期合同或看涨期权），则认为客户并未获得资产的控制，因此不应确认收入。这是因为，客户主导该资产的使用并获得该资产几乎所有剩余利益的能力受到限制。由于客户有义务向企业返还或随时准备向企业返还该资产，客户无法用尽或消耗整项资产。此外，客户不能向其他企业出售该资产（除非出售是遵循回购协议进行的，在这种情况下客户从出售中获得的利益是有限的）[IFRS15 paraBC424]。

理论上，如果企业同意按现行市场价格向客户回购实质上相同且易于从市场获得的资产，则客户主导该资产的使用并获得该资产几乎所有剩余利益的能力并未受到限制。但是，一般来说企业不大可能订立这样的交易 [IFRS15 paraBC425]。

新收入准则规定，如果企业具有回购资产的义务或权利（远期合同或看涨期权），则客户并未获得对该资产的控制，因为客户主导这项资产的使用并获得这项资产几乎所有剩余利益的能力受到限制（即使客户可能已持有该资产实物）。因此，企业应按以下两者之一对合同进行会计处理：

（1）如果企业能够或必须按低于资产原售价的金额回购该资产，则作为租赁进行会计处理；或

（2）如果企业能够或必须按相当于或高于资产原售价的金额回购该资产，则将其作为融资安排进行会计处理 [IFRS15 paraB66]。

在将回购价格与售价进行比较时，企业应当考虑货币的时间价值 [IFRS15 paraB67]。

如果回购协议是一项融资安排，则企业应当继续确认资产并就从客户取得的对价确认一项金融负债。企业应将从客户取得的对价金额与应付给客户的对价金额之间的差额确认为利息以及（如适用）加工成本或持有成本（例如保险）[IFRS15 paraB68]。

如果该期权在未行使的情况下失效，企业应当终止确认相关负债并确认收入 [IFRS15 paraB69]。

此外，企业无需考虑看涨期权被行使的可能性，因为看涨期权的存在有效地限制了客户控制资产的能力。但是，如果看涨期权不具有实质性，则在评估客户是否及何时获得对商品或服务的控制时应当忽略该期权（这与针对合同中不具实质性的条款的一般要求相一致）[IFRS15 paraBC427]。

根据上述准则规定，销售商品同时附带远期合同或看涨期权，会计处理流程如图 7 - 1 所示：

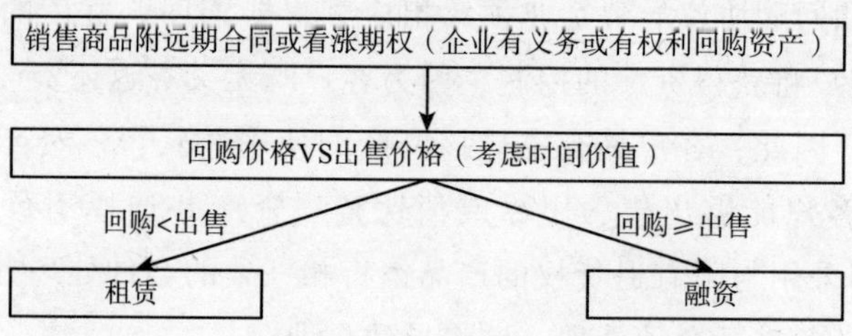

图 7－1 销售商品附远期合同或看涨期权

二、看跌期权

如果企业有义务应客户要求按低于资产原售价的价格回购资产（看跌期权），企业应当在合同开始时考虑客户是否具有行使这项权利的重大经济动因。客户行使这项权利将导致客户实际上为获得在一段时间内使用特定资产的权利而向企业支付对价。因此，如果客户具有行使这项权利的重大经济动因，企业应将该协议作为一项租赁进行会计处理［IFRS15 paraB70］。

为确定客户是否具有行使这项权利的重大经济动因，企业应当考虑各类因素，包括回购价格与该资产在回购日的预计市场价值之间的关系，以及至权利过期前剩余的时间。例如，如果预计回购价格显著超过资产的市场价值，这可能表明客户具有行使该看跌期权的重大经济动因［IFRS15 paraB71］。

如果客户并不具有按低于资产原售价的价格行使其权利的重大经济动因，则企业应将该协议视同为附带退货权的产品销售进行会计处理［IFRS15 paraB72］。

如果资产的回购价格相当于或高于原售价且高于此项资产的预计市场价值，则此合同实际上是一项融资安排，从而应按照融资的方式进行会计处理［IFRS15 paraB73］。

如果资产的回购价格相当于或高于原售价且低于或等同于该资产的预计市场价值，而客户并不具有行使权利的重大经济动因，则企业应将该协议视同为附带退货权的产品销售进行会计处理［IFRS15 paraB74］。

在将回购价格与售价进行比较时，企业应当考虑货币的时间价值［IFRS15 paraB75］。

如果该期权在未行使的情况下失效，企业应当终止确认相关负债并确认收入［IFRS15 paraB76］。

如果销售和回购协议导致企业须承担应客户要求回购资产的义务（一项看跌期权），则客户将获得资产的控制，因为客户既无义务返还资产，也无义务随时准备这样做。因此，客户具有主导该资产的使用并获得该资产几乎所有剩余利益的能力（客户能够出售、用尽或消耗整项资产并选择不行使这项看跌期权）。企业应当采用与附有退货权的产品销售相一致的会计处理方式对其随时准备回购资产的义务进行会计处理。这将导致企业：

（1）针对其回购资产的义务确认一项负债，该负债按预计向客户支付的对价金额计量；

（2）针对企业在清偿负债时获得该资产的权利确认一项资产，该资产按可能（或可能不）等于资产在企业的原账面价值的金额计量；

（3）针对资产的售价与就回购资产的义务所确认的负债之间的差额，确认资产转让的收入［IFRS15 paraBC428］。

在新收入准则制定过程中，某些反馈意见者质疑该会计处理方式是否适用于所有客户持有看跌期权的情况。例如，该合同在经济上似乎类似于一项具有购买选择权的租赁而非退货权。如果企业须以低于原售价的价格回购资产，且相关事实和情况表明客户将行使其看跌期权，则可能属于这种情况。在这种情况下，原售价与回购价格之间的差额可被视为客户为该资产的使用权而支付的金额，从而就资产的价值下降而对企业作出补偿。某些反馈意见者指出，在其他情况下合同实际上是一项融资安排［IFRS15 paraBC429］。

新收入准则同意这些反馈意见者的意见，并决定如果客户具有要求企业以低于原售价的价格回购资产的权利，且客户有行使该权利的重大经济动因，则客户并未获得资产的控制。虽然客户并无义务行使其看跌期权，但其具有行使该权利的重大经济动因这一事实意味着如果其不行使这一权利将很可能会发生损失（例如，设定的回购价格可能显著高于资产在回购日的预计市场价值。但是，在确定是否具有行使权利的重大经济动因时，企业应当考虑价格以外的其他因素）。在该情况下，期权的存在有效地限制了客户主导该资产的使用并获得该资产几乎所有剩余利益的能力。基于类似原因，收入准则决定，如果客户具有要求企业以高于原售价且高于资产预计市场价格的价格回购资产的无条件权利，则客户并未获得资产的控制［IFRS15 paraBC430］。

新收入准则同时考虑了其他安排是否应当作为租赁进行会计处理，例如，企业向客户提供转售时支付的金额的担保（经担保的最低转售价值）。将这类交易作为租赁进行会计处理将与原美国公认会计原则相一致，且若干反馈意见者（主要来自汽车行业）指出，他们认为这类交易在经济上具有相似性。然而，收入准则认为尽管现金流量可能类似，但客户在每种情况下控制资产的能力存在差异。如果客户持有一项其具有重大经济动因去行使的看跌期权，则客户消耗、修订或出售该资产的能力受到限制。但是，当企业保证客户将获得一项最低金额的出售收入时，则客户主导该资产的使用并获得该资产几乎所有剩余利益的能力并未受到限制。因此，没有必要扩展针对回购协议的要求以考虑转售的保证金额［IFRS15 paraBC431］。

根据上述准则规定，销售商品同时附看跌期权的处理流程如图 7－2 所示：

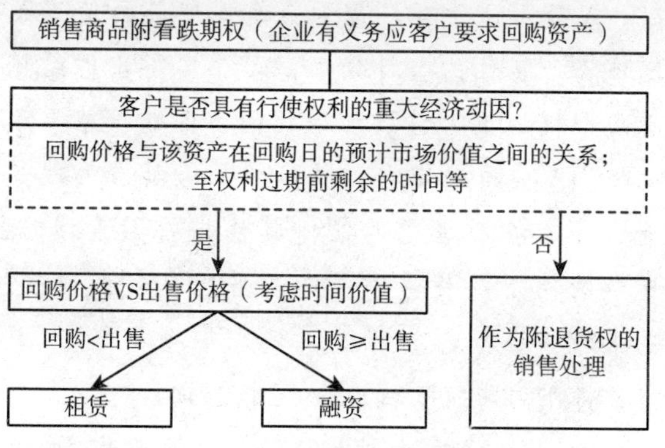

图 7－2　销售商品附看跌期权

案例 7－10：回购协议

案例背景

在 20×7 年 1 月 1 日，A 公司与客户订立一项销售有形资产的合同，合同价款为 1,000,000 元。

案例分析

情形一：看涨期权——融资安排

合同包含一项看涨期权，赋予 A 公司在 20×7 年 12 月 31 日或之前以 11,000,000 元回购该资产的权利。

该资产的控制于 20×7 年 1 月 1 日并未转移给客户，因为 A 公司有权回购该资产，因此客户主导该资产的使用及获得该资产几乎所有剩余利益的能力是受到限制的。据此，由于行权价格高于原售价，因此 A 公司将该交易作为融资安排进行会计处理。A 公司不终止确认该资产，而是将收到的现金确认为金融负债。A公司同时将行权价格（11,000,000元）与所收到的现金（1,000,000元）之间的差额确认为利息费用，增加负债。

在20×7年12月31日，该期权未被行使而失效；因此，A公司终止确认相关负债并确认11,000,000元的收入。

情形二：看跌期权——租赁

合同包含的期权并非看涨期权，而是一项看跌期权，其规定，A公司有义务在20×7年12月31日或之前应客户的要求以900,000元回购该资产。该资产在20×7年12月31日的预计市场价值为750,000元。

在合同开始时，A公司评估客户是否具有促使其行使这项看跌期权的重大经济动因，以确定该资产转让的会计处理。A公司得出的结论认为，客户具有促使其行使这项看跌期权的重大经济动因，因为回购价格显著超过该资产在回购日的预计市场价值。A公司确定在评估客户是否具有促使其行使该看跌期权的重大经济动因时，不存在需考虑的任何其他相关因素。据此，A公司断定，由于客户主导该资产的使用及获得该资产几乎所有剩余利益的能力是有限的，因此资产的控制并未转移给客户。

A公司将该交易将作为租赁项目进行会计处理。

第六节　客户未行使的权利

根据新收入准则的规定，在收到客户的预付款后，企业应当将预付款中就其在未来转让或随时准备转让商品或服务的履约义务所预付的金额确认为一项合同负债。企业应当在转让这些商品或服务并因而履行其履约义务时终止确认该合同负债（并确认收入）[IFRS15 paraB44，CAS14第三十九条]。

客户向企业支付的不可返还的预付款，赋予客户一项在未来取得商品或服务的权利（并使企业承担随时准备转让商品或服务的义务）。但是，客户可能不会行使其所有合同权利。这些未行使的权利通常被称为“未行使的权利”[IFRS15 paraB45]。常见例子包括礼品卡和不可返还票券的购买等。

如果企业预计将有权获得合同负债中未使用的权利金额，企业应当根据客户行使权利的模式按比例将预计未使用的权利金额确认为收入。如果企业预计无权获得未行使的权利金额，则企业应在客户行使其剩余权利的可能性极低时将预计未行使的权利金额确认为收入。在确定企业预计是否有权获得未行使的权利金额时，企业应考虑收入准则中关于可变对价估计限制的要求［IFRS15 paraB46］。

对于企业所收取的与客户未行使权利相关的对价，如果企业须将该对价款转交其他方（例如，根据适用的关于无人认领财产的法律须转交给政府企业），则企业应当确认一项负债（而非收入）［IFRS15 paraB47］。

新收入准则中将交易价格分摊至客户选择权的要求，隐含地说明了如何对客户未行使其针对这些商品或服务的全部合同权利的情况（未行使的权利）进行会计处理。然而，新收入准则决定对其进一步澄清说明，如何在合同仅存在一项履约义务的情况下对未使用的权利进行会计处理（即当无需分摊交易价格因此无需确定单独售价时，如何对客户选择权中的未使用的权利进行会计处理）［IFRS15 paraBC397］。

因此，新收入准则增加了对未使用的权利的会计处理要求。这些要求规定了与客户选择权的规定相同的收入确认模式。因此，企业应当在其依照合同履约时基于合同承诺的商品或服务的转让确认源自未使用权利的收入。这实际上增加了分摊至向客户转让的个别商品或服务的交易价格，以包括企业估计的未行使的权利所产生的收入。这一方法反映了未使用的权利的收入确认的最适当模式，因为如果企业预计客户将行使其全部权利（如果企业预计不存在未行使的权利），将增加商品或服务的价格。例如，如果预计不存在未使用的权利，则销售不可返还机票的航空公司可能就每张机票收取更高的价格［IFRS15 paraBC398］。

新收入准则同时决定，仅当针对未使用的权利确认的收入极可能不会导致后续发生重大收入转回时，企业才应确认此类收入。否则，企业随时准备提供未来商品或服务的履约义务可能被低估［IFRS15 paraBC399］。

新收入准则曾考虑但否决了要求企业在取得客户的预付款时立即将估计的未行使的权利确认为收入的方法。由于企业尚未按合同履约，因此确认收入将不能如实反映企业的履约，并且可能会低估企业随时准备提供未来商品或服务的义务［IFRS15 paraBC400］。

第七节　知识产权许可收入

知识产权许可合同，确立了客户对企业知识产权享有的权利。知识产权许可包括但不限于：

（1）软件及技术；

（2）电影、音乐及其他媒体和娱乐形式；

（3）特许权；

（4）专利权、商标权和版权［IFRS15 paraB52］。

企业向客户授予知识产权许可的，应当评估该知识产权许可是否构成单项履约义务。如果知识产权许可构成单项履约义务，应当进一步确定其是在一段时间内履行的履约义务，还是在某一时点履行的履约义务，相应采用不同的收入确认方式。如果知识产权许可不构成单项履约义务，则应当与其他相关承诺商品或服务合并为一项单项履约义务进行处理。

一、确定知识产权许可是否为单项履约义务

除了承诺授予客户知识产品知识产权许可外，企业还可能承诺向客户转让其他商品或服务。这些承诺可能在合同中明确列示或隐含于企业的商业惯例、已公布的政策或特定声明中。如同其他类型的合同一样，如果与客户之间的合同除包括其他承诺的商品或服务外，还承诺授予知识产权许可，则企业应当识别合同中的每一项履约义务［IFRS15 paraB53］。

确定知识产权许可是否属于单项履约义务，应按步骤2. 识别履约义务（参见本书第四章）相关规定进行判断。向客户承诺的商品或服务如果同时符合下列两个条件，则是可明确区分的，应作为单项履约义务：

（1）客户能够从单项使用该商品或服务、或将其与客户易于获得的其他资源一起使用中获益（即该商品或服务本身能够明确区分）；

（2）企业向客户转让该商品或服务的承诺可与合同中的其他承诺区分开来（即该商品或服务在合同范围内可明确区分）［IFRS15 para27，CAS14 第十条］。

为确定知识产权许可是否属于单项履约义务，也需要考虑其本身是否可明确区分，且在合同范围内可明确区分：（1）客户是否能够从知识产权许可的单项使用（或与易于获得的其他资源一起使用）中获益；且（2）知识产权许可可与合同中其他承诺区分开来。

此外，在考虑知识产权许可在合同范围内可明确区分时，需要考虑授予知识产权许可是在合同范围内将各项商品或服务单项交付，还是将多个项目合并作为承诺商品或服务的投入进行交付的。可能表明企业向客户交付的多项商品

或服务的承诺不是可明确区分的因素，包括但不限于下列各项：

（1）企业提供了任何重大服务，以将该商品或服务与合同承诺的其他商品或服务整合为一揽子商品或服务，该一揽子商品或服务代表客户订立合同所要求的一个组合产出或多个产出。换言之，企业是将该商品或服务作为投入，以生产或交付客户所要求的一个组合产出或多个产出。一个组合产出或多个产出可能包括多个步骤、要素或单元。

（2）一项或多项商品或服务使合同承诺的另一商品或服务发生重大修改或定制，或者被其他商品或服务进行了重大修改或定制。

（3）各商品或服务之间高度相互依赖或高度关联。换言之，各商品或服务受到合同中一项或多项其他商品或服务的重大影响。例如，在部分情况下，多项商品或服务之间相关重大影响，因为企业无法通过单项交付各项商品或服务来履行其承诺［IFRS15 para29，CAS14 第十条］。

实务中，客户往往能够从单项使用知识产权许可中获益，即知识产权许可本身可明确区分。但在很多情况下，客户仅当将知识产权许可与在合同中（明确或隐含地）同时承诺的其他商品或服务一起使用时才能够获益。因此，该知识产权许可不可与合同中其他商品或服务单项区分开来，不能在合同范围内可明确区分。

如果授予知识产权许可的承诺无法与合同中其他承诺商品或服务明确区分，则企业应将授予知识产权许可的承诺与此类其他承诺的商品或服务合并为一项单项的履约义务，并确定该履约义务是在一段时间内履行的履约义务，还是在某一时点履行的履约义务，分别进行处理。无法与合同中其他承诺的商品或服务明确区分的知识产权许可例子包括［IFRS15 paraB54］：

（1）构成有形商品的组成部分，并且是该商品正常使用所不可缺少的知识产权许可。例如，软件往往被包括在有形商品里，且在大多数情况下对该商品的功能有重大影响，如安装在汽车中的软件。在此类情况下，客户无法从单项使用该知识产权许可中获益，因为该知识产权许可实质与有形商品整合在一起，企业提供了重大整合服务。也就是说，知识产权许可是生产该商品的一项投入，而该商品是一项产出。

（2）客户仅在同时使用相关服务时才能获益的知识产权许可。当企业提供一项服务，客户只能通过进入企业的基础设施才能使用某一知识产权许可。例如，某些在线网络软件服务，客户只有登录企业服务器才能使用。在这种情况下，客户实质上未获得软件许可的控制权，因此在不使用在线网络服务的情况下，无法单项从软件许可获益。并且，软件许可的使用高度依赖于在线网络服务或与其高度关联。

如果知识产权许可不可明确区分，则企业应按照新收入准则一般原则（参见本书第七章第二节）判断包含知识产权许可的履约义务是在一段时间内履行的履约义务，还是在某一时点履行的履约义务［IFRS15 paraB55］。

但是，在某些情况下，即使知识产权许可是不可明确区分的，企业也需要按照本节后述内容考虑授予知识产权许可承诺的性质。例如，企业授予客户一项10年期的知识产权许可，与一项1年期的服务合同无法明确区分。此时，不可明确区分的10年期知识产权许可，在授予期间结束之前，不应认为已完成履约。因此，不应认为该包含知识产权许可的单项履约义务，是在服务合同的1年期内履行的。此外，当知识产权许可是向客户转让的商品或服务组合的主要或关键组成部分关键项目时，企业也需要考虑其授予知识产权许可承诺的性质［IFRS15 paraBC414X］。

案例7－11：识别履约义务

案例背景

A公司与客户订立了1份有关某项商品的设计和生产流程的知识产权许可的合同，有效期为三年。合同同时规定，客户将获得A公司可能开发的针对新的设计或生产流程的任何知识产权的更新。相关更新对于客户从该软件获取利益是必要的，因为客户经营所处行业的技术更新十分迅速。

案例分析

A公司根据新收入准则相关规定评估承诺向客户提供的商品和服务，以确定哪些商品和服务可明确区分。A公司确定，客户能够受益于（1）不获得更新的情况下单项使用该知识产权许可；（2）与初始知识产权许可一起使用更新。尽管客户单项使用该知识产权许可所获得的利益将是有限的，因为相关更新对客户在其经营所处的快速变更的技术环境中继续使用知识产权许可是必要的，该知识产权许可也能单项使用产生一定的利益。因此，该知识产权许可和相关更新满足本身能够明确区分的条件。

由于客户能够单项从该知识产权许可（不包括相关更新）获取的利益是有限的，在评价其是否满足合同范围内可明确区分的条件时，也需要考虑该事实。A公司承诺授予该知识产权许可，并在未来三年合同期内提供预期的更新，实际上，知识产权许可和更新被作为一项组合产出中的投入，向客户转让。也就是说，A公司的合同承诺性质，是在三年合同期内，提供持续获得其设计产品生产过程的知识产权。因此，包括该组合项目的承诺，即授予知识产权许可并提供在可供使用时使用的更新，在合同范围内是不可明确区分的。

该承诺的性质是授予知识产权许可并提供在可供使用时使用的更新，A公司进一步确定该单项履约义务（包括知识产权许可和更新）是在某一时点还是一段时间内履行。A公司得出结论认为，由于客户将在A公司履约的同时取得及消耗A公司履约提供的利益，因此，该履约义务是在一段时间内履行。

案例7－12：识别可明确区分的知识产权许可

案例背景

某A公司为一家制药公司，授予客户在10年内享有其针对某项经审批的合成药的专利权的知识产权许可，并承诺为客户生产该药品。该药品是一项成熟产品；因此，A公司不会实施支持该药品的任何活动，这符合其商业惯例。

案例分析

情形一：知识产权许可不可明确区分

在本案例中，由于生产流程的特殊性极高，因此没有能生产这一药品的其他公司。所以，知识产权许可不能独立于生产服务而单项购买。

A公司根据新收入准则评估承诺向客户提供的商品和服务，以确定哪些商品和服务可明确区分。A公司确定客户在不获得生产服务的情况下不能从知识产权许可中获益；因此，不符合本身能够被区分的条件。相应地，知识产权许可和生产服务不可明确区分，A公司将知识产权许可和生产服务作为一项单项的履约义务进行会计处理。

A公司根据新收入准则确定履约义务（即知识产权许可和生产服务相结合）是在某一时点还是一段时间内履行的履约义务。

情形二：知识产权许可可明确区分

在本案例中，用于生产该药品的生产流程并非唯一或特殊的，其他若干公司也能够为客户生产这一药品。

A公司评价了承诺向客户提供的商品和服务，并得出结论，知识产权许可和制造服务本身能够区分。这是因为，客户可以将该知识产权许可连同已获得的资源一起使用而受益，且可以不包括A公司的制造服务，其他方也可以为客户提供生产服务；客户也可以将制造服务连同合同开始时转让的知识产权许可一起使用而受益。

同时，A公司得出结论，该知识产权许可和制造服务在合同范围内可明确区分。A公司认为，知识产权许可和制造服务并不是作为合同中组合项目的投入。A公司考虑到，客户能够单项购买知识产权许可，且不显著影响其自知识产权许可获取利益的能力。知识产权许可和制造服务并未彼此重大修改或定制，A公司并未提供重大服务将两者整合为一项组合产出。知识产权许可和制造服务彼此没有高度依赖或高度关联，因为A公司可以独立于后续为客户制造药品的承诺，单项履行转让知识产权许可的承诺。类似的，A公司也也能够单项制造该药品，即使客户是从其他不同制造商获得了该生产知识产权许可。因此，虽然制造服务在本合同中必须依赖于该知识产权许可，即在客户获得该知识产权许可之前，A公司不会提供制造服务，但知识产权许可和制造费用彼此没有重大影响。因此，A公司得出结论，授予知识产权许可和提供制造服务是可明确区分的，合同存在两项履约义务：

（1）专利权知识产权许可；

（2）制造服务。

A公司根据新收入准则相关规定评估其授予知识产权许可承诺的性质。该药品是一项成熟产品（已通过审批，当前在生产，且在过去数年内已实现具有商业利益的销售）。对于这类型的成熟产品，A公司的商业惯例是不实施任何支持该药品的活动。该药品具有重大独立功能，即能够生产该药品并治疗疾病。因此，客户从该药品获得的实质上大部分利益是来自于其功能，而不是A公司的持续活动。A公司得出的结论认为，合同并未要求，且客户不会合理预期，A公司将实施对客户享有相关权利的知识产权产生重大影响的活动。在评价知识产权许可承诺的性质时，A公司并不考虑承诺提供生产服务的单项履约义务。相应地，A公司转让知识产权许可的承诺的性质是，按照其向客户授予该知识产权许可的时点知识产权许可存在的形式和功能，提供A公司知识产权的使用权。因此，A公司将知识产权许可作为在某一时点履行的履约义务进行会计处理。

A公司还应根据新收入准则规定，确定制造服务是在某一时点还是一段时间内履行的履约义务。

案例7－13：特许经营权

案例背景

A公司与客户订立了一份合同，承诺授予一项特许经营权的知识产权许可，以在10年内向客户提供使用A公司商标和出售A公司产品的权利。除该知识产权许可外，A公司还承诺提供经营专卖店的必要设备。A公司因授予知识产权许可而获得基于销售的特许使用费，该特许使用费为客户每月销售额的5%。针对设备的固定对价为150,000元，需在交付设备时支付。

案例分析

识别履约义务

A公司根据新收入准则评估承诺向客户提供的商品和服务，以确定哪些商品和服务可明确区分。A公司认为作为特许经营授予方，其具有实施诸如下列活动的既定的商业惯例：例如，分析客户不断改变的偏好，及实施产品改良、定价策略、市场营销活动和提高经营效率以支持特许经营品牌。但是，A公司得出结论认为，此类活动并非向客户直接转让商品或服务，因为相关活动是A公司授予知识产权许可承诺的一部分，且实际上改变了客户享有相关权利的知识产权。

A公司确定其有两项转让商品或服务的承诺：授予知识产权许可的承诺和转让设备的承诺。此外，A公司得出结论认为，授予知识产权许可的承诺和转让设备的承诺是可明确区分的。这是因为，客户能够从单项使用每项承诺，即与知识产权许可相关的承诺和与设备相关的承诺，或将其与易于获得的其他资源一起使用中获益。(客户能够从将知识产权许可与订立特许经营权之前交付的设备一起使用中获益，而设备可为特许经营权而使用或以非报废价值的金额出售)。A公司同时确定，特许经营权知识产权许可与设备可单项区分开来。A公司认为，该知识产权许可和设备并非一项组合项目的产出，即它们并不是作为一项单项承诺向客户履行。在得出该结论时，A公司考虑到，其并未提供重大服务，以将该知识产权许可和设备整合为一项组合项目，即知识产权许可并不是设备的一部分，也未对设备产生重大修改。此外，该知识产权许可和设备并非高度依赖或高度关联，因为A公司能够分别履行各项承诺，即授予商标知识产权许可或转让设备。

因此，A公司具有两项履约义务：

(1) 特许经营权知识产权许可；

(2) 设备。

分摊交易价格

A公司确定交易价格包括固定对价150,000元和可变对价（客户销售额的5%）。该设备的单项售价为150,000元，按客户销售额的5%收取商标知识产权许可使用费。

A 公司采用新收入准则相关规定来确定，是否应当将可变对价全部分摊至转让特许经营权知识产权许可的履约义务。A 公司得出的结论认为，可变对价（基于销售的特许使用费）应当全部分摊至特许经营权知识产权许可，因为可变对价全部与 A 公司授予特许经营权知识产权许可的承诺相关。此外，A 公司观察到将 150,000 元分摊至设备并将基于销售的特许使用费分摊至特许经营权知识产权许可，将与类似合同中基于 A 公司单项售价的相对比例进行的分摊一致。因此，A 公司得出结论认为，可变对价（基于销售的特许使用费）应当全部分摊至授予特许经营权知识产权许可的履约义务。

二、确定知识产权许可的性质

（一）基本原则

如果授予知识产权许可的承诺可与合同中其他承诺商品或服务明确区分，则授予知识产权许可的承诺是单项履约义务。此时，企业应当确定该知识产权许可是在某一时点，还是在一段时间内转让给客户。

企业向客户授予知识产权许可，同时满足下列条件时，应当作为在某一时段内履行的履约义务确认相关收入；否则，应当作为在某一时点履行的履约义务确认相关收入：

（1）合同要求或客户合理预期，企业将实施对客户享有相关权利的知识产权产生重大影响的活动；

（2）知识产权许可所赋予的权利使客户直接面临企业活动所产生的正面或负面影响；

（3）这类活动并不导致某项商品或服务在这类活动发生时向客户转让［IFRS15 paraB58，CAS14（2017）第三十六条］。

上述条件的目的是确定所授予的知识产权在授予后是否发生重大变动。当企业授予知识产权后的活动不向客户转让某项商品或服务的情况下，导致知识产权发生重大变动的主要因素是合同要求或客户合理预期，企业将实施对知识产权产生重大影响的活动。但是，企业仅实施这类活动是不充分的，这类活动还要影响客户获得相关权利的知识产权，从而对客户构成有利或不利影响。在这些情况下，客户实质上将在整个知识产权许可有效期内使用最新形式的知识产权。当有关活动不对客户产生影响时，企业仅仅改变其自有资产，尽管这可能影响企业提供未来知识产权许可的能力，但将不会影响对知识产权许可所提供或客户所控制的内容的确定［IFRS15 paraBC409］。

如果满足上述条件，则企业应将授予知识产权许可的承诺作为在一段时间内履行的履约义务进行会计处理，因为客户将在企业履约的同时取得并消耗通过企业履约行为提供的利益。企业应当选择适当方法来计量其授予知识产权许可的履约进度［IFRS15 paraB60］。

如果并未满足上述条件，则企业承诺的性质是提供企业的知识产权的使用权，该知识产权存在于（就形式和功能而言）向客户授予知识产权许可的时点。这意味着客户能够在知识产权许可转让的时点主导知识产权许可的使用，并获得知识产权许可的几乎所有剩余利益。企业应将提供企业知识产权的使用权的承诺作为在某一时点履行的履约义务进行会计处理。企业应当合理确定向客户转让知识产权许可的时点。与提供知识产权许可相关的收入，不应在客户能够使用知识产权许可并从中获益的期间开始之前确认。例如，如果软件知识产权许可存在使用密码，则在客户能够立即使用该软件密码之前，企业不应确认收入［IFRS15 paraB61］。

TRG 讨论了上述知识产权许可续订的应用问题。部分利益相关方询问，上述段落是适用于现有知识产权许可的续订，还是适用于当另一方同意续订时，企业能够确认续订的收入［IFRS15 paraBC414F］。

TRG 的讨论表明，这是需要判断的领域。这是因为，当企业与客户签订合同，对现有知识产权许可进行续订（或延长期限），企业需要评价该续订或延期应当作为一项新的知识产权许可处理，还是作为对现有合同的变更。合同变更应根据新收入准则有关合同变更［参见本书第三章第三节］的规定处理［IFRS15 paraBC414T］。

（二）判断产生重大影响活动的因素

可能表明客户能够合理预期企业将实施对知识产权产生重大影响的活动的因素，包括企业的商业惯例、已公布的政策或特定声明。尽管并非决定性因素，但若企业与客户之间存在与客户享有相关权利的知识产权相关的共享经济利益（例如基于销售的特许使用费），则也可能表明客户可合理预期企业将实施这类活动［IFRS15 paraB59］。

以下情况之一表明企业的活动对客户享有权利的知识产权具有重大影响：

（1）这些活动预期将显著改变知识产权的形态（如设计或内容）或功能（如执行一项功能或任务的能力）；

（2）客户自该知识产权获取利益的能力，实质上由这些活动驱动，或依赖于这些活动。例如，源自商标的利益通常是由企业支持或维持该知识产权价值的持续活动驱动，或依赖于此类活动［IFRS15 paraB59A］。

评价企业活动是否导致知识产权发生重大改变，是基于这些活动是否影响了知识产权向客户提供利益的能力。在某些情况下，知识产权向客户提供利益的能力，是由该知识产权的形态或功能驱动的；在有些情况下，则是由知识产权的价值驱动的。如果活动预期将显著改变客户享有权利的知识产权的形态或功能，则这些活动将被视为对客户自该知识产权获取利益的能力有重大影响。如果活动并不显著改变其形态或功能，但客户自该知识产权获取利益的能力，很大程度上是由企业授予知识产权许可后的活动驱动，或依赖于该活动，则这些活动也被视为对知识产权有重大影响。例如，在某些情况下，如很多商标权许可，知识产权的利益是由其价值及企业支持或保持其价值的活动驱动的［IFRS15 paraBC414G］。

如果客户享有权利的知识产权具有重大独立功能，则知识产权的很大一部分利益是由其功能驱动的。因此，客户从该知识产权获取利益的能力，不会受到企业活动的重大影响，除非这些活动将显著改变其形态或功能。典型的具有重大独立功能的知识产权包括软件、生物化合物或药品配方，以及已完成的媒体产品，如电影、电视节目和音乐唱片。

案例7-14：续案例7-13：特许经营权

案例分析

确定知识产权许可承诺的性质

A公司根据新收入准则评估其授予特许经营权知识产权许可的承诺的性质。A公司得出结论认为，其承诺的性质是提供在整个知识产权许可有效期内按照知识产权许可的当前形式获得A公司知识产权的权利。

这是因为：

（1）客户可合理预期，A公司将实施对客户享有相关权利的知识产权产生重大影响的活动。客户自该其享有权利的知识产权获得利益的能力，实质上有A公司的预期活动驱动，或依赖于A公司的活动。该结论是基于A公司实施活动的商业惯例，例如，分析客户不断改变的偏好，及实施产品改良、定价策略、市场营销活动和提高经营效率。此外，A 公司观察到，由于其部分报酬取决于特许经营的代理是否成功（通过基于销售的特许使用费证明），因此，A 公司与客户共享经济利益表明客户将预期 A 公司实施这些活动以实现收益最大化。

(2) A 公司同时观察到特许经营权知识产权许可要求客户执行由此类活动导致的任何变更，从而使客户面临这些活动产生的任何正面或负面影响。

(3) A 公司同时观察到，尽管客户可能通过知识产权许可授予的权利从这些活动中获益，但这些活动在发生时并不导致向客户转让商品或服务。

由于符合上述条件，A 公司得出结论认为，转让知识产权许可的承诺是在一段时间内履行的履约义务。

A 公司同时断定，由于对价的形式是基于销售的特许使用费，因此，A 公司根据“特许权限制”规定，在转让特许经营权知识产权许可后，A 公司在此类销售发生时（或发生过程中）确认收入。

案例 7－15：某一时点履行的知识产权许可

案例背景

某软件开发商 A 公司与 B 公司订立一项合同，约定转让软件知识产权许可、实施安装服务并在两年期间内提供未明确规定的软件更新和技术支持（通过在线和电话方式）。合同明确规定，作为安装服务的一部分，软件将作重大定制以增添重要的新功能，从而使软件能够与客户使用的其他定制软件应用程序相对接。定制安装服务可由其他企业提供。

A 公司在合同中识别出的四项履约义务：

(1) 软件知识产权许可；

(2) 安装服务；

(3) 软件更新；

(4) 技术支持。

案例分析

A 公司根据新收入准则相关规定评估其转让软件知识产权许可的承诺的性质。A 公司在评估新收入准则相关条件时，并未考虑提供软件更新的承诺，因为其将导致向客户转让额外的商品或服务。A 公司也注意到，其并不具有除更新和技术支持以外的合同性或隐含义务，需实施活动改变知识产权许可期内软件的功能。该软件在不进行更新或进一步技术支持的情况下，仍然具有其功能，因此，客户自该软件获得利益的能力，并非实质上由 A 公司的持续活动驱动，或依赖于其活动。A 公司决定，合同并未要求，客户也不能合理预期，A 公司将实施对该软件具有重大影响的活动，更新和技术支持除外。

综上分析，A 公司得出结论，该软件具有重大独立功能，不满足获得知识产权许可权利的所有条件。因此，A 公司转让知识产权许可承诺的性质为，提供存在于某一时点的 A 公司知识产权的使用权。相应地，A 公司将该知识产权许可作为在某一时点履行的履约义务进行会计处理。

案例 7－16：一段时间内履行的知识产权许可

案例背景

DC 公司是一家连载漫画、漫画电影创作公司，其向客户 B 公司授予知识产权许可，客户可在 4 年内使用其“正义联盟”系列漫画中超级英雄的形象和名称。“正义联盟”系列漫画目前包括超人、蝙蝠侠、神奇女侠、快银、钢骨、小丑等角色。但是，DC 公司会定期创造新的角色，且原角色的形象也会随时演变。B 公司是大型游乐场的运营商，其能够依据合理的方式（例如节目或演出）使用 DC 公司的角色。合同要求，B 公司需及时根据 DC 公司的连载漫画、漫画电影更新超级英雄的角色形象。

DC 公司在 4 年授权期间内，每年向 B 公司收取 1,000,000 美元的固定对价。

案例分析

首先，DC 公司评估其承诺向 B 公司提供的商品或服务，以确定哪些商品和服务可明确区分。DC 公司得出结论认为，除授予知识产权许可的承诺外不存在其他履约义务。也就是说，与知识产权许可相关的额外活动并不向 B 公司直接转让商品或服务，因为这些活动是 DC 公司授予知识产权许可承诺的一部分。

其次，DC 公司评估其转让知识产权许可承诺的性质。在评估有关条件时，DC 公司考虑了以下各项因素：

（1）根据 DC 公司的商业惯例，B 公司可合理预期，DC 公司将实施对 B 公司享有权利的知识产权（超级英雄角色）产生重大影响的活动。这是因为，DC 公司的活动（创造超级英雄）改变了客户享有权利的知识产权的形态。此外，B 公司自其享有权利的知识产权获取利益的能力，实质上受 DC 公司持续活动（出版连载漫画、拍摄电影）驱动，或依赖于该活动。

（2）知识产权许可所授予的权利，使 B 公司直接面临 DC 公司活动产生的任何正面或负面影响，因为合同要求，B 公司需及时根据 DC 公司的连载漫画、漫画电影更新超级英雄的角色形象。

(3) 尽管B公司可通过知识产权许可授予的权利从这些活动中获益，但此类活动发生时并不导致向B公司转让商品或服务。

因此，DC公司得出的结论认为，DC公司转让知识产权许可承诺的性质为，向B公司提供获得整个知识产权许可有效期内存在的DC公司知识产权的权利。相应地，DC公司将承诺的知识产权许可作为在一段时间内履行的履约义务进行会计处理。

DC公司应识别最能反映其知识产权许可相关履约义务的履约进度计量方法。由于合同规定，B公司在一段固定期间内可无限制地使用授予知识产权许可的角色，因此，DC公司确定，基于时间的计量方法是计量其履约义务履约进度的最适当方法，即在知识产权许可期内平均摊销确认该知识产权许可收入。

案例7-17：知识产权的使用权

案例背景

A公司为一家音乐唱片公司，其向客户B公司授予1张1975年录制的某著名管弦乐团演奏的古典交响乐唱片的知识产权许可。B公司是一家消费品公司，其拥有在两年内在A地区所有商业渠道（包括电视、广播和网络广告）使用该交响乐唱片的权利。A公司因提供知识产权许可而每月收取10,000元的固定对价。这份合同并未包含A公司提供的其他商品或服务。该合同不可撤销。

案例分析

首先，A公司评估承诺向B公司提供的商品和服务，以确定哪些商品和服务可明确区分。A公司得出的结论认为，其唯一的履约义务是授予知识产权许可。A公司确定，知识产权许可的时间限制（2年）、地域（A地区）以及唱片的指定用途（电视、广播和网络广告），均属于合同承诺知识产权许可的属性。

其次，A公司评估其授予知识产权许可承诺的性质。A公司并没有改变授予知识产权许可唱片的任何合同义务或隐含义务。该知识产权许可唱片具有重大独立功能（能够被播放），因此，B公司自该唱片获得利益的能力，并不受A公司持续活动的驱动。A公司得出结论，该合同并未要求，B公司也未合理预期，A公司将实施对该知识产权许可唱片具有重大影响的活动。据此，A公司得出结论认为，其转让知识产权许可承诺的性质为，向B公司提供存在于授予时点的A公司知识产权的使用权。因此，授予知识产权许可的承诺是在某一时点履行的履约义务。A公司在B公司能够主导授予知识产权许可知识产权的使用，及获得其几乎所有剩余利益的时点确认全部收入。

鉴于A公司履约时点，与B公司在两年内每月付款（这些款项不可撤销）之间间隔的时长，A公司也考虑了合同是否存在重大融资成分。

案例7－18：获得知识产权的权利

案例背景

阿森纳是一支英超知名球队，就其名称和队徽向B公司授予知识产权许可。B公司为一家服装设计公司，有权在2019－2020赛季内，在其T恤、帽子、杯子和毛巾等产品上使用阿森纳的名称和队徽。因提供知识产权许可，阿森纳将收取固定对价2,000,000英镑，以及按使用队名和队徽的项目的售价的5%收取特许使用费。B公司预期，阿森纳将打入2019－2020赛季欧联杯决赛，并保持英超联赛争四水平，并且，主教练在未来一个赛季不会下课。

案例分析

阿森纳应评估其承诺向B公司提供的商品和服务，以确定哪些商品和服务可明确区分。阿森纳得出结论认为，其唯一的履约义务是转让知识产权许可。也就是说，与知识产权许可相关的额外活动（努力打入2019－2020赛季欧联杯决赛，并保持英超联赛争四水平），并不直接向客户转让商品或服务，因为这些活动是阿森纳授予知识产权许可的承诺的一部分。

阿森纳应根据新收入准则的规定，评估其转让知识产权许可的承诺的性质。在评估有关条件时，阿森纳考虑了以下各项因素：

（1）B公司将合理预期，阿森纳将实施对客户享有相关权利的知识产权（队名和队徽）产生重大影响的活动。该结论以阿森纳实施支持或保持其球队价值的活动为基础，例如，努力打入2019－2020赛季欧联杯决赛，并保持英超联赛争四水平。阿森纳认为，B公司未来自其知识产权许可获得利益的能力，由其比赛成绩驱动，或依赖于其比赛成绩。此外，阿森纳观察到，由于其部分对价取决于B公司产品的销售量（基于销售的特许使用费），因此，阿森纳与B公司之间存在共享经济利益，B公司将预期阿森纳将努力比赛，以实现收益最大化。

（2）知识产权许可授予的权利（队名和队徽的使用）使B公司直接面临阿森纳比赛成绩产生的任何正面或负面影响。

（3）尽管B公司可能通过知识产权许可授予的权利，从阿森纳的比赛中获益，但阿森纳的比赛并不向客户转让商品或服务。

阿森纳得出结论认为，其向B公司授予知识产权许可承诺的性质为，向B

公司提供获得存在于整个知识产权许可有效期内的阿森纳品牌的权利。相应地，阿森纳将承诺的知识产权许可作为在一段时间内履行的履约义务进行会计处理。

阿森纳还应根据新收入准则相关规定，识别计量其履约进度的适当计量方法。对于采用基于销售的特许使用费形式的对价，应适用准则中“特许权限制”相关规定，因为该基于销售的特许使用费仅与其知识产权许可相关，该知识产权许可是合同唯一的履约义务。阿森纳得出结论，该2,000,000英镑固定对价，加上基于销售的特许使用费，属于在一段时间内确认的收入。因此，阿森纳在B公司使用其队名或队徽的产品销售发生时（及发生过程中）确认收入，合理反映了其履行知识产权许可相关履约义务的履约进度。

三、确定承诺性质时的合同限制

企业在确定知识产权许可的性质时，不应考虑下列因素：

（1）时间、地域或使用方面的限制——这些限制界定了承诺的知识产权许可的属性，而非界定企业是在某一时点还是一段时间内履行其履约义务。例如，一项定期知识产权许可允许客户在未来两年内在其影院播放某一电影6次。该次数限制确定了企业所获取标的资产（电影的6次播放）的性质，而非相关知识产权（相关电影）的性质。

（2）企业就其拥有知识产权的有效专利，及将防止专利的未经授权使用所提供的保证——保护专利权的承诺并非履约义务，因为保护专利的行动保护了企业知识产权资产的价值，并就所转让的知识产权许可符合合同中承诺的知识产权许可规格向客户提供保证［IFRS15 paraB62］。

此外，以下因素也不影响对知识产权许可性质的确定：

（1）知识产权许可的期限——知识产权许可期限的长度是反映已转让资产属性的限制，且并不提供相关知识产权性质或企业承诺性质的信息。因此，知识产权许可期限并不反映客户何时获得承诺的知识产权许可的控制。

（2）知识产权许可的排他性——基于知识产权是否具有排他性来区分其性质，与控制的原则不符，因为排他性并不影响企业履约义务的确定。此外，基于排他性进行的区分难以操作，还需要对“排他性”进行单独定义。事实上，排他性是反映已转让资产属性的另一种限制，与知识产权许可的性质区分无关。

（3）相关知识产权的消耗——知识产权可通过多种方式进行划分，例如按时间、地域或针对使用的其他限制，且相关权利可通过不同的知识产权许可在同一时间提供给多个客户。因此，企业可能难以确定一项知识产权有多少被另一知识产权许可消耗。

（4）支付条款——支付条款并未表明知识产权许可的性质，并未反映该履约义务何时得到履行。相反，支付条款是由客户与企业议定，反映其他经济因素，如信用风险和资产的潜在现金流量等［IFRS15 paraBC412］。

根据上述规定，知识产权许可收入的确认流程如图 7－3 所示：

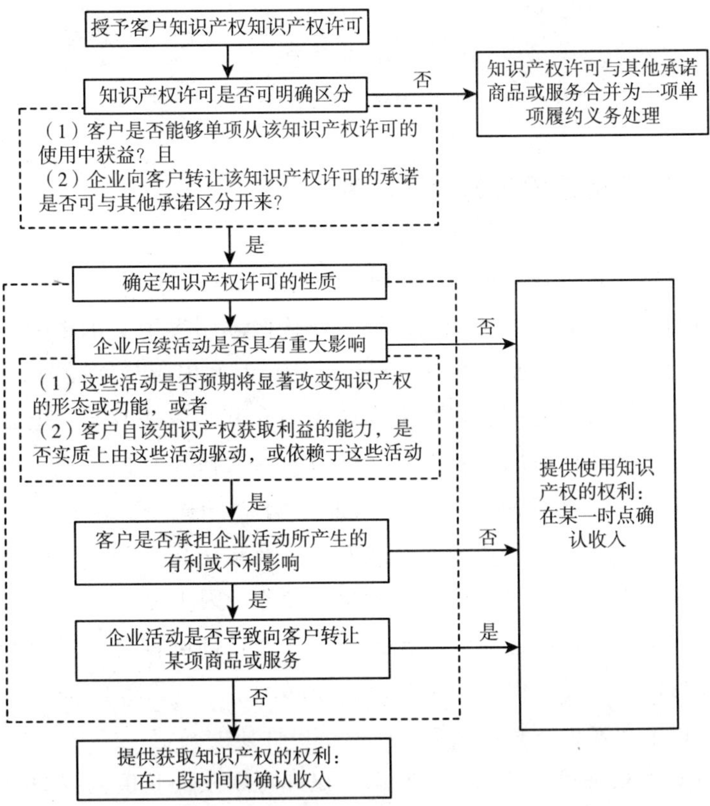

图 7－3 知识产权许可收入确认

四、基于销售或使用的特许使用费

对于基于销售或使用的特许使用权，企业应仅在以下两者中较晚发生的事件发生时，才确认特许使用费收入：

（1）发生了后续的销售或使用；

（2）某些或全部销售基础或使用基础的特许使用费所分摊至的履约义务已

经履行（或部分履行）［IFRS15 paraB63，CAS14（2017）第三十七条］。

对于对价是以客户的后续销售或使用为基础的知识产权许可，企业在不确定性被消除（当客户发生后续销售或使用）之前，不应针对可变金额确认任何收入。如果企业确认针对此类合同的最低收入金额，将无法向财务报表使用者提供有用的信息。这是因为，该方法必然要求企业在整个合同存续期内因具体情况的变化而对合同开始时确认的收入金额作出重大调整，即使此类情况的变化与企业的履约行为并不相关。这将不会产生具有相关性的信息，特别是对于在较长期间内支付基于销售或使用的特许使用费的合同［IFRS15 paraBC415］。

针对知识产权许可的基于销售或使用的特许使用费收入的确认，仅适用于知识产权许可，不能完全类推到其他类似交易。例如，不应类推到包括重大金额知识产权的有形商品，相反，应当根据对可变对价估计及其限制规定，考虑企业因提供这类有形商品而有权获得的可变对价。

基于销售或使用的特许权相关规定，适用于特许权仅与知识产权相关时，或知识产权许可在特许权中属于关键项目时，例如，当企业合理预期，客户认为该知识产权许可相较于特许权中的其他商品或服务具有更加重大的价值，则该知识产权许可可能是相关特许权中的主要项目［IFRS15 paraB63A］。

当满足上述条件时，基于销售或使用的特许权收入，应当整体按照第 B63 段进行确认。当不满足第 B63A 段的条件时，基于销售或使用的特许权应按照可变对价的要求进行处理［IFRS15 paraB63B］。

在 2014 年 5 月发布《国际财务报告准则第 15 号》后，利益相关方认为，基于销售或使用的特许权在什么情况下属于“交换知识产权许可的承诺”是不太清楚的。部分利益相关方认为，特许权限制适用于任何与知识产权许可相关的特许权，而不管特许权是否属于合同中其他商品或服务的对价。其他利益相关方认为，特许权限制仅适用于特许权仅与可明确区分的知识产权许可相关，或者仅在知识产权许可属于相关特许权中的关键项目的情况。此外，一项单项基于销售或使用的特许权，是否应当拆分为部分适用特许权限制，部分不适用，例如，当特许权与一项知识产权许可相关，而其他商品或服务则不属于知识产权许可［IFRS15 paraBC421B］。

为回应利益相关方的疑问，IASB 通过《对〈国际财务报告准则第 15 号〉的澄清》澄清特许权限制的以下两个方面：（1）特许权限制适用于知识产权许可属于特许权中仅有的或关键项目的情况；（2）企业不应将单项特许权拆分为部分适用特许权限制，部分适用可变对价的一般限制［IFRS15 paraBC421C］。

案例7－19：基于销售的特许使用费

案例背景

A公司为一家电影发行公司，向B公司授予电影《敦刻尔克》的放映知识产权许可。B公司为电影院运营商，获得了在六周内播放该电影的权利。此外，合同约定：(1) 在六周放映期开始前，向B公司发送该电影相关周边纪念品；(2) 在六周放映期内，向B公司提供在其电影院内播放的《敦刻尔克》剧场版预告片。因授予播放知识产权许可及相关促销产品，A公司将参与B公司电影院放映《敦刻尔克》的票房分成（即基于销售的特许使用费形式的可变对价）。

案例分析

A公司得出结论，《敦刻尔克》电影放映权是该基于销售的特许使用权中的关键项目，因为A公司可合理预期，B公司认为该放映权相较于特许权中其他商品或服务具有更加重大的价值。A公司所确认的该基于销售的特许使用费收入，仅包括按合同有权收取的对价，并应将该特许权整体适用准则中“特许权限制”的规定，即在以下两者孰晚发生时确认收入：(1) 发生了后续的销售；(2) 某些或全部基于销售特许使用费所分摊的履约义务已经履行。此外，A公司还应考虑所提供的纪念品及预告片，是否属于单项履约义务，从而将基于销售的特许使用费向其分摊。

第八章　合同成本

第一节　取得合同的增量成本

如果企业预计将收回取得与客户之间的合同的增量成本，则企业应将这些成本确认为一项资产。这是因为，取得合同的增量成本预计能够收回，预期为企业带来经济利益，满足资产的定义，应确定一项资产［IFRS15 para91］。取得合同的增量成本是企业为取得与客户之间的合同而发生的、若未取得合同则不会发生的成本（例如，销售佣金）［IFRS15 para92，CAS14（2017）第二十八条］。

无论是否取得合同均会发生的取得合同的成本应在发生时确认为费用（如无论是否取得合同均会发生的差旅费、办公费、为准备投标发生的相关费用、尽职调查发生的相关费用等），除非无论是否取得合同此类成本均已明确是可向客户收取的［IFRS15 para93，CAS 14（2017）第二十八条］。

实务中，对于通过竞标取得合同发生的投标费用，应按具体情况确定是否属于增量成本，对于因中标取得合同需支付的中标服务费，不中标就不需支付，为取得合同而发生的直接费用，属于取得合同的增量成本；而对于是否中标均需支付的投标服务费，与取得合同无关，则不属于增量成本。

为便于实务操作，如果该确认的资产的摊销期为一年或更短期间，则企业可将取得合同的增量成本在发生时确认为费用［IFRS15 para94，CAS 14（2017）第二十八条］。

在某些情况下，企业将取得合同的所有成本均在发生时确认为费用可能会产生误导。例如，在长期服务合同开始时将销售佣金全额确认为费用（如果该销售佣金在合同定价中反映且预计能够收回）的做法将否认一项资产的存在[IFRS15 paraBC300]。因此，企业将取得合同的成本确认为一项资产，并将该资产与合同资产或合同负债分开列示。为将取得成本限定为能够明确辨认为具体与合同相关的成本，只有取得合同的增量成本才能纳入资产的计量（如果企业预计能够收回这些成本）[IFRS15 paraBC301]。

案例8－1：取得合同的增量成本

案例背景

A公司为咨询服务提供商，获取了向一家新客户提供咨询服务的竞标。A公司为取得合同发生了下列成本（表8－1）：

表8－1　　取得合同成本明细

项目	金额（元）
与尽职调查相关的外部法律费用	15,000
提交建议书的差旅费用	25,000
向销售员工支付的佣金	10,000
已发生的成本合计	50,000

此外，A公司同时基于年度销售目标、A公司的整体盈利情况及个人业绩来评估向销售主管酌情支付的年度奖金。

案例分析

根据新收入准则，A公司将向销售员工支付佣金而形成的取得合同的增量成本10,000元确认为一项资产，因为A公司预期将可通过未来的咨询服务费收回该成本。A公司同时基于年度销售目标、A公司的整体盈利情况及个人业绩来评估向销售主管酌情支付的年度奖金。根据新收入准则，A公司未将向销售主管支付的奖金确认为一项资产，因为这些奖金并非取得合同的增量成本。奖金金额是酌情确定的且取决于其他因素（包括A公司的盈利情况和个人业绩）。奖金并非可直接归属于可辨认的合同。

A公司认为，外部法律费用和差旅费用无论是否取得合同均将发生。因此，根据新收入准则，这些成本在发生时确认为费用，除非其属于其他准则的范围（在这些情况下，适用其他准则的相关规定）。

某些情形下，企业可能难以确定支付的佣金是否属于取得新合同的增量成本（例如是否支付佣金可能取决于企业能否成功地取得若干份合同）。新收入准则是否允许企业选择针对取得成本的会计政策，从而能够选择确认一项资产还是费用（同时披露该会计政策选择）。由于在新收入准则中引入会计政策选择将削弱可比性，无法实现收入确认项目旨在改进各类企业和各行业之间的可比性的关键目标。因此，新收入准则不允许企业针对合同取得成本作出会计政策选择［IFRS15 paraBC302］。

实务中，当涉及合同取得成本的安排比较复杂时，企业需要运用判断，对发生的合同取得成本进行恰当的会计处理。例如，合同续约或合同变更时需要支付额外的佣金、企业支付的佣金金额取决于客户未来的履约情况或者取决于累计取得的合同数量或金额等。

一般而言，企业因现有合同续约或发生合同变更需要支付的额外佣金，也属于为取得合同发生的增量成本，应当确认一项资产。

案例 8－2：增量成本——合同续约、合同变更的佣金

案例背景

根据 A 公司的相关政策，销售部门的员工每取得一份新的合同，可以获得提成 100 元，现有合同每续约一次，员工可以获得提成 60 元。A 公司预期上述提成均能够收回。

案例分析

本例中，A 公司为取得新合同支付给员工的提成 100 元，属于为取得合同发生的增量成本，且预期能够收回，因此，应当确认为一项资产。同样地，A 公司为现有合同续约支付给员工的提成 60 元，也属于为取得合同发生的增量成本，这是因为如果不发生合同续约，就不会支付相应的提成，由于该提成预期能够收回，A 公司应当在每次续约时将应支付的相关提成确认为一项资产。

假定：除上述规定外，A 公司相关政策规定，当合同变更时，如果客户在原合同的基础上，向 A 公司支付额外的对价以购买额外的商品，则 A 公司需根据该新增的合同金额向销售人员支付一定的提成。在这种情况下，无论相关合同变更属于新收入准则规定的哪种情形，A 公司均应当将应支付的提成视为取得合同（变更后的合同）发生的增量成本进行会计处理。

为取得合同需要支付的佣金在履行合同的过程中分期支付且客户违约时企业无需支付剩余佣金的，以及客户违约可能导致企业收回已经支付的佣金的情况，如果该合同在合同开始日即满足新收入准则规定的五项条件，该佣金预期

能够从客户支付的对价中获得补偿，且取得合同后，收取佣金的一方不再为企业提供任何相关服务，则企业应当将应支付的佣金全额作为合同取得成本确认为一项资产。后续期间若客户履约情况发生变化，企业应当评估该合同是否仍然满足新收入准则规定的五项条件，同时确认为资产的合同取得成本是否发生减值，并进行相应的会计处理。

案例8－3：增量成本——佣金支付形式

案例背景

情形1——分期支付

根据A公司的相关政策，销售部门的员工取得合同按照合同金额的1%支付提成，且根据合同金额实际回款金额分期支付，如果发生客户违约，则无需支付剩余佣金。A公司预期上述提成均能够收回。

情形2——违约收回

根据A公司的相关政策，销售部门的员工取得合同按照合同金额的1%支付提成，于合同取得时支付，后续如果客户发生违约情况，则向员工收回一定比例已经支付的提成。A公司预期上述提成均能够收回。

案例分析

情形1：

本例中，A公司为取得新合同支付给员工的提成，属于为取得合同发生的增量成本，且预期能够收回，尽管是按照合同回款金额分期支付，销售人员不需提供与取得合同的相关其他服务，款项能否回收属于客户的信用风险，因此，应当在合同开始日将应支付的提成金额全额确认为一项资产。对于后续期间，如果客户的履约情况发生变化，如客户违约不支付合同部分款项，A公司应评估确认为资产的合同取得成本是否发生减值，并进行相应的会计处理。无需支付的剩余佣金，应调整当时损益（冲减销售费用）。

情形2：

本例中，A公司为取得新合同支付给员工的提成，属于为取得合同发生的增量成本，且预期能够收回，因此，应当在合同开始日将支付的提成金额全额确认为一项资产。后续期间，对于客户违约履约情况发生了变化，A公司应当评估该合同是否仍然满足新收入准则规定的五项条件，同时确认为资产的合同取得成本是否发生减值，并进行相应的会计处理。对于收回已经支付的佣金，应调整当时损益（冲减销售费用）。

当企业发生的合同取得成本与多份合同相关，例如，企业支付的佣金取决于累计取得的合同数量或金额时，企业应当根据实际情况进行判断，合理判断可直接归属于可辨认的合同的增量成本，确认相关资产。

案例8-4：增量成本——佣金与多份合同相关

案例背景

根据A公司的相关政策，销售部门的员工取得合同且合同金额累计达到1,000万元时支付提成，且根据合同金额的1%比例支付。A公司预期上述提成均能够收回。

案例分析

本例中，A公司为取得新合同支付给员工的提成，属于为取得合同发生的增量成本，且预期能够收回，因此，应当在每份合同开始日合理估计将应支付的提成金额确认为一项资产。

第二节　履行合同的成本

一、确认和计量

如果已发生的履行与客户之间的合同的成本不属于其他准则（例如，存货准则、固定资产准则及无形资产准则）的范围，企业应在因履行合同而发生的成本符合下列所有条件的情况下，将该成本确认为一项资产：

（1）该成本与一项合同或企业能够明确识别的预期合同直接相关（例如，与现有合同续约后将提供的服务相关的成本，或者尚未获得批准的特定合同下拟转让资产的设计成本）；

（2）该成本增加了企业将在未来用于履行（或持续履行）履约义务的资源；

（3）该成本预计能够收回［IFRS15 para95，CAS 14（2017）第二十六条］。

对于已发生的履行与客户之间的合同的成本属于其他准则范围的，企业应当按照其他准则对这些成本进行会计处理［IFRS15 para96］。

与合同（或特定预期合同）直接相关的成本包括以下项目：

（1）直接人工（例如，直接向客户提供承诺服务的员工的工资和薪金）；

（2）直接材料（例如，为履行合同耗用的原材料、辅助材料、构配件、零件、半成品的成本和周转材料的摊销及租赁费用等）；

（3）与合同或合同活动直接相关的成本的分摊，即制造费用或类似费用，（例如，组织和管理相关生产、施工、服务等活动发生的费用，包括管理人员的职工薪酬、劳动保护费、固定资产折旧费及修理费、使用权资产的摊销、物料消耗、取暖费、水电费、办公费、差旅费、财产保险费、工程保修费、排污费、临时设施摊销费等）；

（4）合同明确规定可向客户收取的成本；

（5）仅因企业订立合同而发生的其他成本（例如，向分包商支付的款项、机械使用费、设计和技术援助费用、施工现场二次搬运费、生产工具和用具使用费、检验试验费、工程定位复测费、工程点交费用、场地清理费等）［IFRS15 para97，CAS 14（2017）第二十六条］。

企业应在下列成本发生时，将其计入当期损益：

（1）一般管理费用（除非合同明确规定该成本可向客户收取）；

（2）为履行合同而发生的并未反映在合同价款中的非正常消耗的直接材料、直接人工或其他资源的成本（制造费用或类似费用）；

（3）与已经履行（或部分履行）的合同中的履约义务相关的成本（与过去履约相关的成本）；

（4）无法区分其是与未履行的履约义务相关还是与已履行（或部分履行）的履约义务相关的成本［IFRS15 para98，CAS 14（2017）第二十七条］。

由于其他准则（存货准则、固定资产准则及无形资产准则）均涉及成本要求，无需重新综合考虑所有成本要求，因此新收入准则规范了不属于其他准则范围的合同成本的会计处理。据此，如果其他准则不允许确认特定成本形成的资产，则亦无法根据新收入准则确认一项资产［IFRS15 paraBC307］。

新收入准则规定，只有能够形成用于在未来履行履约义务的资源且预计可收回的成本才符合确认为资产的条件。这些要求确保只有符合资产定义的成本才能确认为资产，从而企业不得仅为了通过将收入和成本平均分摊至合同存续期而使整份合同的利润正常化的目的而递延成本。为确认和计量履行合同的成本所形成的资产，只有与合同直接相关的成本才应纳入相关资产的成本［IFRS15 paraBC308］。

案例 8－5：形成一项资产的合同成本

案例背景

A 公司订立了一项为期 5 年的管理客户信息技术数据中心的服务合同。合同可随后每次续约 1 年。客户的平均服务期限为 7 年。A 公司在客户签署合同时向员工支付 10,000 元的销售佣金。在提供服务之前，A 公司设计和构建了一个供 A 公司内部使用的与客户系统相连接的技术平台。这一平台并不会转让给客户，但将用于向客户交付服务。

构建技术平台发生的初始成本如表 8－2：

表 8－2　　初始成本明细

项目	金额（元）
设计服务	40,000
硬件	120,000
软件	90,000
数据中心的迁移和测试	100,000
成本合计	350,000

案例分析

取得合同的增量成本

根据新收入准则，A 公司将取得合同的增量成本（销售佣金）10,000 元确认为一项资产，因为 A 公司预期将通过未来提供服务收取的费用收回这一成本。

履行合同的成本

初始准备活动成本主要涉及履行合同但不是向客户转让商品或服务的活动。A 公司对初始准备活动的成本的会计处理如下：

（1）硬件成本：按照固定资产准则进行会计处理。

（2）软件成本：按照无形资产准则进行会计处理。

（3）数据中心的设计、迁移和测试成本：根据新收入准则进行评估，该成本与履行该合同直接相关，并且增加了未来将履行履约义务的资源，如果 A 公司预期该成本可通过未来服务收取的对价收回，该成本应确认为一项资产。

除构建技术平台的初始成本外，A 公司同时委派 2 名主要负责向客户提供服务的员工。尽管这 2 名员工的成本在向客户提供服务时发生，A 公司得出结论认为，这一项成本不能增加 A 公司未来将履行履约义务的资源。因此，这一项成本不符合新收入准则合同履约成本的条件，故不可确认为一项资产。根据新收入准则，A公司应在这2名员工的工资费用发生时确认相应的工资费用，并计入当期损益。

二、一段时间内履行履约义务所发生成本的处理

在2019年3月的会议中，国际财务报告解释委员会（IFRIC）讨论了收入准则下，一段时间内履行履约义务所发生成本的分摊确认问题［议题：履行合同成本（《国际财务报告准则第15号——客户合同收入》）］。2019年6月，委员会对该问题作出了最终议程决议。该议题涉及新收入准则下，在一段时间内履行履约义务并确认收入，采用产出法计量履约进度时，已履行部分履约义务相关成本的处理。

会议时间： 2019年6月

议题： 履行合同成本（《国际财务报告准则第15号——与客户合同收入》）

议题概要：

委员会收到咨询，询问有关企业在一段时间内履行履约义务的合同中，因履行该合同所发生的成本的确认问题。咨询问题所述案例情况如下：

（1）签订合同为客户（在其自有土地上）建造房屋。该建造需3年时间完成。具体履约进度如表8－3所示：

表8－3　　各部分履行进度表　　单位：元

序号	建造部分	采用产出法分摊的收入	该部分的成本	利润
1	基础工程	2,100,000	2,000,000	4.80%
2	墙体和柱体	1,200,000	1,000,000	16.70%
3	窗户/门	800,000	500,000	37.50%
4	屋顶	900,000	500,000	44.40%
合计		5,000,000	4,000,000	20%

（2）根据《国际财务报告准则第15号》，该合同属于一段时间内履行的单项履约义务。

（3）假设建造部分1（即基础工程）在报告期末已完成，该部分确认收入2,100,000元。该部分的总成本为2,000,000元。

咨询问题询问，该企业（1）在一段时间内转移该商品的控制权（即满足《国际财务报告准则第15号》一项或多项条件），从而在一段时间内履行履约义务并确认收入；以及（2）采用《国际财务报告准则第15号》所述的产出法对履约进度进行计量。企业在建造该商品过程中发生了成本。在报告日，向客户交付商品建造过程中，发生了与该商品建造活动相关的成本。该2,000,000元成本是否可以部分确认为该合同其他阶段的履行成本？

委员会首先强调了《国际财务报告准则第15号》有关一段时间内履行履约义务的履约进度计量原则和要求。第39段规定，“计量履约进度旨在反映企业向客户转让已承诺商品或服务的履约情况”。委员会也注意到，在评价是否采用产出法计量进度时，第B15段要求企业“应当考虑所选择的产出能否如实反映企业履约义务的履约进度”。

在考虑成本确认时，委员会强调，《国际财务报告准则第15号》第98（3）段要求企业将“与已经履行（或部分履行）的合同中的履约义务相关的成本（与过往履约相关的成本）已确认为费用。”

委员会注意到，咨询案例所述建造成本是与该合同已部分履行的履约义务相关成本——与企业过往履约相关的成本。因此，这些成本并不产生或改良企业将在未来用于持续履行履约义务的资源（第95（2）段）。所以，这些成本并不满足《国际财务报告准则第15号》第95段作为资产确认的条件。

委员会得出结论认为，国际财务报告准则的原则和要求，已为企业确定如何确认咨询案例情况所述的履行合同发生成本提供了充分基础。因此，委员会决议，不将该问题纳入其准则制定议程。

会议主要讨论内容摘要（STAFF PAPER Agenda ref 2 March 2019）

观点1 所有成本在发生时确认为费用

在前述案例情况中，根据《国际财务报告准则第15号》第95（2）和第98（3）段，该2,000,000元成本应确认为费用。

建造部分1所发生的成本，并非为产生或改良企业用于“未来履行履约义务”而发生的成本。相反，该成本是为履行当前履约义务而发生的成本。此外，《国际财务报告准则第15号》第98（3）段重申，与已经部分履行履约义务相关的成本，应在发生时作为费用。

观点 2 所发生的部分成本可以资本化

在前述案例情况中，建造部分 1（即基础工程）是继续交付不同建造部分（墙体和柱体、窗户/门、屋顶）所必要的。因此，建造部分 1 的部分成本应向尚未履行的其他部分分摊。这更能代表该合同的经济实质，该合同涉及向客户交付一项履约义务（房屋）。部分 1 所发生的部分成本，属于将用于履行未来部分建造的资源。将该成本分摊到部分履行义务和未来义务的方法，可以采用合同总利润。

IFRIC 职员分析

在咨询案例所述情况中，建造该建筑物的成本，属于第 98（3）段所述的与已经履行（或部分履行）履约义务相关的成本。这些成本与已移交给客户的部分建造建筑物的建造活动有关。该成本与企业的过往履约相关。企业在该建筑物建造过程中，在一段时间内转移了该建筑物的控制权，从而在该报告日已部分履行了履约义务。因此，根据第 98（3）段，在咨询案例所述情况下，企业应在这些成本发生时确认为费用。

在一段时间内履行履约义务并确认收入后，该企业已向客户交付了部分建造建筑物的控制权，从而不再拥有该资源。企业可能拥有该合同下过往履约所产生的资源（如合同资产或应收款项），但是，该企业在履行（或持续履行）未来履约义务时，将不会再使用这些资源。因此，该企业所发生的上述成本不满足《国际财务报告准则第 15 号》第 95（2）段的条件。

IFRIC 职员指出，《国际财务报告准则第 15 号》结论基础第 BC308 段解释了，第 95 段的要求旨在确保企业所确认的成本，仅在满足资产定义时才作为资产，并防止仅出于使合同期内利润正常化而将成本递延。IFRIC 职员经上述分析，支持咨询案例所述的观点 1。

根据 IFRIC 的讨论，对于一段时间内履行履约义务所发生的成本，需要关注各阶段所发生成本是否为与过往履约相关的成本，是否增加了将在未来用于履行履约义务的资源。如果属于与过往履约相关的成本，则该成本很可能不会增加用于未来履约义务的资源，从而不能资本化分摊到未来履行的履约义务成本中，应立即确认为费用（当期损益）。

IFRIC 强调，《国际财务报告准则第 15 号》结论基础第 BC308 段解释了在确保企业所确认的成本仅在满足资产定义时才作为资产，以防止仅出于使合同期内利润正常化（“平滑利润”）而将成本递延。

第三节　摊销和减值

一、摊销

根据上述合同增量成本和合同履约成本确认的资产（以下简称“与合同成本有关的资产”）应当按照与该资产的相关商品或服务向客户的转让相一致的系统化基础进行摊销。此类资产可能与特定预期合同下拟转让的商品或服务有关［IFRS15 para99，CAS 14（2017）第二十九条］。

企业应当根据企业向客户转让与该资产相关的商品或服务的预计时间的重大变动，对资产的摊销作出更新。此类变动应根据会计估计准则作为会计估计变更处理［IFRS15 para100］。

新收入准则中没有对与合同成本有关的资产的摊销方法提供更为具体的指引，按照系统化基础进行摊销，应当考虑按照与该资产相关的商品或服务的转让模式相一致的收入确认模式，即与收入确认时间和金额相对应。收入确认模式可能是前期多确认、后期少确认（或者前期少确认、后期多确认），也可能呈现其他周期性或者季节性规律，相应的成本资产也应按照收入确认模式相应的基础进行摊销。因此，与合同成本有关的资产的摊销基础应合理近似于商品和服务转让的期间和模式，并应选择一致的方法应用于类似的合同。一般情况下，如果无证据表明能够预计相关商品或服务的是特定的转让模式，则直线法摊销可能是恰当的。

如果合同商品或服务的转让模式在各个期间存在显著差异，使用与转让模式变化趋势一致的摊销基础可能是恰当的。例如，摊销额可按在各期间内转让的商品或服务占拟转让的商品或服务的总额的比例分摊到各期，如果与某一时点转让的商品或服务相关，则摊销成本应在该时点确认。

如果客户被授予购买未来商品和服务的重大权利且收入确认被递延，此时，企业应考虑与合同成本有关的资产的摊销是否应该分摊至该权利。

与合同成本有关的资产摊销期限，对于有可选续约期的，如果企业能够预计将继续在续约期间内提供服务，则摊销期应当包含续约期。

在确定按照与资产相关的商品或服务的转让模式对资产进行摊销的摊销期限和方式时，这些商品或服务可以根据特定预期（未来）合同提供，如果该资产与一份预期将要取得的合同（如续约后的合同）相关，则在确定相关摊销期限和方式时，应当考虑该将要取得的合同的影响。这一结论符合在资产的使用寿命内对资产进行摊销的概念以及其他准则的规定。对于合同取得增量成本而言，若合同续约支付的佣金与针对初始合同支付的佣金相称，这表明初始合同的取得成本与后续合同并不相关，该佣金只能在初始合同的期限内进行摊销，在超过初始合同存续期的更长期间内对资产进行摊销是不恰当的［IFRS15 para-BC309］。

企业为合同续约需支付的佣金是否与原合同相称，需要根据具体情况进行判断。例如，如果两份合同的佣金按照各自合同金额的相同比例计算，通常表明这两份合同的佣金水平是相称的，但在实务中，与取得原合同相比，现有合同续约的难度可能较低，因此，即使合同续约时应支付的佣金低于取得原合同的佣金，也可能表明这两份合同的佣金水平是相称的。

某些情况下，企业将为取得某份合同发生的增量成本确认为一项资产，但是该合同中包含多项履约义务，且这些履约义务在不同的时点或时段内履行。在确定该项资产的摊销方式时，企业可以基于各项履约义务分摊的交易价格的相对比例将该项资产分摊至各项履约义务，再以与该履约义务（可明确区分的商品）的收入确认相同的基础进行摊销；或者，企业可以考虑合同中包含的所有履约义务，采用恰当的方法确定合同的完成情况，即应当最能反映该资产随相关商品的转移而被“耗用”的情况，并以此为基础对该资产进行摊销。通常情况下，上述两种方法的结果可能是近似的，但是，后者无需将合同取得成本特别分摊至合同中的各项履约义务。

案例 8－6：合同成本的摊销

案例背景

A 公司订立了一项为期 5 年的管理客户信息技术数据中心的服务合同。A 公司在客户签署合同时向员工支付 10,000 元的销售佣金的增量成本。在提供服务之前，A 公司设计和构建了一个供 A 公司内部使用的与客户系统相连接的技术平台，其中数据中心的设计、迁移和测试成本 100,000 元的履约成本。这一平台并不会转让给客户，但将用于向客户交付服务。

情形一：合同可随后每次续约 1 年。客户的平均服务期限为 7 年。A 公司订立该合同仅包括一项履约义务，且属于一段时间内履行履约义务，并属于按月可明确区分提供的数据处理服务，按照直线法确认收入。

情形二：A公司订立该合同仅包括一项履约义务，且属于一段时间内履行履约义务，按照产出法（工作量法）确认收入。2×18年12月31日，履约进度是20%，应按照20%确认收入。

案例分析

情形一：

取得合同的增量成本的摊销

根据新收入准则，A公司将取得合同的增量成本（销售佣金）10,000元确认为一项资产，A公司根据新收入准则将该资产在7年内摊销（因为该资产涉及5年合同期内向客户转让的服务，且A公司预期该合同随后将续约两次，每次1年），并按照收入确认模式一致的方式直线法进行摊销。

履行合同的成本的摊销

数据中心的设计、迁移和测试成本，根据新收入准则进行评估，以确定可否将履行合同的成本确认为一项资产。所确认的资产将在A公司预期提供与数据中心相关服务的7年期间内，即5年合同期加上预期续约两次，每次1年，并按照收入确认模式一致的方式直线法进行摊销。

情形二：

取得合同的增量成本的摊销

根据新收入准则，A公司将取得合同的增量成本（销售佣金）10,000元确认为一项资产，因为A公司预期将通过未来提供服务收取的费用收回这一成本。A公司根据新收入准则，在2×18年12月31日，该资产按照20%即确认收入模式一致的系统化基础进行摊销。

履行合同的成本的摊销

数据中心的设计、迁移和测试成本，根据新收入准则评估，该履行合同的成本应确认为一项资产。所确认的资产，在2×18年12月31日，该资产按照20%即确认收入模式一致的系统化基础进行摊销。

二、减值

如果与合同成本有关的资产的账面金额超过下述金额，则企业应当在损益中确认一项减值损失：

（1）企业因交付与该资产相关的商品或服务而预计收取的剩余对价金额；减去

（2）与提供此类商品或服务直接相关且未确认为费用（将要发生）的成本［IFRS15 para101，CAS 14（2017）第三十条］。

在确定企业预计收取的对价金额时，企业应当使用确定交易价格的原则（关于可变对价估计限制的要求除外），并调整该金额以反映客户信用风险的影响［IFRS15 para102］。

如果导致发生减值的状况不再存在或已得到改善，企业应将之前确认的部分或全部减值损失予以转回并计入损益。转回后资产账面价值不应超过之前若未确认减值损失本应确认的（扣除摊销后的）金额［IFRS15 para104，CAS 14（2017）第三十条］。

在确定与合同成本的有关资产的减值损失之前，企业应当首先确认根据其他准则（例如，存货准则、固定资产准则、无形资产准则）确认的合同相关资产的减值损失；然后，按照新收入准则的要求确定与合同成本有关的资产的减值损失。企业按照《企业会计准则第 8 号——资产减值》测试相关资产组的减值情况时，应当将按照上述要求确定上述资产减值后的新账面价值计入相关资产组的账面价值［IFRS15 para103，CAS 14（2017）第三十一条］。

未使用相关其他准则规定（例如，存货准则或资产减值准则）中现行的减值测试方法，来测试因履行合同成本形成的已确认资产的减值，是因为企业应仅考虑客户合同的经济利益，减值测试应基于比较该资产的账面金额、与为换取涉及该资产的商品或服务而承诺支付的对价的剩余金额减去提供此类商品或服务的剩余成本后的余额。在执行减值测试时，企业应考虑可能因不确定性过大而无法纳入收入确认的未来现金流量（可变对价估计的限制）。取得合同和履行合同成本的减值的计量和确认目标不同于收入计量的目标。减值目标是确定因取得合同和履行合同的成本形成的资产账面金额是否可以收回。因此，这一计量目标与准则中的其他减值方法（包括评估客户信用风险以及预计可变对价金额是否能够收到）是一致的［IFRS15 BC310］。

案例 8－7：取得合同增量成本的资本化和摊销

新收入准则要求，如果企业预期能够收回成本，则应将获取客户合同的增量成本（比如销售佣金）确认为一项资产。部分利益相关方反映，对于获取合同增量成本作为一项资产确认和计量，以及估计摊销的期间，可能存在不同理解。TRG 成员在 2015 年 1 月 26 日的会议中曾讨论了获取合同增量成本相关的问题。在 2016 年 11 月的会议中，TRG 成员讨论了以下两个问题：

（1）问题 1：获取合同的哪些成本属于增量成本？

（2）问题 2：企业如何确定获取合同增量成本确认为一项资产时的摊销期限？

新收入准则要求，如果企业预计将收回取得与客户之间的合同的增量成本，则企业应将这些成本确认为一项资产。增量成本定义为，企业为取得与客户之间的合同而发生的、若未取得合同则不会发生的成本。利益相关方对于在识别可资本化的成本时，如何理解增量项目的范围存在疑问。

对于问题 1，TRG 成员普遍赞同职员对识别可资本化增量成本的意见。职员解释增量成本定义的方法之一，是评价如果客户（或企业）决定不签订合同，则作为签订合同一方，是否还会发生该部分成本。如果即使合同不再执行，该成本也会发生，则该成本不属于获取合同的增量成本。因此，职员认为，员工在公司中的头衔或级别并不是确定一项销售佣金是否属于增量成本时应考虑的因素。

TRG 成员指出，新收入准则可资本化的成本范围，相较于现行实务可能更广。TRG 的讨论指出，在确定是否以及何时确认一项成本相关的负债，可能需要参考新收入准则之外的现行相关指引。

对于问题 2，TRG 成员赞同，该资产应当采用系统的方法摊销，该摊销方法应与向客户转让该资产相关的商品或服务一致［IFRS15 para99，CAS 14（2017）第二十九条］。TRG 成员注意到，摊销期间需要估计，并根据具体事实和情况，考虑初始合同条款及客户合同平均存续期。TRG 成员赞同，在识别资产相关商品或服务，进而估计适当的摊销期间时，通常需要必要的判断。这些考虑因素通常与其准则中估计摊销期间的考虑一致，比如估计无形资产或其他长期资产的摊销期间。

《TRG Agenda ref No. 57》归纳了企业在估计摊销期间时需要考虑的部分因素：

（1）识别该费用相关的合同。企业需要确定，与商品或服务相关的资本化增量费用（如销售佣金），是仅作为初始合同的一部分转移，还是作为特定预期合同一部分的相关商品或服务而转移。这需要判断。例如，如果企业支付的佣金仅基于初始合同，预期该合同将不会续期（基于其过去的经验或其他相关信息），则将该资产在初始合同期内摊销是适当的方法。但是，如果企业过去的经验表明，该合同很可能续期，则如果该资产与在合同续期期间提供的商品或服务相关，其摊销期限应长于初始合同期。

（2）确定针对续期合同的佣金是否与针对初始合同的佣金相称。如果企业确定，续期佣金与初始佣金相称，则取得合同的增量成本相关资产应在初始合同期内摊销。相反，如果企业确定，续期佣金与初始佣金不相称，则企业需要评价该资产相关的期间，此时很可能包括特定预期合同期。

（3）评估确定适当摊销期间的具体事实和情况。如果企业确定，续期合同佣金与初始合同佣金不相称（或者不存在续期合同佣金），则摊销期间可能超过初始合同期。并且，如果该期间超过一年，也不能适用摊销的实务简化操作。

职员指出，评价续期佣金是否与初始佣金相称，仅以对获取合同的影响水平为基础是不适当的。

第九章　列报与披露

第一节　列　　报

一、合同资产与合同负债

如果合同其中一方已履约，企业应当根据企业履约与客户付款之间的关系在财务状况表中将该合同作为合同资产或合同负债列报。企业应当将拥有的、无条件（仅取决于时间流逝）向客户获得对价的权利作为应收账款单独列报［IFRS15 para105，CAS 14（2017）第四十一条］。

合同资产是指企业因向客户转让商品或服务而获得对价的权利。如果企业在客户支付对价或付款到期前已通过向客户转让商品或服务而履约，则企业应当将该合同列报为合同资产（取决于时间流逝之外的其他因素，不包括作为应收账款列报的金额）。如企业向客户销售两项可明确区分的商品，企业因已交付其中一项商品而有权收取款项，但收取该款项还取决于企业交付另一项商品的，企业应当将该收款权利作为合同资产。企业应当按照《企业会计准则第 22 号——金融工具确认和计量》评估合同资产的减值，该减值的计量、列报和披露应当按照《企业会计准则第 22 号——金融工具确认和计量》和《企业会计准则第 37 号——金融工具列报》的规定进行会计处理［IFRS15 para107，CAS 14（2017）第四十一条］。

应收账款是企业获得对价的无条件权利，仅当对价支付前所需的时间流逝到期时，获得对价的权利才是无条件的。例如，如果企业拥有获得付款的当前权利，即使该金额在未来可能会返还，企业仍应当确认一项应收账款。企业应当根据《企业会计准则第22号——金融工具确认和计量》对应收账款进行会计处理［IFRS15 para108］。

合同负债是指企业就其已向客户收取的对价（或应收对价金额）而向客户转让商品或服务的义务。如果客户支付了对价或企业获得对价金额的权利是无条件的（是一项应收款），在企业向客户转让商品或服务之前，企业应当在对方付款或付款到期时（以两者中的较早者为准）将合同列报为合同负债［IFRS15 para106，CAS 14（2017）第四十一条］。

某些情况下，即使企业可能需要在未来返还部分或全部对价，（例如，企业在附有销售退回条款的合同下收取的合同对价），企业仍然拥有无条件收取合同对价的权利，未来返还合同对价的潜在义务并不会影响企业收取对价总额的现时权利，因此，企业仍应当确认一项应收款项，同时将预计未来需要返还的部分确认为一项负债［IFRS15 paraBC326］。

同一份合同中的剩余权利和履约义务应按净额进行会计处理及列报，作为合同资产或者合同负债。客户合同中的权利和义务相辅相成——向客户收取对价的权利取决于企业的履约；类似地，仅当客户继续支付时企业才会履约。在财务状况表中按净额对剩余权利和义务进行会计处理及列报最能反映该相辅相成的关系［IFRS15 paraBC317］。但是，不同合同下的合同资产和合同负债不能互相抵销。

案例9－1：合同资产和合同负债

案例背景

2×18年1月1日，A公司与客户签订合同，以每件产品150元的价格向其销售产品；如果客户在2×18年全年的采购量超过100万件，该产品的销售价格将追溯下调至每件125元。该产品的控制权在交付时转移给客户。在合同开始日，A公司估计该客户全年的采购量能够超过100万件。2×18年1月31日，A公司交付了第一批产品共10万件。上述价格均不包含增值税，且假定不考虑相关税费影响。

案例分析

本例中，A公司将产品交付给客户时取得了无条件的收款权，即A公司有权按照每件产品150元的价格向客户收取款项，直到客户的采购量达到100万件为止。由于A公司估计客户的采购量能够达到100万件，因此，根据将可变对价计入交易价格的限制要求，A公司确定每件产品的交易价格为125元。2×18年1月31日，A公司交付产品时的账务处理为：

借：应收账款　　15,000,000

　贷：主营业务收入　　12,500,000

　　预计负债——应付退货款　　2,500,000

二、合同资产与应收账款的关系

如果企业在客户通过支付对价履约之前，先通过履行履约义务进行履约，则企业拥有一项合同资产——因向客户转让商品或服务而有权向客户收取对价的权利［IFRS15 paraBC322］。

合同资产和应收款项都是企业拥有的有权收取对价的合同权利。在许多情况下，应收账款是获得对价的无条件权利，只需等待对价到期支付前所需的时间结束，即仅仅随着时间的流逝即可收款。但是在其他情况下，企业已履行履约义务但并未获得对价的无条件权利（例如，因其必须首先履行合同中的另一项履约义务），应确认一项合同资产。区分合同资产与应收账款十分重要，以期为财务报表使用者提供关于与企业合同权利相关的风险的信息。因此，与合同资产和应收款项相关的风险是不同的，应收款项仅承担信用风险，而合同资产除信用风险之外，还可能承担其他风险，如履约风险等［IFRS15 paraBC323］。

企业一旦拥有获得对价的无条件权利，应将该权利作为一项应收账款，与合同资产分开列示，并按照其他准则（例如，金融工具准则）对其进行会计处理。除收入确认外，新收入准则无需包括对应收账款的会计处理［IFRS15 paraBC324］。

在许多情况下，当企业已履行履约义务并向客户开具发票时，将产生获得对价的无条件权利。例如，在企业向客户转让商品或服务时，通常针对这些商品或服务的支付到期并开具相应发票。但是，企业向客户开具发票要求付款的行为并不能表明企业拥有获得对价的无条件权利。例如，如果仅当对价支付前所需等待的时间结束后便可收取对价，则企业可能在开具发票前便拥有获得对价的无条件权利（未开具账单的应收账款）。在其他情况下，企业可能在履行履约义务之前便拥有获得对价的无条件权利。例如，企业可能订立一份不可撤销的合同，要求客户在企业提供商品或服务前的1个月支付相关对价。在这种情况下，企业在支付到期日拥有获得对价的无条件权利（但是在这种情况下，企业仅在已转让商品或服务之后才能确认收入）[IFRS15 paraBC325]。

案例9－2：合同资产和应收账款

案例背景

2×18年3月1日，A公司与客户签订合同，向其销售A、B两项商品，合同价款为2,000元。合同约定，A商品于合同开始日交付，B商品在一个月之后交付，只有当A、B两项商品全部交付之后，A公司才有权收取2,000元的合同对价。假定A商品和B商品构成两项履约义务，其控制权在交付时转移给客户，分摊至A商品和B商品的交易价格分别为400元和1,600元。上述价格均不包含增值税，且假定不考虑相关税费影响。

案例分析

本例中，A公司将A商品交付给客户之后，与该商品相关的履约义务已经履行，但是需要等到后续交付B商品时，A公司才具有无条件收取合同对价的权利，因此，A公司应当将因交付A商品而有权收取的对价400元确认为合同资产，而不是应收账款。在交付B商品的时点将合同资产转入应收账款。相应的账务处理如下：

（1）交付A商品时：

借：合同资产	400	
贷：主营业务收入		400

（2）交付B商品时：

借：应收账款	2,000	
贷：合同资产		400
主营业务收入		1,600

三、某一时间段内履行履约义务的核算

企业可以设置“合同结算”科目（或其他类似科目），以核算同一合同下属于在某一时段内履行履约义务涉及与客户结算对价的合同资产或合同负债，并在此科目下设置“合同结算——价款结算”科目反映定期与客户进行结算的金额，设置“合同结算——收入结转”科目反映按履约进度结转的收入金额。资产负债表日，“合同结算”科目的期末余额在借方的，根据其流动性，在资

产负债表中分别列示为“合同资产”或“其他非流动资产”项目；期末余额在贷方的，根据其流动性，在资产负债表中分别列示为“合同负债”或“其他非流动负债”项目。

原建造合同准则下，存货中的工程施工余额中包含了合同毛利，不符合存货按照历史成本计量的计量基础，资产负债表日，按照工程施工与工程结算的差额，借方余额列示在“存货——未结算工程”，贷方余额列示在“预收账款”。新收入准则中，合同履约成本中不包含因履行合同而产生的毛利，资产负债表日，合同结算借方余额表明已经履行履约义务但尚未结算的合同权利，确认为“合同资产”；合同结算贷方余额表明已经与客户结算但尚未履行履约义务，确认为“合同负债”。

案例 9-3：EPC 总承包业务收入会计处理（新旧准则对比）

案例背景

A 公司（乙方）是一家建筑工程公司，2017 年 1 月 1 日与 B 公司（甲方）签订了 EPC 工程总承包合同，为 B 公司承建小型发电厂。

1. 合同主要条款

（1）工程总造价 5 亿元，其中设计费 5,000 万元，设备款 2.5 亿元，工程建设款 2 元。预计工程期限 2 年。

（2）按照第三方监理公司确认的工程完工量，每半年结算一次。

2. 合同预计总成本 4 亿元，其中设计费 5,000 万元，设备成本 2 亿元，工程施工成本 1.5 亿元。

3. 项目实际实施情况

（1）2017 年 6 月 30 日，工程累计发生成本 1.2 亿元，其中设计费 5,000 万元，建设施工成本 7,000 万元。A 公司与 B 公司第一次结算价款 1.4 亿元，实际收到款项 1.2 亿元。

（2）2017 年 12 月 31 日，工程累计发生成本 3.4 亿元，新增的 2.2 亿元成本中，建设施工成本 5,000 万元，设备成本 1.7 亿元，设备已经运到项目现场客户已经验收，但尚未进行安装调试。A 公司与 B 公司第二次结算价款 2.6 亿元，实际收到款项 2.2 亿元。

（3）2018 年 6 月 30 日，工程累计实际发生成本 4 亿元，新增的 6,000 万元成本中，建设施工成本 3,000 万元，设备成本 3,000 万元。A 公司与 B 公司最后一次结算价款 1 亿元，实际收到 1.6 亿元。

4. A 公司采用完工百分比确认收入（已经累计发生成本占预计总成本的比例）。

案例分析

1. 2017 年 6 月 30 日，工程累计发生成本 1.2 亿元，其中设计费 5,000 万元，建设施工成本 7,000 万元。A 公司与 B 公司第一次结算价款 1.4 亿元，实际收到款项 1.2 亿元。

完工进度（履约进度）= 12,000/40,000 = 30%

合同收入 = 50,000 × 30% = 15,000（万元）

（1）原建造合同准则收入会计处理

借：工程施工——合同成本　　12,000

　　贷：银行存款、应付职工薪酬等科目　　12,000

借：主营业务成本　　12,000

　　工程施工——合同毛利　　3,000

　　贷：主营业务收入　　15,000

借：应收账款　　14,000

　　贷：工程结算　　14,000

借：银行存款　　12,000

　　贷：应收账款　　12,000

2017 年 6 月 30 日，工程结算贷方余额 14,000 万元，工程施工借方余额 15,000 万元，工程结算与工程施工的差异为借方余额 1,000 万元，应在资产负债表作为“存货——未结算工程”列示。

（2）新收入准则会计处理

A 公司签订的 EPC 合同系设计、设备、施工的各项承诺的组合构成一个单项履约义务，具体处理如下：

借：合同履约成本　　12,000

　　贷：银行存款、应付职工薪酬等　　12,000

借：合同结算——收入结转　　15,000

　　贷：主营业务收入　　15,000

借：主营业务成本　　12,000

　　贷：合同履约成本　　12,000

借：应收账款　　14,000

　　贷：合同结算——价款结算　　14,000

借：银行存款　　12,000

贷：应收账款　　12,000

2017年6月30日，合同结算借方余额1,000万元，表明A公司已经履行履约义务但尚未结算的合同权利，应在资产负债表中作为“合同资产”列示。

2. 2017年12月31日，工程累计发生成本3.4亿元，新增的2.2亿元成本中，建设施工成本5,000万元，设备成本1.7亿元，设备已经运到项目现场客户已经验收，但尚未进行安装调试。A公司与B公司第二次结算价款2.6亿元，实际收到款项2.2亿元。

(1) 原建造合同准则收入会计处理

已经运到项目施工现场经未安装的设备，不能作为累计已经发生的成本计算工程进度。

完工进度＝(12,000＋5,000)/40,000＝42.5%

合同收入＝50,000×42.5%－1,5000＝6,250（万元）

合同成本不包含未安装的设备采购成本

借：工程施工——合同成本　　22,000

贷：银行存款、应付职工薪酬等　　22,000

借：主营业务成本　　5,000

工程施工——合同毛利　　1,250

贷：主营业务收入　　6,250

借：应收账款　　26,000

贷：工程结算　　26,000

借：银行存款　　22,000

贷：应收账款　　22,000

2017年12月31日，工程结算贷方余额40,000万元，工程施工借方余额38,250万元，工程结算与工程施工的差异为贷方余额1,750万元，应在资产负债表作为“预收账款”列示。

(2) 新收入准则会计处理

已经运到项目施工现场经未安装的设备，不能作为累计已经发生的成本计算工程进度，但是应当按照采购成本确认转让设备产生的收入。

履约进度＝(12,000＋5,000)/(40,000－17,000)＝73.91%

合同收入＝(50,000－17,000)×73.91%＋17,000－15,000＝26,390（万元）

借：合同履约成本　　22,000

贷：银行存款、应付职工薪酬等　　22,000

借：合同结算——收入结转　　26,390
　　贷：主营业务收入　　26,390
借：主营业务成本　　22,000
　　贷：合同履约成本　　22,000
借：应收账款　　26,000
　　贷：合同结算——价款结算　　26,000
借：银行存款　　22,000
　　贷：应收账款　　22,000

2017 年 6 月 30 日，合同结算借方余额 1,390 万元，表明 A 公司已经履行履约义务但尚未结算的合同权利，应在资产负债表中作为“合同资产”列示。

3. 2018 年 6 月 30 日工程完工，工程累计实际发生成本 4 亿元，新增的 6,000 万元成本，建设施工成本 3,000 万元，设备成本 3,000 万元。A 公司与 B 公司最后一次结算价款 1 亿元，实际收到 1.6 亿元。

（1）原建造合同准则收入会计处理

完工进度 = 100%

合同收入 = 50,000 × 100% − 15,000 − 6,250 = 28,750（万元）

合同成本 = 6,000 + 17,000 = 23,000 万元（含上期未安装的设备本期确认的成本）

借：工程施工——合同成本　　6,000
　　贷：银行存款、应付职工薪酬等　　6,000
借：主营业务成本　　23,000
　　工程施工——合同毛利　　5,750
　　贷：主营业务收入　　28,750
借：应收账款　　10,000
　　贷：工程结算　　10,000
借：银行存款　　16,000
　　贷：应收账款　　16,000
借：工程结算　　50,000
　　贷：工程施工——合同成本　　40,000
　　　　　　　　——合同毛利　　10,000

2018 年 6 月 30 日，工程施工、工程结算的科目余额为零。

（2）新收入准则会计处理

履约进度 = 100%

合同收入 =50,000 - 15,000 - 26,390 =8,610（万元）

借：合同履约成本　6,000

　　贷：银行存款、应付职工薪酬等　6,000

借：合同结算——收入结转　8,610

　　贷：主营业务收入　8,610

借：主营业务成本　6,000

　　贷：合同履约成本　6,000

借：应收账款　10,000

　　贷：合同结算——价款结算　10,000

借：银行存款　16,000

　　贷：应收账款　16,000

2018 年 6 月 30 日，合同结算的科目余额为零。

上述 EPC 总承包合同业务收入新旧准则下对报表科目的差异对比（表 9 -1）：

表 9 -1　**新旧准则报表科目差异对比**　单位：元

报表项目	2017 年 6 月 30 日		2017 年 12 月 31 日		2018 年 6 月 30 日	
	原建造合同准则	新收入准则	原建造合同准则	新收入准则	原建造合同准则	新收入准则
营业收入	15,000	15,000	6,250	26,390	28,750	8,610
营业成本	12,000	12,000	5,000	23,000	23,000	6,000
存货	1,000					
合同资产		1,000		1,390		
预收账款			1,750			

通过对比分析，（1）显著影响：第二阶段中对完工进度的调整事项，新收入准则下较原建造合同准则会提前确认未安装但控制已经转移到客户的设备的收入和成本，具体收入确认详见一段时间内履行履约义务参见本书第七章第二节。（2）报表科目列报，原建造合同准则下，期末根据已经履行的合同成本及合同毛利与合同结算价款（工程施工与工程结算差额）借贷方余额分别列示"存货"、"预收账款"；新收入准则下，根据已经履行履约义务的收入与合同结算价款差额（合同结算）的借贷方余额分别列示"合同资产""合同负债"。在对完工进度无需调整的情况下，如第一阶段中，新旧准则下采用投入法确认收入，期末对资产负债的影响是一致的，只是分别列示在"存货"和"合同资产"不同的报表科目。原建造合同准则下，合同毛利列示在"存货"中，不符

合存货按照历史成本计量的计量基础，难以理解。新收入准则下，将已经履行履约义务（向客户转让的服务）尚未结算的合同权利（获得对价的权利）确认“合同资产”更加明确且易于理解。

四、合同履约成本与合同取得成本

根据新收入准则规定确认为资产的合同履约成本，初始确认时摊销期限不超过1年或1个正常营业周期的，在资产负债表中计入“存货”项目；初始确认时摊销期限在1年或1个正常营业周期以上的，在资产负债表中计入“其他非流动资产”项目。

根据新收入准则规定确认为资产的合同取得成本，初始确认时摊销期限不超过1年或1个正常营业周期的在资产负债表中计入“其他流动资产”项目；初始确认时摊销期限在1年或1个正常营业周期以上的，在资产负债表中计入“其他非流动资产”项目。

第二节　披　　露

披露要求旨在确保企业披露充分的信息，以使财务报表使用者能够了解客户合同收入及现金流量的性质、金额、时间和不确定性。为实现这一目标，企业应当在附注中披露与收入有关的下列各项的定性和定量信息：

（1）与客户之间的合同；

（2）对此类合同应用新收入准则时所作的重大判断和判断的变更；

（3）取得或履行与客户之间的合同的成本所确认的资产［IFRS15 para110，CAS 14（2017）第四十二条］。

一、客户合同

企业应当披露报告期间内的下列所有金额，除非这些金额已按照其他准则单独列报：（1）已确认的客户合同收入，该收入的披露应当与企业的其他收入来源区分开来；（2）已就企业的客户合同产生的任何应收账款或合同资产（按照金融工具准则）确认的减值损失，该减值损失的披露应当与源自其他合同的减值损失区分开来［IFRS15 para113；CAS 14（2017）第四十二条］。

（一）收入的分解

企业应当将已确认的客户合同收入按不同类别进行分解，这些类别应反映经济因素如何影响收入及现金流量的性质、金额、时间和不确定性。在选择用以分解收入的类别时，主要类别包括但不限于：商品类型、经营地区、市场或客户类型、合同类型、商品转让的时间、合同期限、销售渠道等［IFRS15 para114；CAS 14（2017）第四十二条］。

此外，如果企业适用分部经营，企业应当披露足够信息，使得财务报告使用者能够了解披露的收入分解信息与就每一报告分部所披露的收入信息之间的关系［IFRS15 para115；CAS 14（2017）第四十二条］。

报表中确认的收入是多项客户合同所产生的合成金额。这是因为收入可源自不同商品或服务的转让及源自涉及不同类型客户或市场的合同。财务报表使用者指出，了解这些区别对于其分析至关重要。据此，要求企业提供分解后的收入信息，以协助财务报表使用者了解在当期确认的客户合同产生的收入的组成［IFRS15 paraBC335］。

在制定披露分解后的收入的有关要求时，发现某些原收入确认要求规定按重要的收入类别分解收入，包括源自商品或服务的收入。然而，由于最有用的收入分解取决于各种企业特定或行业特定因素，收入准则不应具体规定特定的因素作为分解客户合同产生的收入的基础。相反，在收入准则中明确提供分解后信息的目标，将为财务报表使用者提供最有用的信息，因为这使企业能够将收入分解为对其业务而言有意义的类别。此外，明确目标使得分解既不会过于笼统也不会过于详细［IFRS15 paraBC336］。

新收入准则要求企业说明所要求的分解后收入信息与经营分部所要求的分部信息之间的关系。是因为财务报表使用者指出，了解收入的构成以及收入如何与分部披露中提供的其他信息（例如已售商品成本、费用和所使用的资产）相联系对于其分析至关重要［IFRS15 paraBC338］。

尽管与分部报告具有某些相似之处，新收入准则要求针对客户合同产生的收入提供分解后的收入信息，因为企业（例如，并非在公开证券交易所上市的企业）被豁免提供分部披露。根据经营分部准则提供分部信息的目标不同于收入准则所述的收入分解披露的目标，因此，分部收入披露可能并非总是能够为财务报表使用者提供充分信息以协助其了解当期确认的收入的构成。然而，在收入准则中澄清，如果根据经营分部准则提供的收入信息满足收入准则所述的要求，且这些收入披露是以收入准则的确认和计量要求为基础的，则企业无需提供分解后的收入披露［IFRS15 paraBC340］。

（二）合同余额

企业应当披露下列各项内容：

（1）与客户之间的合同产生的应收账款、合同资产和合同负债的期初余额与期末余额（若尚未单独列报或披露）；

（2）在报告期内确认的包括在期初合同负债余额中的收入；

（3）在报告期内确认的源自前期已履行（或部分履行）的履约义务的收入（例如，交易价格的变动）［IFRS15 para116，CAS 14（2017）第四十二条］。

企业应当说明其履行履约义务的时间与通常的付款时间之间的关联，以及此类因素对合同资产和合同负债余额的影响，该说明可使用定性信息［IFRS15 para117，CAS 14（2017）第四十二条］。

企业应当说明合同资产和合同负债余额在报告期内发生的重大变动。该说明应包括定性和定量信息。合同资产和合同负债余额变动的例子包括下列任一项：

（1）因企业合并而发生的变动；

（2）影响相应合同资产或合同有负债的对收入的累计追加调整，包括因履约进度计量结果的变化、交易价格估计值的变动（包括关于可变对价估计是否受到限制的评估结果的任何变更）或合同的修订所导致的调整；

（3）合同资产的减值；

（4）取得对价的权利成为无条件权利（即导致合同资产重分类为应收款）的时间安排变动；

（5）履行履约义务（即确认与合同负债相关的收入）的时间安排变动［IFRS15 para118，CAS 14（2017）第四十二条］。

新收入准则不要求以表格形式对总合同余额进行调节，而是要求企业披露关于企业合同余额的定性和定量信息。这一方法平衡了财务报表使用者的需求与编制者的顾虑，因为定性和定量披露能够为财务报表使用者提供其所需的信息（即关于合同资产通常何时转入应收账款或以现金方式收回，以及合同负债何时确认为收入的信息）。此外，这些披露将比调节表更具成本效益。这一方法不会导致许多已披露类似信息的企业作出重大变更。例如，部分从事长期建造的企业已披露与合同资产和合同负债相类似的余额（通常称为“应收客户款项”或“未开具账单的应收账款”及“应付客户款项”或“递延收入”）的相关信息［IFRS15 BC346］。

新收入准则要求企业披露与分摊至前期已履行（或部分履行）的履约义务的金额相关的、在本期确认的收入金额（例如由于交易价格或与所确认收入相关的限制的估计发生变动）。披露此类金额将提供有关并非源自当期履约的收入确认的时间的信息，从而提供了关于当期经营成果和未来收入预测的有用信息。此外，这些信息并未在财务报表的其他地方提供。与一般重要性要求相一致，如果有关金额并不重要，则无需提供这一披露［IFRS15 BC347］。

（三）履约义务

企业应当披露关于其在与客户之间的合同中的履约义务的信息，包括下列各项：

（1）通常于何时履行其履约义务（例如，在发货时、交货时、在提供服务过程中或在服务完成时），包括在“开出账单但代管商品”安排中履约义务何时得到履行；

（2）重大付款条款（例如，付款通常何时到期、合同是否包含重大融资成分、对价金额是否为可变金额、及对可变对价的估计是否受到限制）；

（3）承诺转让的商品或服务的性质，着重强调为另一方安排转让商品或服务的任一履约义务（是否担任代理人）；

（4）退货、退款的义务及其他类似义务；

（5）质保的类型及相关义务［IFRS15 para119；CAS 14（2017）第四十二条］。

（四）分摊至剩余履约义务的交易价格

企业应当披露关于其剩余履约义务的下列信息：

（1）在报告期末分摊至未履行（或部分未履行的）剩余履约义务的总交易价格；

（2）关于企业预计按照上述的要求所披露的金额将何时确认为收入的说明，应以下列两种方式之一提供这一披露：①使用最适合于反映剩余履约义务存续期的时间段提供定量信息；或者②使用定性信息［IFRS15 para120；CAS 14（2017）第四十二条］。

为便于实务操作，若符合下列两个条件之一，则企业无需披露所要求的关于履约义务的信息：

（1）该履约义务是初始预计存续期为一年或更短的合同的一部分；

（2）企业有权从客户获得的对价金额与累计至今已完成的履约行为对于客户的价值直接相对应（例如，提供的每小时服务收取定金额的服务合同），则可按有权开具的账单金额（或发票金额）确认收入［IFRS15 para121；CAS 14AG（2018）］。

企业应当提供定性信息以说明其是否采用了上述的便于实务操作的方法，以及是否有任何与客户之间的合同的对价未纳入交易价格，从而未纳入对于分摊至剩余履约义务的交易价格所需披露的信息之中。例如，交易价格的估计值不包括受限制的可变对价的估计金额［IFRS15 para122；CAS 14AG（2018）］。

二、应用新收入准则时所做的重大判断

企业应当披露在应用新收入准则时所做的显著影响其确定客户合同收入的金额和时间的判断和此类判断的变更。特别是，应当说明在确定下列两项时所运用的判断和判断的变更：

（1）履行履约义务的时间；

（2）交易价格及分摊至履约义务的金额［IFRS15 para123；CAS 14（2017）第四十二条］。

（一）确定履行履约义务的时间

对于企业在一段时间内履行的履约义务，企业应当披露下列两项：

（1）用于确认收入的方法（例如，所采用的履约进度的方法，产出法或投入法及如何运用该方法）；

（2）关于所采用的方法为何能够如实反映转让商品或服务的说明［IFRS15 para124，CAS 14（2017）第四十二条］。

对于在某一时点履行的履约义务，企业应当披露在评价客户何时取得对承诺商品或服务的控制时所运用的重大判断［IFRS15 para125；CAS 14（2017）第四十二条］。

（二）确定交易价格及分摊至履约义务的金额

企业应当披露关于对下列各项所采用的方法、输入值和假设的信息：

（1）确定交易价格，包括但不限于估计可变对价、就货币的时间价值影响调整对价及计量非现金对价；

（2）评估可变对价的估计是否受到限制；

（3）分摊交易价格，包括估计承诺商品或服务的单独售价及将折扣和可变对价分摊至合同的特定部分（如适用）；

（4）计量退货、退款的义务及其他类似义务［IFRS15 para126，CAS 14（2017）第四十二条］。

三、取得或履行客户合同成本所确认的资产

企业应当披露下列两项：

（1）在确定为取得或履行与客户之间的合同而发生的成本金额时所运用的判断；

（2）用于确定每一报告期间摊销额的方法［IFRS15 para127；CAS 14（2017）第四十二条］。

企业应当披露下列各项内容：

（1）按资产的主要类别（例如，取得与客户之间的合同的成本、合同订立前成本及准备活动成本）披露就取得或履行与客户之间的合同的成本所确认的资产的期末余额；

（2）报告期内已确认的摊销及任何减值损失的金额［IFRS15 para128，CAS 14（2017）第四十二条］。

四、简化处理

根据新收入准则规定因预计客户取得商品或服务控制权与客户支付价款间隔未超过 1 年而未考虑合同中存在的重大融资成分，或者根据新收入准则规定因合同取得成本的摊销期限未超过 1 年而将其在发生时计入当期损益的便于实务操作的方法，企业应当披露这一事实［IFRS15 para129；CAS 14（2017）第四十二条］。

第十章　A + H 股执行新收入准则影响分析

财政部发布《企业会计准则第 14 号》（2017 年修订）规定境内外同时上市的企业以及在境外上市并采用国际财务报告准则或企业会计准则编制财务报表的企业自 2018 年 1 月 1 日起执行新准则。截至 2018 年 12 月 31 日，沪深证券交易所共有 A + H 股上市公司 116 家（数据来源：wind），涉及制造业、金融业、交通运输、仓储和邮政业、采矿业、建筑业、电力、热力、燃气及水生产和供应业、房地产业等 12 个行业。

本书以上述 116 家上市公司为样本，通过对其年报的统计和分析，探讨新收入准则的执行对其 2018 年年度财务报表的影响。在 116 家上市公司样本中，制造业 44 家，占 37.93%，金融业 29 家，占比 25%，交通运输、仓储和邮政业 15 家，占比 12.93%，三大行业合计占比 75.86%，剩余其他行业占比 24.14%，具体情况如图 10 - 1：

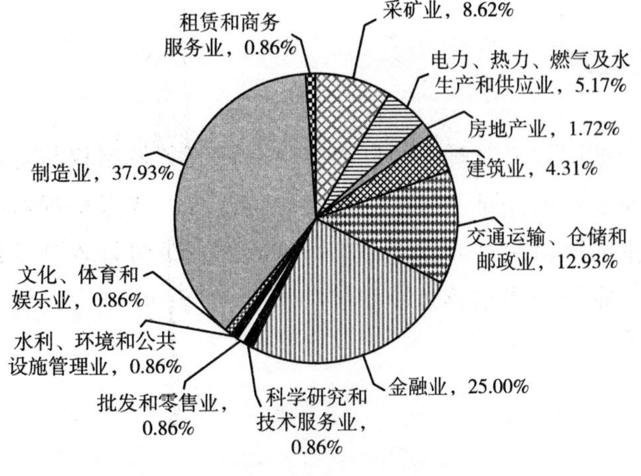

图 10 - 1　行业分布

一、新收入准则总体影响分析

(一) 收入成本

整体上，从2018年度年报披露信息来看，新收入准则的执行对116家样本公司损益（包括营业收入、营业成本、财务费用、销售费用）的影响较少，仅为21家，占比18.10%。其中，制造业8家，占行业比为18%；交通运输、仓储和邮政业7家，占行业比为47%；采矿业2家，占行业比为20%；对金融业及其他等服务行业没有影响。具体情况如图10-2：

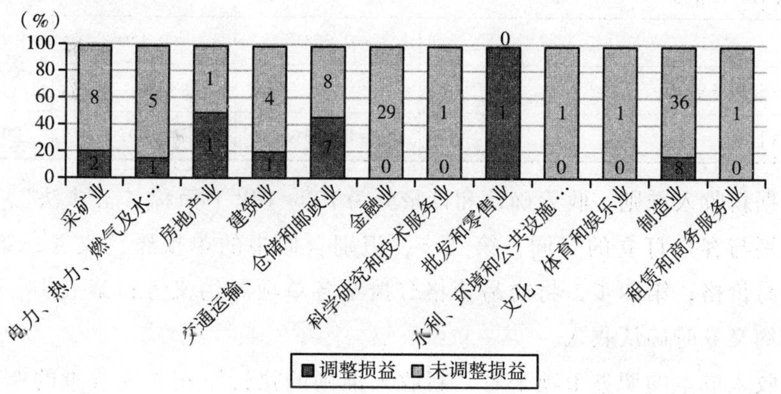

图10-2　损益影响行业分布

从行业来看，新收入准则对各行业的收入、成本及净利润总体影响也很小。其中，营业收入影响比例-0.013%，营业成本影响比例0.005%，净利润影响比例0.028%。进一步发现，收入影响较大的行业依次为房地产行业、交通运输、仓储和邮政业以及制造业，成本影响较大的行业依次为房地产行业、制造业和采矿业，净利润影响较大的行业依次为交通运输、仓储和邮政业、电力、热力、燃气及水生产和供应业、建筑业。具体影响情况如表10-1：

表10-1　　收入、成本影响行业分布

所属行业	营业收入影响	营业成本影响	净利润影响
采矿业	-0.033%	-0.035%	0.2%
电力、热力、燃气及水生产和供应业	0.028%	0.011%	0.353%

续表

所属行业	营业收入影响	营业成本影响	净利润影响
房地产业	-0.239%	-0.257%	0.2%
建筑业	0.9%	0.5%	0.288%
交通运输、仓储和邮政业	0.210%	-0.017%	0.917%
金融业			
科学研究和技术服务业			
批发和零售业	-0.047%		
水利、环境和公共设施管理业			
文化、体育和娱乐业			
制造业	-0.058%	0.156%	-0.041%
租赁和商务服务业			
合计汇总	-0.013%	0.005%	0.028%

根据新收入准则，收入确认和计量分为五步（以下简称“五步法”）：第一步，识别与客户订立的合同；第二步，识别合同中的单项履约义务；第三步，确定交易价格；第四步，将交易价格分摊至各单项履约义务；第五步，履行各单项履约义务时确认收入。

从收入成本的调整事项来看，新收入准则的执行影响收入成本的调整事项主要包括识别单项履约义务、应付客户对价、重大融资成分、按时点或按时间段确认收入等。从上述21家影响损益的上市公司中，本书选取10个典型的A+H股上市公司年报，根据年报披露的执行新收入准则会计政策变更而产生较大影响内容分别列示至五步法中，分析涉及的具体准则规定内容，具体如表10-2：

通过统计分析发现，新收入准则“五步法”对上市公司产生较大影响的主要涉及第二步识别履约义务，第三步确定交易价格，第五步是按时点或按时间段确认收入。以下将分别予以详细讲解：

第二步识别合同中各单项履约义务，是确认收入的前提。企业识别各单项履约后，在履行了各单项履约义务时确认收入。新准则规定企业应当将向客户转让商品的承诺作为单项履约义务：一是企业向客户转让可明确区分商品（或者商品的组合）的承诺；二是企业向客户转让一系列实质相同且转让模式相同的、可明确区分商品的承诺。有时合同中承诺的某项商品不可明确区分，企业

表 10－2 十家典型公司主要影响步骤

所属行业	公司	收入准则政策变更披露的具体内容	五步法					准则具体内容
			1 识别合同	2. 识别履约义务	3. 确定交易价格	4. 分摊交易价格	5. 确认收入	
制造业	002594. SZ 比亚迪	运输活动构成单项履约义务		✓				可明确区的商品或服务
	600660. SH 福耀玻璃	模具销售认定为非单项履约义务		✓				可明确区的商品或服务
	000063. SZ 中兴通讯	可明确区分的销售与安装分别确认；不可明确区分的销售与安装在验收时点确认		✓			✓	可明确区的商品或服务，在某一时点履约
	600875. SH 东方电气	部分销售商品属于某一时段内履约					✓	在一段时间内履约
	601390. SH 中国中车	支付给客户的供应商提名费作为应付客户对价			✓			应付客户对价
		模具销售及技术开发在客户取得相关商品及技术开发交付时点确认					✓	在某一时点履约
建筑业	601618. SH 中国中冶	部分勘察服务设计合同由完工百分比法变更为控制权转移时点确认收入					✓	在某一时点履约
采矿业	601898. SH 中煤能源	煤炭交易服务总额法改为净额法确认收入		✓				主要责任人和代理人

续表

所属行业	公司	收入准则政策变更披露的具体内容	五步法					准则具体内容
			1. 识别合同	2. 识别履约义务	3. 确定交易价格	4. 分摊交易价格	5. 确认收入	
电力、热力、燃气及水生产和供应业	600874. SH 创业环保	水管道接驳工程按照完工百分比确认收入					✓	在一段时间内履约
交通运输、仓储和邮政业	600548. SH 深高速	预售商品房的预收款存在重大融资成分			✓			重大融资成分
交通运输、仓储和邮政业	600115. SH 东方航空	改签手续费为合同变更，而非新合同	✓					合同变更
		常旅客奖励积分模式改为单独售价分配				✓		可变对价
		超期票证按预期确认					✓	客户未行使的权利

能够将该商品与合同中承诺的其他商品进行组合，直至该组合满足可明确区分的条件。某些情况下，合同中承诺的所有商品组合在一起构成单项履约义务。还存在两份或多份合同中所承诺的商品构成单项履约义务的情形。实务中常见的情形包括汽车制造商提供的免费保养服务、软件企业提供的系统集成服务、大型的工程承包服务、制造企业的销售和安装服务等是否单项履约义务的判断。通过上市公司年报披露分析可以看出，各公司根据所转让的商品或服务的履约模式重新识别各单项履约义务，例如，运输活动构成单项履约义务，可明确区分的销售与安装分别确认，不可明确区分的销售与安装在验收时点确认等，对上市公司的影响较大。

第三步确定交易价格，是确认收入计量的基础。在确定交易价格时，企业应当考虑可变对价、合同中存在的重大融资成分、非现金对价以及应付客户对价等因素的影响。通过对上市公司年报披露分析，实务中，交易价格中影响较大的因素包括重大融资成分、应付客户对价，例如，房地产销售预收款是否存在重大融资成分，支付给供应商或者第三方的提名费、优惠券等。

第五步按时点或按时间段确认收入，确定了收入的确认时点。企业应当在履行了合同中的履约义务，即客户取得相关商品或服务的控制权时确认收入。企业将商品或服务的控制权转移给客户，该转移可能在某一时段内（履行履约义务的过程中）发生，也可能在某一时点（履约义务完成时）发生。企业应当根据实际情况，首先应当按照新准则判断履约义务是否满足在某一时段内履行的条件，如不满足，则该履约义务属于在某一时点履行的履约义务。实务中，之前作为销售商品进行会计处理的某些交易，可能满足在一段时间内确认收入，同样，之前提供劳务或建造合同可能会满足在某一时点确认收入。例如，上市公司年报披露的不可明确区分的销售与安装在验收时点确认，部分销售商品属于某一时段内履约，模具销售及技术开发在客户取得相关商品及技术开发交付时点确认，部分勘察服务设计合同由完工百分比法变更为控制权转移时点确认收入等。

（二）销售费用

在116家样本公司中，10家公司调整了销售费用金额，主要源于增量成本资本化、应付客户对价、质保识别为单项履约义务等，销售费用调整金额占其净利润的比重为-4.97%。具体情况如表10-3：

表 10－3　　十家典型公司销售费用主要影响　　单位：元

所属行业	公司	销售费用影响金额	调整事项
房地产业	万科 A	－859, 449, 783. 63	未披露具体事项
建筑业	中国中冶	－90, 294, 000	未披露具体事项
制造业	中国中车	－6, 332, 000	支付给客户的供应商提名费作为应付客户对价在零部件生产项目期限内摊销冲减收入
	金隅集团	31, 324, 704. 50	为获得合同而产生的增量成本如果预计可收回，则作为合同成本资本化，随着相关合同的收入确认而进行摊销
	潍柴动力	－212, 026, 431. 58	运输服务的拆分、应付客户对价
	比亚迪股份	－1, 079, 410, 000	之前将承担的运输费用计入销售费用，新准则下，运输为履行合同发生的必要活动计入履约成本
	中集集团	－1, 415, 731, 000	未披露具体事项
批发和零售业	上海医药	－27, 062, 091. 28	为获取销售合同所发生支出减营业收入
制造业	长城汽车	－482, 766, 275. 21	客户提供的保养服务识别为一项单项履约义务，在履行相应履约义务时确认收入
	青岛啤酒股份	－1, 055, 911, 916	原计入销售费用的市场助销投入抵减营业收入

在新收入准则下，计入“销售费用”的范围有所减少，主要包括对合同取得成本进行摊销时计入“销售费用”等科目，以及对于不能作为单项履约义务的质量保证。

（三）财务费用

样本中 3 家上市公司因涉及重大融资成分调整财务费用，分别为金隅集团、深高速和宁沪高速；1 家上市公司（上海医药）因现金折扣冲减营业收入调整财务费用。上述 4 家上市公司财务费用调整金额占其净利润比 0. 49%，具体情况如表 10－4：

表10－4　十家典型公司财务费用主要影响　单位：元　币种：人民币

所属行业	公司	财务费用影响金额	调整事项
制造业	金隅集团	79,790,908.25	合同的交易价格因包含重大融资成分的进行调整
交通运输、仓储和邮政业	深高速	22,506,638.28	预售商品房合约中存在重大融资成分
	宁沪高速	26,836,440	合同中存在的重大融资成分进行调整
批发和零售业	上海医药	－47,265,445.06	将向客户支付的现金折扣冲减营业收入

在确定交易价格时，企业应当考虑可变对价、合同中存在的重大融资成分、非现金对价以及应付客户对价等因素的影响。实务中，执行新收入准则影响财务费用的事项主要包括可变对价现金折扣和重大融资成分。

现金折扣，原收入准则规定，销售商品涉及现金折扣的，应当按照扣除现金折扣前的金额确定销售商品收入金额。现金折扣在实际发生时计入当期损益（财务费用）。新收入准则下，现金折扣属于可变对价，按照可变对价的处理原则来确定预期有权收取的对价金额，冲减收入金额，不再计入财务费用。

企业将商品的控制权转移给客户的时间与客户实际付款的时间不一致时，如企业以赊销的方式销售商品，或者要求客户支付预付款等，如果各方以在合同中明确（或者以隐含的方式）约定的付款时间为客户或企业就转让商品的交易提供了重大融资利益，则合同中即包含了重大融资成分，企业在确定交易价格时，应当对已承诺的对价金额作出调整，以剔除货币时间价值的影响。实务中，涉及重大融资成分的主要是销售商品房预收款项。

（四）合同资产、合同负债

从对合同资产、合同负债等科目重分类的影响来看，年报报表中列报的合同资产（含其他非流动资产中的合同资产）金额占资产总额比0.38%，合同负债（含其他非流动负债中的合同负债）金额占负债总额比0.86%。进一步发现，该重分类对建筑业、房地产业、制造业、租赁和商务服务业、采矿业影响较大，对金融业无影响。具体按行业分类情况如表10－5：

表 10 - 5　　合同资产、合同负债行业影响分布

所属行业	合同资产影响	合同负债影响
采矿业	0. 18%	5. 69%
电力、热力、燃气及水生产和供应业	0. 26%	0. 71%
房地产业	0. 33%	38. 97%
建筑业	14. 65%	12. 87%
交通运输、仓储和邮政业	0. 14%	2. 37%
金融业		
科学研究和技术服务业	1. 70%	15. 15%
批发和零售业		1. 69%
水利、环境和公共设施管理业		0. 08%
文化、体育和娱乐业		6. 94%
制造业	3. 40%	10. 04%
租赁和商务服务业	0. 73%	6. 10%
合计汇总	0. 38%	0. 86%

新收入准则下，合同一方已经履约的，即企业依据合同履行的履约义务或客户依据合同支付合同对价，企业应当根据其履行的履约义务与客户付款之间的关系，在资产负债表中列示合同资产或合同负债。企业拥有的、无条件（仅取决于时间流逝）向客户收取对价的权利应当作为应收款项单独列示。

新收入准则下，部分在原准则下列示为存货和应收账款，因已转让商品而有权收取的对价权利重分类至合同资产。企业因转让商品收到的预收款适用新收入准则进行会计处理，不再使用“预收账款”科目及“递延收益”科目，因已收或应收客户对价而应向客户转让商品的义务确认为合同负债。

（五）其他科目

此外，执行新准则对上市公司合同履约成本、合同取得成本、应收退货成本产生了一定的影响，合同履约成本金额占资产总额比 0. 00756%，合同取得成本金额占资产总额比 0. 00021%，应收退货成本占资产总额比 0. 00002%。其中应收退货成本只有两家上市公司（新华文轩、庄园牧场）涉及且金额很小，占其资产总额占比 0. 25%。

新收入准则下允许将合同成本资本化确认为一项资产，合同成本包括合同取得成本及合同履约成本。因此，原准则下部分费用化的合同成本在新准则下资本化确认为资产，但整体影响很小。

新收入准则下，企业发生附有销售退回条款的销售，预期将退回商品的账

面价值，扣除收回该商品预计发生的成本（包括退回商品的价值减损）后的余额计入应收退货成本确认为一项资产，原收入准则下预计退货导致的收入成本差异计入预计负债。

二、年报披露示例

根据上述新收入准则总体影响分析，本书选取10家典型的A+H股上市公司年报关于执行新收入准则会计政策变更对2018年度财务报表的影响的披露示例摘录如表10-6所示：

（一）选取的具体公司

表10-6　　选取公司披露概况

所属行业	公司	收入准则政策变更披露的具体内容	涉及准则具体内容
制造业	比亚迪	运输活动构成单项履约义务	可明确区分的商品或服务
	福耀玻璃	模具销售认定为非单项履约义务	可明确区分的商品或服务
	中兴通讯	可明确区分的销售与安装分别确认；不可明确区分的销售与安装在验收时点确认	可明确区分的商品或服务，在某一时点履约
	东方电气	部分销售商品属于某一时段内履约	在一段时间内履约
	中国中车	支付给客户的供应商提名费作为应付客户对价	应付客户对价
		模具销售及技术开发在客户取得相关商品及技术开发交付时点确认	在某一时点履约
建筑业	中国中冶	部分勘察服务设计合同由完工百分比法变更为控制权转移时点确认收入	在某一时点履约
采矿业	中煤能源	煤炭交易服务总额法改为净额法确认收入	主要责任人和代理人
电力、热力、燃气及水生产和供应业	创业环保	水管道接驳工程按照完工百分比确认收入	在一段时间内履约
交通运输、仓储和邮政业	深高速	预售商品房的预收款存在重大融资成分	重大融资成分
	东方航空	改签手续费为合同变更，而非新合同	合同变更
		常旅客奖励积分模式改为单独售价分配	可变对价
		超期票证按预期确认	客户未行使的权利

（二）披露示例

示例 1：002594. SZ　比亚迪

新收入准则为规范与客户之间的合同产生的收入建立了新的收入确认模型。根据新收入准则，确认收入的方式应当反映企业向客户转让商品或提供服务的模式，收入的金额应当反映企业因向客户转让该等商品和服务而预计有权获得的对价金额。同时，新收入准则对于收入确认的每一个环节所需要进行的判断和估计也做出了规范。本集团仅对在 2018 年 1 月 1 日尚未完成的合同的累积影响数进行调整，对 2018 年 1 月 1 日之前或发生的合同变更，本集团采用简化处理方法，对所有合同根据合同变更的最终安排，识别已履行的和尚未履行的履约义务、确定交易价格以及在已履行的和尚未履行的履约义务之间分摊交易价格。上述会计政策变更对本集团收入确认无重大影响。

执行新收入准则对 2018 年 1 月 1 日资产负债表项目的影响如表 10 – 7 所示：

表 10 – 7　　**集团资产负债表**　　单位：千元　币种：人民币

报表科目	新收入准则	原准则	影响
合同负债	4, 700, 280		4, 700, 280
预收账款		4, 700, 280	(4, 700, 280)
合同资产	6, 405, 328		6, 405, 328
应收账款	45, 475, 353	51, 880, 681	(6, 405, 328)

执行新收入准则对 2018 年度财务报表的影响如表 10 – 8、10 – 9 所示：

表 10 – 8　　**集团资产负债表**　　单位：千元　币种：人民币

报表科目	新收入准则	原准则	影响
合同负债	3, 469, 114		3, 469, 114
预收账款	2, 300	3, 471, 414	(3, 469, 114)
合同资产	6, 300, 286		6, 300, 286
应收账款	49, 283, 534	55, 583, 820	(6, 300, 286)

表 10-9　　集团合并利润表　　单位：千元　币种：人民币

报表科目	新收入准则	原准则	影响
主营业务收入	123, 844, 780	124, 426, 385	(581, 605)
其他业务收入	6, 209, 927	5, 628, 322	581, 605
主营业务成本	103, 624, 690	103, 126, 885	497, 805
其他业务成本	5, 100, 653	4, 519, 048	581, 605
销售费用	4, 729, 481	5, 808, 891	(1, 079, 410)

根据和客户的销售合同，合同约定由本集团承担运输的，本集团负责将产品运送至客户指定的地点并承担相关的运输费用。该产品销售属于在某一时点履行的履约义务且控制权在送达客户指定地点时转移给客户。2018 年 1 月 1 日之前本集团将承担的运输费用记录为销售费用，2018 年 1 月 1 日起，该运输为本集团履行合同发生的必要活动，其费用计入履约成本。控制权转移给客户之后发生的运输活动为本集团向客户提供了一项运输服务，该项服务构成单项履约义务，2018 年 1 月 1 日起，本集团将提供的运输服务对应的收入，成本计入其他业务收入与其他业务成本。

示例 2：600660. SH　福耀玻璃

首次执行新收入准则调整首次执行当年年初财务报表相关项目情况如表 10-10 所示：

表 10-10　　合并资产负债表　　单位：元　币种：人民币

报表科目	2017 年 12 月 31 日	2018 年 1 月 1 日	调整数
固定资产	11, 151, 786, 090	11, 332, 521, 554	180, 735, 464
递延所得税资产	280, 595, 644	316, 748, 737	36, 153, 093
预收款项	18, 007, 856		-18, 007, 856
合同负债		442, 282, 880	442, 282, 880
盈余公积	1, 912, 914, 559	1, 912, 821, 638	-92, 921
未分配利润	8, 559, 579, 107	8, 352, 285, 561	-207, 293, 546

各项目调整情况的说明：

因执行新收入准则，本集团将模具销售认定为非单项履约义务，在本集团已经收取了合同对价或已经取得了无条件收取合同对价权利时确认为合同负债，并随着商品销售的同时确认收入。

根据新收入准则的相关规定，本集团对于首次执行上述准则的累积影响数调整 2018 年年初留存收益以及财务报表其他相关项目金额，2017 年度的比较财务报表未重列。

示例3：000063. SZ　中兴通讯

新收入准则为规范与客户之间的合同产生的收入建立了新的收入确认模型。根据新收入准则，确认收入的方式应当反映企业向客户转让商品或提供服务的模式，收入的金额应当反映企业因向客户转让该等商品和服务而预计有权获得的对价金额。同时，新收入准则对于收入确认的每一个环节所需要进行的判断和估计也做出了规范。本集团仅对在2018年1月1日尚未完成的合同的累积影响数进行调整，对2018年1月1日之前或发生的合同变更，本集团采用简化处理方法，对所有合同根据合同变更的最终安排，识别已履行的和尚未履行的履约义务、确定交易价格以及在已履行的和尚未履行的履约义务之间分摊交易价格。

执行新收入准则对2018年1月1日资产负债表项目的影响如表10－11所示：

表10－11　　合并资产负债表　　单位：千元　币种：人民币

报表科目	2017年12月31日 报表数	2018年1月1日 按新准则调整后	影响增加/ （减少）
存货	26, 234, 139	26, 234, 139	2, 224, 871
应收工程合约款	9, 012, 909	—	(9, 012, 909)
合同资产		6, 101, 416	6, 101, 416
递延所得税资产	1, 464, 250	1, 653, 209	188, 959
应付工程合约款	8, 050, 655	—	(8, 050, 655)
预收账款	8, 702, 351	—	(8, 702, 351)
合同负债	—	16, 753, 006	16, 753, 006
预计负债	533, 126	1, 114, 370	581, 244
未分配利润	14, 667, 683	13, 663, 994	(1, 003, 689)
盈余公积	2, 205, 436	2, 130, 218	(75, 218)

执行新收入准则对2018年度财务报表的影响如表10－12所示：

表10－12　　新收入准则影响　　单位：千元　币种：人民币

报表科目	报表数	假设按原准则	增加/（减少）
营业收入	85, 513, 150	84, 755, 551	757, 599
营业成本	57, 367, 578	56, 643, 645	723, 933
所得税费用	(400, 863)	(463, 505)	62, 642
存货	25, 011, 416	25, 735, 349	(723, 933)
应收工程合约款		6, 210, 576	(6, 210, 576)
合同资产	8, 462, 226		8, 462, 226

续表

报表科目	报表数	假设按原准则	增加/（减少）
递延所得税资产	2,787,790	2,850,432	(62,642)
应付工程合约款		7,636,303	(7,636,303)
预收账款		6,843,052	(6,843,052)
合同负债	14,479,355		14,479,355
预计负债	2,167,614	673,563	1,494,051
未分配利润	6,983,261	7,012,237	(28,976)

本集团定制化网络方案及一些网络建设业务，2018年1月1日之前本集团将其整体作为一项建造合同业务，采用完工百分比法确认收入，2018年1月1日起，可单独区分的设备销售和安装服务（按设备和安装服务拆分），或者由不可单独区分的设备销售和安装服务组成的组合，分别作为单项履约义务。对于可单独区分的设备销售和安装服务及由不可单独区分的设备销售和安装服务组成的组合，本集团分析其不满足在某一时段内履行的履约义务的条件，因此，在综合考虑各项因素的基础上，以各项履约义务履行后客户验收时点确认收入。除上述影响之外，其他方面的修订对本集团无重大影响。

示例4：600875.SH　*东方电气*

执行《企业会计准则第14号——收入》（2017年修订）

财政部于2017年度修订了《企业会计准则第14号——收入》。修订后的准则规定，首次执行该准则应当根据累积影响数调整当年2018年1月1日留存收益及财务报表其他相关项目金额，对可比期间信息不予调整。根据准则的规定，本公司仅对在首次执行日尚未完成的合同的累积影响数进行调整。执行该准则对合并报表的主要影响如表10-13所示：

表10-13　会计政策变更说明

会计政策变更的内容和原因	受影响的报表项目名称和金额
对于尚未完成的合同的累积影响数进行调整。	应收账款：减少97,680,847.50元； 存货：增加1,318,877,469.41元； 递延所得税资产：增加11,396,803.85元； 合同负债：增加1,181,753,696.85元； 应交税费：增加18,694,157.42元； 预计负债：减少9,206,098.81元； 未分配利润：增加44,741,251.22元； 少数股东权益：减少3,389,580.92元。

续表

会计政策变更的内容和原因	受影响的报表项目名称和金额
部分销售商品属于在某一时段内履行的履约义务，收入确认金额增加。	应收账款：增加 43, 281, 738. 94 元； 存货：减少 185, 876, 557. 77 元； 合同资产：减少 1, 053, 803. 35 元； 预收款项：减少 170, 490, 020. 20 元； 未分配利润：增加 26, 841, 398 元。
在资产负债表中增加合同资产和合同负债项目。	应收账款：减少 5, 298, 330, 643. 99 元； 存货：减少 2, 910, 965, 117. 37 元； 合同资产：增加 10, 030, 835, 909. 69 元； 预收款项：减少 32, 037, 625, 776. 69 元； 合同负债：增加 32, 037, 625, 776. 69 元； 预计负债：增加 1, 821, 540, 148. 33 元。

示例 5：601766. SH　中国中车

新收入准则

本集团自 2018 年 1 月 1 日起执行新收入准则，新收入准则引入了收入确认计量的 5 步法，并针对特定交易（或事项）增加了更多的指引。新收入准则要求首次执行该准则的累积影响数调整首次执行当年年初（即 2018 年 1 月 1 日）留存收益及财务报表其他相关项目金额，对可比期间信息不予调整。在执行新收入准则时，本集团仅对首次执行日尚未完成的合同的累计影响数进行调整。

（Ⅰ）首次执行新收入准则对本集团 2018 年 1 月 1 日合并资产负债表的影响如表 10 - 14（未受影响的报表项目未包含在内）所示：

表 10 - 14　　合并资产负债表　　单位：千元　币种：人民币

项目	2017 年 12 月 31 日（重述）	影响数	2018 年 1 月 1 日
应收票据及应收账款	104, 745, 796	(10, 619, 317)	94, 126, 479
存货	55, 234, 835	95, 668	55, 330, 503
合同资产	—	10, 805, 822	10, 805, 822
长期应收款	10, 365, 326	(1, 885, 364)	8, 479, 962
固定资产	57, 243, 562	(194, 721)	57, 048, 841
在建工程	8, 675, 879	(64, 856)	8, 611, 023
其他非流动资产	3, 600, 667	1, 939, 350	5, 540, 017

续表

项目	2017 年 12 月 31 日（重述）	影响数	2018 年 1 月 1 日
应付票据及应付账款	127, 648, 943	9, 352	127, 658, 295
预收账款	20, 290, 653	(20, 218, 717)	71, 936
合同负债	—	18, 303, 411	18, 303, 411
其他应付款	9, 135, 086	(4, 734)	9, 130, 352
其他流动负债	229, 401	2, 010, 110	2, 239, 511
一年到期的非流动负债	4, 513, 956	(105, 284)	4, 408, 672
递延收益	5, 756, 605	(88, 015)	5, 668, 590
递延所得税负债	175, 882	17, 204	193, 086
其他非流动负债	852, 086	(141, 357)	710, 729
未分配利润	49, 010, 335	116, 519	49, 126, 854
少数股东权益	20, 335, 691	178, 093	20, 513, 784

注：本集团根据新收入准则将已收客户对价而应向客户转让商品或服务的义务确认为合同负债，将已向客户转让商品而有权收取对价的权利且该权利取决于时间流逝之外的其他因素的资产确认为合同资产

新收入准则下，模具销售收入及技术开发收入在客户取得相关商品及技术开发交付物控制权的时点予以确认，支付给客户的供应商提名费作为应付客户对价在零部件生产项目期限内摊销冲减收入。

（Ⅱ）与原收入准则相比，执行新收入准则对当期财务报表相关项目的影响列示如表 10 - 15、10 - 16 所示：

表 10 - 15　　**合并资产负债表**　　单位：千元　币种：人民币

项目	新收入准则下 2018 年 12 月 31 日	调整	原收入准则下 2018 年 12 月 31 日
应收票据及应收账款	79, 680, 709	19, 545, 288	99, 225, 997
存货	55, 121, 500	(91, 329)	55, 030, 171
合同资产	14, 657, 889	(14, 657, 889)	—
其他流动资产	8, 752, 763	141, 196	8, 893, 959
长期应收款	7, 809, 013	3, 325, 972	11, 134, 985
固定资产	57, 390, 729	250, 376	57, 641, 105
其他非流动资产	13, 826, 486	(8, 923, 932)	4, 902, 554
应付票据及应付账款	121, 168, 707	(2, 692)	121, 166, 015

续表

项目	新收入准则下 2018 年 12 月 31 日	调整	原收入准则下 2018 年 12 月 31 日
预收账款	24, 337	27, 647, 891	27, 672, 228
合同负债	22, 335, 899	(22, 335, 899)	—
其他流动负债	6, 155, 925	(5, 690, 340)	465, 585
一年到期的非流动负债	11, 786, 543	4, 520	11, 791, 063
递延收益	5, 503, 288	84, 936	5, 588, 224
递延所得税负债	158, 546	(13, 654)	144, 892
其他非流动负债	177, 654	203, 860	381, 514
其他综合收益	(866, 748)	(194)	(866, 942)
未分配利润	56, 115, 657	(122, 109)	55, 993, 548
少数股东权益	21, 226, 932	(186, 637)	21, 040, 295

表 10－16 **合并利润表** 单位：千元 币种：人民币

项目	新收入准则下 2018 年度发生额	调整金融	原收入准则下 2018 年度发生额
营业收入	219, 082, 641	(86, 147)	218, 996, 494
营业成本	170, 526, 021	(78, 345)	170, 447, 676
销售费用	7, 745, 841	6, 332	7, 752, 173
利润总额	15, 342, 372	(14, 134)	15, 328, 238
其他综合收益	(237, 531)	(194)	(237, 725)

示例 6：601618. SH 中国中冶

新收入准则对本集团的影响

本集团自 2018 年 1 月 1 日起执行财政部于 2017 年修订的新收入准则。新收入准则引入了收入确认计量的五步法，并针对特定交易（或事项）增加了更多的指引。新收入准则要求首次执行该准则的累积影响数调整首次执行当期期初（即 2018 年 1 月 1 日）留存收益及财务报表其他相关项目金额，对可比期间信息不进行调整。在执行新收入准则时，本集团仅对首次执行日尚未完成的合同的累积影响数进行调整。对于首次执行新收入准则当期期初之前发生的合同变更，本集团予以简化处理，根据合同变更的最终安排，识别已履行的和尚未履行的履约义务、确定交易价格以及在已履行的和尚未履行的履约义务之间分摊交易价格。

本集团在某些时候与客户分别签署设计、采购和施工等多份合同来提供工程总承包（EPC）服务，在新收入准则实施前，本集团以每个单独签署的合同为基础分别确认相关收入；在新收入准则实施后，本集团依据合同条款判断该等合同所承诺的商品或服务是否构成了一个单项履约义务，如构成一个单项履约义务，本集团将该等合同合并为一份合同并在履行单项履约义务时确认收入。在新收入准则实施前，本集团的勘察设计服务合同，均按照完工百分比法确认提供劳务收入；在新收入准则实施后，部分勘察设计服务合同因相关履约义务不满足在某一时段内履行的条件，本集团在客户取得相关商品或服务控制权时点确认收入。

（a）基于上述情况，除了提供了更广泛的收入交易的披露外，执行新收入准则对本期期初资产负债表相关项目的影响列示如表10－17所示：

表10－17　　**期初资产负债表影响**　　单位：千元　币种：人民币

项目	2017年12月31日	重分类	重新计量	2018年1月1日
应收票据及应收账款	94,253,008	(2,595,699)	(84,313)	91,572,996
存货	118,292,878	(63,817,992)	23,042	54,497,928
合同资产	—	66,413,691	(37,350)	66,376,341
预收账款	43,861,424	(43,804,433)	—	56,991
合同负债	—	43,804,433	176,585	43,981,018
应交税费	3,428,721	—	(3,322)	3,425,399
未分配利润	20,007,920	—	(238,258)	19,769,662
少数股东权益	14,820,652	—	(33,626)	14,787,026

（b）与原收入准则相比，执行新收入准则对当期财务报表相关项目的影响列示如表10－18、10－19所示：

表10－18　　**当期影响说明**　　单位：千元　币种：人民币

项目	新收入准则下 2018年12月31日	调整	原收入准则下 2018年12月31日
应收票据及应收账款	87,394,440	4,536,950	91,931,390
存货	57,608,321	62,151,888	119,760,209
合同资产	66,719,549	(66,719,549)	—
预收账款	191,783	58,801,974	58,993,757

续表

项目	新收入准则下 2018 年 12 月 31 日	调整	原收入准则下 2018 年 12 月 31 日
合同负债	58, 918, 293	(58, 918, 293)	—
应交税费	3, 794, 064	3, 498	3, 797, 562
未分配利润	23, 546, 950	54, 344	23, 601, 294
少数股东权益	18, 726, 082	27, 766	18, 753, 848

表 10－19　　　　利润表　　　　单位：千元　币种：人民币

项目	新收入准则下 2018 年 1－12 月	调整金融	原收入准则下 2018 年 1－12 月
营业收入	289, 534, 523	(207, 484)	289, 327, 039
营业成本	280, 483, 556	(99, 272)	280, 384, 284
销售费用	2, 108, 541	90, 294	2, 198, 835
所得税费用	1, 953, 837	(8, 732)	1, 945, 105
净利润	7, 570, 607	(189, 774)	7, 380, 833
其中：少数股东损益	1, 199, 027	(5, 860)	1, 193, 167
归属于母公司股东的净利润	6, 371, 580	(183, 914)	6, 187, 666

示例 7：601898. SH　中煤能源

新收入准则

本集团自 2018 年 1 月 1 日起执行新收入准则，新收入准则引入了收入确认计量的 5 步法，并针对特定交易（或事项）增加了更多的指引。新收入准则要求首次执行该准则的累积影响数调整首次执行当期期初（即 2018 年 1 月 1 日）留存收益及财务报表其他相关项目金额，对可比期间信息不予调整。在执行新收入准则时，本集团仅对首次执行日尚未完成的合同的累计影响数进行调整。

（Ⅰ）除了提供了更广泛的收入交易的披露外，首次执行新收入准则对当期期初的留存收益金额未产生重大影响。新收入准则对本集团 2018 年 1 月 1 日合并资产负债表的影响如表 10－20 所示，未受影响的报表项目未包含在内。

表 10－20　　合并资产负债表　　单位：千元　币种：人民币

项目	2017 年 12 月 31 日	重分类	重新计量	2018 年 1 月 1 日
预收账款	2, 639, 128	(2, 639, 128)		
合同负债		2, 353, 642		2, 353, 642
其他流动负债	8, 283, 155	285, 486		8, 568, 641

注：截至 2018 年 1 月 1 日，本集团将预收货款人民币 2, 353, 642 千元（不包含预收相关的增值税款）重分类至合同负债，预收相关的增值税款人民币 285, 486 千元重分类至其他流动负债

（ii）与原收入准则相比，执行新收入准则对当期财务报表相关项目的影响列示如表 10－21、10－22 所示：

表 10－21　　合并资产负债表　　单位：千元　币种：人民币

项目	新收入准则下 2018 年 12 月 31 日	调整	原收入准则下 2018 年 12 月 31 日
应收票据及应收账款	4, 881, 389	1, 014, 869	5, 896, 258
合同资产	1, 014, 869	(1, 014, 869)	
预收账款		2, 795, 073	2, 795, 073
合同负债	2, 478, 903	(2, 478, 903)	
其他流动负债	9, 450, 225	(316, 170)	9, 134, 055

表 10－22　　合并利润表　　单位：千元　币种：人民币

项目	新收入准则下 2018 年度发生额	调整金融	原收入准则下 2018 年度发生额
营业收入	104, 140, 066	(207, 484)	289, 327, 039
营业成本	280, 483, 556	(99, 272)	280, 384, 284

注：根据原收入准则，由于本集团面临重大客户信用风险，本集团作为责任人按总额确认了若干煤炭交易的销售。应用新收入准则后，由于本集团在将货物转让给客户之前未获得对该货物的控制权，本集团的身份是作为代理人为另一方安排提供煤炭交易服务。该会计政策的变动导致本集团 2018 年度营业收入和营业成本均减少人民币 1, 973, 126 千元。

示例 8：600874. SH　创业环保

收入

根据新收入准则的相关规定，本集团及本公司对于首次执行该准则的累积影响数调整 2018 年年初留存收益以及财务报表其他相关项目金额（表 10－23），2017 年度的比较财务报表未重列（增加/(减少)）。

表 10－23　　会计政策变更说明　　单位：千元

会计政策变更的内容和原因	受影响的项目	影响金额 2018 年 1 月 1 日
因执行新收入准则，本集团及本公司将已签订合同，但尚未满足收入确认条件的预收款项重分类至合同负债	合同负债	591, 017
	预收账款	－591, 017
因执行新收入准则，本集团及本公司将提供中水管道接驳工程根据完工百分比法确认收入	预付账款	－91, 230
	预收账款	－339, 871
	应付账款	9, 866
	应交税费	68, 031
	未分配利润	170, 744
因执行新收入准则，本集团及本公司将已向客户转让商品而有权收取对价，但尚不满足无条件收款权的工程施工科目余额重分类至合同资产	存货	－6, 249
	合同资产	6, 249

与原收入准则相比，执行新收入准则对 2018 年度财务报表相关项目的影响如表 10－24（增加或减少）所示：

表 10－24　　当期影响说明　　单位：千元

受影响的资产负债表项目	影响金额　2018 年 12 月 31 日
合同负债	469, 093
预收账款	－469, 093
受影响的利润表项目	影响金额　2018 年度
营业收入	115, 636
营业成本	42, 737

示例 9：600548. SH　深高速

新收入准则为规范与客户之间的合同产生的收入建立了新的收入确认模型。根据新收入准则，确认收入的方式应当反映企业向客户转让商品或提供服务的模式，收入的金额应当反映企业因向客户转让该等商品和服务而预计有权获得的对价金额。同时，新收入准则对于收入确认的每一个环节所需要进行的判断和估计也做出了规范。本集团仅对在 2018 年 1 月 1 日尚未完成的合同的累积影响数进行调整，对 2018 年 1 月 1 日之前或发生的合同变更，本集团采用简化处理方法，对所有合同根据合同变更的最终安排，识别已履行的和尚未履行的履约义务、确定交易价格以及在已履行的和尚未履行的履约义务之间分摊交易价格。

报告期内，本集团因采纳新收入准则，对于年初尚未完成的预售商品房合约中存在重大融资成分的预收账款计算利息成本，并考虑相关利息成本于商品房建设完工前资本化的影响，根据新收入准则衔接规定相关要求，调增年初流动资产项下“存货”人民币525,250.51元，调增年初非流动资产项下“递延所得税资产”人民币1,661,004.98元，调增年初流动负债项下“预收款项”人民币7,169,270.43元，调减“未分配利润”人民币3,488,110.46元，调减年初少数股东权益人民币1,494,904.48元。

执行新收入准则对2018年1月1日资产负债表项目的影响如表10－25所示：

表10－25　　期初资产负债表影响

2018年1月1日	报表数	假设按原准则	影响	
			调整	重分类
存货	599,518,473.40	598,993,222.89	525,250.51	
递延所得税资产	138,018,930.41	136,357,925.43	1,661,004.98	
预收账款	465,783,878.20	458,614,607.77	7,169,270.43	
年初未分配利润	3,143,006,552.05	3,146,494,662.51	－3,488,110.46	
少数股东权益	2,156,486,969.40	2,157,981,873.88	－1,494,904.48	

执行新收入准则对2018年度财务报表的影响如表10－26、10－27所示：

表10－26　　合并资产负债表

2018年12月31日	报表数	假设按原准则	影响	
			调整	重分类
应收账款	174,639,116.34	341,481,346.99		－166,842,230.65
合同资产	166,842,230.65			166,842,230.65
存货	588,939,198.83	582,142,590.87	6,796,607.96	
递延所得税资产	172,392,222.04	168,049,642.57	4,342,579.47	
预收账款		834,545,816.94	24,166,925.83	－858,712,742.77
合同负债	858,712,742.77			858,712,742.77
未分配利润	5,624,252,437.38	5,633,371,854.26	－9,119,416.88	
少数股权权益	2,152,661,784.07	2,156,570,105.59	－3,908,321.52	

表 10－27　　合并利润表

2018 年 12 月 31 日	报表数	假设按原准则	影响
财务费用	1, 055, 006, 036. 68	1, 032, 499, 398. 40	22, 506, 638. 28
营业收入	5, 807, 108, 031. 78	5, 795, 327, 691. 45	11, 780, 340. 33
所得税费用	966, 446, 984. 07	969, 128, 558. 56	－2, 681, 574. 49

示例 10：600115. SH　东方航空

新收入准则为规范与客户之间的合同产生的收入建立了新的收入确认模型。根据新收入准则，确认收入的方式应当反映企业向客户转让商品或提供服务的模式，收入的金额应当反映企业因向客户转让该等商品和服务而预计有权获得的对价金额。同时，新收入准则对于收入确认的每一个环节所需要进行的判断和估计也做出了规范。本集团仅对在 2018 年 1 月 1 日尚未完成的合同的累积影响数进行调整。

执行新收入准则对 2018 年 1 月 1 日资产负债表项目的影响如表 10－28 所示：

表 10－28　　期初资产负债表影响说明　　单位：百万元

合并资产负债表	报表数	假设按原准则	影响
预收账款	277	1, 342	(1, 065)
票据结算		7, 043	(7, 043)
合同负债	7, 775		7, 775
其他流动负债	10, 345	10, 000	345
一年内到期的非流动负债	14, 901	15, 391	(490)
其他非流动负债	2, 085	2, 118	(33)
递延所得税负债	146	18	128
未分配利润	14, 262	13, 879	383

执行新收入准则对 2018 年度财务报表的影响如表 10－29 所示：

表 10－29　　当期影响说明　　单位：百万元

合并资产负债表	报表数	假设按原准则	影响
预收账款	6	626	(620)
票据结算		8, 559	(8, 559)
合同负债	8, 811		8, 811
应交税费	2, 065	1, 867	198

续表

合并资产负债表	报表数	假设按原准则	影响
一年内到期的非流动负债	16, 551	17, 135	(584)
其他流动负债	14, 878	14, 499	379
其他非流动负债	2, 169	2, 385	(216)
未分配利润	16, 181	15, 592	589
少数股东权益	3, 587	3, 585	2
合并利润表	报表数	假设按原准则	影响
营业收入	114, 930	114, 176	754
营业外收入	977	1, 453	(476)
所得税费用	926	856	70

常旅客奖励积分

执行新收入准则前，本集团对常旅客奖励积分采用余值法处理，即将承运票款扣除奖励积分金额确认为收入。常旅客奖励积分计入递延收益的金额按照积分的公允价值和预期兑换率计算。待旅客兑换积分且承运后，商品及服务交付后或积分失效时确认为收入。新准则要求本集团采用相对单独售价的分配方法将票款在常旅客奖励积分和当期承运进行分配。于2018年1月1日，相对单独售价分配法的运用导致合同负债——常旅客奖励计划减少人民币33百万元，未分配利润增加人民币33百万元。

超期票证

超期票证是指使用权利过期时乘客未使用的已售出机票。执行新收入准则之前，本集团于票证期限过期时确认收入。在新准则下，本集团预期有权获得与客户所放弃的合同权利相关的金额，按照客户行使合同权利的模式按比例将上述金额确认为收入。于2018年1月1日，执行新收入准则导致合同负债减少人民币509百万元，未分配利润增加人民币509百万元。

改签手续费

本集团对于乘客改签机票收取改签手续费。执行新收入准则之前，修改乘客行程单的过程不会被认为增加了向乘客交付商品或服务的内容，在改签时点确认为其他收入，但是在新准则下被认定为合同的修改。在新准则下，改签手续费在实际承运相关履约义务完成时确认为客运收入。于2018年1月1日，新收入准则下改签手续费变更导致合同负债增加人民币31百万元，未分配利润减少人民币31百万元。

三、五步法披露分析

选取部分 A + H 股上市公司 2018 年年报披露的收入会计政策按照五步法进行分类分析，相关的披露示例如下：

（一）识别合同

新收入准则中的合同包括书面形式、口头形式以及其他形式（如隐含于商业惯例或企业以往的习惯做法中等），企业首先评估与客户之间的合同是否满足五个条件。原收入准则虽然没有提到合同的概念，实务中，公司普遍基于合同的约定进行销售商品或服务，通过对上市公司年报执行新收入准则披露的分析也可以看出，在实务中对公司的影响不大。

合同变更，是指经合同各方批准对原合同范围或价格作出的变更。新收入准则中明确了合同变更的三种情况的会计处理。实务中，原收入准则下作为一项单独的服务确认收入，可能应作为合同变更中对合同的修改进行处理，如航空公司的改签手续费。上市公司关于合同变更年报披露示例如下：

示例 1：600115. SH　东方航空

改签手续费

本集团对于乘客改签机票收取改签手续费。执行新收入准则之前，修改乘客行程单的过程不会被认为增加了向乘客交付商品或服务的内容，在改签时点确认为其他收入，但是在新准则下被认定为合同的修改。在新准则下，改签手续费在实际承运相关履约义务完成时确认为客运收入。于 2018 年 1 月 1 日，新收入准则下改签手续费变更导致合同负债增加人民币 31 百万元，未分配利润减少人民币 31 百万元。

（二）识别履约义务

新收入准则规定企业应当将向客户转让商品的承诺作为单项履约义务：一是企业向客户转让可明确区分商品（或者商品的组合）的承诺；二是企业向客户转让一系列实质相同且转让模式相同的、可明确区分商品的承诺。有时合同中承诺的某项商品不可明确区分，企业能够将该商品与合同中承诺的其他商品进行组合，直至该组合满足可明确区分的条件。某些情况下，合同中承诺的所有商品组合在一起构成单项履约义务。还存在两份或多份合同中所承诺的商品构成单项履约义务的情形。实务中常见的情形包括汽车制造商提供的免费保养服务、软件与服务是否一项单独履约义务、工程总承包服务是否单项履约义务等判断。

上市公司关于识别履约义务的年报披露示例如下：

示例1：002594. SZ　比亚迪

根据和客户的销售合同，合同约定由本集团承担运输的，本集团负责将产品运送至客户指定的地点并承担相关的运输费用。该产品销售属于在某一时点履行的履约义务且控制权在送达客户指定地点时转移给客户。2018年1月1日之前本集团将承担的运输费用记录为销售费用，2018年1月1日起，该运输为本集团履行合同发生的必要活动，其费用计入履约成本。控制权转移给客户之后发生的运输活动为本集团向客户提供了一项运输服务，该项服务构成单项履约义务，2018年1月1日起，本集团将提供的运输服务对应的收入，成本计入其他业务收入与其他业务成本。

示例2：600660. SH　福耀玻璃

因执行新收入准则，本集团将模具销售认定为非单项履约义务，在本集团已经收取了合同对价或已经取得了无条件收取合同对价权利时确认为合同负债，并随着商品销售的同时确认收入。

示例3：000063. SZ　中兴通讯

本集团与客户之间的网络建设合同通常包含设备销售、安装服务、设备销售和安装服务的组合等多项承诺。对于其中可单独区分的设备销售和安装服务，本集团将其分别作为单项履约义务。对于由不可单独区分的设备销售和安装服务组成的组合，由于客户能够从每一个组合或每一个组合与其他易于获得的资源一起使用中受益，且这些组合彼此之间可明确区分，故本集团将上述每一个组合分别构成单项履约义务。由于上述可单独区分的设备销售和安装服务以及由不可单独区分的设备销售和安装服务的组合的控制权均在客户验收时转移至客户，本集团在相应的单项履约义务履行后，客户验收完成时点确认该单项履约义务的收入。

示例4：601633. SH　长城汽车

本集团根据合同从客户预收的货款根据新收入准则由预收账款重分类至合同负债及其他应付款。本集团为客户提供的保养服务识别为一项单项履约义务，在履行相应履约义务时确认收入。

示例 5：601808. SH　中海油服

本集团向客户提供的钻井服务主要活动包括：(1) 开展动复员工作；(2) 开展钻井工作及合同约定的其他服务。本集团与客户之间的钻井服务合同的对价主要包括合同日费、动复员费及补偿款等。本集团将钻井服务合同中约定的服务作为单项履约义务，且客户在本集团履约的同时取得并消耗本集团履约所带来的经济利益。因此，该履约义务属于在某一时段内履行的履约义务，本集团在履行履约义务的期间确认收入。

示例 6：601186. SH　中国铁建

本集团提供的工程承包服务通常整体构成单项履约义务，并属于在某一时段内履行的履约义务。截至 2018 年 12 月 31 日，本集团部分工程承包业务尚在履行过程中，分摊至尚未履行（或部分未履行）履约义务的交易价格与相应工程承包合同的履约进度相关，并将于相应工程承包合同的未来履约期内按履约进度确认为收入。

（三）确定交易价格

确定交易价格是确认收入计量的基础，在确定交易价格时，企业应当考虑可变对价、合同中存在的重大融资成分、非现金对价以及应付客户对价等因素的影响。通过对上市公司年报披露分析，实务中，交易价格中影响较大的为重大融资成分、应付客户对价，如房地产销售预收款是否存在重大融资成分，支付给供应商或者第三方的提名费、优惠券等。

1. 重大融资成分

新收入准则规定，企业应当根据合同条款，并结合其以往的习惯做法确定交易价格。在确定交易价格时，企业应当考虑可变对价、合同中存在的重大融资成分、非现金对价、应付客户对价等因素的影响。

新收入准则同时规定，合同中存在重大融资成分的，企业应当按照假定客户在取得商品控制权时即以现金支付的应付金额确定交易价格。该交易价格与合同对价之间的差额，应当在合同期间内采用实际利率法摊销。

当企业将商品的控制权转移给客户的时间与客户实际付款的时间不一致时，如企业以赊销的方式销售商品，或者要求客户支付预付款等，如果各方以在合同中明确（或者以隐含的方式）约定的付款时间为客户或企业就转让商品的交易提供了重大融资利益，则合同中即包含了重大融资成分，企业在确定交易价格时，应当对已承诺的对价金额作出调整，以剔除货币时间价值的影响。

为简化实务操作，如果在合同开始日，企业预计客户取得商品控制权与客户支付价款间隔不超过一年的，可以不考虑合同中存在的重大融资成分。企业应当对类似情形下的类似合同一致地应用这一简化处理方法。

上市公司关于融资成分的年报披露示例如下：

示例1：600548.SH　深高速

对本集团的物业销售收入，在房产完工并验收合格，签订了销售合同，取得了买方付款证明并交付使用时，确认销售收入的实现。买方在接到书面交房通知，无正当理由拒绝接收的，在书面交房通知时限结束后即确认收入实现。本集团与客户的物业销售合同一般包含一项履约义务，此外，本集团基于现有销售合同所载条款，认为物业销售所得收入应于资产控制权转移至客户（通常为交付）时确认，因此适用新收入准则对收入确认的时间没有任何影响。

根据新收入准则，若根据合同约定，客户付款期间与转移承诺商品或服务的期间不同，则交易价格与销售所得收入金额需就融资成分的影响（如重大）作出调整。本集团认为，考虑到客户付款及向客户交付物业之间的时差以及市场当前利率，融资成分金额重大，需对销售价格进行贴现，以计算重大融资成分。本集团就从客户处收取包含重大融资成分的垫款利息确认合同负债。对于预计客户取得商品控制权与客户支付价款间隔未超过一年的，本集团未考虑合同中存在的重大融资成分。此外，客户垫款尚未结算的余额已从预收款项重分类至合同负债。

报告期内，本集团因采纳新收入准则，对于年初尚未完成的预售商品房合约中存在重大融资成分的预收账款计算利息成本，并考虑相关利息成本于商品房建设完工前资本化的影响，根据新收入准则衔接规定相关要求，调增年初流动资产项下“存货”525,250.51元，调增年初非流动资产项下“递延所得税资产”1,661,004.98元，调增年初流动负债项下“预收账款”7,169,270.43元，调减“年初未分配利润”3,488,110.46元，调减“年初少数股东权益”1,494,904.48元。

示例2：600377.SH　宁沪高速

合同中存在重大融资成分，本集团按照假定客户在取得商品或服务控制权时即以现金支付的应付金额确定交易价格。该交易价格与合同对价之间的差额，在合同期间内采用实际利率法摊销。合同开始日，本集团预计客户取得商品或服务控制权与客户支付价款间隔不超过一年的，不考虑合同中存在的重大融资成分。

与原收入准则相比，执行新收入准则当期对资产负债表和利润表的影响列示如表10－30所示：

表10－30　　会计政策变更说明　　单位：元

会计政策变更的内容和原因	受影响的报表项目	影响金额增加/（减少）
因执行新收入准则，本集团在确定交易价格时，考虑了合同中存在的重大融资成分，对尚未完成的合同的累计影响进行调整。	财务费用	26, 836, 440
	合同负债	26, 836, 440
	所得税费用	(6, 709, 110)
	递延所得税资产	6, 709, 110
因执行新收入准则，本集团将预收售楼款、预收广告发布款重分类至合同负债。	预收账款	(962, 200, 983)
	合同负债	962, 200, 983

示例3：601992. SH　金隅集团

重大融资成分

对于合同中存在重大融资成分的，本集团按照假定客户在取得商品控制权时即以现金支付的应付金额确定交易价格，使用将合同对价的名义金额折现为商品现销价格的折现率，将确定的交易价格与合同承诺的对价金额之间的差额在合同期间内采用实际利率法摊销。

对于预计客户取得商品控制权与客户支付价款间隔未超过一年的，本集团未考虑合同中存在的重大融资成分。

本集团执行新收入准则的影响如下：

对于客户支付款项与承诺的商品或服务所有权转移之间的时间间隔超过一年的合同，合同的交易价格因包含重大融资成分的影响而进行调整。

为获得合同而产生的增量成本如果预计可收回，则作为合同成本资本化，随着相关合同的收入确认而进行摊销；但是，该资产摊销期限不超过一年的，可以在发生时计入当期损益。增量成本，是指企业不取得合同就不会发生的成本（如销售佣金等）。

合同中存在可变对价的，本集团按照期望值或最可能发生金额确定可变对价的最佳估计数，但包含可变对价的交易价格，应当不超过在相关不确定性消除时累计已确认收入极可能不会发生重大转回的金额。企业在评估累计已确认收入是否极可能不会发生重大转回时，应当同时考虑收入转回的可能性及其比重。

其他说明

本集团的混凝土业务存在客户支付款项与承诺的商品所有权转移之间的时间间隔超过一年的合同，考虑重大融资成分后将应收款项于长期应收款列报。本集团在计算重大融资成分时参考银行同期贷款利率，并考虑一定的风险加成作为折现率，2018年的折现率为5%。

示例4：000039.SZ　中集集团

房地产销售收入在执行买卖协议时确认。当房产于建成前提前销售时，有关收入仅在开发完成并将房产交付给购房方予确认。本集团在货品交付时确认应收款，因为此时收回对价的权利是无条件的，本集团仅需等待客户付款。本集团给予客户的信用期通常为30－90天，与行业惯例一致，不存在重大融资成分。

示例5：601186.SH　中国铁建

合同中存在重大融资成分的，本集团按照假定客户在取得商品或服务控制权时即以现金支付的应付金额确定交易价格。该交易价格与合同对价之间的差额，在合同期间内采用实际利率法摊销。合同开始日，本集团预计客户取得商品或服务控制权与客户支付价款间隔不超过一年的，不考虑合同中存在的重大融资成分。

示例6：603157.SH　拉夏贝尔

本集团销售商品予各地经销商。本集团将商品按照合同规定运至约定交货地点，在经销商验收且双方签署货物交接单后确认收入。本集团给予经销商的信用期通常为90天，与行业惯例一致，不存在重大融资成分。

2. 应付客户对价

收入准则规定企业应付客户（或向客户购买本企业商品的第三方）对价的，应当将该应付对价冲减交易价格，并在确认相关收入与支付（或承诺支付）客户对价两者孰晚的时点冲减当期收入，但应付客户对价是为了向客户取得其他可明确区分商品的除外。企业应付客户对价是为了向客户取得其他可明确区分商品的，应当采用与本企业其他采购相一致的方式确认所购买的商品。企业应付客户对价超过向客户取得可明确区分商品公允价值的，超过金额应当冲减交易价格。向客户取得的可明确区分商品公允价值不能合理估计的，企业应当将应付客户对价全额冲减交易价格。

应付客户对价包括企业向客户支付或预计支付的现金金额。应付给客户的对价还包括可与结算金额相抵的抵免或其他项目，例如优惠券或兑换券。

上市公司关于应付客户对价的年报披露示例如下：

示例1：601766. SH　中国中车

收入确认和计量所采用的会计政策

合同中存在应付客户对价（如供应商提名费等）的，除非该对价是为了向客户取得其他可明确区分商品或服务的，本集团将该应付对价冲减交易价格，并在确认相关收入与支付（或承诺支付）客户对价两者孰晚的时点冲减当期收入。

重要会计政策及会计估计变更

注：本集团根据新收入准则将已收客户对价而应向客户转让商品或服务的义务确认为合同负债，将已向客户转让商品而有权收取对价的权利且该权利取决于时间流逝之外的其他因素的资产确认为合同资产。

新收入准则下，模具销售收入及技术开发收入在客户取得相关商品及技术开发交付物控制权的时点予以确认，支付给客户的供应商提名费作为应付客户对价在零部件生产项目期限内摊销冲减收入。

示例2：600600. SH　青岛啤酒

销售商品本集团生产啤酒产品并销售予各地经销商。本集团将啤酒产品按照合同约定交付经销商，经其验收并签署货物交接单后，按扣除应付客户对价后的净额确认收入。

提供劳务本集团对外提供工程劳务，根据已完成劳务的进度在一段时间内确认收入，其中，已完成劳务的进度按照已发生的成本占预计总成本的比例确定。于资产负债表日，本集团对已完成劳务的进度进行重新估计，以使其能够反映履约情况的变化。

示例3：601186. SH　中国铁建

合同中存在应付客户对价的，除非该对价是为了向客户取得其他可明确区分商品或服务的，本集团将该应付对价冲减交易价格，并在确认相关收入与支付（或承诺支付）客户对价两者孰晚的时点冲减当期收入。

示例4：000157. SH　中联重科

针对应付客户对价的，应当将该应付对价冲减交易价格，并在确认相关收入与支付（或承诺支付）客户对价两者孰晚的时点冲减当期收入，但应付客户对价是为了向客户取得其他可明确区分商品的除外。企业应付客户对价是为了向客户取得其他可明确区分商品的，应当采用与本企业其他采购相一致的方式确认所购买的商品。企业应付客户对价超过向客户取得可明确区分商品公允价值的，超过金额冲减交易价格。向客户取得的可明确区分商品公允价值不能合理估计的，企业应当将应付客户对价全额冲减交易价格。

（四）分摊交易价格

新收入准则规定当合同中包含两项或多项履约义务时，需要将交易价格分摊至各单项履约义务，以使企业分摊至各单项履约义务（或可明确区分的商品）的交易价格能够反映其因向客户转让已承诺的相关商品而预期有权收取的对价金额。合同中包含两项或多项履约义务的，企业应当在合同开始日，按照各单项履约义务所承诺商品的单独售价的相对比例，将交易价格分摊至各单项履约义务，同时明确了单独售价的确认原则和估计方法。实务中，一些奖励积分的分摊交易价格发生了变化，如航空公司常旅客奖励积分等。

上市公司关于分摊交易价格的年报披露示例如下：

示例1：600115. SH　东方航空

常旅客奖励积分

执行新收入准则前，本集团对常旅客奖励积分采用余值法处理，即将承运票款扣除奖励积分金额确认为收入。常旅客奖励积分计入递延收益的金额按照积分的公允价值和预期兑换率计算。待旅客兑换积分且承运后，商品及服务交付后或积分失效时确认为收入。新准则要求本集团采用相对单独售价的分配方法将票款在常旅客奖励积分和当期承运进行分配。于2018年1月1日，相对单独售价分配法的运用导致合同负债——常旅客奖励计划减少人民币33百万元，未分配利润增加人民币33百万元。

示例2：600029. SH　南方航空

采用新收入准则对本集团会计政策的具体影响如下：对于常旅客里程奖励计划，在原收入准则下，本集团将来自客运服务的票款收入根据公允价值在提供运输服务收入与常旅客里程奖励计划授予会员的奖励里程之间进行分配，将奖励里程的公允价值确认为递延收益，其余部分确认为当期收入。在新收入准则下，分摊比例按照奖励里程和运输服务单独售价的相对比例确定。本集团分摊至奖励里程的交易价格改变，并同时影响运输收入与合同负债的确认金额。

（五）确认收入

新收入准则明确了判断某一时段履行履约的条件（客户在企业履约的同时即取得并消耗企业履约所带来的经济利益、客户能够控制企业履约过程中在建的商品、企业履约过程中所产出的商品具有不可替代用途，且该企业在整个合同期间有权就累计至今已完成的履约部分收取款项，满足其一），如果不满足某一时段内履行履约义务，则属于在某一时点履行履约义务。对于在某一时点履行的履约义务，企业应当在客户取得相关商品控制权时点确认收入。

新收入准则的上述规定解决了收入的确认时点问题，对所有的交易采用单一的控制模型，根据收入准则，之前作为销售商品进行会计处理的某些交易，可能满足在一段时间内确认收入，同样，之前的提供劳务和建造合同可能会在某一时点确认收入。例如，上市公司年报披露的不可明确区分的销售与安装在验收时点确认，部分销售商品属于某一时段内履约，模具销售及技术开发在客户取得相关商品及技术开发交付时点确认，部分勘察服务设计合同由完工百分比法变更为控制权转移时点确认收入等。

上市公司关于收入关于按时点或按时间段确认的年报披露示例：

1. 制造业

示例 1：000063. SZ　中兴通讯

本集团在履行了合同中的履约义务，即在客户取得相关商品或服务控制权时确认收入。取得相关商品或服务的控制权，是指能够主导该商品的使用或该服务的提供并从中获得几乎全部的经济利益。

销售商品合同

本集团与客户之间的销售商品合同通常仅包含转让商品的履约义务。本集团通常在综合考虑了下列因素的基础上，以到货验收完成时点确认收入：取得商品的现时收款权利、商品所有权上的主要风险和报酬的转移、商品的法定所有权的转移、商品实物资产的转移、客户接受该商品。

提供服务合同

本集团与客户之间的提供服务合同通常包含维护保障服务、运维服务、工程服务等履约义务，由于本集团履约的同时客户即取得并消耗本集团履约所带来的经济利益，本集团将其作为在某一时段内履行的履约义务，按照履约进度确认收入。对于有明确的产出指标的服务合同，比如维护保障服务、运维服务等，本集团按照产出法确定提供服务的履约进度；对于少量产出指标无法明确计量的合同，采用投入法确定提供服务的履约进度。

网络建设

本集团与客户之间的网络建设合同通常包含设备销售、安装服务、设备销售和安装服务的组合等多项承诺。对于其中可单独区分的设备销售和安装服务，本集团将其分别作为单项履约义务。对于由不可单独区分的设备销售和安装服务组成的组合，由于客户能够从每一个组合或每一个组合与其他易于获得的资源一起使用中受益，且这些组合彼此之间可明确区分，故本集团将上述每一个组合分别构成单项履约义务。由于上述可单独区分的设备销售和安装服务以及由不可单独区分的设备销售和安装服务的组合的控制权均在客户验收时转移至客户，本集团在相应的单项履约义务履行后，客户验收完成时点确认该单项履约义务的收入。

示例2：600685. SH　中船防务

本集团的营业收入主要包括船舶建造及海工产品、船舶维修、机电产品和钢结构等。收入确认的具体政策和方法如下：

船舶建造及海工产品

本集团提供的船舶建造及海工产品业务，在合同生效日对合同进行评估，判断合同履约义务是否满足“某一时段内履行”条件。

满足“某一时段内履行”条件的，本集团在该段时间内按照履约进度确认收入。本集团采用投入法确定恰当的履约进度，按累计实际发生的合同成本占合同预计总成本的比例确定。当履约进度不能合理确定时，已经发生的成本预计能够得到补偿的，按照已经发生的成本金额确认收入，直到履约进度能够合理确定为止；如果已经发生的成本预计不可能收回的，在发生时立即确认为费用，不确认收入。

本集团在合同总收入能够可靠计量、与合同相关的经济利益很可能流入本集团、实际发生的合同成本能够清楚区分和可靠计量、合同完工进度和为完成合同尚需发生的成本能够可靠确定时，视为可以合理预见合同结果，履约进度能够合理确定。长期船舶建造及海工产品合同如属首制船，则在履约进度达到50%时，视为可以合理预见合同结果；而对于批量建造的非首制船舶则在履约进度达到30%时，视为可以合理预见合同结果。

不满足“某一时段内履行”条件的，本集团在船舶及海工产品完工交付时根据合同或交船文件确定的交易价格确认收入。

本集团确认外币合同收入的基础为合同签约币种。本集团折算外币合同收入时，对于应确认的已收款外币收入，按收款时确认的人民币金额确认；对于应确认的未收款外币收入，按应收账款确认日的即期汇率折算，两者之和作为累计应确认的人民币收入。累计应确认的人民币收入减去以前期间累计已确认的人民币收入作为当期应确认的人民币收入。

船舶维修

本集团提供的一般船舶维修业务，由于维修周期短，本集团在完成船舶修理并办理完结算手续后，确认收入并结转相应成本。

钢结构和机电产品

本集团提供的大型钢结构制作安装合同，满足“某一时段内履行”条件的，本集团在该段时间内按照履约进度确认收入，履约进度采用投入法，按累计实际发生的合同成本占合同预计总成本的比例确定；不满足“某一时段内履行”条件的钢结构制作交付合同，本集团在钢结构完工发送到客户指定场地并验收合格后根据工程量确认单确认收入。

本集团提供的机电产品，在完工交付时确认收入。

示例3：000338. SZ　*潍柴动力*

提供服务合同

本集团与客户之间的提供服务合同收入，由于本集团履约的同时客户即取得并消耗本集团履约所带来的经济利益，且本集团在整个合同期间内有权就累计至今已完成的履约部分收入款项，本集团将其作为在某一时段内履行的履约义务，按照履约进度确认收入，履约进度不能合理确定的除外。本集团按照投入法或产出法确定提供服务的履约进度。对于履约进度不能合理确定时，本集团已经发生的成本预计能够得到补偿的，按照已经发生的成本金额确认收入，直到履约进度能够合理确定为止。

建造合同——项目业务合同

本集团对与客户之间的项目业务合同在某一时段内履行的履约义务，按照项目的履约进度确认收入。履约进度是指资产负债表日累计实际发生的合同成本占合同预计总成本的比例（投入法）。按照项目的履约进度，本集团以实际发生的合同成本加上合同毛利确认为项目业务合同收入。若合同总成本很可能超过合同总收入，本集团将预期损失立即确认为当期费用。若实际发生的成本与已确认的合同毛利之和超过合同结算价款，则超过部分计入合同资产。若合同结算价款超过实际发生的成本与已确认的合同毛利之和，则超过部分计入合同负债。当对于项目业务合同的履约进度不能合理确定时，本集团已经发生的成本预计能够得到补偿的，按照已经发生的成本金额确认收入，直到履约进度能够合理确定为止。若已经发生的成本预计不可能收回的，本集团在合同成本发生时立即确认为当期费用。对应的合同变更、索赔、奖励等，本集团只有在其可能发生且金额能够可靠估计时才确认为收入。

示例4：603157.SH 拉夏贝尔

向经销商销售

本集团销售商品予各地经销商。本集团将商品按照合同规定运至约定交货地点，在经销商验收且双方签署货物交接单后确认收入。本集团给予经销商的信用期通常为90天，与行业惯例一致，不存在重大融资成分。

本集团向经销商提供基于销售数量的销售折扣，本集团根据历史经验，按照望值法确定折扣金额，按照合同对价扣除预计折扣金额后的净额确认收入。

零售

本集团以零售的方式直接销售给顾客，并于顾客购买该产品时确认收入。顾客在购买产品后7天内有权退货，本集团根据销售产品的历史经验和数据，按照期望值法确定预计销售退回的金额，并抵减销售收入。本集团将预期因销售退回而将退还的金额确认为应付退货款，列示为其他流动负债；同时，按照预期将退回产品于销售时的账面价值，扣除收回该产品预计发生的成本后的余额，确认为应收退货成本，列示为其他流动资产。

提供服务

本集团为关联方提供线上店铺运营服务，根据已完成服务的进度在一段时间内确认收入，其中，已完成服务的进度按照已发生的成本占预计总成本的比例确定。于资产负债表日，本集团对已完成服务的进度进行重新估计，以使其能够反映履约情况的变化。

本集团按照已完成服务的进度确认收入时，对于本集团已经取得无条件收款权的部分，确认为应收账款，其余部分确认为合同资产，并对应收账款和合同资产以预期信用损失为基础确认损失准备（附注二（9），略）；如果本集团已收或应收的合同价款超过已完成的服务，则将超过部分确认为合同负债。本集团对于同一合同下的合同资产和合同负债以净额列示。

示例5：600688.SH 上海石化

销售商品

在已将产品的控制权转移给购货方，不再对该产品实施继续管理和控制，相关的成本能够可靠计量时确认销售收入的实现。本集团将产品按照协议合同规定运至指定地点或由采购方到本集团指定的仓库地点提货，由采购方确认接收后，确认收入。销售收入的计算不包括增值税，并已扣除估计的销售折扣。

本集团向供货方提供基于销售数量的销售折扣，按照合同对价扣除预计折扣金额后的净额确认收入。

海外航运服务

本集团为客户提供海外航运服务，该服务产生的收入于提供服务的期间确认，根据已完成航运的时间在航运的总时间内确认收入。

示例6：600196. SH　复星医药

提供医疗服务合同

本集团与客户之间的提供医疗服务合同通常包含提供医疗服务的履约义务。本集团通常在综合考虑了下列因素的基础上，以客户接受该服务的时点确认收入：取得服务收入的现时收款权利以及客户接受该服务。

提供技术服务合同

本集团与客户之间的提供技术服务合同通常还包含提供技术服务履约义务，由于本集团履约过程中所提供的服务具有不可替代用途，且本集团在整个合同期间内有权就累计至今已完成的履约部分收入款项，本集团将其作为在某一时段内履行的履约义务，按照履约进度确认收入，履约进度不能合理确定的除外。本集团按照投入法确定提供服务的履约进度。对于履约进度不能合理确定时，本集团已经发生的成本预计能够得到补偿的，按照已经发生的成本金额确认收入，直到履约进度能够合理确定为止。

示例7：002672. SZ　东江环保

与本公司取得收入的主要活动相关的具体会计政策描述如下：

（1）销售商品合同（包括：工业废物资源化利用、贸易及其他、再生能源利用、拆解物资源化利用）。本公司与客户之间的销售商品合同通常仅包含转让商品的履约义务。本公司通常在综合考虑下列因素的基础上，以货物控制权转移给购买方时点确认收入，如取得商品的现时收款权利、商品所有权上的主要风险和报酬转移、商品法定所有权转移、商品实物资产转移等。

（2）提供处置服务合同。本公司与客户之间的处置服务合同包括工业废物处置及市政废物处置，本公司在确定客户已接受服务时确认收入，按双方确认的废物处置量以及合同约定的单价确认收入。

（3）环境工程及服务合同：本公司提供的工业废物及市政公用工程设施项目的设计、采购、施工及调试等服务，根据已完工或已完成劳务的进度在一段时间内确认收入。

工程设施建设以及劳务合同合同的完工进度主要根据项目的性质，按已完成的合同工作量占合同预计总工作量的比例或已完工合同的测量进度确定。于资产负债表日，本公司对已完工或已完成劳务的进度进行重新估计，以使其能够反映履约情况的变化。

本公司为提供工程设施项目的设计、采购、施工及调试服务而发生的工程实施、安装和其他劳务成本，确认为合同履约成本。本公司在确认收入时，按照已完工或已完成劳务的进度将合同履约成本结转计入主营业务成本。

（4）废弃电子物拆解基金补贴收入。经环保部门认定的独立第三方中介机构对公司拆解量进行审核，出具《废弃电器电子产品拆解处理情况审核报告》，本公司根据审核的拆解量暂估收入并根据国家环保部审核确认的拆解量对已确认收入进行调整。

示例8：000039.SH　中集集团

销售商品收入

本集团在客户拥有商品的法定所有权或已实物占有商品并且本集团已享有现时收款权利并很有可能收回对价时确认。

集装箱销售收入

本集团生产并销售集装箱，在取得买方验收单后确认收入的实现。

道路运输车辆及重卡销售收入

道路运输车辆及重卡分为国内销售及海外销售。国内销售在客户验收后确认收入的实现；海外销售在合同规定的装运港将货物装上买方指定的船只后确认收入。

空港装备销售收入

空港装备（除物流系统业务）在取得买方验收单后确认收入。

房地产销售收入

房地产销售收入在执行买卖协议时确认。当房产于建成前提前销售时，有关收入仅在开发完成并将房产交付给购房方予确认。

本集团在货品交付时确认应收款，因为此时收回对价的权利是无条件的，本集团仅需等待客户付款。本集团给予客户的信用期通常为30－90天，与行业惯例一致，不存在重大融资成分。

本集团为销售产品提供产品质量保证，并确认相应的预计负债（附注四、35），本集团并未因此提供任何额外的服务或额外的质量保证，故该产品质量保证不构成单独的履约义务。

工程项目合同收入

已完成履约义务的进度按本集团为完成履约义务而发生的支出或投入来衡量，该进度基于每份合同于资产负债表日已发生的成本在预算成本中的占比计算。

本集团预计在向客户转让所承诺商品至最终客户付款的期间超过一年的情况不会订立任何合约。因此，本集团并未就货币时间价值调整交易价格。

提供劳务收入

本集团对外提供安装及货运代理服务，根据已完成劳务的进度在一段时间内确认收入，其中，已完成劳务的进度按照已发生的成本占预计总成本的比例确定。于资产负债表日，本集团对已完成劳务的进度进行重新估计，以使其能够反映履约情况的变化。

货运代理：海运货代于船舶离港日（出口）或到港日（进口）确认收入的实现；陆运货运代理于货物到达指定的地点时确认收入的实现；船舶代理：于船舶离港日确认收入的实现。

2. 交通运输业

示例 1：601298. SH　青岛港

收入确认和计量所采用的会计政策

本集团在客户取得相关商品或服务的控制权时，按预期有权收取的对价金额确认收入。

合同开始日，本集团对合同进行评估，识别该合同所包含的各单项履约义务，并确定各单项履约义务是在某一时段内履行，还是在某一时点履行。本集团在履行了各单项履约义务时分别确认收入。

本集团下列类型的业务属于某一时段内履行履约义务，相应收入确认方法如下：

金属矿石、煤炭、原油、粮食、件杂货、集装箱等各类货物的装卸业务收入、港务管理收入、物流运输劳务收入、拖驳劳务、外轮理货劳务及其他劳务收入于提供服务时确认；

金属矿石、煤炭、原油、粮食、件杂货、集装箱等各类货物的堆存业务收入于堆存期间按照直线法确认；

建造劳务在合同的结果能够可靠地估计时，根据履约进度在资产负债表日确认合同收入及成本。如果合同预计总成本将超过合同预计总收入，即将预计损失计入当期损益。当完工进度不能合理确定时，本集团已经发生的成本预计能够得到补偿的，按照已经发生的成本金额确认收入，直到完工进度能够合理确定为止。

本集团按照已完成劳务的进度确认收入时，对于本集团已经取得无条件收款权的部分，确认为应收账款，其余部分确认为合同资产，并对应收账款和合同资产以预期信用损失为基础确认损失准备；如果本集团已收或应收的合同价款超过已完成的劳务，则将超过部分确认为合同负债。本集团对于同一合同下的合同资产和合同负债以净额列示。

本集团为提供劳务而发生的成本，确认为合同履约成本，并在确认收入时，按照已完成劳务的进度结转计入主营业务成本。如果合同成本的账面价值高于因提供该劳务预期能够取得的剩余对价减去估计将要发生的成本，本集团对超出的部分计提减值准备，并确认为资产减值损失。

对于在某一时点履行的履约义务，本集团在客户取得相关商品控制权时点确认收入，包括购货方已签收并接受商品，商品所有权上的主要风险和报酬已转移给购货方，本集团对该商品享有现时收款权利等。

本集团销售油、电等商品的业务属于在某一时点履行的履约义务，相应在已将商品控制权转移给购货方时确认收入。

本集团根据其在向客户转让商品或提供劳务前是否拥有对该商品的控制权判断本集团从事交易时的身份是主要责任人还是代理人。本集团在向客户转让商品前能够控制该商品或劳务的，本集团作为主要责任人，按照已收或应收对价总额确认收入；否则，本集团作为代理人，按照预期有权收取的佣金或手续费的金额确认收入。

示例2：600026.SH　中远海能

（1）船舶运输收入。如航次在同一会计期间内开始并完成的，在航次结束时确认船舶运输收入的实现；如航次的开始和完成分别属于不同的会计期间，则在航次的结果能够可靠估计的情况下，于资产负债表日按照航行开始日至资产负债表日的已航行天数占航行总天数的比例确定完工程度，按照完工百分比法确认船舶运输收入，否则按已经发生并预计能够补偿的航次成本金额确认收入，并将已发生的航次成本作为当期费用。已经发生的航次成本如预计不能得到补偿的则不确认收入。

（2）商品销售收入。商品的控制权转移至客户时确认商品销售收入的实现。

示例3：600029. SH　南方航空

与本集团取得收入的主要活动相关的具体会计政策描述如下：

（1）提供运输服务收入。当客户接受本集团提供的客运、货运和邮运服务等运输服务时，客户取得运输服务的控制权，与此同时，本集团将对应的运输服务交易价格结转确认为收入。本集团已收但尚未提供运输服务的票款，计入票证结算负债。

弃用机票为本集团预期客户可能会放弃其部分或全部合同权利，从而本集团无需行使的客运合约责任所对应的部分合同权利。

当本集团预收机票款无须退回，且客户可能会放弃其全部或部分合同权利时，本集团于提供运输服务时，按照客户行使合同权利的模式按比例将预期有权获得与客户所放弃的合同权利相关的金额确认为收入；否则，本集团只有在客户要求其履行剩余履约义务的可能性极低时，才能将上述负债的相关余额转为收入。

（2）常旅客里程奖励计划。本集团主要执行两个常旅客里程奖励计划，分别为南航明珠俱乐部及厦航白鹭卡常旅客计划。会员可利用累积里程兑换飞行奖励或其他奖励。

根据常旅客里程奖励计划，对于以飞行方式获得的奖励里程，本集团将票款收入按照常旅客奖励里程和运输服务的单独售价的相对比例分摊，并将分摊至奖励里程的部分，首先确认为合同负债。

在常旅客里程奖励计划下，从第三方取得的除飞行以外方式获得的奖励里程，同样首先确认为合同负债。

与奖励里程相关的合同负债待客户兑换飞行奖励里程或取得奖励商品或服务的控制权时转出。会员兑换的飞行奖励按照附注二（21）（a）（略）所述的会计政策确认收入。会员兑换的其他奖励，在会员取得相关奖励商品或服务的控制权时结转计入当期损益。

（3）航空运输辅助及延伸业务收入。当客户接受航空运输辅助及延伸业务的服务时，客户取得服务控制权，与此同时本集团确认收入。

（4）商品销售收入。当商品运送到客户的场地且客户已接受该商品时，客户取得商品控制权，与此同时本集团确认收入。

示例4：601598.SH　中国外运

本集团的收入主要来源于如下业务类型：

（1）货运代理收入。收入于提供货运代理服务期间内按照服务完成进度确认，服务完成进度按已经提供的服务占应提供服务总量的比例确定。如果本集团实际上作为主要责任人为客户提供运输货品的服务时，确认的收入一般包括承运人向本集团收取的承运费用。

（2）专业物流收入。专业物流服务的收入于物流服务期间内按照服务完成进度确认，服务完成进度按已经提供的服务占应提供服务总量的比例确定。

（3）仓储和码头服务收入。仓储服务的收入于仓储服务提供的期间内按照服务完成进度确认，服务完成进度按已经提供的服务占应提供服务总量的比例确定。码头服务的收入于提供有关服务时确认。

（4）其他服务收入。其他服务的收入，例如船舶承运、汽车运输和快递服务，于服务期间内按照服务完成进度确认。物流设备租赁收入的确认详见重要会议政策和会计估计中租赁部分的描述。

3. 采矿业

示例1：601808.SH　中海油服

本集团的钻井服务、油田技术服务、物探采集和工程勘察服务、船舶服务主要属于在某一时段内履行的履约义务，按照履约进度，在合同期内确认收入。本集团采用产出法确定履约进度，即根据已转移给客户的商品或服务对于客户的价值确定履约进度。当履约进度不能合理确定时，已经发生的成本预计能够得到补偿的，本集团按照已经发生的成本金额确认收入，直到履约进度能够合理确定为止。对于不属于在某一时段内履行的履约义务，本集团在客户取得相关商品或服务控制权的时点确认收入。

示例2：603993.SH　洛阳钼业

本集团在履行了合同中的履约义务，即在客户取得相关商品或服务控制权时，按照分摊至该项履约义务的交易价格确认收入。履约义务，是指合同中本集团向客户转让可明确区分商品或服务的承诺。交易价格，是指本集团因向客户转让商品或服务而预期有权收取的对价金额，但不包含代第三方收取的款项以及本集团预期将退还给客户的款项。

本集团的收入主要来源于

（1）销售商品。本集团向客户销售包括钼、钨、铌、磷、铜、钴、金等矿产品。通常，相关销售商品的合同中仅有交付商品一项履约业务，销售产品的对价按照销售合同中约定的固定价格或者临时定价安排确认。本集团在相关商品的控制权转移给客户的时点确认收入。

（2）酒店服务收入。本集团通过自营的酒店向客户提供服务并获取收入，相关收入在客户获得并消耗相关服务的期间内按照产出法确认。

（3）其他收入。本集团同时向客户提供包括柴油、电力等辅助服务并获取收入，相关收入在客户获得并消耗相关服务的期间内确认。

示例3：600188. SH　兖州煤业

与本集团取得收入的主要活动相关的具体会计政策描述如下：

（1）本集团煤炭、甲醇、热力、矿用设备、机电设备、橡胶制品、辅助材料及其他商品的控制权转移给购货方时予以确认。

（2）本集团电力销售收入在电力供应至各电厂所在地的电网公司，电网公司取得电力的控制权时确认收入，并根据供电量及每年与有关各电力公司确定的适用电价计算。

（3）本集团出售房产开发产品的收入在房产开发产品完工并验收合格，签订具有法律约束力的销售合同，将房产开发产品的控制权转移给购买方时予以确认。

（4）本集团铁路、航运以及其他服务收入在劳务完成时确认。

（5）本集团利息收入按借出货币资金的时间和实际利率计算确定。

4. 建筑业

示例1：601800. SH　中国交建

本集团在履行了合同中的履约义务，即在客户取得相关商品或服务控制权时确认收入。取得相关商品或服务的控制权，是指能够主导该商品的使用或该服务的提供并从中获得几乎全部的经济利益。

建造合同

本集团与客户之间的建造合同通常包含基础设施建设履约义务，由于客户能够控制本集团履约过程中在建的商品，本集团将其作为在某一时段内履行的履约义务，按照履约进度确认收入，履约进度不能合理确定的除外。本集团按照投入法确定提供服务的履约进度。对于履约进度不能合理确定时，本集团已经发生的成本预计能够得到补偿的，按照已经发生的成本金额确认收入，直到履约进度能够合理确定为止。

提供服务合同

本集团与客户之间的提供服务合同主要为工程设计等履约义务，由于本集团履约过程中所提供的服务具有不可替代用途，且本集团在整个合同期间内有权就累计至今已完成的履约部分收入款项，本集团将其作为在某一时段内履行的履约义务，按照履约进度确认收入，履约进度不能合理确定的除外。对于履约进度不能合理确定时，本集团已经发生的成本预计能够得到补偿的，按照已经发生的成本金额确认收入，直到履约进度能够合理确定为止。

建造合同履约进度的确定方法

本集团按照投入法确定提供建造合同的履约进度，具体而言，本集团按照累计实际发生的建造成本占预计总成本的比例确定履约进度，累计实际发生的成本包括本集团向客户转移商品过程中所发生的直接成本和间接成本。本集团认为，与客户之间的建造合同价款以建造成本为基础确定，实际发生的建造成本占预计总成本的比例能够如实反映建造服务的履约进度。本集团按照累计实际发生的建造成本占预计总成本的比例确定履约进度，并据此确认收入。鉴于建造合同存续期间较长，可能跨越几个会计期间，本集团会随着建造合同的推进复核并修订预算，相应调整收入确认金额。

示例2：601186.SH　中国铁建

本集团在合同开始日即对合同进行评估，识别该合同所包含的各单项履约义务，并确定各单项履约义务是在某一时段内履行，还是某一时点履行。满足下列条件之一的，属于在某一时间段内履行的履约义务，本集团按照履约进度，在一段时间内确认收入：（1）客户在本集团履约的同时即取得并消耗本集团履约所带来的经济利益；（2）客户能够控制本集团履约过程中在建的商品；（3）本集团履约过程中所产出的商品具有不可替代用途，且本集团在整个合同期间内有权就累计至今已完成的履约部分收取款项。否则，本集团在客户取得相关商品或服务控制权的时点确认收入。

本集团的工程承包业务主要属于在某一时段内履行的履约义务，按照履约进度，在合同期内确认收入，本集团采用投入法，即按照累计实际发生的成本占合同预计总成本的比例确定恰当的履约进度。当履约进度不能合理确定时，本集团根据已经发生的成本预计能够得到补偿的成本金额确认收入，直到履约进度能够合理确定为止。

本集团的勘察设计和咨询业务、工业制造业务、房地产开发业务和其他业务，根据具体业务性质与合同规定，按照履约进度在合同期内确认收入或者在客户取得相关商品或服务控制权时确认收入。

示例3：601390.SH 中国中铁

本集团在客户取得相关商品或服务的控制权时，按预期有权收取的对价金额确认收入。

（1）基础设施建设及相关业务和部分制造与安装业务的收入。本集团提供的基础设施建设和基建项目的勘察、设计、咨询、研发、可行性研究、监理等服务，以及在工程设备与零部件制造业务中的钢结构产品制造与安装业务，根据履约进度在一段时间内确认收入。

基础设施建设合同、基建项目的勘察设计等服务合同以及钢结构产品制造与安装合同的完工进度主要根据建造项目的性质，按已经完成的为履行合同实际发生的合同成本占合同预计总成本的比例或已完成的合同工作量占合同预计总工作量的比例或已完工合同工作的测量进度确定。于资产负债表日，本集团对已完工或已完成劳务的进度进行重新估计，以使其能够反映履约情况的变化。

合同成本包括合同履约成本和合同取得成本。本集团为提供基础设施建设和基建项目的勘察设计等服务以及钢结构产品制造与安装而发生的成本，确认为合同履约成本。本集团在确认收入时，按照已完工的进度将合同履约成本结转计入主营业务成本。本集团将为获取建造合同而发生的增量成本，确认为合同取得成本。本集团对于摊销期限不超过一年或者该业务营业周期的合同取得成本，在其发生时计入当期损益；对于摊销期限在一个营业周期以上的合同取得成本，本集团按照相关合同下确认收入相同的基础摊销计入损益。如果合同成本的账面价值高于因提供该服务预期能够取得的剩余对价减去估计将要发生的成本，本集团对超出的部分计提减值准备，并确认为资产减值损失。于资产负债表日，本集团对于合同履约成本根据其初始确认时摊销期限是否超过该项业务的营业周期，以减去相关资产减值准备后的净额，分别列示为存货和其他非流动资产；对于初始确认时摊销期限超过一年或者一个营业周期的合同取得成本，以减去相关资产减值准备后的净额，列示为其他非流动资产。

（2）销售工程设备和零部件、工程物资等商品的收入。本集团销售工程设备和零部件、工程物资等商品，并在客户取得相关商品的控制权时，根据历史经验，按照期望值法确定折扣金额，按照合同对价扣除预计折扣金额后的净额确认收入。本集团给予客户的信用期与行业惯例一致，不存在重大融资成分。本集团为部分产品提供一年期的产品质量保证，并确认相应的预计负债（附注二（25）略）。

（3）房地产开发业务的收入。本集团房地产开发业务的收入于将物业的控制权转移给客户时确认。基于销售合同条款及适用于合同的法律规定，物业的控制权可在某一时段内或在某一时点转移。仅当本集团在履约过程中所产出的商品具有不可替代用途，且本集团在整个合同期间内有权就累计至今已完成的履约部分收取款项的情况下，按照合同期间已完成履约义务的进度在一段时间内确认收入，已完成履约义务的进度按照为完成履约义务而实际发生的合同成本占合同预计总成本的比例确定。否则，收入于客户获得实物所有权或已完工物业的法定所有权且本集团已获得现时收款权并很可能收回对价时确认。在确认合同交易价格时，若融资成分重大，本集团将根据合同的融资成分来调整合同承诺对价。

（4）建设、运营及移交合同。建设、运营及移交合同项于建设阶段，按照附注二（27）（a）（略）所述的会计政策确认基础设施建设服务的收入和成本。基础设施建设服务收入按照收取或有权收取的对价计量，并在确认收入的同时，确认合同资产或无形资产，并对合同安排中的重大融资成分进行会计处理。

合同规定基础设施建成后的一定期间内，本集团可以无条件地自合同授予方收取确定金额的货币资金或其他金融资产的，于项目建造完成时，将合同资产转入金融资产核算；

合同规定本集团在有关基础设施建成后，从事经营的一定期间内有权利向获取服务的对象收取费用，但收费金额不确定的，该权利不构成一项无条件收取现金的权利，本集团在确认收入的同时确认无形资产。并在该项目竣工验收之日起至运营期及其延展期届满或特许经营权终止之日的期间采用年限平均法或车流量法摊销。

于运营阶段，当提供劳务时，确认相应的收入；发生的日常维护或修理费用，确认为当期费用。

（5）建设和移交合同。对于本集团提供基础设施建设服务的，于建设阶段，按照附注二（27）（a）（略）所述的会计政策确认相关基础设施建设服务收入和成本，基础设施建设服务收入按照收取或有权收取的对价计量，在确认收入的同时确认合同资产，并对合同安排中的重大融资成分进行会计处理。待拥有无条件收取对价权利时，转入“长期应收款”，待收到业主支付的款项后，进行冲减。

5. 金融业

示例 1：601818. SH　光大银行

手续费及佣金收入

本集团通过向客户提供各类服务收取手续费及佣金。其中，通过在一定期间内提供服务收取的手续费及佣金在相应期间内按照履约进度确认，其他手续费及佣金于相关交易完成时确认。

示例 2：002936. SZ　郑州银行

手续费及佣金收入在提供相关服务时确认。

作为对实际利率的调整，本集团对收取的导致形成或取得金融资产的收入或承诺费进行递延。如果本集团在发放贷款及垫款承诺期满时还没有发放贷款及垫款，有关收费将确认为手续费及佣金收入。

示例 3：601288. SH　农业银行

手续费及佣金收入

手续费及佣金收入在本集团履行了合同中的履约义务，即在客户取得相关服务的控制权时点或时段内确认收入。

对于在某一时点履行的履约义务，本集团在客户取得相关服务控制权的时点确认收入，主要包括代理保险、商户收单、清算结算、债券承销收入等；对于在某一时间段内履行的履约义务，本集团在该段时间内按照履约进度确认收入，主要包括顾问和咨询、托管收入等。

示例 4：600837. SH　海通证券

手续费及佣金收入

（1）代理客户买卖证券的手续费收入。在与客户办理买卖证券款项清算时确认收入；手续费收取的依据和标准为根据成交金额及代买卖的证券品种按相应的费率收取。

（2）证券承销业务收入。核算公司采用全额承购包销方式代理发行证券的发行收入，或采用代销方式和余额承购包销方式代理发行证券收取的手续费收入。它的确认主要以证券承销项目结束，根据承销协议、实际证券承销数量和收取比例等收取承销手续费后确认。

其中证券保荐业务收入和财务顾问收入于各项业务提供的相关服务完成时按权责发生制确认收入。

（3）受托客户资产管理业务收入。于受托投资管理合同到期，与委托人结算时，按合同规定的比例计算应由公司享有的管理费收益，确认为当期收益；或合同中规定公司按约定比例收取管理费和业绩报酬，则在合同期内分期确认管理费和业绩报酬收益。

示例5：601375. SH　中原证券

手续费及佣金收入

代理客户买卖证券的手续费收入，在证券买卖交易日确认收入。

证券承销收入，于本公司完成承销合同中的履约义务时确认收入。

受托客户资产管理业务收入，于受托管理合同到期，与委托单位结算时，按照合同规定的比例计算应由公司享受的收益或承担的损失，确认为当期的收益或损失。合同规定公司按约定比例收取管理费和业绩报酬费的，则分期确认管理费和业绩报酬收益。

发行保荐、财务顾问业务、投资咨询业务收入，根据合约条款，在本公司履行履约义务的过程中确认收入，或于履约义务完成的时点确认。

示例6：601788. SH　光大证券

提供服务合同

本集团与客户之间的提供服务合同通常包含经纪业务、投资银行业务、投资咨询业务和资产/基金管理业务相关的履约义务，由于本集团履约的同时客户即取得并消耗本集团履约所带来的经济利益，且本集团在整个合同期间内有权就累计至今已完成的履约部分收入款项，本集团将其作为在某一时段内履行的履约义务，按照履约进度确认收入，履约进度不能合理确定的除外。本集团按照产出法或投入法确定提供服务的履约进度。对于履约进度不能合理确定时，本集团已经发生的成本预计能够得到补偿的，按照已经发生的成本金额确认收入，直到履约进度能够合理确定为止。

本集团的手续费及佣金收入即为提供服务合同相关的收入。

手续费及佣金收入，指本集团为客户办理各种业务收取的手续费及佣金收入。手续费及佣金收入的金额按照本集团在日常经营活动中提供劳务时，已收或应收合同或协议价款的公允价值确定。

四、合同成本的披露分析

新收入准则允许合同成本资本化确认为一项资产，合同成本包括为取得合同发生的增量成本及合同履约成本。

企业为取得合同发生的增量成本预期能够收回的，应当作为合同取得成本确认为一项资产；为简化实务操作，该资产摊销期限不超过一年的，可以在发生时计入当期损益。企业为取得合同发生的、除预期能够收回的增量成本之外的其他支出，例如，无论是否取得合同均会发生的差旅费等，应当在发生时计入当期损益，但是明确由客户承担的除外。

企业为履行合同可能会发生各种成本，企业应当对这些成本进行分析，属于其他企业会计准则（例如，《企业会计准则第 1 号——存货》《企业会计准则第 4 号——固定资产》以及《企业会计准则第 6 号——无形资产》等）规范范围的，应当按照相关企业会计准则进行会计处理；不属于其他企业会计准则规范范围且同时满足相关条件的，应当作为合同履约成本确认为一项资产。

选取部分上市公司年报关于合同成本的披露示例：

示例 1：000002. SZ　万科 A

合同成本包括为取得合同发生的增量成本及合同履约成本。

为取得合同发生的增量成本是指本集团不取得合同就不会发生的成本（如销售佣金等）。该成本预期能够收回的，本集团将其作为合同取得成本确认为一项资产。本集团为取得合同发生的、除预期能够收回的增量成本之外的其他支出于发生时计入当期损益。为履行合同发生的成本，不属于存货等其他企业会计准则规范范围且同时满足下列条件的，本集团将其作为合同履约成本确认为一项资产：该成本与一份当前或预期取得的合同直接相关，包括直接人工、直接材料、制造费用（或类似费用）、明确由客户承担的成本以及仅因该合同而发生的其他成本；该成本增加了本集团未来用于履行履约义务的资源；该成本预期能够收回。合同取得成本确认的资产和合同履约成本确认的资产（以下简称“与合同成本有关的资产”）采用与该资产相关的商品或服务收入确认相同的基础进行摊销，计入当期损益。摊销期限不超过一年则在发生时计入当期损益。当与合同成本有关的资产的账面价值高于下列两项的差额时，本集团对超出部分计提减值准备，并确认为资产减值损失：本集团因转让与该资产相关的商品或服务预期能够取得的剩余对价；为转让该相关商品或服务估计将要发生的成本。本集团的其他流动资产主要为合同取得成本和待抵扣增值税。

本集团为签订商品房销售合同而支付给销售代理机构的佣金可以被销售对价覆盖，因此，本集团将相关金额资本化确认为合同取得成本，在相关收入确认时进行摊销。2017 年，这些佣金支出在发生时被确认为销售费用。

示例 2：603157. SH　拉夏贝尔

合同成本包括合同履约成本和合同取得成本。本集团为提供线上店铺运营劳务而发生的成本，确认为合同履约成本，并在确认收入时，按照已完成劳务的进度结转计入主营业务成本。本集团将为获取线上店铺运营劳务合同而发生的增量成本，确认为合同取得成本，对于摊销期限不超过一年的合同取得成本，在其发生时计入当期损益；对于摊销期限在一年以上的合同取得成本，本集团按照相关合同下与确认线上店铺运营劳务收入相同的基础摊销计入损益。如果合同成本的账面价值高于因提供该劳务预期能够取得的剩余对价减去估计将要发生的成本，本集团对超出的部分计提减值准备，并确认为资产减值损失。于资产负债表日，本集团对于合同履约成本根据其初始确认时摊销期限是否超过一年，以减去相关资产减值准备后的净额，分别列示为存货和其他非流动资产；对于初始确认时摊销期限超过一年的合同取得成本，以减去相关资产减值准备后的净额，列示为其他非流动资产。

示例 3：601588. SH　北辰实业

合同成本包括合同履约成本和合同取得成本。本集团为提供劳务而发生的成本，确认为合同履约成本，并在确认收入时，按照已完成劳务的进度结转计入主营业务成本。本集团将为获取销售商品合同或劳务合同而发生的增量成本，确认为合同取得成本，对于摊销期限不超过一年的合同取得成本，在其发生时计入当期损益；对于摊销期限在一年以上的合同取得成本，本集团按照相关合同下与确认收入相同的基础摊销计入损益。如果合同成本的账面价值高于因销售商品或提供该劳务预期能够取得的剩余对价减去估计将要发生的成本，本集团对超出的部分计提减值准备，并确认为资产减值损失。于资产负债表日，本集团对于合同履约成本根据其初始确认时摊销期限是否超过一年，以减去相关资产减值准备后的净额，分别列示为存货和其他非流动资产；对于初始确认时摊销期限超过一年的合同取得成本，以减去相关资产减值准备后的净额，列示为其他非流动资产。根据新收入准则的相关规定，本集团及本公司对于首次执行该准则的累积影响数调整 2018 年年初留存收益以及财务报表其他相关项目金额，2017 年度的比较财务报表未重列。其中主要变动原因如下：（i）本集团将为获得合同而直接产生的销售佣金确认为合同取得成本，列报为其他非流动资产，并根据收入履约进度结转计入销售费用。（ii）原分类为预收款项的开发项目预售款及其他款项重分类至合同负债。其他非流动资产。

示例4：600874.SH　创业环保

本集团对外提供中水管道接驳工程，根据已完成工程的进度在一段时间内确认收入，其中，已完成工程的进度按照实际完工进度。于资产负债表日，本集团对已完成工程的进度进行重新估计，以使其能够反映履约情况的变化。本集团按照已完成工程的进度确认收入时，对于本集团已经取得无条件收款权的部分，确认为应收账款，其余部分确认为合同资产，并对应收账款和合同资产以预期信用损失为基础确认损失准备；如果本集团已收或应收的合同价款超过已完成的工程，则将超过部分确认为合同负债。本集团对于同一合同下的合同资产和合同负债以净额列示。合同成本包括合同履约成本和合同取得成本。本集团为提供中水管道接驳工程而发生的成本，确认为合同履约成本，并在确认收入时，按照已完成劳务的进度结转计入主营业务成本。本集团将为获取中水管道接驳工程合同而发生的增量成本，确认为合同取得成本，对于摊销期限不超过一年的合同取得成本，在其发生时计入当期损益；对于摊销期限在一年以上的合同取得成本，本集团按照相关合同下确认与中水管道接驳工程收入相同的基础摊销计入损益。如果合同成本的账面价值高于因提供该工程预期能够取得的剩余对价减去估计将要发生的成本，本集团对超出的部分计提减值准备，并确认为资产减值损失。于资产负债表日，本集团对于合同履约成本根据其初始确认时摊销期限是否超过一年，以减去相关资产减值准备后的净额，分别列示为存货和其他非流动资产；对于初始确认时摊销期限超过一年的合同取得成本，以减去相关资产减值准备后的净额，列示为其他非流动资产。

示例5：601107.SH　四川成渝

与合同成本有关的资产金额的确定方法本集团与合同成本有关的资产包括合同履约成本和合同取得成本。合同履约成本，即本集团为履行合同发生的成本，不属于其他企业会计准则规范范围且同时满足下列条件的，作为合同履约成本确认为一项资产：（1）该成本与一份当前或预期取得的合同直接相关，包括直接人工、直接材料、制造费用（或类似费用）、明确由客户承担的成本以及仅因该合同而发生的其他成本；（2）该成本增加了本集团未来用于履行履约义务的资源；（3）该成本预期能够收回。合同取得成本，即本集团为取得合同发生的增量成本预期能够收回的，作为合同取得成本确认为一项资产；该资产摊销期限不超过一年的，在发生时计入当期损益。增量成本，是指本集团不取得合同就不会发生的成本（如销售佣金等）。本集团为取得合同发生的、除预期能够收回的增量成本之外的其他支出（如无论是否取得合同均会发生的差旅费等），在发生时计入当期损益，但是，明确由客户承担的除外。与合同成本有关的资产的摊销本集团与合同成本有关的资产采用与该资产相关的商品收入确认相同的基础进行摊销，计入当期损益。摊销期限不超过一年则在发生时计入当期损益。与合同成本有关的资产的减值本集团在确定与合同成本有关的资产的减值损失时，首先对按照其他相关企业会计准则确认的、与合同有关的其他资产确定减值损失；然后，根据与合同成本有关的资产的账面价值高于下列两项的差额时，本集团对超出部分计提减值准备，并确认为资产减值损失：（1）本集团因转让与该资产相关的商品或服务预期能够取得的剩余对价；（2）为转让该相关商品或服务估计将要发生的成本。

本集团为签订商品房销售合同而支付给销售代理机构的佣金可以被销售对价覆盖，因此，本集团将相关金额资本化确认为合同取得成本，在相关收入确认时进行摊销（预计摊销期限超过 1 年）。2017 年，这些佣金支出在发生时被确认为销售费用。

示例 6：601390. SH　中国中铁

本集团提供的基础设施建设和基建项目的勘察、设计、咨询、研发、可行性研究、监理等服务，以及在工程设备与零部件制造业务中的钢结构产品制造与安装业务，根据履约进度在一段时间内确认收入。基础设施建设合同、基建项目的勘察设计等服务合同以及钢结构产品制造与安装合同的完工进度主要根据建造项目的性质，按已经完成的为履行合同实际发生的合同成本占合同预计总成本的比例或已完成的合同工作量占合同预计总工作量的比例或已完工合同工作的测量进度确定。于资产负债表日，本集团对已完工或已完成劳务的进度进行重新估计，以使其能够反映履约情况的变化。合同成本包括合同履约成本和合同取得成本。本集团为提供基础设施建设和基建项目的勘察设计等服务以及钢结构产品制造与安装而发生的成本，确认为合同履约成本。本集团在确认收入时，按照已完工的进度将合同履约成本结转计入主营业务成本。本集团将为获取建造合同而发生的增量成本，确认为合同取得成本。本集团对于摊销期限不超过一年或者该业务营业周期的合同取得成本，在其发生时计入当期损益；对于摊销期限在一个营业周期以上的合同取得成本，本集团按照相关合同下确认收入相同的基础摊销计入损益。如果合同成本的账面价值高于因提供该服务预期能够取得的剩余对价减去估计将要发生的成本，本集团对超出的部分计提减值准备，并确认为资产减值损失。于资产负债表日，本集团对于合同履约成本根据其初始确认时摊销期限是否超过该项业务的营业周期，以减去相关资产减值准备后的净额，分别列示为存货和其他非流动资产；对于初始确认时摊销期限超过一年或者一个营业周期的合同取得成本，以减去相关资产减值准备后的净额，列示为其他非流动资产。

五、特定交易披露分析

收入准则对于原收入准则和建造合同准则难以解决的某些特定交易（或事项）的收入确认和计量给出了明确规定。例如，如何区分总额和净额确认收入、附有质量保证条款的销售、附有客户额外购买选择权的销售、无需退还的初始费等，这些规定有助于更好地指导实务操作。选取了部分上市公司关于四个实务中常见的特定交易的年报披露进行分析。

（一）附有质量保证条款的销售

对于附有质量保证条款的销售，企业应当评估该质量保证是否在向客户保证所销售商品符合既定标准之外提供了一项单独的服务。企业提供额外服务的，应当作为单项履约义务；否则，质量保证责任应当按照《企业会计准则第 13 号——或有事项》规定进行会计处理。在评估质量保证是否在向客户保证所销售商品符合既定标准之外提供了一项单独的服务时，企业应当考虑该质量保证是否为法定要求、质量保证期限以及企业承诺履行任务的性质等因素。客户能够选择单独购买质量保证的，该质量保证构成单项履约义务。企业应当对其所提供的质量保证的性质进行分析，对于客户能够选择单独购买质量保证的，表明该质量保证构成单项履约义务；对于客户虽然不能选择单独购买质量保证，但是，如果该质量保证在向客户保证所销售的商品符合既定标准之外提供了一项单独服务的，也应当作为单项履约义务。

从执行收入准则的企业披露来看，法定的质量保证比较常见。

选取部分上市公司年报关于附有质量保证条款的销售披露示例：

示例 1：601800. SH　中国交建

质保义务

根据合同约定、法律规定等，本集团为所建造的资产提供质量保证。对于为向客户保证所建造的资产符合既定标准的保证类质量保证，本集团按照附注三（22）（略）进行会计处理。对于为向客户保证所建造的资产符合既定标准之外提供了一项单独服务的服务类质量保证，本集团将其作为一项单项履约义务，按照建造资产和服务类质量保证的单独售价的相对比例，将部分交易价格分摊至服务类质量保证，并在客户取得服务控制权时确认收入。在评估质量保证是否在向客户保证所建造的资产符合既定标准之外提供了一项单独服务时，本集团考虑该质量保证是否为法定要求、质量保证期限以及集团承诺履行任务的性质等因素。

本集团依据新收入准则将建造合同相关资产及负债记入合同资产及合同负债，按原收入准则相关资产及负债记入存货及预收账款；本集团依据新收入准则将建造合同预计损失记入预计负债，按原收入准则记入存货；本集团依据新收入准则将建造合同应收质量保证金记入其他非流动资产及一年内到期的非流动资产即合同资产——长期，按原收入准则记入长期应收款及一年内到期的非流动资产。

示例 2：601186. SH　中国铁建

附有质量保证条款的销售

对于附有质量保证条款的销售，如果该质量保证在向客户保证所销售商品或服务符合既定标准之外提供了一项单独的服务，该质量保证构成单项履约义务。否则，本集团按照《企业会计准则第 13 号——或有事项》规定对质量保证责任进行会计处理。

工程质量保证金，于 2018 年 1 月 1 日，本集团/本公司将尚未完成的合同中不满足无条件收款权的工程质量保证金根据其流动性列报为其他非流动资产。

示例 3：601618. SH　中国中冶

附有质量保证条款的销售

对于附有质量保证条款的销售，如果该质量保证在向客户保证所销售商品或服务符合既定标准之外提供了一项单独的服务，该质量保证构成单项履约义务。否则，本集团按照《企业会计准则第 13 号——或有事项》规定对质量保证责任进行会计处理。表 10 -31 所示。

表 10 -31　**预计负债**　单位：千元　币种：人民币

项目	2018 年 12 月 31 日	2017 年 12 月 31 日	形成原因
产品质量保证	4, 966	6, 677	因产品销售合同要求，本集团承担对已销售产品整体性能的保证责任形成现时义务，其履行很可能导致经济利益的流出且该义务的金额能够可靠计量。

示例4：602594.SZ　比亚迪

质保义务根据合同约定、法律规定等，本集团为所销售的商品提供质量保证。对于为向客户保证所销售的商品符合既定标准的保证类质量保证，本集团按照五、21进行会计处理。对于为向客户保证所销售的商品符合既定标准之外提供了一项单独服务的服务类质量保证，本集团将其作为一项单项履约义务，按照提供商品和服务类质量保证的单独售价的相对比例，将部分交易价格分摊至服务类质量保证，并在客户取得服务控制权时确认收入。在评估质量保证是否在向客户保证所销售商品符合既定标准之外提供了一项单独服务时，本集团考虑该质量保证是否为法定要求、质量保证期限以及本集团承诺履行任务的性质等因素。如表10－32所示。

表10－32　**预计负债**　单位：千元

项目	期初余额	期末余额
售后服务费	1, 854, 627	1, 471, 511

本集团对汽车及其他相关产品提供保修，并承诺维修或更换运行不良的产品部件。预计负债为基于销售量以及过往维修程度及退换记录而作出的保用金额预计。本集团持续对保用金额而产生的预计负债的估计标准进行复核，必要时进行调整。

示例5：600860.SH　京城股份

履约义务的说明本集团履约义务通常的履行时间在3个月以内，本集团作为主要责任人直接进行销售。一般在产品送达客户指定地点或在工厂内进行交货，转移对产品的控制权，付款方式通常有以下三种情况：有授信额度的在本集团授信额度内进行发货，无授信额度的客户，在发货前全额收款，或者根据合同相关条款收取一定比例的款项后安排发货，在发货的同时或者将货物送达客户指定的目的地，商品控制权转移给客户，本集团取得无条件收款权利。本集团不承担预期将退还给客户的款项等类似义务，其产品质量保证按照法定的产品质量要求执行。如表10－33所示。

表10－33　**预计负债**　单位：元　币种：人民币

项目	期初余额	期末余额	形成原因
产品质量保证	4, 243, 554. 25	3, 251, 807. 32	质量保证金

其他说明，包括重要预计负债的相关重要假设、估计说明：管理层基于销

售合同中对质量保证责任的承担年限和历史数据，以 LNG 产品的年度收入为基数，按照 4.25% 的比例计提年度产品质量保证金。

示例 6：000039.SZ　中集集团

本集团为销售产品提供产品质量保证，并确认相应的预计负债（附注四、35），本集团并未因此提供任何额外的服务或额外的质量保证，故该产品质量保证不构成单独的履约义务。

（1）本集团向购买集装箱、车辆、压力容器、登机桥及海洋工程等产品的客户提供售后质量维修承诺，对集装箱售出后二至七年、车辆售出后一年、压力容器售出后一至七年、登机桥售出后一至两年、海洋工程船舶交船后一年内出现的非意外事件造成的故障和质量问题，本集团依照合同，承担保修责任。上述产品质量保证是按本集团预计为本年及以前年度售出的产品需要承担的产品质量保修费用计提的。（2）主要为本公司子公司车辆集团对部分购买其车辆产品的客户提供银行车辆贷款担保，并根据车辆贷款的质量状况对期末车辆贷款担保余额计提相应的预计负债。

（二）主要责任人和代理人

新收入准则规定，企业应当根据其在向客户转让商品前是否拥有对该商品的控制权，来判断其从事交易时的身份是主要责任人还是代理人。企业在向客户转让商品前能够控制该商品的，该企业为主要责任人，应当按照已收或应收对价总额确认收入；否则，该企业为代理人，应当按照预期有权收取的佣金或手续费的金额确认收入，该金额应当按照已收或应收对价总额扣除应支付给其他相关方的价款后的净额，或者按照既定的佣金金额或比例等确定。

当企业向客户销售商品涉及其他方参与其中时，企业应当确定其自身在该交易中的身份是主要责任人还是代理人。主要责任人应当按照已收或应收对价总额确认收入；代理人应当按照预期有权收取的佣金或手续费的金额确认收入。

企业在判断其是主要责任人还是代理人时，应当根据其承诺的性质，也就是履约义务的性质，确定企业在某项交易中的身份是主要责任人还是代理人。企业承诺自行向客户提供特定商品的，其身份是主要责任人；企业承诺安排他人提供特定商品的，即为他人提供协助的，其身份是代理人。自行向客户提供特定商品可能也包含委托另一方（包括分包商）代为提供特定商品。

上市公司年报关于主要责任人和代理人的披露示例：

示例1：600548.SH　深高速

对于本集团工程建设管理服务项目，本集团作为总承包方负责整个项目的建设实施，工程施工单位、勘察设计、咨询等由本集团负责招标并与第三方单位签订合同，政府向本集团按照代建协议约定的支付方式支付工程投资的总价。本集团在向业主转移商品之前拥有对在建项目的控制权，并能主导第三方向业主提供服务，对向业主转移代建的工程承担首要责任，因此本集团是主要责任人，按照已收或应收对价总额确认收入。否则，本集团为代理人，按照预期有权收取的佣金或手续费的金额确认收入，该金额应当按照已收或应收对价总额扣除应支付给其他相关方的价款后的净额，或者按照既定的佣金金额或比例等确定。

示例2：601880.SH　大连港

对于贸易业务，本集团自第三方取得贸易类商品控制权后，再转让给客户，本集团有权自主决定所交易商品的价格，即本集团在向客户转让贸易商品前能够控制该商品；对于货运代理业务，本集团能够主导第三方代表本集团向客户提供运输等服务，本集团承担向客户提供运输服务的主要责任，本集团有权自主决定所提供服务的价格。因此本集团是主要责任人，按照已收或应收对价总额确认收入。否则，本集团为代理人，按照预期有权收取的佣金或手续费的金额确认收入，该金额应当按照已收或应收对价总额扣除应支付给其他相关方的价款后的净额，或者按照既定的佣金金额或比例等确定。

示例3：603157.SH　拉夏贝尔

收入的总额法确认根据新收入准则，本集团根据向客户转让商品前是否拥有对该商品的控制权，来判断从事交易时的身份是主要责任人还是代理人。本集团所售商品在出售给终端消费者前由本集团控制。在百货商场、零售网点、门店中的零售服务人员为本集团雇佣的员工，由这些员工负责向终端客户销售商品并提供商品销售前后的各种服务，本集团承担向客户转让商品的主要责任。在转让商品之前由本集团负责商品的保存和陈列，所售商品的退换货风险也均由本集团承担，因此本集团在转让商品前后均承担商品的存货风险。商品的吊牌价由本集团决定并在商品的吊牌上标注，百货商场及电商平台收取固定比例的扣点，当百货商场/电商平台举办促销活动时，本集团可以选择是否参与此类促销活动。如果本集团选择参与约定折扣比例的促销活动，参与促销上架的商品种类以及每件商品的原价仍由本集团决定，因此本集团有权自主决定所交易商品的价格。综上，本集团的客户是终端消费者，而非百货商场及电商平台，本集团作为主要责任人，根据终端消费者支付价款的总额确认为收入，将百货商场及电商平台的扣点确认为费用。

示例4：601992. SH　金隅集团

主要责任人/代理人对于本集团自第三方取得大宗贸易商品或其他资产控制权后，再转让给客户，本集团有权自主决定所交易商品的价格，即本集团在向客户转让贸易商品前能够控制该商品，因此本集团是主要责任人，按照已收或应收对价总额确认收入。否则，本集团为代理人，按照预期有权收取的佣金或手续费的金额确认收入，该金额应当按照已收或应收对价总额扣除应支付给其他相关方的价款后的净额，或者按照既定的佣金金额或比例等确定。

示例5：600362. SH　江西铜业

主要责任人/代理人对于本集团自第三方取得贸易类商品控制权后，再转让给客户，本集团有权自主决定所交易商品的价格，即本集团在向客户转让贸易类商品前能够控制该商品，因此本集团是主要责任人，按照已收或应收对价总额确认收入。否则，本集团为代理人，按照预期有权收取的佣金或手续费的金额确认收入，该金额应当按照已收或应收对价总额扣除应支付给其他相关方的价款后的净额，或者按照既定的佣金金额或比例等确定。

示例6：600030. SH　中信证券

代理承销业务在提供劳务交易的结果能够可靠估计、合理确认时，通常于发行项目完成后确认结转收入；

代买卖证券业务在证券买卖交易日确认收入；

委托资产管理业务按合同约定方式确认当期收入；

股利收入于本集团获得收取股利的权利确立时确认；

其他业务收入主要来自于本集团下属商贸子公司大宗商品销售收入。

销售商品收入于本集团已履行了合同中的履约义务，即在客户取得相关商品控制权时确认收入。

在销售商品过程中，本集团作为首要的义务人，负有向顾客提供商品、履行订单的首要责任；在仓单转移之前，由本集团承担一般风险；本集团对于所转移商品具有自由定价权，并就其应向客户收取的款项，承担了源自客户的信用风险及存货风险。由此本集团满足了主要责任人的特征，大宗商品销售相关收入按照总额进行列示。

本集团已经取得无条件收款权的部分，确认为应收款项，其余部分确认为合同资产，并对应收款项和合同资产以预期信用损失为基础确认损失准备；如果本集团已收或应收的合同价款超过已完成的劳务，则将超过部分确认为合同负债。本集团对于同一合同下的合同资产和合同负债以净额列示。

本集团对以摊余成本计量的金融资产和以公允价值计量且其变动计入其他综合收益的债务工具投资，根据相关金融资产账面余额乘以实际利率计算确定利息收入，但对于已发生信用减值的金融资产，改按该金融资产的摊余成本和实际利率计算确定利息收入，均列报为“利息收入”。对于以公允价值计量且其变动计入当期损益的金融工具投资，持有期间产生的利得计入当期损益，列报为“投资收益”。

（三）附有客户额外购买选择权的销售

新收入准则规定，对于附有客户额外购买选择权的销售，企业应当评估该选择权是否向客户提供了一项重大权利。企业提供重大权利的，应当作为单项履约义务，按照准则规定将交易价格分摊至该履约义务，在客户未来行使购买选择权取得相关商品控制权时或者该选择权失效时确认相应的收入。客户额外购买选择权的单独售价无法直接观察的，企业应当综合考虑客户行使和不行使该选择权所能获得的折扣的差异、客户行使该选择权的可能性等全部相关信息后，予以合理估计。

客户虽然有额外购买商品选择权，但客户行使该选择权购买商品时的价格反映了这些商品单独售价的，不应被视为企业向该客户提供了一项重大权利。

实务中，航空公司、零售业等企业在销售商品或服务的同时，向客户授予的额外购买选择权的形式包括销售激励、客户奖励积分、未来购买商品的折扣券以及合同续约选择权等。上市公司关于附有客户额外购买选择权的销售的年报披露示例：

示例1：601111.SH　中国国航

客户额外购买选择权指常旅客奖励计划，对于向客户提供了重大权利的额外购买选择权，本集团将其作为单项履约义务，在客户未来行使购买选择权取得相关商品或服务控制权时，或者该选择权失效时，确认相应的收入。

在本集团执行的常旅客奖励计划下，根据累计飞行里程提供飞行或产品奖励予会员。本集团建立了较为复杂的信息技术系统，追踪每项销售的服务提供时点，并追踪派发的常旅客里程及后续的兑换及使用里程数的情况。在提供运输服务时，根据运输服务与奖励里程单独售价的相对比例，将收到的价款在运输服务和奖励里程之间进行分配，将奖励里程所分配的金额确认为合同负债（2017年12月31日之前作为一项递延收益），运输服务分配的金额确认为收入。合同负债在会员兑换里程并取得相关奖励商品或服务的控制权或里程失效时结转计入当期损益。

示例2：600029.SH　南方航空

与本集团取得收入的主要活动相关的具体会计政策描述如下：

常旅客里程奖励计划

本集团主要执行两个常旅客里程奖励计划，分别为南航明珠俱乐部及厦航白鹭卡常旅客计划。会员可利用累积里程兑换飞行奖励或其他奖励。

根据常旅客里程奖励计划，对于以飞行方式获得的奖励里程，本集团将票款收入按照常旅客奖励里程和运输服务的单独售价的相对比例分摊，并将分摊至奖励里程的部分，首先确认为合同负债。

在常旅客里程奖励计划下，从第三方取得的除飞行以外方式获得的奖励里程，同样首先确认为合同负债。

与奖励里程相关的合同负债待客户兑换飞行奖励里程或取得奖励商品或服务的控制权时转出。会员兑换的飞行奖励按照附注二（21）（a）所述的会计政策确认收入。会员兑换的其他奖励，在会员取得相关奖励商品或服务的控制权时结转计入当期损益。

示例3：600115.SH　东方航空

常旅客奖励积分

本集团在提供承运服务同时会授予客户常旅客奖励积分，常旅客奖励积分可以兑换为本集团提供的免费或折扣后的商品和服务。该奖励积分计划向客户提供了一项重大权利，本集团将其作为单项履约义务，按照提供商品和服务的单独售价的相对比例，将部分交易价格分摊至奖励积分，并在客户取得积分兑换商品或服务控制权时或积分失效时确认收入。

常旅客奖励积分的单独售价及预期兑换率

本集团综合考虑客户兑换或不兑换常旅客奖励积分所能获得免费商品的可观察单独售价或折扣的差异以及客户行使该兑换权的可能性等全部相关信息后，对常旅客奖励积分单独售价予以合理估计。估计客户行使该兑换权的可能性时，本集团根据积分兑换的历史数据、当前积分兑换情况并考虑客户未来变化、市场未来趋势等因素综合分析确定。

示例 4：601811. SH　新华文轩

可变对价

合同中存在可变对价（如退货权、销售返利以及积分奖励等）的，本集团按照期望值或最可能发生金额确定可变对价的最佳估计数。包含可变对价的交易价格，不超过在相关不确定性消除时累计已确认收入极可能不会发生重大转回的金额。每一资产负债表日，本集团重新估计应计入交易价格的可变对价金额。

本集团零售门店对消费者实行会员积分卡回馈政策。对于消费积分达到一定分值的客户积分可以在购物时折算为现金使用。本集团将销售对价按照单独售价在已售出商品和授予的积分之间进行分配，分配于奖励积分的销售对价作为合同负债，并在奖励积分被兑换时确认为收入。

本集团零售门店对消费者实行会员积分卡回馈政策，对于消费积分达到一定分值的客户积分可以在购物时折算为现金使用。本集团将销售对价按照相对单独售价在已售出商品和授予的积分之间进行分配，分配于奖励积分的销售对价作为合同负债，并在奖励积分被兑换时确认为收入。

（四）客户未行使的权利

新收入准则规定，企业向客户预收销售商品款项的，应当首先将该款项确认为负债，待履行了相关履约义务时再转为收入。当企业预收款项无须退回，且客户可能会放弃其全部或部分合同权利时，企业预期将有权获得与客户所放弃的合同权利相关的金额的，应当按照客户行使合同权利的模式按比例将上述金额确认为收入；否则，企业只有在客户要求其履行剩余履约义务的可能性极低时，才能将上述负债的相关余额转为收入。某些情况下，企业收取的预收款无需退回，但是客户可能会放弃其全部或部分合同权利，例如，放弃储值卡的使用等。企业预期将有权获得与客户所放弃的合同权利相关的金额的，应当按照客户行使合同权利的模式按比例将上述金额确认为收入；否则，企业只有在客户要求其履行剩余履约义务的可能性极低时，才能将相关负债余额转为收入。企业在确定其是否预期将有权获得与客户所放弃的合同权利相关的金额时，应当考虑将估计的可变对价计入交易价格的限制要求。如果有相关法律规定，企业所收取的、与客户未行使权利相关的款项须转交给其他方的（例如，法律规定无人认领的财产须上交政府），企业不应将其确认为收入。

实务中常见的预收款销售，零售业的预付卡（充值卡），航空业的预售票都属于此种类型。上市公司关于客户未行使的权利的年报披露示例：

示例1：600029.SH　南方航空

当客户接受本集团提供的客运、货运和邮运服务等运输服务时，客户取得运输服务的控制权，与此同时，本集团将对应的运输服务交易价格结转确认为收入。本集团已收但尚未提供运输服务的票款，计入票证结算负债。

弃用机票为本集团预期客户可能会放弃其部分或全部合同权利，从而本集团无需行使的客运合约责任所对应的部分合同权利。当本集团预收机票款无须退回，且客户可能会放弃其全部或部分合同权利时，本集团于提供运输服务时，按照客户行使合同权利的模式按比例将预期有权获得与客户所放弃的合同权利相关的金额确认为收入；否则，本集团只有在客户要求其履行剩余履约义务的可能性极低时，才能将上述负债的相关余额转为收入。本集团依据新收入准则有关特定事项或交易的具体规定，调整了弃用机票的会计政策。本集团依据新收入准则的规定，根据履行履约义务与客户付款之间的关系在资产负债表中列示合同资产或合同负债。同时，本集团依据新收入准则对与收入相关的信息披露要求提供更多披露。

采用新收入准则对本集团会计政策的具体影响如下：对于常旅客里程奖励计划，在原收入准则下，本集团将来自客运服务的票款收入根据公允价值在提供运输服务收入与常旅客里程奖励计划授予会员的奖励里程之间进行分配，将奖励里程的公允价值确认为递延收益，其余部分确认为当期收入。在新收入准则下，分摊比例按照奖励里程和运输服务单独售价的相对比例确定。本集团分摊至奖励里程的交易价格改变，并同时影响运输收入与合同负债的确认金额。对于弃用机票，在原收入准则下，本集团在机票超过规定结算时限后结转损益。在新收入准则下，当本集团预收机票款无需退回，且客户可能会放弃其全部或部分合同权利时，本集团于提供运输服务时，按照客户行使合同权利的模式按比例将预期有权获得与客户所放弃的合同权利相关的金额确认为收入；否则，本集团只有在客户要求其履行剩余履约义务的可能性极低时，才能将上述负债的相关余额转为收入。

示例2：601111.SH　中国国航

本集团出售的机票在尚未承运时将收到的款项通过“国内票证结算”或“国际票证结算”科目核算，待履行了相关履约义务时再转为收入。当本集团出售的机票款项无需退回，且客户可能会放弃其全部或部分合同权利时，本集团预期将有权获得与客户所放弃的合同权利相关的金额的，按照客户行使合同权利的模式按比例将上述金额确认为收入；否则，本集团只有在客户要求履行剩余履约义务的可能性极低时，才将上述负债的相关余额转为收入。

示例 3：600115. SH　东方航空

当本集团出售的机票款项无需退回，且客户可能会放弃其全部或部分合同权利时，本集团预期将有权获得与客户所放弃的合同权利相关的金额的，按照客户行使合同权利的模式按比例将上述金额确认为收入；否则，本集团只有在客户要求其履行剩余履约义务的可能性极低时，才能将上述负债的相关余额转为收入。

预计超期票证收入根据附注三、24 所述的会计政策，本集团于提供运输服务时确认客运、货运与邮运收入。本集团预期将有权获得与客户所放弃的合同权利相关的金额的，按照客户行使合同权利的模式按比例将上述金额确认为收入。本集团基于历史数据预期客户行使合同权利的模式估计超期票证的收入。不同判断及估计可能会影响本集团当期收入的确认金额。

示例 4：601598. SH　中国外运

本集团自 2018 年 1 月 1 日施行财政部于 2017 年修订的《企业会计准则第 14 号——收入》，具体内容如下：……客户未行使的合同权利本集团向客户预收销售商品或服务款项的，首先将该款项确认为负债，待履行了相关履约义务时再转为收入。当本集团预收款项无需退回，且客户可能会放弃其全部或部分合同权利时，本集团预期将有权获得与客户所放弃的合同权利相关的金额的，按照客户行使合同权利的模式按比例将上述金额确认为收入；否则，本集团只有在客户要求履行剩余履约义务的可能性极低时，才将上述负债的相关余额转为收入。

附录　收入确认过渡资源组会议纪要

一、收入确认过渡资源组简介

2014 年 6 月，在发布新收入准则后，IASB 和 FASB 宣布成立收入确认联合过渡资源组（Joint Transition Resource Group for Revenue Recognition，TRG）。

TRG 的主要目标是向 IASB 和 FASB 反映新收入准则实施可能存在的应用问题，以帮助 IASB 和 FASB 确定是否采取措施进一步阐述这些问题。此外，TRG 也为利益相关方提供了讨论机会，以了解企业和其他组织实施新收入准则的经验和存在的问题。TRG 不会发布正式的实施指引。

TRG 成员包括财务报表编制者、审计师，以及来自世界各地、身处各行业的上市和非上市公司及各类其他组织的财务报表使用者。

利益相关方可以将新收入准则的实施问题提交给 TRG 会议讨论。而 IASB 和 FASB 将对所提交的问题进行评估，并在 TRG 会议上对这些问题进行研讨。

在 2014 年至 2016 年间，TRG 共召开了 8 次讨论会议。其中，前 6 次会议由 IASB 和 FASB 联合召开，2016 年的 2 次会议仅由 FASB 组成的 TRG 成员讨论，IASB 派代表旁听。

TRG 主要讨论了以下 50 项议题：

序号	议　　题
	第一次会议纪要
1	议题 1：总额法和净额法
2	议题 2：总额法和净额法：向客户开具账单金额
3	议题 3：基于销售和使用的特许权或其他商品或服务合同
4	议题 4：资本化合同成本的减值测试
	第二次会议纪要
5	议题 1：客户对额外购买商品或服务选择权及不可返还前期费用
6	议题 2：将合同作为合同资产或合同负债列报
7	议题 3：确定知识产权许可的性质
8	议题 4：在合同范围内可明确区分
9	议题 5：合同执行和终止条款
	第三次会议纪要
10	议题 1：识别承诺商品或服务
11	议题 2：取得合同的增量成本
12	议题 3：过渡规定——合同变更
13	议题 4：非现金对价
14	议题 5：随时准备义务
15	议题 6：伊斯兰教融资交易
16	议题 7：可收回性
17	议题 8：可变对价
18	议题 9：重大权利
19	议题 10：应付客户对价
20	议题 11：重大融资成分
	第四次会议纪要
21	议题 1：交易价格中折扣和可变对价的分摊
22	议题 2：客户执行重大权利的会计处理
23	议题 3：应付客户对价
24	议题 4：在合同存在前已部分履行履约义务
25	议题 5：质保
26	议题 6：重大融资成分
27	议题 7：捐赠是否属于新收入准则范围
28	议题 8：一系列可明确区分的商品或服务

续表

序号	议　题
	第五次会议纪要
29	议题1：应付客户对价
30	议题2：范围——信用卡
31	议题3：组合实务简化和可变对价限制的应用
32	议题4：过渡日的已完成合同
33	议题5："一系列"条款和可变对价分摊的应用
34	议题6：对履行履约义务计量程序的实务简化
35	议题7：当多重商品或服务属于单项履约义务时的计量程序
36	议题8：确定商品的控制权在何时转移
37	议题9：退货费用及相关成本的会计处理
	第六次会议纪要
38	议题1：客户额外购买商品和服务的选择权
39	议题2：生产前期活动
40	议题3：许可——限制和更新的特殊应用问题
41	议题4：固定赔率投注合同是否属于《主题606》的范围
	第七次会议纪要
42	议题1：激励机制资本分摊的范围考虑，如附带权益
43	议题2：在评价客户选择权是否产生了重大权利时对客户层级的考虑
44	议题3：金融机构的范围考虑
45	议题4：评价如何在一段时间内转移控制权
46	议题5：合同变更中合同资产的处理
	第八次会议纪要
47	议题1：取得合同增量成本的资本化和摊销
48	议题2：包含保底的基于销售和使用的特许权
49	议题3：应付客户对价
50	议题4：在一段时间内确认收入

IASB 对 TRG 提交的 5 项议题进行了讨论：

（1）识别履约义务；

（2）主要责任人和代理人的判断；

（3）知识产权许可；

（4）可收回性；

(5) 非现金对价的计量。

最终，IASB 于 2016 年 4 月发布了《对〈国际财务报告准则第 15 号〉的澄清》，对其中 3 项议题进行了澄清，即识别履约义务、主要责任人和代理人的判断，以及知识产权许可。

本书相关章节详细介绍了 TRG 历次会议主要议题的具体内容，本附录是历次会议纪要。

二、TRG 讨论会议纪要

第一次会议纪要

第一次会议时间：2014 年 7 月 18 日

后续会议修订：2014 年 10 月 31 日、2015 年 3 月 18 日

2014 年 7 月 18 日会议中，共讨论了以下四个议题：

(1) 议题 1：总额法和净额法；

(2) 议题 2：总额法和净额法——向客户开具账单的金额；

(3) 议题 3：基于销售和使用的特许权或其他商品或服务合同；

(4) 议题 4：资本化合同成本的减值测试。

议题 1：总额法和净额法［TRG Agenda ref 1］

TRG 讨论了在判断企业属于主要责任人或代理人及其会计处理时存在的应用问题，具体包括：

(1) 问题 1 (1)：《国际财务报告准则第 15 号》第 B37 段［Topic 606 para 606 - 10 - 55 - 39］判断主要责任人或代理人考虑的因素，如何反映主要责任人在向客户交付前控制了商品或服务的原则？

(2) 问题 1 (2)：《国际财务报告准则第 15 号》第 B37 段的因素如何适用于某些合同，特别是有关无形的商品或服务的合同，以及提供了相反证据的因素？

(3) 问题 2：如果企业将其自身确定为主要责任人，且代其提供商品或服务的中间商为代理人，那么，在企业自中间商收取的现金为净额（客户支付金额扣除中间商的佣金），且企业并不清楚终端客户所支付的金额时，企业应当如

何确认其收入金额？

（4）问题3：当企业在交易的部分商品或服务中属于主要责任人，部分属于代理人时，如何对交易价格进行分摊？

在会议中，讨论主要关注于问题1和问题2。TRG成员承认，原国际财务报告准则和美国公认会计原则中有关主要责任人和代理人的分析，需要重大判断，在新收入准则下，很可能也需要重大判断。各方观点认为，某些交易很难识别企业的客户及承诺商品或服务，特别是提供服务交易和其他不涉及有形商品的交易。

TRG成员认为，新收入准则下主要责任人和代理人的判断因素，与原收入准则下的判断因素类似。因此，某些成员可能直观地认为，新指引的判断结果总是或通常与原指引的判断结果是相同的。而某些成员则认为，由于引入了原指引没有的控制原则，新指引的判断结果可能发生变动。

讨论帮助IASB和FASB比较了原收入准则与执行新收入准则预期将产生的挑战。IASB和FASB将对该议题进一步研究。研究将关注于是否有必要采取修订措施，以帮助利益相关方降低主要责任人和代理人评价过程中的判断难度。在IASB和FASB职员完成研究后，将向所有利益相关方提供一项更新。

议题2：总额法和净额法：向客户开具账单金额［TRG Agenda ref 2］

TRG讨论了某些类型的向客户开具账单金额应作为收入还是作为相关费用的抵减。此类向客户开具账单金额的例子包括：运输和装卸费、据实支付费用（Other out - of - pocket expenses），以及向客户收取并向政府机构缴纳的各项税费。

讨论关注于《国际财务报告准则第15号》第47段［Topic 606 para 606 - 10 - 32 - 2］交易价格的定义，以及《国际财务报告准则第15号》第B34 - B38段［Topic 606 para 606 - 10 - 55 - 36 through 55 - 40］对主要责任人和代理人的判断。TRG成员认为，新收入准则提供了足够的指引来确定向客户开具账单金额的列报方法。TRG成员也承认，为适当的应用新收入准则，可能需要根据不同法律环境评价不同类型的税费，如销项税等。特别是那些原会计原则允许企业对自客户收取的销项税或其他税费的列报，作为一项可选择的会计政策的国家和地区。

IASB和FASB赞同TRG成员的观点，新收入准则提供了足够的指引来确定应当以总额还是净额列报向客户开具账单金额，包括运输和装卸费、据实支付费用，以及向客户收取并向政府机构缴纳的各项税费。

由于讨论表明，利益相关方能够理解并应用新收入准则的指引，TRG 职员认为不需要向 IASB 和 FASB 提请采取任何措施。

议题 3：基于销售和使用的特许权或其他商品或服务合同［TRG Agenda ref 3］

TRG 讨论了《国际财务报告准则第 15 号》第 B63 段［Topic 606 para 606 - 10 - 55 - 65］中基于销售和使用的特许权指引（特许权限制）的适用范围。TRG 的讨论主要关注以下三个解释：

（1）特许权何时包含在知识产权许可合同中，无论是否为①该特许权与另一非许可的商品或服务相关；②该许可是一项单项履约义务。

（2）当特许权仅仅是与一项知识产权许可相关，且该许可是单项履约义务；

（3）当特许权是①仅与一项知识产权许可相关，或②与一项许可和多项非许可的商品或服务相关，但许可是特许权的主要组成部分。

TRG 成员对如何解释新收入准则中特许权限制的范围具有不同观点。此外，其他成员也对新收入准则下知识产权许可的会计处理存在其他疑问，包括：

（1）基于销售和使用特许权的构成有哪些？

（2）知识产权许可的构成有哪些？

（3）新收入准则下如何确定许可性质的相关应用指引。即授予许可的性质是为客户提供了获取知识产权的权利，还是为客户提供了使用知识产权的权利。

在 2014 年 7 月 18 日的会议之后，TRG 职员提交了知识产权许可相关的应用问题。这些应用问题包括在 2014 年 10 月 31 日的会议议程中。

IASB 和 FASB 成员指出，在决定是否对 2014 年 7 月 18 日会议中讨论的有关特许权限制问题采取措施之前，了解许可有关的其他问题应当是有帮助的。在 2014 年 10 月的会议之后，IASB 和 FASB 将提交其特许权限制应用问题和许可的其他问题相关更新计划。

议题 4：资本化合同成本的减值测试［TRG Agenda ref 4］

TRG 讨论了新收入准则在对资本化合同成本减值测试时，是否考虑合同续期或展期对未来现金流量的影响。TRG 成员指出，新收入准则要求企业在评估“企业因交付与该资产相关的商品或服务而预计收取的剩余对价金额”［IFRS 15 para 101（1）］时，应考虑合同续期和展期。TRG 成员指出，该观点也得到了准则结论基础的支持［IFRS 15 para BC309、BC310］，《国际财务报告准则第 15

号》第99至104段指出，“与该资产相关的商品或服务”包括特定预期未来合同，如续期或展期所产生的商品或服务。职员赞同TRG成员的观点，在资本化合同成本减值测试，估计未来现金流量时应考虑合同续期或展期。

由于讨论表明，利益相关方能够理解并应用新收入准则的指引，TRG职员未建议IASB和FASB对该问题采取进一步措施。

第二次会议纪要

第二次会议时间：2014年10月31日

后续会议修订：2015年1月26日

2014年10月31日的会议中，讨论了以下几个议题：

（1）议题1：客户对额外购买商品或服务选择权及不可返还前期费用；

（2）议题2：将合同作为合同资产或合同负债列报；

（3）议题3：确定知识产权许可的性质；

（4）议题4：在合同范围内可明确区分；

（5）议题5：合同执行和终止条款。

议题1：客户对额外购买商品或服务选择权及不可返还前期费用［TRG Agenda ref 6］

TRG讨论了确定客户可获得额外购买商品或服务选择权是否产生了一项重大权利指引可能存在的应用问题。TRG讨论了以下问题：

（1）对于选择权是否产生了重大权利的评估，是仅在与客户的当前交易范围内进行，还是需要考虑与客户的过去和未来交易？

（2）对于选择权是否产生了重大权利的评估，是仅为定量因素，还是应当同时考虑定性因素？

大部分TRG成员赞同，评估选择权是否产生了重大权利，应当考虑与客户的相关交易，包括当前、过去和未来的交易；并且，应当考虑定量和定性因素，包括是否为累计权利，例如，客户忠诚度积分。

职员赞同大部分TRG成员的观点，与新收入准则一致，在评估客户选择权是否产生了重大权利，包括该权利如何随时间累计时，需考虑具体事实和情况，包括与客户当前交易以外的现有交易。

职员也赞同大部分TRG成员的观点，与新收入准则一致，在评估客户选择权是否产生了重大权利时，应考虑定量和定性因素。这与识别承诺商品或服务应当考虑客户的有效预期［IFRS 15 para BC87］，以及客户在预期“重大权利”

的构成时应考虑定性因素（如是否为累计权利）的要求一致。

由于讨论表明利益相关方能够理解并应用新收入准则的指引，职员相信其与新收入准则一致，职员并未向 IASB 和 FASB 提请对该问题采取进一步措施。

议题 2：将合同作为合同资产或合同负债列报［TRG Agenda ref 7］

TRG 讨论了新收入准则中合同资产和合同负债列报相关指引的适用问题。这些问题包括：

（1）企业如何确定包含多项履约义务合同的列报？

（2）企业如何确定在应用步骤 1 识别客户合同时，被合并作为单项合同的两项或多项合同的列报？

（3）企业何时能将合同资产或合同负债与其他资产或负债进行抵销？

TRG 成员普遍认为：

（1）合同列报为合同资产或合同负债（但不是同时），取决于企业的履约和客户支付之间的关系。即合同资产或合同负债是在合同层面而不是履约义务层面确定的。

（2）当两项或多项合同被合并为单项合同处理时，列报指引适用于合并合同。因此，合并合同被作为一项合同资产或一项合同负债进行列报。

（3）企业在确定是否能够将合同资产与合同负债进行抵销时，需要考虑其他准则的规定，例如，《国际会计准则第 1 号——财务报表列报》、《国际会计准则第 32 号——金融工具：列报》，以及 FASB 的《会计准则汇编 议题 210－20 资产负债表——抵销》。

职员赞同大部分 TRG 成员的观点，并认为这些观点与新收入准则相关指引一致。《国际财务报告准则第 15 号》第 BC317 段［Topic 606 para 606－10－45－1］指出，"一份合同中的剩余权利和履约义务，应按净额进行会计处理及列报"。换句话说，企业是以净额将各项合同作为一项合同资产或合同负债列报，而不是将合同作为一项合同资产和一项合同负债分别确认。根据《国际财务报告准则第 15 号》第 BC72 段［Topic 606 para 606－10－25－9］，合并合同的目标是"识别作为计量单元进行会计处理的合同"。也就是说，个别合同的权利和义务相互依赖于合并合同，将多个合同作为单项合同合并列报，可以更好地反映其权利和义务。

职员赞同大部分 TRG 成员的意见，在回答这些应用问题时，有时需要考虑其他准则的规定。

由于讨论表明利益相关方能够理解并应用新收入准则的指引，职员相信其与准则一致，职员并未向 IASB 和 FASB 提请对该问题采取进一步措施。

议题 3：确定知识产权许可的性质［TRG Agenda ref 8］

TRG 讨论了在确定知识产权许可性质时可能存在的应用问题。TRG 的讨论涉及以下几个问题：

（1）对于不属于单项履约义务的知识产权许可，企业是否需要确定许可的性质是获取企业知识产权的权利，还是使用企业知识产权的权利？从而确定许可收入是在一段时间内还是某一时点确认。（问题 1）

（2）对于许可的性质是在许可期内获取企业知识产权的权利，许可方的合同要求或预期活动必须改变标的知识产权的形态或功能，还是仅需要使知识产权的价值发生重大改变，就构成知识产权的变化？（问题 2）

（3）如果客户并不要求使用最新版本的标的知识产权，许可方的活动是否使客户直接承担了其享有权利的知识产权的正面或负面影响？［问题 2（1）］

（4）在确定许可性质时，是否需要考虑不能与知识产权许可单独区分的转让商品或服务的活动？［问题 2（2）］

（5）知识产权许可合同的限制是否影响在适用步骤 2（识别履约义务）时，判断合同是否包含一项或多项许可？（问题 3）

对于问题 1，TRG 成员和职员普遍赞同，在某些情况下，即使许可不是一项单项履约义务，企业也需要确定许可的性质。即当许可不是单项履约义务，而是与其他商品或服务合并为单项履约义务，《国际财务报告准则第 15 号》结论基础第 BC407 段建议，如果许可在单项履约义务中属于主要或重要部分，则仍然需要适用确定许可性质的指引。他们也赞同，如果许可在单项履约义务中不重大，则不需要适用该指引。但是，部分 TRG 成员认为，新收入准则对于许可既不重大，也不是重大的组成部分是否适用许可相关指引是不明确的。

在问题 2 中，TRG 成员对于判断获取知识产权的权利还是使用知识产权的权利存在不同观点，特别是通过合同获取或授予方其他预期活动“对客户享有权利知识产权具有重大影响”。TRG 成员讨论了以下三种观点：

（1）观点 1：对客户享有权利知识产权具有重大影响的活动，必须预期能够改变知识产权的形态或功能。仅仅影响知识产权的价值不足以对客户享有权利知识产权具有重大影响。

（2）观点 2：对客户享有权利知识产权具有重大影响的活动，仅需要对客户享有权利的知识产权价值具有重大影响（改变）。能够改变知识产权形态或功能的活动也具有重大影响，但改变知识产权形态或功能不是必要条件。

（3）观点3：类似于观点2，但“对知识产权具有重大影响”是较高的门槛。

不同成员指出，准则指引中很多方面都反映为同时支持观点1和观点2。很多成员认为，观点3应该是IASB和FASB在作出许可决议时的意图，但准则的语言本身没有体现出对该观点的支持。

对于问题2（1）和2（2），TRG成员普遍赞同，利益相关方能够理解并应用新收入准则的指引，并且，并不反对职员就两个问题提出的以下意见：

（1）问题2（1）：如果客户具有合同或实际的能力继续使用原先版本的知识产权，则客户通常未直接承担知识产权变动的有利或不利影响。很少有证据证明，客户能够继续使用原先版本的知识产权，并认定知识产权价值的变动导致了变动。这是因为，即使知识产权的形态或功能并未发生变动，客户通常很难判断与知识产权原先价值相关的部分。

（2）问题2（2）：《主题606》第606－10－55－60段［IFRS 15 para B58］的第三个条件指出，仅在许可方的活动未导致向客户转让商品或服务时，才会在确定许可性质时考虑许可方的预期活动。该条件并未明确，这些活动是否仅在导致交付的商品或服务属于单项履约义务时才被排除。在问题3中，TRG成员承认，新收入准则的指引已明确，合同限制并不影响知识产权许可的性质，TRG成员对合同限制如何影响合同中承诺商品或服务的识别持不同观点。

讨论向IASB和FASB表明，新收入准则有关知识产权许可的应用中可能存在挑战。IASB和FASB将进一步研究并就该议题发布成果。研究的重点关注于IASB和FASB采取哪些改进措施能够减少企业应用许可相关指引可能产生的分歧。该研究也包含在基于销售和使用的知识产权使用权限制的范围内，该议题在2014年7月18日TRG会议中讨论。

议题4：在合同范围内可明确区分［TRG Agenda ref 9］

TRG成员讨论了步骤2（识别履约义务）的相关指引。讨论主要关注于《主题606》第606－10－25－19（2）段和第25－21段［IFRS 15 para 27（2）、para 29］的条件：如果企业承诺向客户交付的商品或服务能够与合同内其他承诺区分开来（合同范围内可明确区分），则属于可明确区分的承诺商品或服务。

TRG成员普遍赞同，交易存在多重要素通常会影响分析，比如，某项要素通常可能无法确定。企业应当考虑所有的事实和情况，以评价承诺商品或服务是否在合同范围内可明确区分的。例如，学习曲线、客户喜好或者合同限制可能对不同合同或不同类型的交易具有不同影响。部分成员认为，《主题606》第606－10－25－21段［IFRS 15 para 29］的所有因素在多大程度上必须针对合同各项承诺进行评估是不够明确的。也就是说，企业是需要评估指引中的全部三个因素，还是仅关注于根据其交易性质判断最适合的因素。

TRG 成员无法达成统一意见的问题包括两方面：分析是基于企业的视角，客户的视角，还是仅基于合同本身？如何应用《主题 606》para606 - 10 - 25 - 21（3）段［IFRS 15 para 29（3）］中，有关商品或服务是否高度依赖于合同所承诺的其他商品或服务或与其高度关联？《主题 606》第 606 - 10 - 25 - 21 段［IFRS 15 para 29］仅适用于《主题 606》第 606 - 10 - 25 - 19（2）段［IFRS 15 para 27（2）］条件范围内。但是，讨论发现，由于部分企业可能在该条件范围之外分析这些因素，可能造成实务差异。

讨论向 IASB 和 FASB 表明，在确定一项承诺商品或服务是否在合同范围内可明确区分，可能产生挑战。IASB 和 FASB 将进一步研究并就该议题发布成果。研究的重点关注于 IASB 和 FASB 采取哪些改进措施能够减少企业应用许可相关指引时可能产生的分歧。研究更新将向所有利益相关方发布。

议题 5：合同执行和终止条款［TRG Agenda ref 10］

TRG 成员讨论了在确定合同存续期时如何评价终止条款。TRG 成员讨论了多个案例。大部分 TRG 成员赞同，所得到的结论与准则是一致的，也赞同这些案例的结论。部分成员建议，需要考虑额外的因素，比如，终止时的支付是否是实质性的。

由于讨论表明利益相关方能够理解并应用新收入准则的指引，职员相信其与准则一致，职员并未向 IASB 和 FASB 提请对该问题采取进一步措施。

第三次会议纪要

第三次会议时间：2015 年 1 月 26 日

后续会议修订：2015 年 3 月 30 日

在 2015 年 1 月 26 日的会议中，TRG 讨论了以下议题：

议题 1：识别承诺商品或服务

议题 2：取得合同的增量成本

议题 3：过渡规定——合同变更

议题 4：非现金对价

议题 5：随时准备义务

议题 6：伊斯兰教融资交易

议题 7：可收回性

议题 8：可变对价

议题 9：重大权利

议题 10：应付客户对价

议题 11：重大融资成分

议题 1：识别承诺商品或服务［Agenda ref 12］

TRG 成员讨论了识别客户合同中承诺商品或服务相关应用问题。步骤 2 要求企业识别客户合同中的履约义务。在识别客户合同中的履约义务之前，企业应首先评价合同中的承诺商品或服务。履约义务，是指可明确区分的承诺商品或服务，或者一系列可明确区分的商品或服务，它们实质上相同且以相同模式向客户转移。如果承诺商品或服务不可明确区分，则与其他承诺商品或服务合并，直至一揽子商品或服务被视为可明确区分。

TRG 成员讨论了，与原收入准则的“交付内容”相比，新收入准则是否要求企业识别显著更多数量的商品或服务。

TRG 成员普遍赞同，与原收入准则识别相关合同交付内容、组成部分或要素相比，新收入准则无意显著增加承诺商品或服务的数量。但是，TRG 成员指出，原收入准则下被视为营销激励的合同承诺商品或服务，在新收入准则下都需要作为可能的履约义务进行评价。这是因为，合同承诺的营销激励，是作为企业和客户协商交易的一部分，属于一项承诺。此外，TRG 成员赞同，以识别履约义务为目的，评价客户合同中承诺商品或服务需要判断，且企业应当考虑对客户承诺的性质。

职员赞同 TRG 成员的两个观点，新收入准则并无意显著扩大承诺商品或服务的数量，且在评价承诺商品或服务时需要判断。该结论与 IASB 和 FASB 的意见一致，新收入准则结论基础第 BC84 段解释了，履约义务的概念类似于原收入准则中合同交付内容、组成部分或要素的概念。尽管 TRG 成员表示理解 IASB 和 FASB 的意图，但部分成员指出，在原美国公认会计原则下，如果出售方剩余义务是例行公事或无足轻重的，则可以确认全部收入。TRG 成员指出，新收入准则结论基础第 BC90 段阐明，IASB 和 FASB 决定不就企业可能视为例行公事或无足轻重的履约义务提供会计处理上的豁免。

但是，职员强调，该段结论基础不应当鼓励的理解。结论基础第 BC90 段同时也指出：“企业应根据《国际会计准则第 8 号》和《概念公告第 8 号——财务报告的概念框架》的规定，评估此类履约义务对企业的财务报表而言是否并不重要。”该段落指出，在考虑承诺商品或服务及识别履约义务时，应考虑重要性。部分 TRG 成员基于美国准则的论述指出，判断承诺商品或服务在财务报表层次是否是不重要的，可能需要花费成本且是复杂的。

讨论向 IASB 和 FASB 表明，新收入准则有关识别承诺商品或服务的应用预期可能产生挑战。TRG 收到的反馈，IASB 和 FASB 也在 2015 年 2 月 18 日有关“识别履约义务”的讨论中进行了考虑。

议题 2：取得合同的增量成本［**TRG Agenda ref 23**］

TRG 成员讨论了取得合同增量成本（如销售佣金）的确认，以及其摊销期间的确定。企业通常会支付销售佣金以取得合同。当佣金是固定金额，或者以预期不会更新的合同价值一定比例确定时，确定增量成本是很直接的。但是，更加复杂的合同可能要求在应用新收入准则的原则时运用判断。

TRG 的讨论关注于更高层次的原则运用。会议讨论了如何应用准则指引的多种情况和案例：

（1）在获得初始合同后佣金的更新（问题 1）

①佣金的资本化（问题 1（1））

②摊销期间如何确定？（问题 1（2））

③企业如何评价一项更新的佣金是否与初始合同的佣金对应？（问题 1（3））

（2）合同变更且不作为单独合同处理影响的佣金是否应当资本化？（问题 2）

（3）如果佣金是基于未来事项的或有支付，是否还属于增量成本？（问题 3）

（4）如果预计支付可退回，是否可以作为取得合同的增量成本资本化？（问题 4）

（5）如果佣金是基于累计完成的目标，是否能够资本化？（问题 5）

（6）在确定作为增量成本的佣金金额时，企业是否应考虑附加福利？（问题 6）

（7）如果合同资产与多项履约义务相关，且在某一时点或一段时间内履行，企业如何确定合同资产的摊销模式？（问题 7）

在会议中，TRG 成员讨论了上述问题的基本框架，但并未对每个案例进行细节讨论。大部分 TRG 成员赞同，在大部分情况下，超越原收入准则主要与确定是否应当就取得合同成本确认一项负债，以及如何计量该负债相关。如果企业根据其他美国公认会计原则（如《主题 405》）或国际财务报告准则（如《国际会计准则第 37 号》）判断应确认一项负债，则企业应当根据《主题 340》或《国际财务报告准则第 15 号》第 91 至 104 段确定是否应当将该成本确认为一项资产。此时，企业需要运用判断，包括确定摊销期间。

职员赞同 TRG 成员的意见，企业应按照确认负债的相关规定，确定是否应当确认一项负债，然后根据新收入准则确定应将成本在发生时确认为资产还是费用。职员也赞同这需要判断。

由于讨论表明利益相关方能够理解并应用新收入准则的指引，职员相信其与准则一致，职员并未向 IASB 和 FASB 提请对该问题采取进一步措施。

议题 3：过渡规定——合同变更

TRG 讨论了首次采用新收入准则之前发生的合同变更，在适用新的合同变更指引时可能存在的复杂性。合同变更，是指合同各方批准的对合同范围或价格（或两者皆有）的变更。部分财务报告编报者存在疑问，对于新收入准则的衔接，评价首次采用日之前的合同变更可能存在挑战，特别是很多长期合同存在后续变更时。

TRG 成员并未讨论任何具体的实务简化处理。很多 TRG 成员建议 IASB 和 FASB 考虑提供适当的实务简化处理。

IASB 和 FASB 将进一步研究该议题。研究的重点将关注于识别特定的实务简化方法，以减少过渡期的适用成本和复杂性，且不影响向财务报表使用者提供信息的质量。研究更新将向所有利益相关方发布。

议题 4：非现金对价［TRG Agenda ref 15］

当承诺对价不是现金时，新收入准则要求企业以非现金对价的公允价值来确定交易价格。非现金对价可能是商品或服务，也可能是金融工具或不动产、厂场和设备。

TRG 成员讨论了下列非现金对价相关的应用问题：

（1）自客户取得的非现金对价的计量日是哪一天？（问题 1）

（2）可变对价估计的限制如何应用于交易的非现金对价公允价值是可变的交易？其公允价值的变动是由于对价的形式及形式以外的其他原因导致的。（问题 2）

对于问题 1，TRG 成员同意，准则并未明确非现金对价的计量日。TRG 成员讨论了以下三种可能的计量日：

（1）观点 1：以合同开始日计量；

（2）观点 2：以已收（或应收）非现金对价日计量；

（3）观点 3：以下两者孰早计量：①已收（或应收）非现金对价日；②相关履约义务已履行（或履约义务履行时）。

对于问题 2，TRG 成员讨论了以下观点：

（1）观点1：限制同时适用于应付对价形式及形式以外原因导致的变动。

（2）观点2：限制仅适用于对价形式以外原因导致的变动。

很多TRG成员指出，观点2下可变对价的要求所产生的分歧，在部分情况下可能带来挑战。相反，部分成员则指出，观点2下非现金对价的分歧，可能是更符合概念的方法，还可能避免部分预期之外的结果。

部分TRG成员承认，由于缺少计量日的相关规定，涉及非现金对价的交易在美国可能比其他环境下更加频繁。

TRG的讨论向IASB和FASB表明，在确定已收（或应收）非现金对价的计量日时可能产生不同的理解，涉及非现金对价的交易在适用可变对价限制时也存在复杂性。IASB和FASB将进一步研究并就该议题发布成果。研究的重点关注于IASB和FASB采取哪些改进措施能够减少企业应用许可相关指引时可能产生的分歧。研究更新将向所有利益相关方发布。

议题5：随时准备义务［TRG Agenda ref 16］

TRG讨论了企业识别和核算随时准备（stand - ready）履约义务相关指引在应用中可能存在的问题。随时准备履约义务，是企业提供了一项服务，“随时准备”提供商品或服务。客户消耗并获得了随时准备义务的利益，该利益源于保证在缺少资源时，随时按需求提供该资源，例如，在整个冬季随时准备提供除雪设备。

TRG讨论了以下两个问题：

（1）企业在随时准备义务中的承诺性质是什么？（问题1）

（2）对于在一段时间内履行的随时准备义务，企业应当如何计量所完成的义务？（问题2）

对于问题1，TRG成员普遍赞同，企业合同承诺的性质，是在一段期间内“随时准备”，而不是提供标的商品或服务。TRG成员指出，IASB和FASB也在收入准则结论基础承认了该观点。很多TRG成员强调，需要运用判断来确定企业承诺的性质是：（1）随时准备提供商品或服务，还是（2）实质上提供特定商品或服务。企业的义务是提供一项明确定义的商品或服务，还会提供未明确类型和数量的商品或服务，可能是表明企业承诺性质的关键要素之一。

TRG讨论的其他随时准备义务具体例子还包括：承诺交付未明确指定的、按软件销售商自由裁量的软件更新；提供“可供使用时即时提供”更新的知识产权许可，该许可基于药物的预先研究及开发；为航空跑道除雪以换取按年度计算的固定费用。相反，承诺交付特定数量的商品或服务，则不属于随时准备义务，例如，承诺交付一项或多项特定的软件更新。

对于问题2，TRG成员同意，在确定计量在一段时间内履行的随时准备义务的适当方法时，需要运用判断，并且，随时准备义务的实质，应当与已完成履约义务的计量过程一致，以反映企业承诺的性质。TRG成员普遍赞同，新收入准则并未允许企业将直线法作为默认的计量方法，但直线法在很多情况下可能是合理的方法。部分TRG成员承认，直线法计量可能并不总是符合理论概念，但直线法可能是企业对随时准备义务的最合理估计方法。职员着重讨论了TRG成员提出的以下两个问题：

（1）以除雪业务为例，企业并不知道，也很可能无法合理估计下雪的频率（次数）或时间。这表明，企业承诺的性质，是随时准备在需要时提供服务。在本例中，企业可能得出结论，客户可能在一年的合同期内都无法受益。因此，企业可能选择更加适当的计量方式。例如，可以基于预期履行随时准备义务的影响进行计量，这将导致，分配给冬天的金额要大于夏天的金额。

（2）在另一个例子中，企业承诺向客户提供未明确规定的可供使用时提供的软件更新，企业承诺的性质之一，实质上是向客户提供了一项承诺。企业随时准备在可供使用时将提供的更新，客户在合同承诺的期间内受益，该期间内企业将开发任何可用的软件更新。因此，以时间为基础的计量方法，即在客户有权享有企业开发的任何更新的整个期间内分摊，可能是较为适当的方法。

部分TRG美国成员质疑，上述有关识别特定和非特定的软件更新的要求，可能改变原实务有关识别特定更新的处理。FASB职员并不认为，新收入准则要求企业改变其如何确定特定更新权利的实务方法；职员也认为，新收入准则并无意要求变更原实务的处理。此外，职员澄清，上述TRG讨论的内容，目的是为强调额外的、向客户的特定承诺，不仅是特定的软件更新，还有其他特定的商品或服务，均必须作为合同中向客户的额外承诺进行评价。

由于讨论表明利益相关方能够理解并应用新收入准则的指引，职员相信其与准则一致，职员并未向IASB和FASB提请对该问题采取进一步措施。

议题6：伊斯兰教融资交易［TRG Agenda ref 17］

一个伊斯兰金融机构（IFI）签订了包含递延支付的商品销售合同。交易加价与市场对于时间价值的考虑是一致的。TRG成员讨论了，此类合同是否首先应适用新收入准则，然后才考虑适用金融工具准则。部分TRG成员指出，新收入准则对此类合同的会计处理，可能无法如实反映该IFI的活动。TRG成员关注到，该合同的实质可能是一项借贷合同，或者，在新收入准则下，合同销售并不属于该 IFI 的“日常活动”。部分 TRG 成员建议，新收入准则下有关主要责任人或代理人的判断指引，可能适用于该合同实质的判断。TRG 的美国代表并未对该问题发表意见，因为他们认为，在过渡到新收入准则后，该问题将不成为问题。

IASB 将向伊斯兰教义工具和交易咨询组（Shariah - Compliant Instruments and Transactions Consultative Group）进行反馈报告。由于 TRG 成员的意见表明，新收入准则的相关指引可以帮助 IFI 对此类合同得出适当结论，IASB 职员不建议 IASB 采取进一步的措施。

议题 7：可收回性 ［TRG Agenda ref 13］

TRG 讨论了新收入准则下有关可收回性指引的以下四个问题：

（1）企业如何对一组合同的可收回性进行评价？（问题 1）

（2）企业应当在何时评价可收回性？（问题 2）

（3）在后续评价时被认定为不是很可能收回（也就是说，在合同开始时是被认为可收回的），企业应当如何确认合同收入？（问题 3）

（4）企业应当如何评价合同是否包含了价格折让？（问题 4）

对于问题 1，TRG 成员赞同，如果企业认为，一组合同的交易价格很可能收回，则企业应当在履行履约义务时按交易价格确认收入。合同资产或应收款项应当根据其他美国公认会计原则（《主题 310》）或国际财务报告准则（IFRS 9）进行减值测试。

对于问题 2，新收入准则要求企业在合同开始时，以及有证据表明相关事实和情况发生了重大变动时，确定交易价格是否很可能收回。TRG 成员指出，新收入准则强调，相关事实和情况是否发生了重大变动，需要具体情况具体分析，且需要运用判断。此外，新收入准则示例的案例 4 中，当客户的财务状况显著恶化导致对识别合同的重新评价，且无法再满足新收入准则下步骤 1 的可收回性条件。案例 4 也表明了 IASB 和 FASB 无意产生更多的性质变动，这些性质可能根据合同条款产生合理的变动，特别是长期合同。

对于问题 3，新收入准则下，当可收回性被认定为不是很可能，则不允许采用“纯粹现金基础会计法”，这与原部分企业的实务操作已发生变动。部分成员认为，由此导致的会计处理在部分情况下可能是惩罚性的，特别是当企业无法终止合同且需要继续提供服务。

对于问题 4，TRG 成员赞同，在评价合同是否包含价格折让时需要运用判断，在美国公认会计原则和国际财务报告准则下均有类似的判断要求。

职员赞同大部分 TRG 成员对上述 4 个问题应用新收入准则的观点。

由于讨论表明利益相关方能够理解并应用新收入准则的指引，职员相信其与准则一致。对于问题 3 的讨论，IASB 和 FASB 将进一步研究并就该议题发布成果。研究更新将向所有利益相关方发布。

议题 8：可变对价 ［TRG Agenda ref 14］

TRG 成员讨论了新收入准则下有关可变对价的指引在应用中可能存在的问题。在新收入准则步骤 3 中，企业需要根据合同条款及其商业惯例以确定交易价格。在确定交易价格时，企业需要考虑可变对价估计及其限制。

TRG 讨论了以下问题：

（1）企业应当在何时确认应付客户对价？（问题 1）

（2）可变对价的限制，应当适用于合同层次还是履约义务层次？

对于问题 1，TRG 成员普遍支持，应当同时对可变对价和应付客户对价运用该指引进行评价。但是，部分成员不确定准则本身是否对该观点足够清晰。同时，应付客户对价是固定而不是可变时，TRG 成员对于其确认的时点也存在疑问。

对于问题 1，TRG 成员向职员进行了反馈。职员将进一步分析 TRG 成员的反馈，并在 2015 年 3 月的 TRG 会议中再次讨论。

对于问题 2，TRG 成员普遍赞同，可变对价的限制应当适用于合同层次。因此，评价收入是否会在未来发生重大转回应当针对合同交易价格的估计，而不是向履约义务分摊金额的估计。

对于问题 2，由于讨论表明利益相关方能够理解并应用新收入准则的指引，职员相信其与准则一致，职员并未向 IASB 和 FASB 提请对该问题采取进一步措施。

其他议题

TRG 初步讨论了有关重大权利、应付客户对价，以及重大融资成分，TRG 在本次会议中未就这几项议题得出结论，将在 2015 年 3 月的 TRG 会议中进一步讨论。

第四次会议纪要

第四次会议时间：2015 年 3 月 30 日

后续会议修订：2015 年 7 月 13 日

在 2015 年 3 月 30 日的会议中，TRG 讨论了以下议题：

议题 1：交易价格中折扣和可变对价的分摊

议题 2：客户执行重大权利的会计处理

议题3：应付客户对价

议题4：在合同存在前已部分履行履约义务

议题5：质保

议题6：重大融资成分

议题7：捐赠是否属于新收入准则范围

议题8：一系列可明确区分的商品或服务

议题1：交易价格中折扣和可变对价的分摊［TRG Agenda ref 31］

新收入准则步骤4要求企业将交易价格向合同履约义务进行分摊。TRG讨论了分摊折扣和分摊可变对价相关指引的关系，因为向一项或多项，但不是全部的合同履约义务分摊折扣的指引，与向一项或多项，但不是全部的合同履约义务（或者根据《主题606》第606-10-25-14（2）段和《国际财务报告准则第15号》第22（2）段作为单项履约义务的可明确区分商品或服务）分摊可变对价的指引是不同的。TRG成员赞同，《主题606》第606-10-32-41［IFRS 15para 86］建立了分摊可变对价的层次，当合同包含可变对价时，企业应当首先采用分摊可变对价的相关指引，然后才考虑分摊折扣的相关指引。TRG成员也指出，并不是所有折扣都是可变的，如果折扣是固定的，则不会造成可变对价。此时，企业应当采用分摊折扣的相关指引，而不需要考虑分摊可变对价的相关指引。

由于讨论表明利益相关方能够理解并应用新收入准则的指引，职员相信其与准则一致，职员并未向IASB和FASB提请对该问题采取进一步措施。

议题2：客户执行重大权利的会计处理［TRG Agenda ref 32］

在2014年10月31日的会议中，TRG讨论在评价客户对额外商品或服务购买选择权是否构成重大权利时应考虑的因素类型。在该次会议中，大部分TRG成员赞同，该评价应当考虑与客户的相关交易，包括当前、历史和未来的交易，并考虑定量和定性因素，包括该权利是否可累计，如忠诚度积分。由于讨论表明利益相关方能够理解并应用新收入准则的指引，职员相信其与准则一致，职员并未向IASB和FASB提请对该问题采取进一步措施。

在2014年10月的会议之后，部分利益相关方进一步询问了部分客户选择权是否构成重大权利相关的问题。这些问题包括：

（1）企业应当如何对客户执行重大权利进行会计处理？（问题1）

（2）企业应当如何评价一项构成重大权利的客户选择权是否包含重大融资成分？（问题2）

（3）企业应当在什么期间内确认一项不可返还前期费用？（问题 3）

对于问题 1，大部分 TRG 成员赞同，观点 C，执行重大权利应当作为可变对价处理，是不被新收入准则相关指引支持的。TRG 成员赞同，以下两种观点是可以得到准则相关指引的支持的：

观点 A：在客户执行重大权利时，企业应当更新合同交易价格，以包括企业预期因执行结果而有权向客户收取的对价。额外的对价应当向重大权利相关的履约义务分摊，并在该履约义务履行时点或一段时间内确认。

观点 B：重大权利的执行应当作为合同变更处理。也就是说，客户执行重大权利时已收的额外对价及/或提供的额外商品或服务，代表了合同范围及/或价格的变动。企业应适用《主题 606》第 606 - 10 - 25 - 10 至 25 - 13 段［IFRS 15para 18 - 21］合同变更相关的指引。

尽管大部分 TRG 成员均认为，观点 A 和观点 B 均能得到新收入准则的支持，但大部分 TRG 成员更倾向于观点 A。其他 TRG 成员认为，观点 B 能够基于准则中合同变更的定义被采用。职员赞同 TRG 成员的意见，根据事实和情况，观点 A 和观点 B 均能适用新收入准则的相关指引。TRG 成员承认，大部分，但不是全部情况下，观点 A 和观点 B 的财务报表结果应当是相同的。仅在可选择的商品或服务被确定为与原始承诺商品或服务无法区分时，两种观点的结果可能不同。职员考虑了企业应当判断为可选择商品或服务是可明确区分的典型情况。执行重大权利的会计处理方法应当根据合同的具体事实和情况。TRG 成员赞同，企业应当对相同类型的重大权利相同的事实和情况采用一致的会计处理方法。

对于问题 2，TRG 成员赞同，企业在确定交易价格时，应当考虑货币时间价值的影响。该评价应当包括重大权利导致的合同对价是否包含重大融资成分。TRG 指出，准则包括了确定是否存在重大融资成分应考虑的因素。《主题 606》第 606 - 10 - 32 - 17（1）段［IFRS 15 para 62（1）］规定，客户预先就商品或服务进行支付的，这些商品或服务的转让时间由客户自行决定，则合同不存在重大融资成分。该因素可能适用于部分客户选择权。

对于问题 3，TRG 成员赞同，不可返还费用，如启动费，其确认期间取决于不可返还费用是否向客户提供了重大权利。如果企业确定启动费向客户提供了重大权利，则该费用应在客户预期将受益于不必在更新服务时支付启动费的服务期内确认。相反，如果企业确定该启动费并未向客户提供重大权利，则该启动费实际上是为合同承诺商品或服务的预付款项。

由于讨论表明利益相关方能够理解并应用新收入准则的指引，职员相信其与准则一致，职员并未向 IASB 和 FASB 提请对该问题采取进一步措施。

议题 3：应付客户对价［TRG Agenda ref 28］

TRG 成员讨论了应付客户对价相关的以下三个问题：

（1）应付客户对价指引的适用范围有哪些？（问题 1）

（2）应付客户对价指引中的客户，是仅包括同一分销链中的客户，还是扩大到企业的所有客户？（问题 2）

（3）应付客户对价的确认时点（问题 3）

对于问题 1，TRG 成员讨论了以下三种观点：

观点 A：企业应当评价所有应付客户对价；

观点 B：企业仅应评价与客户合同（或合并合同）范围内的应付客户对价；

观点 C：企业仅应评价与客户合同（或合并合同）范围内，且仅向该客户合同销售链中客户支付的对价。

TRG 成员对观点 A 和 B 未达成一致意见。没有 TRG 成员赞同观点 C。美国 TRG 成员考虑到，新收入准则下有关应付客户对价指引的交易范围，与原美国公认会计原则下相关指引的交易范围是类似的，他们并不认为，新收入准则要求企业对应付客户对价是否超过了企业自相同客户取得的可明确区分商品或服务按每一项交易进行评价，即类似于观点 A。这些 TRG 成员支持观点 B，在后续合同中显著少付或多付，即不属于《主题 606》［IFRS 15］合同合并指引所述的与原始合同相关联的合同，应当评价其是否属于第原始合同的变更。大部分 TRG 成员认为，合理采用观点 A 和观点 B，其大部分情况下的财务报告结果是相同的。

对于问题 2，部分 TRG 成员赞同，应付客户对价的指引，仅适用于分销链中的企业，即适用于客户和自客户购买企业商品或服务的其他方。部分 TRG 成员认为，在会议讨论的案例中，对于分销链中企业的分析，依赖于营销代理如何确定其客户。营销代理可能认为其具有多个客户。很多美国 TRG 成员认为，该指引与原美国公认会计原则具有相同的范围。但是，部分美国 TRG 成员指出，原美国公认会计原则在实务中可能存在分歧，因为如会议讨论案例，部分营销代理企业认为，一个或多个终端客户均属于其客户。

对于问题 3，TRG 成员讨论了应付客户对价应当在何时扣减收入。应付客户对价的指引规定，此类金额应当在以下两者较晚时冲减收入：在相关收入确认时与企业支付或承诺支付该对价时，承诺可能根据企业的销售惯例判断。但是，《主题606》第606－10－32－42段至32－45段［IFRS 15 para 87－90］有关交易价格变动指引规定，当事实和情况使企业预期有权收取的对价金额发生变动，则属于交易价格的变动。也就是说，在企业“承诺支付”应付客户对价之前，企业就需要在决定授予折扣或回扣，即不再预期有权收取合同原始金额时，估计扣减交易价格的金额。

对于交易价格变动和应付客户对价之间的关系，TRG 成员具有不同观点。部分 TRG 成员认为，扣减收入应当在管理层意图授予折扣时点确认，这和交易价格变动的指引一致，特别是企业具有授予折扣的实务历史的情况下。部分 TRG 成员指出，交易范围可能受到该问题的有限影响，即该问题仅在企业不存在授予折扣的历史，在合同开始时也无授予折扣或回扣的预期时产生。

TRG 并未对上述三个应用问题得出结论。由于该议题的讨论是由诺沃克和伦敦的 TRG 成员单独作为技术问题进行的，且 TRG 成员对该问题具有不同意见，职员认为，由 TRG 成员联合讨论该议题可能更好。职员计划对该问题进一步研究，并于 2015 年 7 月的 TRG 会议中进一步更新。

议题 4：在合同存在前已部分履行履约义务［TRG Agenda ref 33］

某些情况下，在预期合同的所有条款被批准之前，或者合同满足新收入准则下的收入确认模型［Topic para 606－10－25－1，IFRS 15 para 9］之前，企业可能就开展了部分活动。所产生的问题是，在满足《主题606》第606－10－25－1段［IFRS 15para 9］的条件之前，如何对此类活动中向客户转让商品或服务而产生的收入和成本进行确认。

TRG 成员赞同，收入应当对一段时间内履行的履约义务［Topic 606 para 606－10－25－27，IFRS15 para 35］，以累计追加为基础进行确认，以反映在合同满足《主题606》第606－10－25－1段［IFRS15 para 9］时点企业完成履约义务的过程。企业应当考虑《主题606》第606－10－25－23段至25－37段［IFRS15 para 31－45］的要求，确定客户控制的商品或服务，并以累计追加调整为基础，确定归属于所履行履约义务过程的相关成本。例如，这可能意味着，在按新收入准则识别合同日，客户尚未控制的装卸材料过程，不应包含在合同计量过程中。

TRG 成员赞同，此类成本应资本化作为预期合同的履约成本［Topic 606 para 340－40－25－5，IFRS15 para 95］，并且，如果该成本与当日已执行过程或已向客户提供的服务相关，则应在合同设立日直接费用化。但是，如果不满足其他准则的条件，也不满足《主题606》第340－40－25－5段［IFRS 15 para

95］的条件，则应当按照《主题 606》第 340 - 40 - 25 - 8 段［IFRS 15 para 98 (1)］的规定，在成本发生时即费用化。

由于讨论表明利益相关方能够理解并应用新收入准则的指引，职员相信其与准则一致，职员并未向 IASB 和 FASB 提请对该问题采取进一步措施。

议题 5：质保［TRG Agenda ref 29］

新收入准则确认模型的步骤 2 要求，企业应识别客户合同中的履约义务，该合同可能包含一项质保。TRG 成员讨论了如何评价一项质保是否属于一项履约义务，以及修订后的会计处理是否与原准则存在差异。

TRG 成员赞同对质保会计处理的分析意见。职员分析得出结论，在新收入准则下：

（1）如果客户可以选择是否购买该质保，比如其具有单独的价格或商谈过程，则企业应当将该质保作为一项履约义务。

（2）如果质保向客户提供产品符合约定规格的保证之外的服务，则该质保也应作为履约义务处理。因此，新收入准则下有关质保的会计处理，与原准则下的处理是存在差异的。在新收入准则下，企业可能需要将部分质保作为履约义务处理，而在原准则下，该质保可能不属于单独交付内容（或要素）。

评价质保是否向客户提供产品符合约定规格的保证之外的服务，需要根据具体事实和情况进行判断。IASB 和 FASB 已在《主题 606》第 606 - 10 - 55 - 33 段［IFRS 15 para B31］提供了进行该判断时应考虑的因素。

由于讨论表明利益相关方能够理解并应用新收入准则的指引，职员相信其与准则一致，职员并未向 IASB 和 FASB 提请对该问题采取进一步措施。

议题 6：重大融资成分［TRG Agenda ref 30］

在新收入准则确认模型步骤 3，企业应确定交易价格。交易价格，是指企业因向客户转让承诺商品或服务而预计有权获得的对价金额。在确定交易价格时，企业应考虑包含重大融资成分的变动条款的影响。TRG 成员讨论了以下有关重大融资成分的 6 个问题：

（1）如何根据《主题 606》第 606 - 10 - 32 - 17（3）段［IFRS 15 para 62 (3)］来确定承诺对价与商品或服务的现金售价之间的差额，与重大融资成分并不相关？（问题 1）

（2）如果承诺对价与现金售价相等，是否存在重大融资成分？（问题 2）

（3）准则是否排除了不包含重大融资成分时的会计处理？（问题 3）

（4）当多项履约义务仅存在单一支付的情况下，企业如何确定是否适用重

大融资成分的实务简化操作？（问题4）

（5）合同包含重大融资成分时，企业应当如何计算对收入的调整？（问题5）

（6）当存在多项履约义务时，如何应用重大融资成分指引？（问题6）

对于问题1，TRG成员赞同，准则并未推定，当转移商品或服务与支付承诺对价的时点存在差异时，是否存在或不存在重大融资成分。企业需要应用判断，以确定支付条款是否提供了融资成分。TRG成员讨论了《主题606》第606－10－32－17（3）段［IFRS 15 para 62（3）］关于承诺对价与现金售价差额是否存在融资以外的原因需要考虑的因素，并指出，预付款项要比延迟付款更可能满足条件。但是，TRG成员也赞同，新收入准则也并未推定，预付款项是否包含重大融资成分，预付款项需要在新收入准则下进行评价。但是，很多成员强调，当企业考虑承诺对价与现金售价差额是否出于融资以外的原因时，还需要考虑该金额差异是否能与其差异原因匹配。很多TRG成员指出，在部分情况下，确定交易是否包含重大融资成分，需要重大判断，他们认为，IASB和FASB在制定新收入准则时，已了解此时需要判断。

对于问题2，TRG成员赞同，承诺对价与现金售价之间的差异，仅仅是确定是否存在重大融资成分的一个考虑因素，而不是一个推定因素，因为它只是《主题606》第606－10－32－16段［IFRS 15 para 61］列举的两个因素之一，且并无穷举。

部分TRG成员要求职员进一步澄清职员讨论稿第26段的意图："然而，如果账单价格、现金售价和承诺对价实际上都是相等的（包括仔细考虑账单价格是否是现金售价），这可能表明该合同不包含重大融资成分。"职员澄清，该段落的意图并不是说，如果账单价格、现金售价和承诺对价相等，则不存在重大融资成分。该段落只是建议，企业应当仔细考虑这些价格是否实质上完全相等。确定"现金售价"可能需要判断，而企业提供"零利息融资"的事实并不一定意味着现金售价与其他客户将随时间支付的价格相等。企业应当基于合同的所有事实和情况，比较现金售价与承诺对价。

对于问题3，TRG成员赞同，准则并未将不包含重大融资成分的合同排除范围。

TRG成员讨论了职员讨论稿中有关问题4的示例，以确定是否适用《主题606》第606－10－32－18段［IFRS 15 para 63］的实务简化操作。该实务简化操作允许，如果在合同开始时，企业预计向客户转让承诺商品或服务，与客户就此类商品或服务进行支付之间的间隔期间为一年或更短期间，则企业无需就重大融资成分的影响调整承诺对价金额。TRG 成员讨论了确定客户何时因现金的替代性为特定合同商品或服务进行了支付存在的困难。在部分情况下，所收到的现金是否与合同的特定履约义务相关并不清晰。在其他情况下，根据合同条款，一项现金支付与特定履约义务相关则是清晰的。总之，确定是否适用实务简化操作，需要根据事实和情况进行判断。

TRG 成员承认，在部分情况下，对包含重大融资成分的合同计算收入调整金额（问题 5），以及在存在多项履约义务时适用重大融资成分指引（问题 6）可能是复杂的。但是，TRG 成员赞同，准则为解决这些问题提供了框架。在计算重大融资成分的影响时，新收入准则包括了选择折现率的指引，其他美国公认会计原则［Subtopic 835 - 30］和国际财务报告准则（IFRS 9）为后续计量提供了指引。

与问题 6 相关，准则已明确，在确定交易价格时，融资成分的影响应当在将交易价格向履约义务分摊之前，从交易价格中扣除。TRG 成员赞同，在部分情况下，将重大融资成分对其中一项或多项，但不是全部的合同履约义务进行分摊，可能是合理的。部分 TRG 成员赞同，这在一定程度上类似于可变对价或折扣的分摊。

由于讨论表明利益相关方能够理解并应用新收入准则的指引，职员相信其与准则一致，职员并未向 IASB 和 FASB 提请对该问题采取进一步措施。

议题 7：捐赠是否属于新收入准则范围［TRG Agenda ref 26］

TRG 成员讨论了捐赠是否属于新收入准则的范围，《美国会计准则汇编》的术语表将捐赠定义为：另一企业自愿非互换的，且不是以所有者的身份，向企业无条件转让现金或其他资产，或者结算或撤销其负债。TRG 成员赞同，捐赠并不属于新收入准则的范围，并且，准则已包含了适当的指引以得出该结论。部分 TRG 成员指出，非营利性组织可能存在某些合同，其应收金额可能同时与捐赠和商品或服务相关。在这种情况下，企业需要根据事实和情况来确定合同的性质。非美国 TRG 成员不建议讨论该问题，因为国际财务报告准则下并未对非营利性组织提供具体指引。

由于讨论表明利益相关方能够理解并应用新收入准则的指引，职员相信其与准则一致，职员并未向 IASB 和 FASB 提请对该问题采取进一步措施。

议题 8：一系列可明确区分的商品或服务［TRG Agenda ref 27］

TRG 成员讨论了新收入模型步骤 2，识别履约义务中，如何确定企业是否提供了一系列可明确区分的商品或服务。对于一系列商品或服务，企业应已识别出客户合同中的承诺商品或服务，然后确定两项或多项商品或服务是可明确区分的，否则，这些商品或服务将作为单一履约义务进行处理。企业是否确定单一履约义务包含了一系列可明确区分的商品或服务［Topic 606 para 606－10－25－14（2），IFRS 15 para 22（2）］，或单一履约义务包含了一系列不可相互区分的商品或服务，将影响新收入准则的多个方面，包括可变对价的分摊，合同变更，以及交易价格的变动。

TRG 成员赞同，企业应当评价《主题606》第606－10－25－14b 至25－15段［IFRS 15 para 22－23］的条件，除非（1）商品或服务将被连续的交付或提供，或者（2）将各项可明确区分的商品或服务分别处理，与作为单项履约义务处理的结果是一致的。

部分 TRG 成员强调，一系列可明确区分商品或服务的规定，旨在简化收入准则的应用，但是，在实务中可能未必能达到该效果。因此，虽然 TRG 成员赞同，准则的要求是明确的，但部分 TRG 成员仍然建议 IASB 和 FASB 考虑，是否将一系列可明确区分商品或服务的规定修改为一项实务简化操作，而不是正式规定。IASB 和 FASB 要求其职员对该问题进一步研究。

第五次会议纪要

第五次会议时间：2015 年 7 月 13 日

后续会议修订：2015 年 11 月 9 日

在 2015 年 7 月 13 日的会议中，TRG 讨论了以下议题：

议题 1：应付客户对价

议题 2：范围：信用卡

议题 3：组合实务简化和可变对价限制的应用

议题 4：过渡日的已完成合同

议题 5：“一系列”条款和可变对价分摊的应用

议题 6：对履行履约义务计量程序的实务简化

议题 7：当多重商品或服务属于单项履约义务时的计量程序

议题 8：确定商品的控制权在何时转移

议题 9：退货费用及相关成本的会计处理

议题 1：应付客户对价［TRG Agenda ref 37］

应付客户对价，包括企业向客户（或向客户购买企业商品或服务的其他方）支付或预期支付的现金金额，还包括可与欠企业的金额相抵扣的抵免或其他项目。应付客户对价，是作为交易价格的扣减处理的，因此，除非向客户支付的款项是为了取得客户向企业转让的可明确区分的商品或服务。

TRG成员讨论了应付客户对价相关的以下三个问题：

（1）应付客户对价指引的适用范围有哪些？（问题1）

（2）应付客户对价指引中的客户，是仅包括同一分销链中的客户，还是扩大到企业的所有客户？（问题2）

（3）应付客户对价的确认时点。（问题3）

这些问题在2015年1月26日和2015年3月30日的TRG会议中已讨论过。

对于问题1，TRG成员赞同2015年3月在伦敦和诺沃克的讨论意见。之前会议讨论了以下三种观点：

观点A：企业应当评价所有应付客户对价；

观点B：企业仅应评价与客户合同（或合并合同）范围内的应付客户对价；

观点C：企业仅应评价与客户合同（或合并合同）范围内，且仅向该客户合同分销链中客户支付的对价。

TRG成员赞同，合理采用观点A和观点B，将得出类似的财务报告结果，而且，合理采用任意一种观点均能遵循识别应付客户对价相关内控流程和规定。没有TRG成员赞同观点C。

对于观点A，部分TRG成员对TRG议程纪要第28号有关观点A的讨论存在疑虑，对于各项应付客户对价，它要求企业应当单独评价并形成文件记录。他们认为，这不是对新收入准则的适当采用，它将比原美国公认会计原则的实务花费更高成本，有些情况下可能是不具可操作性的。职员承认，很多企业已经具备了内控流程来适用原美国公认会计原则下应付客户对价的指引。

对于观点B，部分TRG成员强调，严格采用观点B可能无法识别出与收入合同相关的应付客户对价。例如，应付客户对价可能显著超过客户或终端客户取得的商品或服务的公允价值，根据合同合并指引，对意图通过分销链转移企业产品的分销链终端客户的支付，由于不是同时或几乎同时签订合同，对该终端客户的支付将无法作为合并合同。但是，TRG成员认为，在观点B下，合理采用新收入准则下合同变更相关指引，应将此类支付作为对原始合同的变更（交易价格的变更），因为两项交易具有经济关联。

对于问题2，TRG成员赞同2015年3月30日在伦敦和诺沃克的单独讨论意见。对于该问题，之前会议讨论了以下两种观点：

观点A：企业的客户仅限于分销链中的客户；

观点 B：企业的客户包括分销链中的客户，也包括分销链以外的客户的客户。

大部分 TRG 成员支持观点 B。在观点 B 下，企业必须识别各项收入交易中的客户，以及分销链中的企业。此外，作为代理方的企业（为另一方安排提供商品或服务），可能需要根据安排的事实和情况识别多个客户。即该企业应将安排中的主要责任人和终端客户同时视为客户。TRG 成员指出，在原美国公认会计原则下，某些企业可能将其主要责任人的终端客户视为其客户，而其他企业则可能不会，因此，目前实务中对作为代理人的企业，是否仅应将主要责任人视为其客户，仍然存在分歧。无论企业是否将主要责任人的终端客户视为其自身客户，基于企业与主要责任人的合同而向主要责任人的终端客户的支付，应作为应付客户对价。

对于问题 3，TRG 成员讨论了企业应当在何时将应付客户对价确认为对收入的扣减。《主题 606》第 606 - 10 - 32 - 27 段［IFRS15 para 72］有关应付客户对价的指引指出，企业应当在以下两者中较晚发生的事件发生时（或过程中）确认对收入的扣减金额：（1）企业确认向客户转让相关商品或服务的收入；（2）企业支付或承诺支付对价（即使支付取决于未来事件），该承诺可能隐含于企业的商业惯例之中。以下将该指引简称为“孰后指引”。部分 TRG 成员指出，如果企业在签订合同时意图向客户提供价格折让（不仅以价格折让的形式，也包括支付现金、回扣、抵免及优惠），则合同包含了可变对价，从而需要在估计可变对价时考虑该价格折让，且需要考虑可变对价的限制。在确定企业是否有意图向客户提供价格折让时，应当考虑《主题 606》第 606 - 10 - 32 - 6 段至第 32 - 7 段［IFRS15 para 51 - 52］的指引。如果合同由于预期的价格折让包含了可变对价，则企业不需要等到向客户转达该价格折让时才按“孰后指引”确认对收入的扣减。相反，企业应当根据《主题 606》第 606 - 10 - 32 - 14 段［IFRS15 para 59］有关可变对价的规定处理。

TRG 成员赞同，新收入准则下的“孰后指引”，要比原美国公认会计原则下的“孰后指引”所适用的范围更小（原美国公认会计原则《主题 605》第 605 - 50 - 25 - 3 段要求，销售激励应当在以下两者较晚发生时确认：①销售方确认相关收入时；②销售激励被授予时）。这是因为，新收入准则的核心原则是，企业确认收入的金额，应当反映企业预期有权向客户收取的金额。与核心原则一致，新收入准则包括了对交易价格中可变对价的估计及其限制，并要求企业在预期有权收取的金额发生变动时，重新评估交易价格。在新收入准则下，根据《主题606》第606-10-32-6段至第32-7段［IFRS15 para 51-52］，当客户基于商业惯例有效预期，或者企业在签订合同时有意图向客户提供对价，则企业应当将应付客户对价作为可变对价处理。

由于讨论表明利益相关方能够理解并应用新收入准则的指引，职员相信其与准则一致，职员并未向IASB和FASB提请对该问题采取进一步措施。

议题2：范围-信用卡［TRG Agenda ref 36］

TRG成员讨论了银行向持卡方发行的信用卡是否适用《主题606》范围的以下两个问题：

（1）银行向持卡方发行信用卡的合同权利和义务是否属于《主题606》范围？（问题1）

（2）持卡方积分奖励是否应遵循《主题606》？（问题2）

对于问题1，TRG成员赞同，信用卡费用属于《主题310应收款项》的范围。对于问题2，TRG成员赞同，如果费用属于《主题310》的范围，则积分奖励也不属于《主题606》的范围。

TRG成员指出，会议讨论稿第16段的观点是重要的。该段落指出，如果企业（银行或其他方）涉入一项名为信用卡贷款的协议，但其实质并非信用卡贷款，则企业不应推定该协议整体属于《主题310》的范围，而不属于《主题606》的范围。

TRG成员指出，由于《主题310》和《国际财务报告准则第9号》存在的差异，该问题在美国公认会计原则和国际财务报告准则下可能得出不同的结果。伦敦的TRG成员承认，《国际财务报告准则第15号》并未改变确定信用卡费用属于《国际财务报告准则第9号》还是《国际财务报告准则第15号》的相关要求。该信用卡首先应确定其费用是否属于《国际财务报告准则第9号》的范围。如果信用卡的费用不在《国际财务报告准则第9号》的范围内，则该卡费应当按照《国际财务报告准则第15号》进行处理。对于问题2，《国际财务报告准则第15号》并未明确将信用卡积分奖励排除范围。《国际财务报告准则第15号》包含了信用卡的会计处理原则：（1）确定该协议是否属于新收入准则的范围；（2）对新收入准则范围内的协议进行处理。

由于讨论表明利益相关方能够理解并应用新收入准则的指引，职员相信其与准则一致，职员并未向IASB和FASB提请对该问题采取进一步措施。

议题3：组合实务简化和可变对价限制的应用［TRG Agenda ref 38］

新收入准则要求，企业应当采用两种方法之一估计可变对价，即预期价值法和最可能金额法。部分利益相关方询问，在运用预期价值法估计可变对价，考虑其他类似合同的相关证据时，企业是否可以采用新收入准则允许的组合实务简化操作。新收入准则下，作为实务简化操作，企业可将新收入准则应用于具有类似特征的合同（或履约义务）组合，前提是企业能合理预计将新收入准则应用于该组合对财务报表的影响，不会显著不同于将新收入准则应用于该组合中的单个合同（或履约义务）的影响。TRG 讨论了组合实务简化操作和运用预期价值法估计可变对价有关的两个问题：

（1）问题 1：在运用预期价值法估计可变对价，考虑其他类似合同的相关证据时，企业是否可以采用新收入准则允许的组合实务简化操作？

（2）问题 2：预期价值法下估计的交易价格，是否可以不是单个合同的最可能金额？

在某些情况下，企业可能运用组合数据来估计特定的客户合同。例如，对于特定客户合同，企业可能考虑类似合同的历史经验，来对该合同的可变对价及其限制进行估计和判断。对于问题 1，TRG 成员赞同，运用组合数据和采用组合实务简化操作是不同的。

对于问题 2，少部分 TRG 成员认为，该交易价格必须是特定合同的最可能金额。但是，大部分 TRG 成员认为，如果采用该观点，在一定程度上将导致无法按新收入准则的核心原则确认收入。当企业认为预期价值法是估计可变对价的适当方法，则应用可变对价的限制时也应以预期价值法为基础。即企业并不会为了适用可变对价的限制，而从预期价值法跳到最可能金额法。因此，如果企业对特定合同采用预期价值法，并运用组合数据来确定预期价值，则估计的交易价格不需要是单个合同的最可能金额。TRG 议程稿解释了企业仍然需要考虑可变对价的限制。也就是说，在某些情况下，企业在确定交易价格时，可能以某个预期价值为限。

TRG 成员也产生了有关企业采用预期价值法或最可能金额法的选择问题。《主题 606》第 606－10－32－8 段［IFRS15 para 53］要求，企业应考虑哪种方法“能够更好地预测其有权获得的对价金额”来进行选择。如果企业拥有大量具有类似特征的合同，则预期价值法可能是可变对价金额的恰当估计。确定哪种方法是合理估计可变对价的方法，则需要判断。

由于讨论表明利益相关方能够理解并应用新收入准则的指引，职员相信其与准则一致，职员并未向 IASB 和 FASB 提请对该问题采取进一步措施。

议题 4：过渡日的已完成合同［TRG Agenda ref 42］

在修正追溯调整法下，企业只需要对首次采用日尚未完成的合同适用新收入准则。在完全追溯法下，新收入准则对已完成合同也提供了两项实务简化操作。根据新收入准则，已完成合同，是指企业已转让根据原收入准则识别的所有商品或服务的合同。TRG 成员讨论了过渡期已完成合同相关的两个问题：

（1）为适用过渡指引，合同在何时被认定为“已完成”?（问题 1）

（2）企业在采用新收入准则后的“已完成合同”应当如何处理?（问题 2）

TRG 成员对如何构成一项已完成合同存在不同观点。部分 TRG 成员认为，已完成合同应当是有关收入的会计处理均已完成的合同。相反，其他 TRG 成员则认为，已完成合同应当是合同有关的所有商品或服务均已向客户转让，无论相关收入是否已确认。TRG 成员承认，问题 2 的处理取决于对问题 1 如何理解。由于对问题 1 存在分歧，TRG 并未对采用新收入准则后的“已完成合同”应当如何处理得出结论。

IASB 和 FASB 组织职员对该议题进一步研究，以确定是否有必要对新收入准则进行澄清。

议题 5：“一系列”条款和可变对价分摊的应用［TRG Agenda ref 39］

履约义务，是指向客户承诺交付的（1）可明确区分的商品或服务，或者（2）实质上相同并且按相同模式向客户转让的一系列可明确区分的商品或服务。如果企业承诺向客户转让的一系列商品或服务中的每一项可明确区分的商品或服务均满足在一段时间内履行的履约义务的标准，并且，企业将使用相同的方法来计量向客户转让一系列商品或服务中的每一项可明确区分商品或服务之履约义务的履约进度，则一系列可明确区分的商品或服务按相同的模式向客户转让。TRG 成员讨论了适用一系列条款和可变对价分摊的以下问题：

（1）为适用一系列条款，企业如何判断可明确区分的商品或服务相关履约义务实质上是相同的?（问题 1）

（2）如果有一个未定义的产出量，但单位产出的合同费率是固定的，是否属于可变对价?（问题 2）

（3）为满足《主题 606》第 606 - 10 - 32 - 40（2）段［IFRS15 para 85（2）］的要求，分摊交易价格是否应以相对单独售价为基础?（问题 3）

对于问题 1，TRG 成员赞同，第一步是确定企业向客户提供服务的承诺的性质。例如，在某些情况下，企业需要确定，承诺的性质是真实转让特定数量的商品或服务，还是随时准备履行的履约义务。如果承诺的性质是转让特定数量的服务，则需要考虑各项服务是否为明确可明确区分的，且实质上是相同的。如果企业承诺的性质是随时准备或者在一段时间内提供单项服务，即存在不确定量的各类活动以履行服务，则需要关注各次增量（而不是标的活动）是否是明确可明确区分且实质上是相同的。该评价需要判断。

对于问题 2，TRG 成员赞同，如果有一个未定义的产出量，但单位产出的合同费率是固定的，则属于可变对价。企业需要考虑合同的所有实质性条款，其中可能包含合同保底或其他条款，使部分或全部的对价都属于固定的。某些 TRG 成员指出，如果商品或服务的数量是“选择性购买”，则不构成可变对价。此外，选择性购买的相关因素应当在未来会议中讨论。

对于问题 3，TRG 成员赞同，为达到《主题 606》第 606 - 10 - 32 - 28 段［IFRS15 para 73］应满足《主题 606》第 606 - 10 - 32 - 40（2）段［IFRS15 para 85（2）］的条件的分摊目标，向一系列可明确区分的商品或服务分摊可变对价，不需要按照相对单独售价进行分摊。但是，《国际财务报告准则第 15 号》中示例 35 显示，将可变对价向多项履约义务（或一系列可明确区分的商品或服务）分摊时，采用单独售价可能是证明分摊合理性的可接受方法。

由于讨论表明利益相关方能够理解并应用新收入准则的指引，职员相信其与准则一致，职员并未向 IASB 和 FASB 提请对该问题采取进一步措施。

议题 6：对履行履约义务计量程序的实务简化［TRG Agenda ref 40］

新收入准则确认模型步骤 5 要求，企业应在履行履约义务时（或过程中）确认收入，即在某一时点或在一段时间内确认。在新收入准则下，企业应当采用投入法或产出法来计量在一段时间内履行的履约义务的履约进度。根据《主题 606》第 606 - 10 - 55 - 18 段［IFRS15 para B16］，作为实务简化操作，如果企业有权从客户获得的对价金额与迄今为止企业已完成的履约行为对于客户的价值直接相对，则企业可按其有权开具账单的金额确认收入。

TRG 成员讨论了计量履约进度的实务简化操作相关的两个问题：

（1）合同条款包含变动比例的合同是否适用该实务简化操作？（问题 1）

（2）企业如何评价《主题 606》第 606 - 10 - 50 - 14 段［IFRS15 para 121］的披露实务简化操作，在哪种情况下，计量履约进度的实务简化操作可能不适用？（问题 2）

对于问题 1，TRG 成员认为，《国际财务报告准则第 15 号》结论基础第 BC163 段并不能用来解释《主题 606》第 606 - 10 - 55 - 18 段［IFRS15 para B16］。两个段落均提到“对于客户的价值”，该术语被用于不同的环境。《主题 606》第 606 - 10 - 55 - 18 段［IFRS15 para B16］的术语，与确定是否能够适应实务简化操作相关。结论基础第 BC163 段，则是与计量履约进度相关，即需要考虑有多少或多大比例的商品或服务（数量）已被转让，而不是与价格有关。

TRG 成员也赞同，合同到期时单位价值变动的情况，并未被该实务简化操作排除。TRG 成员指出，在此类情况下适用该实务简化操作，需要根据协议的事实和情况进行分析。分析的目标，是确定对商品或服务开出账单的金额，与迄今为止已完成履约义务对于客户的价值是否直接对应。例如，基于电力未来市场价格，购买电力合同的价格也每年发生变动，如果单位比例反映了该单位对于客户的价值，则可适用该实务简化操作。TRG 也提到了其他类似案例。

IASB 和 FASB 和 TRG 成员均承认，在包含前端费用（upfront fees）和后端费用（back - end fees）时，是否适用该实务简化操作则需要判断。评价前端费用和后端费用与合同可变对价的相关程度是很重要的。因此，TRG 成员普遍赞同，一系列可明确区分的商品或服务也可能适用《主题 606》第 606 - 10 - 55 - 18 段［IFRS15 para B16］的实务简化操作。

对于问题 2，TRG 成员赞同，如果不适用计量的实务简化操作，则也不适用披露的实务简化操作。一位 TRG 成员认为，企业可能对履约义务适用一系列条款，但可能并不能适用《主题 606》第 606 - 10 - 50 - 14 段［IFRS15 para 121］的披露实务简化操作，因为它并不满足该段落的条件。这种情况下，企业可能需要为合同估计交易价格，以满足新收入准则的披露要求。但是，企业可以对未包含在交易价格中的对价进行定性描述。例如，估计的交易价格可能由于可变对价的限制而没有包含在估计金额中。

由于讨论表明利益相关方能够理解并应用新收入准则的指引，职员相信其与准则一致，职员并未向 IASB 和 FASB 提请对该问题采取进一步措施。

议题 7：当多重商品或服务属于单项履约义务时的计量程序［TRG Agenda ref 41］

在原美国公认会计原则和国际财务报告准则，以及新收入准则下，当单项履约义务包含了多项承诺商品或服务，则为计量履约义务的履约进度确定适当方法可能是具有挑战的。比如，单个商品或服务是不可明确区分的，或者不可明确区分的商品或服务并合并作为一项可明确区分的商品或服务。

TRG 成员讨论了，新收入准则下是否允许采用多种计量程序以反映企业履行履约义务的进度。TRG 成员赞同，新收入准则要求采用单一的计量程序，这可能与某些企业的原实务产生差异。识别履约义务和计量进度的方法，可能需要根据事实和情况具体判断。企业应当考虑合并履约义务整体承诺的性质。在进行评价时，企业应考虑其将商品或服务作为不可明确区分，从而合并为一揽子履约义务的原因。

当对合并履约义务履约进度识别单一计量方法存在挑战时，TRG 成员认为，这可能表明企业并未识别出适当的履约义务，即可能存在不止一项履约义务。这并不是说，企业在这种情况下一定是错误识别了履约义务。这是因为，在新收入准则下（与原实务类似），企业是否已适当识别了计量单元，并为合并履约义务选择了单一的计量方法，是需要重大判断的。

TRG 成员普遍赞同会议讨论稿中的示例，它们为企业在多项商品或服务合并作为单项履约义务时，如何确定单一的计量方法提供了有用的框架。但是，TRG 成员也指出，这些示例需要基于合同的具体事实和情况进行判断。

由于讨论表明利益相关方能够理解并应用新收入准则的指引，职员相信其与准则一致，职员并未向 IASB 和 FASB 提请对该问题采取进一步措施。

议题 8：确定商品的控制权在何时转移［TRG Agenda ref 43］

在转让商品合同中，部分利益相关方询问，如何确定企业的承诺是在某一时点交付商品，还是提供一项交付商品的服务，客户在一段时间内取得并消耗了其经济利益。特别是，在评价《主题 606》第 606 - 10 - 25 - 27（1）段［IFRS15 para 35（1）］的条件时，企业如何确定客户同时取得并消耗了企业履约所提供的利益。

TRG 成员赞同，在进行该评价时，需要考虑所有相关的事实和情况。包括但不限于，商品的内在特征、合同条款，以及基础设施或其他交付机制相关的信息。

由于讨论表明利益相关方能够理解并应用新收入准则的指引，职员相信其与准则一致，职员并未向 IASB 和 FASB 提请对该问题采取进一步措施。

议题 9：退货费用及相关成本的会计处理［TRG Agenda ref 35］

企业可能在产品被退回时向客户收取“退货费用（restocking fee）”。退货费用主要是为补偿企业在产品退回时发生的相关成本，如运费和包装费。退货费用也可能是补偿企业扣减的售价，该售价是企业可能向其他客户收取的退回产品价格。

TRG 成员讨论了退货费用及相关成本有关的两个问题：

（1）企业如何对预期退回产品的退货费用进行处理？（问题 1）

（2）企业如何对预期退回产品的退货成本进行处理？例如，估计的运费或包装费。（问题 2）

TRG 成员普遍赞同，预期被客户退回的产品退货费用，应当包含在产品控制权向客户转移时的交易价格中。即在确定合同交易价格时，估计产品退回的会计处理应当考虑不会作为退货费用向客户返还的交易价格部分。TRG 讨论稿解释了，退货费用实质上和企业针对退回产品授予部分退款并没有区别。TRG 成员也赞同，企业的预期退货成本，应当作为产品控制权向客户转移时点预期可收回资产账面价值的扣减项进行确认。

由于讨论表明利益相关方能够理解并应用新收入准则的指引，职员相信其与准则一致，职员并未向 IASB 和 FASB 提请对该问题采取进一步措施。

第六次会议纪要

第六次会议时间：2015 年 11 月 9 日

后续会议修订：2016 年 4 月 18 日

在 2015 年 11 月 9 日的会议中，TRG 讨论了以下议题：

议题 1：客户额外购买商品和服务的选择权

议题 2：生产前期活动

议题 3：许可—限制和更新的特殊应用问题

议题 4：固定赔率投注合同是否属于《主题 606》的范围

议题 1：客户额外购买商品和服务的选择权［TRG Agenda ref 48］

某些合同可能包含一项客户可购买额外商品或权利的选择权。某些选择权可能作为企业营销活动的一部分授予客户；某些选择权则是客户作为现有合同的一部分购买的（通常为隐含条款），并给予客户一项以折扣价格购买额外商品或服务的权利。尽管客户并没有合同性义务购买额外商品或服务，但可能有很多原因使客户出于经济驱动而执行该选择权。

部分利益相关方反映，对于新收入准则中有关客户选择权的指引存在不同理解，比如，如何确定客户购买额外商品或服务的选择权是作为一项重大权利，还是应作为一项单独的合同处理，或者是否有可能将选择权标的商品或服务作为初始合同的一部分处理。此外，在 2015 年 7 月 13 日的 TRG 会议中，TRG 讨论了是否可以对长期服务合同适用一系列条款，以及包含在此类合同中的可变对价的会计处理。在会议中，部分 TRG 成员考虑，此类合同的对价是否具有更适当的特征，能够将其作为执行购买选择权收到的对价，而不是作为初始合同的一部分进行会计处理。

TRG 成员讨论了客户选择权的以下问题：

（1）购买选择权与可变对价的比较（问题1）；

（2）客户终止权利和赔偿（问题2）；

（3）购买额外商品或服务选择权标的商品或服务是否属于履约义务（问题3）。

对于问题1，部分利益相关方对包含购买额外商品或服务选择权的合同，与包含基于可变数量（比如包括基于销售或使用的特许使用费）的可变对价的合同之间的区别存在疑问。TRG成员赞同，区分两者的第一步，是识别企业对客户承诺的性质是否属于另一方的强制权利和义务。对于额外商品或服务的选择权，客户具有现时权利选择购买额外的商品或服务（或更换已交付的商品或服务）。在客户执行该权利之前，出售方没有现时义务向客户提供这些商品或服务，客户也没有义务对这些商品或服务进行支付。对于承诺商品或服务的可变对价，企业和客户先前均涉入了一项合同，使企业有义务转让承诺商品或服务，而客户也有义务为承诺商品或服务进行支付。导致额外对价的未来事项是发生在商品或服务的控制权已被转移（或转移中）之后（或同时）。当合同基于客户的行为而包含可变对价时，这些行为并不会使企业有义务提供额外的可明确区分商品或服务（或更换已转让的商品或服务），而是决定了客户有义务向企业支付的可变对价金额相关的不确定性。TRG成员认为，职员稿为评价该问题提供了有用的框架，但很多情况下仍然需要判断。

在2014年10月31日的会议中，TRG成员讨论了合同终止条款的会计处理，即合同各方具有单方面权利终止合同但需要补偿对方。会议中，TRG成员支持，法律上的强制合同期限应当作为合同期限考虑。利益相关方在会议中产生了新的问题（问题2），对于仅有一方有权利终止的合同应当如何评价。TRG成员赞同在2014年10月会议中的意见，双方均能终止与仅有一方能够终止，均应采用相同的处理。TRG成员指出，在评估合同条款和终止惩罚的影响时，企业应当考虑该惩罚是否为实质性的。确定惩罚是否为实质性的，需要判断，TRG讨论稿并未对是否为实质性制定明确界限。如果惩罚并非实质性的，企业需要继续评价终止权利（类似于额外购买商品或服务的选择权）是否产生了一项重大权利。如果存在合同违约，则并未产生一项长期合同条款，但它仍然会影响可选期间（不属于合同存续期）内是否存在重大权利。

对于问题3，利益相关方存在不同观点，即当不存在因选择权未执行而向另一方补偿的合同性惩罚，则如何判断购买额外商品或服务选择权是否属于承诺的商品或服务。TRG成员赞同，按客户视角在法律上是可选择的项目，则不属于合同承诺的商品或服务。企业应确定该选择权是否使客户具有重大权利。因此，因客户执行其权利而应收所选择商品或服务的对价，不属于初始合同的交易价格。TRG 成员讨论了，当企业向客户销售商品或服务时，已强烈预期客户未来订单存在损失的情况。TRG 成员赞同，如果这些额外购买的权利是可选择的，则标的商品或服务不应初始客户合同中的承诺商品或服务，这些选择权需要评价是否存在重大权利。

由于讨论表明利益相关方能够理解并应用新收入准则的指引，职员相信其与准则一致，职员并未向 IASB 和 FASB 提请对该问题采取进一步措施。

议题 2：生产前期活动［TRG Agenda ref 46］

某些长期供应合同要求企业执行前期工程和设计活动，以创造出新技术或对现有技术按客户需要进行改进。生产前期活动通常是交付产品合同标的的先决条件。TRG 成员讨论了以下问题：

（1）问题 1：企业如何确定生产前期活动是属于承诺商品或服务，还是包含在一段时间内履行的履约义务完工进度的计量中？

（2）问题 2：企业如何对原准则下按美国准则《副主题 340－10》处理的生产前期成本进行处理？（仅针对美国公认会计原则的问题）

（3）问题 3：原先属于《副主题 605－35》范围的合同生产前期成本，是否属于《副主题 340－10》或《副主题 340－40》成本指引的范围？（仅针对美国公认会计原则的问题）

对于问题 1，TRG 成员赞同，企业应当评价其向客户承诺的性质，生产前期活动是属于承诺的商品或服务，还是属于并未向客户转让商品或服务的活动，如设立或履约活动。TRG 成员承认，该评价需要判断。职员认为，如果企业对确定生产前期活动是否属于承诺的商品或服务存在困难，则考虑该商品或服务的控制权是否需要向客户转移可能是有帮助的。如果需要转移控制权，则该活动很可能是合同承诺的商品或服务。如果活动并未导致商品或服务的控制权向客户转移，则生产前期活动可能属于履约活动。

问题 2 和问题 3 仅针对美国公认会计原则，由诺沃克的 TRG 成员讨论。对于问题 2，TRG 成员认为，新收入准则并未改变《副主题 340－10》的要求，因此，企业在新收入准则下，仍然按原实务进行适当处理即可。对于问题 3，TRG 成员认为，原按照《副主题 605－35》处理的合同相关成本，在新收入准则下，应当按照《副主题 340－40》进行处理。但是，部分 TRG 成员建议委员会考虑改进指引，以确保该结论是清晰的。部分 TRG 成员建议委员会澄清其将长期供应合同相关指引从《副主题 340 – 10》删除的意图。

由于讨论表明利益相关方能够理解并应用新收入准则的指引，职员相信其与准则一致，职员并未向 IASB 和 FASB 提请对该问题采取进一步措施。但是，对于问题 3，FASB 将考虑后续是否进一步提供技术更正或对指引的有限修订。

[在后续的 TRG 会议中，FASB 于 2016 年 1 月作为其技术更正和改进项目的一部分，讨论了问题 2 和问题 3。FASB 初步决定，删除《副主题 340 – 10》有关长期供应合同中生产前期成本的指引。因此，企业应采用《副主题 340 – 40》的指引。]

议题 3：许可 – 限制和更新的特殊应用问题 [TRG Agenda ref 45]

利益相关方对新收入准则下知识产权许可相关的许可更新和合同限制存在疑问。利益相关方也询问，合同条款允许客户获取或额外拷贝软件，是属于基于销售和使用的特许使用权范围内的基于使用的费用，还是属于获取额外软件许可的选择权。该问题与 TRG 之前讨论的确定知识产权许可的性质是“提供获取知识产权的权利”还是“提供知识产权的使用权”不同，之前有关基于销售和使用的特许使用权豁免，IASB 和 FASB 已纳入各自项目，以澄清许可的相关应用指引。

2015 年 11 月 9 日的 TRG 会议，主要是与新收入准则（澄清修订前的准则）的以下指引相关：

（1）与提供企业知识产权使用权的许可相关的收入，不得在客户能够使用许可并从中获益的期间开始之前确认 [Topic 606 para 606 – 10 – 55 – 63，IFRS15 para B61]。

（2）企业在确定许可是提供获取企业知识产权的权利还是使用企业知识产权的权利时，不应考虑时间、地域或使用方面的限制。这些限制界定了已承诺的许可的属性，而非界定企业是在某一时点还是一段时间内履行其履约义务 [Topic 606 para 606 – 10 – 55 – 64，IFRS15 para B62]。

IASB 和 FASB 根据 TRG 之前讨论的许可相关问题，已纳入 IASB 和 FASB 各自的准则澄清征求意见稿中，但部分利益相关方认为，许可的应用指引仍然存在其他问题。特别是，利益相关方询问：（1）在向客户提供企业知识产权的使用权时，基于时间的许可的更新处理；（2）单项许可的性质与授予额外许可的承诺的区别；（3）按照客户已获得软件的拷贝次数收费的软件许可合同。

为回应上述反馈，TRG 讨论了以下应用问题：

（1）何时确认基于时点使用权许可的续期收入（问题 1）；

（2）合同内可明确区分权利的会计处理（问题2）；

（3）通过合同变更增加的可明确区分权利的会计处理（问题3）；

（4）客户购买或使用软件额外拷贝的选择权的处理（问题4）。

对于问题1，TRG讨论了该续期收入是应在另一方同意该展期时确认，还是在展期期间开始时确认。部分TRG成员赞同在另一方同意该展期时确认。其他TRG成员认为应当在展期期间开始时确认。TRG成员认为新收入准则对该问题并未明确。

问题2和问题3和步骤2识别履约义务与许可应用指引的关系相关。利益相关方询问，特定合同条款在何时属于承诺许可性质，何时产生了额外的合同承诺，例如，转让额外许可的承诺。TRG讨论了客户获得了两个地理区域内知识产权的使用权，但是，在某一区域的知识产权使用权，在另一区域的知识产权使用权开始后，受到使用期限的限制。TRG讨论稿认为，新收入准则中，许可合同时间、地域或使用方面的限制指引，并未改变或超越识别合同中对客户的承诺（步骤2）相关要求。企业在考虑许可应用指引中的合同限制之前，应识别对客户的承诺，例如，是否存在一项或多项许可。部分TRG成员认为，根据问题1－3的讨论，基于时间的限制可能与基于地域和使用的限制有所不同。

对于问题4，TRG讨论了客户购买或使用软件额外拷贝选择权的会计处理。基于协议的性质，当客户享有取得额外软件权利的选择权，比如增量用户账号或增量拷贝等，职员考虑了以下可以接受的两种观点。但是，这并不是说两种观点是可选择的；在某些事实和情况下，只有其中一种观点是比较适当的：

（1）观点A：获取额外软件拷贝的选择权，属于一项获取额外许可的选择权。因此，企业应当适用客户对额外商品或服务选择权的指引，即考虑是否存在重大权利。

（2）观点B：适用基于销售和使用的特许使用权相关指引。额外的用户或拷贝，代表了现有的、原先授予许可的增量使用，而不是获取额外许可。因此，额外适用产生了可变对价，即属于基于销售和使用的特许使用权。

TRG成员赞同，与原美国公认会计原则和国际财务报告准则实务一致，在确定额外拷贝、账号或用户的权利，是属于获取额外许可的权利，还是先有许可的可变对价，需要根据具体合同事实和情况进行判断，职员讨论稿也为此类判断提供了有用的框架。

对于问题4，讨论表明利益相关方能够理解并应用新收入准则的指引，职员相信其与准则一致，职员并未向IASB和FASB提请对该问题采取进一步措施。

对于问题1-3的讨论，向IASB和FASB传递了在适用新收入准则知识产权许可可能产生的挑战。IASB和FASB将就这些议题对其许可指引进行复核。

[TRG会议的后续动态：FASB在2016年1月的委员会会议中讨论了这些议题。FASB承认，许可的指引并未超越《主题606》中的“五步法”收入确认模型。企业应根据识别履约义务的指引，确定合同包含了一项还是多项许可。要求企业向客户履行额外承诺（如转移额外许可）的合同条款（书面限制或其他），应当与合同中定义属性的已识别承诺，且不要求企业进一步履行的条款进行区分。FASB也澄清，使用及受益指引同时适用于知识产权的初始许可和许可的更新。FASB在其对履约义务和许可的《会计准则更新》中对这些问题进行了澄清。]

[IASB在2015年12月的IASB和FASB会议中讨论了这些议题。IASB也承认，许可的指引并未超越IFRS15中的“五步法”收入确认模型。企业应根据识别履约义务的指引，确定合同包含了一项还是多项许可。类似的，企业应当评价，许可续期或展期应当作为新的许可，还是作为一项对许可合同的变更，并适用《国际财务报告准则第15号》有关合同变更的指引。]

议题4：固定赔率投注合同是否属于《主题606》的范围［TRG Agenda ref 47］

赌博企业与客户参与机会赌博，根据赌博结果，赌博企业和客户有机会赢得或输掉现金或其他具有经济价值的项目。这类活动以下称为“赌博活动”。赌博活动的例子包括桌上赌博，老虎机，基诺，宾果赌博，体育和非彩赌。赌博活动的投注支出在下注时即已确定。这类投注以下称为“固定赔率投注”。

部分利益相关方向FASB职员询问，固定赔率投注是否属于新收入准则的范围。该问题仅适用于美国公认会计原则，因为目前的赌博企业适用《副主题924-605，娱乐——娱乐场——收入确认》，对固定赔率投注合同进行处理。该指引已被新收入准则删除。利益相关方请FASB澄清，固定赔率投注合同属于新收入准则的范围，还是《主题815，衍生工具和套期》的范围。

诺沃克的TRG成员讨论了固定赔率投注合同是否属于《主题606》的范围。大部分TRG成员认为，FASB的意图是将此类交易纳入新收入准则的范围。但是，部分TRG成员指出，此类交易可能满足《主题815》中衍生工具的定义。因此，部分TRG成员认为，委员会应同构修订指引澄清其意图。

作为对TRG及其他反馈的回应，FASB职员建议FASB澄清，固定赔率投注合同不属于《主题815》的范围，应按收入交易进行会计处理。FASB职员建议在技术更正或有限改进中考虑是否就该问题进行修订。

［TRG 会议的后续动态：FASB 在 2016 年 1 月的技术更正与改进项目中讨论了该议题。FASB 初步决议，增加一项新的《副主题 924 - 815，娱乐——娱乐场——衍生工具和套期》，它将增加一项衍生工具指引的范围豁免，将企业的固定赔率投注合同从《主题 924》排除。］

在 TRG 议程纪要 47 中，IASB 职员解释了其观点，满足金融工具定义的投注合同（或其部分）属于《国际财务报告准则第 9 号》（或《国际会计准则第 39 号》）的范围，不属于《国际财务报告准则第 15 号》的范围。

第七次会议纪要

第七次会议时间：2016 年 4 月 18 日

后续会议修订：2016 年 8 月 12 日

参会成员：FASB 成员

在 2016 年 4 月 18 日的会议中，TRG 讨论了以下议题：

议题 1：激励机制资本分摊的范围考虑，如附带权益

议题 2：在评价客户选择权是否产生了重大权利时对客户层级的考虑

议题 3：金融机构的范围考虑

议题 4：评价如何在一段时间内转移控制权

议题 5：合同变更中合同资产的处理

议题 1：激励机制资本分摊的范围考虑，如附带权益［TRG Agenda ref 50］

某些企业，特别是资产管理公司，通过所管理投资基金的资本分摊，获得了激励机制的业绩费用，即附加权益（Carried Interest）①。该费用是为补偿其资产管理服务及管理基金的业绩。很多利益相关方认为，此类激励机制安排费用包含两方面：（1）对资产管理服务的补偿；（2）对基金业绩的财务风险。利益相关方由此产生疑问，这些安排是属于《主题 606》的范围，还是其他公认会计原则的范围，比如《主题 323，投资——权益法和合营》，其被排除《主题 606》的范围之外。

---

① 附带权益（Carried Interests），是指风险投资基金经理从基金的投资利润中分得的部分，一般是在投资者收回全部投资后，按资本增值的 20% 计算。美国目前对基金经理报酬的税收规定如下：一是每年按照管理资产的 2% - 2.5% 提取的管理费。这部分收入被视同正常收益，按照普通所得税率（不高于 35%）征收所得税；二是在基金到期清算时，如果基金收益达到最低预期资本回收率（hurdle rate），则普通合伙人（GP）有权获得全部资本利得的 20%，即附带权益。这部分收入被视同资本利得。按照不高于 15% 的资本利得税率征税。

全部七名 FASB 理事均出席了 TRG 会议，并指出其各自观点为，这些安排属于《主题 606》的范围。主要理由如下：

（1）在制定新收入准则的过程中，FASB 和 IASB 讨论了新收入确认指引如何适用于资产管理合同。该议题在 2012 年 9 月 24 日、2012 年 11 月 19 日和 2013 年 1 月 30 日的联合 IASB 和 FASB 会议中已讨论。在 2013 年 1 月 30 日的联合 IASB 和 FASB 会议中，IASB 和 FASB 重申了其在 2011 年征求意见稿的提议，资产管理人以业绩为基础的激励费用，属于可变对价限制的范围。

（2）《主题 606》示例 25 说明了资产管理人合同如何适用可变对价限制指引。尽管示例 25 未明确指出该指引是否适用于此类管理费用安排，即资产管理人可以通过一项权益的业绩为基础的费用得到补偿，如附加权益，但是，IASB 和 FASB 的观点是，该示例已说明了业绩为基础的费用属于《主题 606》的范围。

（3）少部分理事指出，在考虑附加权益的性质时，按照《ASU2015 - 02，合并（主题 810）——对合并分析的修订》得出的结果，与按照新收入准则得出的结果可能存在不一致。根据《主题 606》的结果，部分利益相关方认为，附加权益是一项服务费用，因此，其应当作为合并指引中的可变权益考虑。这种观点将附加权益视为股东权益，可能与确定该合同是否属于《主题 606》的目标不一致。很多 IASB 和 FASB 成员也指出，如果此类安排被视为股东权益，不属于《主题 606》的范围，则企业需要按《主题 810，合并》评价其对合并分析结论的影响。

大部分 TRG 成员赞同，该安排属于《主题 606》的范围。少部分 TRG 成员指出，他们能够理解，将附加权益视为一项权益安排，因为在形式上，它是与企业的权益相关的。部分 TRG 成员指出，如果将该安排视为股东权益，不属于《主题 606》的范围，则实务中可能产生问题，即可能影响资产管理人是否合并基金的分析结论。

SEC 职员注意到，SEC 预期将接受对此类安排适用《主题 606》的观点。但是，SEC 也指出，此类安排也可以按所有权模式为基础。如果企业采用所有权模式，则 SEC 认为，应当完全采用所有权模式，包括《主题 810》下合并模式的分析，《主题 323》下的权益法会计处理，或者其他相关指引。

FASB 职员未向 IASB 和 FASB 建议针对本次讨论结果开展准则修订工作。职员认为，《主题 606》已清晰表明，业绩为基础的费用，比如附加权益安排，属于《主题 606》的范围。大部分 TRG 成员持有相同观点。此外，FASB 七位理事均在会议中表示，附加权益应属于《主题606》的范围。

议题2：在评价客户选择权是否产生了重大权利时对客户层级的考虑［TRG Agenda ref 54］

客户以免费或折扣价获取额外购买商品或服务的选择权，可能有多种形式，比如销售激励、客户奖励信用（或积分）、续约选择权，或者未来商品或服务的其他折扣。新收入准则要求企业评价客户获取额外商品或服务的选择权是否产生了重大权利，从而属于一项履约义务。部分利益相关方询问，在评价客户选择权是否产生了重大权利时，如何考虑客户的不同层级可能存在不同观点。

TRG成员普遍赞同职员备忘中分析是否存在重大权利的框架。特别是，TRG备忘指出，《主题606》第606－10－55－42、55－43段［IFRS15 para B40、B41］的指引旨在澄清，独立于现有客户合同的客户选择权，不构成现有合同的履约义务。关于本议题的职员备忘包含了多个示例，以说明在评价客户选择权是否产生了重大权利时，如何考虑客户的不同层级。

尽管TRG成员普遍赞同该分析框架，但不赞同将该框架适用于会员等级计划产生的财务报表结果，例如，一项计划应当作为销售要约还是重大权利。职员认为，财务报告成果的部分分歧，是由于TRG成员对案例的事实和情况的看法不同，例如，航空公司是否会在未首先获得会员等级的情况下，向新客户提供某一等级的会员福利。

由于对会员等级计划存在不同意见，且TRG成员所在组织均未存在会员等级计划，职员建议FASB单独进行研究，以反映普遍具有会员等级计划的多个行业的情况，例如，航空行业、酒店行业及游戏行业。研究的目标是针对此类行业中的公司，其向FASB提供有关其会员等级计划的具体事实和情况，研究将讨论新收入准则下对此类计划的客户选择权的适用框架。

由于TRG成员普遍赞同评价客户选择权的框架已足够清晰，职员未建议IASB和FASB采取任何准则修订行动。相反，职员及IASB和FASB成员将参与某些具有会员等级计划的组织及其审计师进行研究，以帮助其对该实务领域应用新收入准则。

议题3：金融机构的范围考虑［TRG Agenda ref 52］

在制定《主题606》过程中，IASB和FASB承认，某些合同可能适用的其他公认会计原则是唯一的。IASB和FASB将这些客户合同从《主题606》的范围中剔除，因为《主题606》在规范这些合同唯一的会计处理时可能是不适当的。

金融机构为其客户开展多种活动，并赚取多种费用。利益相关方向 TRG 咨询，某些特定活动及费用是否属于《主题 606》的范围。TRG 讨论了以下三个问题：

（1）问题 1：服务及附加服务活动收益，是否属于《主题 606》的范围？

（2）问题 2：储蓄相关费用是否属于《主题 606》的范围？

（3）问题 3：担保费用是否属于《主题 606》的范围？

对于问题 1，TRG 成员普遍赞同职员的意见，属于《主题 860，转让和服务》范围的合同相关费用，不属于《主题 606》的范围。《主题 606》第 606－10－15－2（3）段［IFRS 15 para 5（3）］将金融工具及属于《主题 860》范围内的权利和义务排除《主题 606》的范围。《副主题 860－50》要求一项无形资产或负债在预期未来服务现金流量（服务的经济利益）高于或低于服务的市场利率时，以公允价值确认及初始计量。

在《主题 860》中包括了服务资产和负债的初始确认和后续计量具体指引，但未包括合同约定服务费用收入确认的具体指引。但是，但是鉴于《主题 860》的后续计量指引要求：（1）以公允价值计量，其反映剩余未来现金流量；或者（2）在整个期间内，按所占估计净服务收益或损失（包括在各报告日估计的资产或负债的减值）的比例摊销服务资产或负债，职员认为，《主题 860》的后续计量指引，已对服务现金流量提供了清晰的指引。也就是说，资产或负债后续计量，与服务费用的现金流量具有紧密的关系。

对于问题 2，TRG 成员赞同，储蓄相关费用属于《主题 606》的范围。利益相关方提出该问题，是因为其不清楚这些费用是否被《主题 606》第 606－10－15－2（3）段［IFRS 15 para 5（3）］排除范围。该段落指出，属于《主题 405，负债》的合同不属于《主题 606》的范围。但是，职员指出，《主题 405》仅规范了储蓄负债的会计处理，但未规范储蓄相关交易收入确认的会计处理框架。因此，TRG 成员赞同，此类费用属于《主题 606》的范围。

对于问题 3，TRG 成员赞同，担保费用（不包括产品或服务质保费用）属于《主题 460，担保》的范围，不属于《主题 606》的范围。TRG 成员注意到，对《主题 606》的后续修订，可能导致《主题 606》第 606－10－15－2 段的范围指引产生不一致，TRG 成员赞同，IASB 和 FASB 应当考虑对后续修订制定技术更正，以进一步澄清，属于《主题 460》范围内的担保费用，不属于《主题 606》的范围。

鉴于讨论表明，利益相关方能够理解并一致的应用新收入准则的指引，职员未对问题 1 和问题 2 建议 IASB 和 FASB 采取进一步措施。对于问题 3，职员将进一步整理该问题，IASB 和 FASB 将考虑是否针对该问题制定进一步的技术更正或细微改进指引。

议题 4：评价如何在一段时间内转移控制权［TRG Agenda ref 53］

在新收入准则下，企业应确定其是在一段时间内还是某一时点履行履约义务。当企业确定其履约义务是在一段时间内履行时，按照所计量的履约义务的履约进度确认收入。计量履约进度的目标，是反映企业向客户转移承诺商品或服务控制权的业绩。

部分利益相关方向职员反映，当履约义务是在一段时间内履行的，评价其控制权如何转移可能存在问题。特别是，当履约义务是在非连续时点转移的，标的商品或服务的控制权是否能在一段时间内转移。

TRG 成员赞同，满足《主题 606》第 606－10－25－27 段［IFRS 15 para 35］的条件，表明控制权不能在一个非连续的时点转移。因此，计量进度的适当方法，不应导致企业在特定客户合同下履约的半成品（或类似资产）被确认。

鉴于讨论表明，利益相关方能够理解并一致的应用新收入准则的指引，职员未建议 IASB 和 FASB 采取进一步措施。

议题 5：合同变更中合同资产的处理［TRG Agenda ref 51］

合同变更，是指合同双方批准的合同范围或价格（或两者皆有）的变更。《主题 606》第 606－10－25－10 至 25－13 段［IFRS 15 para 18－21］为合同变更的会计处理提供了框架。该框架旨在如实反映合同变更所产生的权利和义务，并将一部分变更采用未来适用法，一部分变更采用累计追加调整法。作为现有合同的终止及新合同的订立的合同变更，采用未来适用法进行会计处理。

由于《主题 606》第 606－10－25－13（1）段［IFRS 15 para 21（1）］未明确阐述在合同变更前存在的合同资产的处理，部分利益相关方询问，该合同资产应当在现有合同终止时转销（抵减收入），还是应当继续承接到新合同。

TRG 成员赞同，当合同变更按照《主题 606》第 606－10－25－13（1）段处理时，合同资产应当继续承接到变更后的新合同中。TRG 成员指出，合同变更可能是多种多样的，该意见仅适用于按照《主题 606》第 606－10－25－13（1）段处理的合同变更情况。

鉴于讨论表明，利益相关方能够理解并一致的应用新收入准则的指引，职员未建议 IASB 和 FASB 采取进一步措施。

第八次会议纪要

第八次会议时间：2016 年 11 月 7 日

后续会议修订：2017 年 1 月 31 日

参会成员：FASB 成员

在 2016 年 11 月 7 日的会议中，TRG 讨论了以下议题：

（1）议题 1：取得合同增量成本的资本化和摊销

（2）议题 2：包含保底的基于销售和使用的特许权

（3）议题 3：应付客户对价

（4）议题 4：在一段时间内确认收入

议题 1：取得合同增量成本的资本化和摊销［TRG Agenda ref 57］

新收入准则要求，如果企业预期能够收回成本，则应将获取客户合同的增量成本（如，销售佣金）确认为一项资产。部分利益相关方反映，对于取得合同增量成本作为一项资产确认和计量，以及估计摊销的期间，可能存在不同理解。TRG 在 2015 年 1 月 26 日的会议中曾讨论了取得合同增量成本相关的问题。在 2016 年 11 月的会议中，TRG 讨论了以下两个问题：

（1）问题 1：取得合同的哪些成本属于增量成本？

（2）问题 2：企业如何确定取得合同增量成本确认为一项资产时的摊销期限？

《主题 606》第 340－40－25－1 段［IFRS 15 para 91］要求，如果企业预计将收回取得与客户之间的合同的增量成本，则企业应将这些成本确认为一项资产。《主题 606》第 340－40－25－2 段［IFRS 15 para 92］将增量成本定义为，企业为取得与客户之间的合同而发生的、若未取得合同则不会发生的成本。利益相关方对于在识别可资本化的成本时，如何理解增量项目的范围存在疑问。

对于问题 1，TRG 成员普遍赞同职员对识别可资本化增量成本的意见。职员解释了，理解《主题 606》第 340－40－25－2 和 25－3 段的方法之一，是评价如果客户（或企业）决定不签订合同，则作为签订合同一方，是否还会发生该部分成本。如果即使合同不再执行，该成本也会发生，则该成本不属于取得合同的增量成本。因此，职员认为，员工在公司中的头衔或级别并不是确定一项销售佣金是否属于增量成本时应考虑的因素。

TRG 成员指出，新收入准则可资本化的成本范围，相较于原实务可能更广。TRG 的讨论指出，在确定是否以及何时确认一项成本相关的负债，可能需要参考新收入准则之外的原相关指引。《副主题 340 - 40》仅规范了成本应当作为一项费用还是资本化，即仅涉及负债的对方科目。

对于问题 2，TRG 成员赞同，该资产应当采用系统的方法摊销，该摊销方法应与向客户转让该资产相关的商品或服务一致［Topic 606 para 340 - 40 - 35 - 1，IFRS 15 para 99］。TRG 成员注意到，摊销期间需要根据具体事实和情况进行估计，并需考虑初始合同条款及客户合同平均存续期。TRG 成员赞同，在识别资产相关商品或服务，进而估计适当的摊销期间时，通常需要必要的判断。这些考虑因素通常与其准则中估计摊销期间的考虑一致，比如估计无形资产或其他长期资产的摊销期间。

《TRG Agenda Ref No. 57》归纳了企业在估计摊销期间时需要考虑的部分因素：

（1）识别该费用相关的合同。企业需要判断确定，与商品或服务相关的资本化增量费用（如销售佣金），是仅作为初始合同的一部分转移，还是作为特定预期合同一部分的相关商品或服务而转移。例如，如果企业支付的佣金仅基于初始合同，预期该合同将不会续期（基于其过去的经验或其他相关信息），则将该资产在初始合同期内摊销是适当的方法。但是，如果企业过去的经验表明，该合同很可能续期，则如果该资产与在合同续期期间提供的商品或服务相关，其摊销期限应长于初始合同期。

（2）确定针对续期合同的佣金是否与针对初始合同的佣金相称。如果企业确定，续期佣金与初始佣金相称，则取得合同的增量成本相关资产应在初始合同期内摊销。相反，如果企业确定，续期佣金与初始佣金不相称，则企业需要评价该资产相关的期间，此时很可能包括特定预期合同期。

（3）评估确定适当摊销期间的具体事实和情况。如果企业确定续期合同佣金与初始合同佣金不相称（或者不存在续期合同佣金），则摊销期间可能超过初始合同期。并且，如果该期间超过一年，也不能适用摊销的实务简化操作。

职员指出，评价续期佣金是否与初始佣金相称，仅以对取得合同的影响水平为基础，是不适当的。

鉴于讨论表明，利益相关方能够理解并一致的应用新收入准则的指引，职员未建议 IASB 和 FASB 采取进一步措施。

议题 2：包含保底的基于销售和使用的特许权［TRG Agenda ref 58］

利益相关方询问有关包含保底条款的，基于销售和使用的特许权相关问题。保底条款有效的设定了一项应向授予方支付的最低金额。特别是，利益相关方询问，保底条款是否以及如何影响对基于销售和使用特许权限制规定的应用。TRG 具体讨论了以下两个问题：

（1）问题 1：保底条款如何影响基于销售和使用特许权承诺为象征性知识产权许可的确认？

（2）问题 2：保底条款如何影响基于销售和使用特许权承诺为功能性知识产权许可的确认？

对于象征性许可（问题 1），TRG 备忘中包括了以下有关基于销售和使用特许权确认的几种观点：

（1）观点 1：如果企业预期特许使用费总额将超过保底金额，则在特许权（相关销售和使用）发生时确认收入。

（2）观点 2：估计履约义务的交易价格（包括固定和可变对价）和采用适当的履约进度计量方法确认收入，并考虑特许权限制。

（3）观点 3：采用适当的履约进度计量方法确认保底金额（固定对价），并仅在累计特许使用费超过保底金额时确认特许使用费。

TRG 成员普遍赞同，新收入准则并未针对包含保底条款的象征性知识产权许可规定单一的许可收入确认方法。新收入准则允许运用判断来选择履约进度计量方法，只要计量方法与《主题 606》第 606 - 10 - 25 - 31 至 25 - 37 段的指引一致。TRG 成员赞同，根据具体事实和情况，上述三种观点均为可采用的方法。但是，TRG 成员也承认，可能还有其他更合理的方法。TRG 成员注意到，对于象征性知识产权许可的收入确认，可能会涉及新收入准则的多个方面，包括但不限于：

（1）特许权确认限制［Topic 606 para 606 - 10 - 55 - 65］：对于知识产权许可的对价是基于客户后续的销售和使用，企业在销售和使用发生之前，不应对可变金额确认收入。

（2）实务简化操作［Topic 606 para 606 - 10 - 55 - 18］：《主题 606》第 606 - 10 - 55 - 18 段规定，如果企业的工作或投入在履约期间内平均消耗，则企业按直线法确认收入可能是恰当的。

（3）可变对价的分摊（《主题 606》第 606 - 10 - 32 - 40 段，包括“一系列条款”）：如果同时满足两个条件，则将可变对价向部分单项履约义务中的可明确区分商品或服务分摊是适当的：①有关可变对价的条款，专门针对企业为履行该履约义务或转让该可明确区分的商品或服务所作的努力；②将可变对价金额全部分摊至该履约义务或可明确区分的商品或服务，符合第 606 - 10 - 32 - 28

段所述的分摊目标。

（4）分摊目标［Topic 606 para 606 - 10 - 32 - 28］：分摊交易价格，旨在使企业能够按反映企业因向客户转让已承诺的商品或服务，而预计有权获得之对价的金额，将交易价格分摊至每一项履约义务。

（5）履约进度的计量［Topic 606 para 606 - 10 - 25 - 31］：计量履约进度，旨在反映企业向客户转让已承诺商品或服务的履约情况。

（6）履约进度的单一计量方法［Topic 606 para 606 - 10 - 25 - 32］：企业应当采用单一的方法来计量每一项在一段时间内履行的履约义务的进度，并且，企业应当将该方法一致地运用于相似情形下类似的履约义务。

对于问题 2，TRG 成员普遍赞同，具有保底金额的功能性知识产权特许权，企业应根据《主题 606》第 606 - 10 - 55 - 58B 至 55 - 58C 段的规定，在企业向客户转移许可控制权的时点确认收入。

对于问题 2，在讨论会议中，主要存在两种观点：

观点 1：具有保底金额的功能性知识产权特许权，应在企业向客户转移许可控制权的时点确认收入。

观点 2：如果企业预期特许使用费总额将超过保底金额，则在特许权（相关销售和使用）发生时确认收入。

TRG 成员赞同观点 1 的意见。

鉴于讨论表明，利益相关方能够理解并一致的应用新收入准则的指引，职员未建议 IASB 和 FASB 采取进一步措施。

议题 3：应付客户对价［TRG Agenda ref 59］

应付客户（或潜在客户）对价的形式包括现金及其他项目，例如，优惠券、信用额度或代金券等，也可能包括发行权益工具。部分利益相关方向职员咨询，应付客户对价在利润表中的确认时点，比如前期支付应当立即在利润表中确认，还是作为资产确认并在后续摊销。利益相关方指出，该问题在原实务中存在分歧，其对《主题 606》的指引是否能减少该分析，《主题 606》下的会计处理结果，相较于原会计原则下的结果是否会发生变化存在疑问。

TRG 会议讨论的问题范围只限于应付客户（或潜在客户）对价。分析不涉及向不属于客户或潜在客户的第三方的支付，比如对经销商的支付，也不涉及以远低于预期未来自客户收回的利润的价格，向客户出售商品或服务的情况。

TRG 职员认为，新收入准则已明确，当另一方是客户，且支付总体上是与现有客户合同相关，则支付应当作为收入的扣减（扣减交易价格）处理，除非对客户的支付是为了换取可明确区分的商品或服务。

TRG 讨论了以下几种情况，这些情况下的会计处理相较于上述规定并不是那么直接清晰：

（1）企业对客户（或潜在客户）进行前期支付且尚未存在收入合同（尚未满足《主题 606》规范的合同条件）。企业可能基于对未来向客户的购买预期而进行前期支付。

（2）企业对客户进行前期支付且已存在收入合同。但是，该前期支付既与现有合同相关，也与预期的未来收入合同相关。

TRG 的备忘对前期支付扣减收入的时点存在两种观点：

（1）观点 1：应付客户对价，应在相关商品或服务（前期支付导致的预期购买总额）向客户转移时，作为收入的扣减进行确认。该支付计入利润表的期间，可能超过现有法律可执行合同的期间。识别相关商品或服务，需要根据具体事实和情况进行判断。资产需要根据可回收性进行定期评价。

（2）观点 2：应付客户对价应当作为现有合同（现有可执行权利和义务）收入的扣减确认。如果不存在收入合同，则应当将全部支付立即在利润表中确认。

TRG 成员认为，观点 1 在很多情况下都是适当的。TRG 成员赞同，所确认的资产应当满足 FASB《财务会计概念公告第 6 号——财务报表要素》中资产的定义，企业应当在后续报告期间评价该资产是否发生减值。但是，TRG 成员也赞同，观点 2 在某些情况下可能是适当的。两种会计处理观点并不是可选择的会计政策，在确定适当的会计处理时，企业应当了解该支付的原因，支付所导致的权利和义务（如果有）、合同承诺的性质（如果有）以及各项安排的其他相关事实和情况。TRG 成员也赞同，在某些情况下，评价需要重大判断，在财务报表中进行适当披露也是重要的。

鉴于讨论表明，利益相关方能够理解并一致的应用新收入准则的指引，职员未建议 IASB 和 FASB 采取进一步措施。

议题 4：在一段时间内确认收入［TRG Agenda ref 56］

新收入准则的步骤 5 是在企业履行了履约义务时确认收入。该判断是针对所识别的合同中各项履约义务进行的。新收入准则包括了确定企业是否在一段时间内转移控制，从而在一段时间内履行履约义务并确认收入的条件。如果不满足该条件，则企业应在某一时点确认收入。

TRG 讨论了以下三个问题：

（1）问题1：企业是否能够将原收入确认指引下在某一时点确认的收入，按新收入准则在一段时间内确认收入？

（2）在根据《主题606》第606-10-25-27（3）段，评价企业的履约是否创造了一项不具有替代用途的资产时，企业应当考虑的是已完成的资产还是制造中的资产？

（3）根据《主题606》第606-10-25-27（3）段，企业应当如何及在何时确定其是否具有支付的可执行权利？

对于问题1，TRG成员赞同，企业目前在某一时点确认的收入，不应推定为在新收入准则下也仍然在某一时点确认。相反，企业应当基于新收入准则的指引，根据各个合同的事实和情况进行重新评价。

对于问题2，TRG成员赞同：（1）企业应当在合同开始时评价是否满足在一段时间内确认收入的条件；（2）该条件不应重新评价，除非存在合同变更；（3）在评价企业的履约是否创造了不具有替代用途的资产时，企业应考虑向客户转移的最终资产的特征，后述情况除外。如果企业主导该资产用于另一用途的能力受合同限制或实际限制，则该资产不具有替代用途，无论其最终资产的特征如何。

对于问题3，TRG成员赞同，如果合同因企业未能按承诺履约之外的其他原因终止合同的情况下，有权获得至少补偿其迄今为止已完成的履约部分的金额，包括合理的毛利，则企业具有支付的可执行权利。在评估支付的权利是否存在，及是否可执行时，企业应当考虑合同条款，以及可补充或凌驾于这些合同条款的法规或法律先例。

在评价是否满足在一段时间内确认收入的条件时，部分TRG成员讨论了支付的权利、履约进度的计量，以及商品定制化时点之间的关系。讨论的示例B中，该资产制造过程达到75%时，资产开始定制化。该示例并未包含认为可认定为支付权利的情况。但是，TRG成员产生了另一个问题，企业在产品定制化开始之前（例如，产品定制化之前可能被视为存货）不具有支付的权利，对评价是否满足一段时间内确认收入条件的影响。职员解释了，支付的权利是针对合同中迄今为止完成的履约，该履约应当与企业所定义的其履约义务的性质，及其在计量履约进度的履约进度中的履约保持一致。

鉴于讨论表明，利益相关方能够理解并一致的应用新收入准则的指引，职员未建议IASB和FASB采取进一步措施。

后　记

本书在天职国际会计师事务所（特殊普通合伙）专业技术委员会的组织下编写完成，如有不足，请各界人士不吝斧正。

以下人员参与了本书的编写工作，为本书编写提供了相关素材：

陈永宏　邱靖之　谭宪才　文武兴　胡建军　傅成钢　屈先富　康顺平
周学民　李雪琴　王清峰　申　军　王传邦　王　君　向芳芸　刘智清
刘宇科　黎　明　陈志刚　童文光　张　坚　叶　慧　张　嘉　张居忠
李　军　王　玥　汪吉军　周百鸣　王兴华　刘雪华　朱耿斌　解小雨
闫　磊　梁　军　党小安　黄　琼　韩雁光　肖红英　姚俭方　乔国刚
丁　杰　汤凤琴　曾　莉　王忠箴　覃继伟　倪小平　钟炽兵　莫　伟
赵永春　谭祖沛　郭海龙　李　明　李晓阳　汪　娟　迟文洲　乐君波
唐洪春　谭　学　陈柏林　徐新毅　金　晓　王世海　王　勇　冯飞军
南　方　文冬梅　丁启新　周　垚　李靖豪　马　罡　陈正星　王守军
扶交亮　张　磊　陈子涵　梁晓东　康代安　周　睿　周春阳　郑　斐
麦剑青　颜艳飞　付志成　何　航　张　卉　邬　政　钟　斌　王锋革
肖小军　贾立华　孙　莉　范月屏　周薇英　王　军　王皓东　齐春燕
胡瑜涛

以下人员对本书进行了总纂编写：

夏自李　王宇擎　赵伟君　程　辉　赵金华　朱洪元　李冰慧